国家级职业教育规划教材

人力资源和社会保障部职业能力建设司推荐

U0857392

电子商务技术与应用

高职高专电子商务专业任务驱动型教材

主编 郭 峰

中国劳动社会保障出版社

图书在版编目(CIP)数据

电子商务技术与应用/郭峰主编. —北京：中国劳动社会保障出版社，2011
高职高专电子商务专业任务驱动型教材
ISBN 978－7－5045－9183－8

Ⅰ. ①电… Ⅱ. ①郭… Ⅲ. ①电子商务 Ⅳ. ①F713. 36

中国版本图书馆 CIP 数据核字(2011)第 177899 号

中国劳动社会保障出版社出版发行
（北京市惠新东街 1 号 邮政编码：100029）
出 版 人：张梦欣
*
三河市华骏印务包装有限公司印刷装订 新华书店经销
787 毫米×1092 毫米 16 开本 18 印张 402 千字
2011 年 8 月第 1 版 2023 年 1 月第 10 次印刷
定价：**30.00** 元

营销中心电话：**400－606－6496**
出版社网址：**http: // www.class.com.cn**
http: // jg.class.com.cn

版权专有 侵权必究

如有印装差错，请与本社联系调换：（**010**）**81211666**
我社将与版权执法机关配合，大力打击盗印、销售和使用盗版图书活动，敬请广大读者协助举报，经查实将给予举报者奖励。
举报电话：（**010**）**64954652**

前　言

为了满足高等职业技术院校电子商务专业教学改革的需要，我们组织了一批教学经验丰富、实践能力强的教师与行业、企业的专家，在充分调研和集思广益完善课程教学方案的基础上，编写了国内首套高等职业技术院校电子商务专业任务驱动型教材，包括《电子商务概论》《电子商务技术与应用》《商务站点建设与管理》《Web 数据库应用》《网络信息发布与营运》《商情分析》《客户关系管理》《电子商务物流》《国际贸易实务》《电子商务应用与实训》（第二版）等。

在本套教材的编写过程中，我们力求贯彻以下三项原则:

一、围绕培养目标选取教材内容

本专业的培养目标是使学生能够利用计算机、网络、信息等现代化技术手段完成企业的商务工作。本套教材内容的选取紧紧围绕这一培养目标来展开，即根据电子商务工作流程的需要，着重介绍营销、交易、管理等工作内容以及这些工作中常用的计算机技术、网络技术、信息技术、电子物流技术和典型电子商务平台运用技术等，既有基础知识和专业知识，又有电子商务工作技能的训练，提高了教材的针对性和适用性。

二、按照任务驱动教学模式安排教材内容

教材中的各教学单元分别以企业的信息搜集、市场调查、招标采购、销售推广、客户服务、物流管理等工作中的典型业务为项目，按照典型业务的需要，安排相关的商务内容和技术支持内容，并做到“理论学习有载体，技能训练有实体”，以利于激发学生的学习兴趣，提高教学效果。

三、充分体现国家职业标准的要求

为了推动高等职业技术院校贯彻落实“双证书制度”，本专业教材涵盖了国家职业标准《电子商务师》中电子商务员、助理电子商务师等应知和应会的内容。这样，学生在取得学历证书的同时，也很容易考取电子商务专业的中、高级国家职业资格证书。

在本专业教材的编写过程中，有关省市教育部门、人力资源和社会保障部门以及一批高等职业技术院校给予我们有力的支持，教材的主编、参编、主审等有关人员做了大量的工作，在此，我们表示衷心的感谢！同时，恳切希望用书单位和广大读者对教材提出宝贵的意见和建议，以便修订时加以完善。

人力资源和社会保障部教材办公室

2011 年 7 月

内容简介

本书为国家级职业教育规划教材，由人力资源和社会保障部职业能力建设司推荐。

本书根据高职高专电子商务专业的教学实际，由人力资源和社会保障部教材办公室组织编写。本书重点培养学生基本商务技术的应用能力，主要内容包括：电子邮件的使用和管理、安全通信技术应用、硬件配置与网络连接技术应用、数据传输与信息共享技术、网页制作技术应用等。

本书由郭峰主编。

目　录

模块一

电子邮件的使用

任务1　e-mail 邮箱的申请

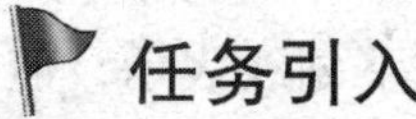

任务引入

在进行电子商务服务的过程中，企业的客服人员会收到客户发来的大量咨询邮件或产品信息反馈邮件，客服人员需利用专用的客服邮箱回复客户发来的邮件，本任务要求能够注册一个 e-mail 邮箱。

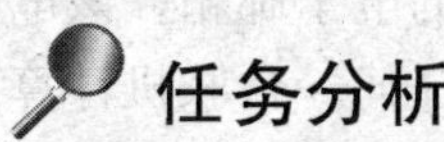

任务分析

申请邮箱的过程并不复杂，只要根据提示信息按照注册步骤即可完成申请。

相关知识

e-mail 是 electronic mail 的缩写，即通常所说的电子邮件，具有速度快、效率高、应用广、费用低、界面友好、使用方便、易管理等特点，成为商务活动中企业与企业、企业与用户间最有效的沟通渠道之一。

一、电子邮件的工作方式

电子邮件系统采用“存储一转发”的工作方式。在 Internet 中有一种被称为邮件服务器的计算机，专门提供电子邮件的存储和转发服务。支持电子邮件发送的网络协议称为简单邮件传输协议（SMTP 协议），它是 TCP/IP 协议组中的基本协议之一。

用户通过 Internet 向收件人发送邮件时，邮件从发送人的计算机通过网络传递到目的邮件服务器，该邮件服务器将邮件存储在收件人的电子邮箱中；当收件人与邮件服务器联机时，就可以打开自己的电子邮箱查收发件人发来的邮件，也可以将这些邮件下载到本地计算机中。

因为 Internet 上的邮件服务器通常都是 24 小时连续工作的，所以用户可以随时接收和发送邮件，无须考虑对方是否在线。

二、电子邮箱的种类

电子邮箱按使用费用不同可分为收费邮箱和免费邮箱；按使用对象不同可分为个人邮箱和企业邮箱；按邮箱所提供服务不同可分为普通邮箱和 VIP 邮箱等。一般来说，免费邮箱仅提供基本邮件收发和管理功能，而收费邮箱除提供基本邮件收发和管理功能外，通常还会根据收费高低不同提供相应的增值服务。目前国内大多数知名免费邮箱均不支持客户端发送电子邮件，而收费邮箱则不受此限制。通常，收费邮箱较免费邮箱更加安全和稳定。

三、电子邮箱的申请

申请电子邮箱可以登录 ISP、ICP 或电子邮件服务提供商的网站在线提出申请，在办理相关手续后即可获得一个电子邮箱的使用权。目前国内提供电子邮件服务的提供商很多，影响力较大的如新浪、搜狐、网易、雅虎（中国）等。不同的电子邮件服务提供商在邮箱申请的手续上不完全相同。

在网上进行注册申请之后，将会得到一个 e－mail 地址，其格式如下：

用户名（或邮箱名）@邮件服务器主机名

其中用户名（或邮箱名）以英文或汉语拼音表示，也可以使用数字或下划线表示，但必须以字母或数字开头，字母不分大小写，下列 e－mail 地址均为合法的 e－mail 地址：

Zhangmin@ sina. com

Li_ fang@ public. edu. cn

xykkk123@ sohu. com

一旦拥有一个 e－mail 地址，就拥有了一个在某一邮件服务器上注册的电子邮箱，该电子邮箱位于 ISP 的邮件服务器上，用来存放用户的电子邮件，用户可以在任何一台联机计算机上收发电子邮件。而且当用户脱机时，其他人仍然可以给其发送邮件；同样，当用户给他人发送邮件时，对方计算机也无须处于联机状态。

任务实施

下面以新浪免费邮箱为例实施注册申请的操作。

1. 登录新浪邮箱主页（http：//mail. sina. com. cn），单击【注册免费邮箱】按钮，如图 1—1—1 所示。

2. 在免费邮箱申请页面中，填写用户期望的邮箱名称并查验所申请的邮箱名是否已被他人占用，如果该邮箱名已被占用，则需重新填写，如图 1—1—2 所示。

3. 输入登录邮箱的密码并确认密码，设置密码遗失后的补救手段，一般来说，问题和答案之间既要便于记忆，同时又要没有必然的联系，这样做可以提高保密效果。

4. 按提示填写申请人的个人资料。如果所申请的邮箱用于商业目的，则应填写申请人的真实资料，如姓名、地址等。

5. 按提示填写验证码。完成后单击【下一步】按钮，提交申请资料。

6. 等待站点对所提交的资料进行审核，通过审核后，即可获得该邮箱的使用权，可登录所申请的邮箱，进行相关电子邮件操作，如图 1—1—3 所示。若审核未通过，则提示退出或重新申请。

图 1—1—1　新浪邮箱主页

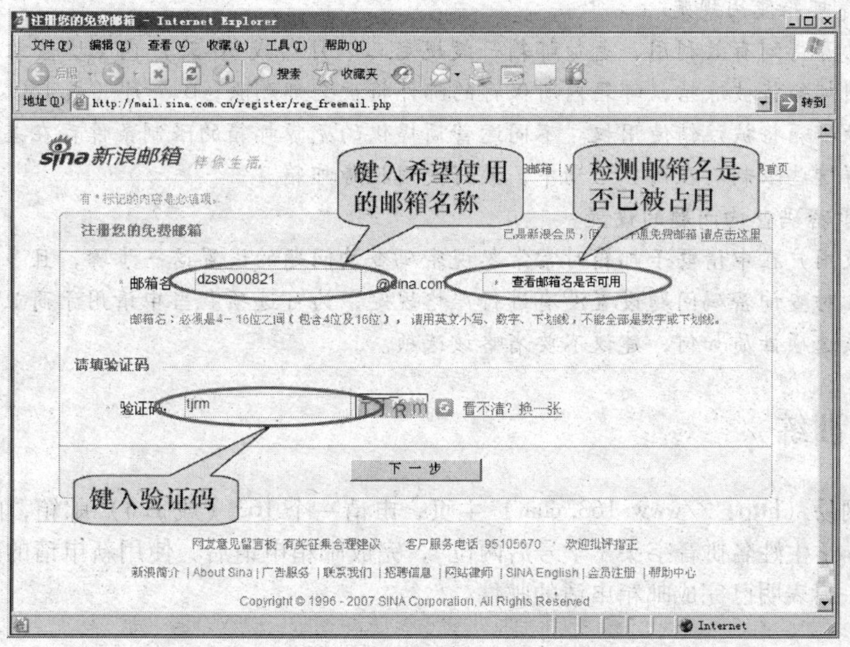

图 1—1—2　设置邮箱名

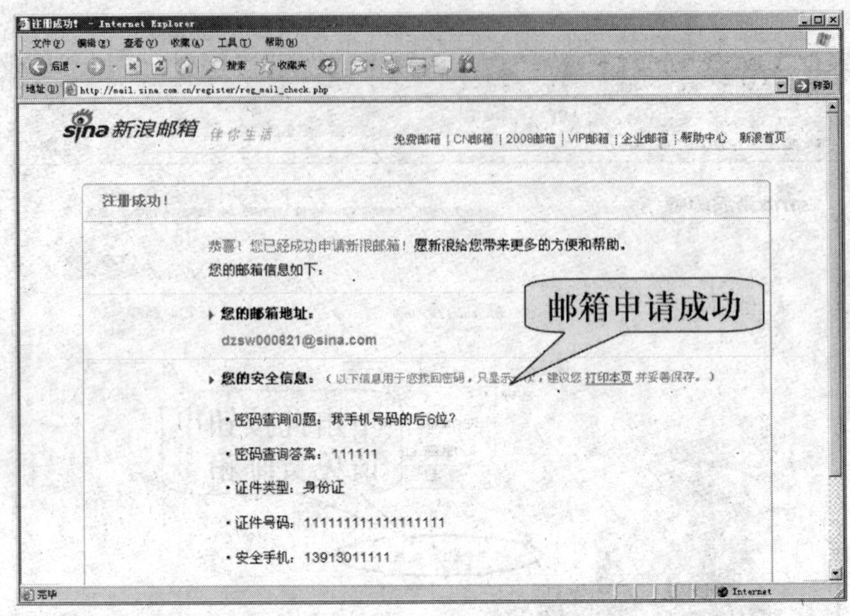

图 1—1—3　通过审核获得邮箱使用权

知识链接

1. 免费邮箱使用规定

为使资源得到有效利用，免费邮箱一般规定三个月（或 90 天）内至少登录一次，方式不限，否则邮箱将被冻结，邮箱内所保存的邮件将被全部删除；6 个月（或 180 天）内未使用过的免费邮箱将被注销使用权。不同运营商提供的免费邮箱的限制条件存在差异，申请时应注意了解这些限制。在商务活动中，最好使用收费邮箱。

2. 关于密码查询问题的设置

大多数用户在申请电子邮箱时常常忽视密码查询问题的设置这一步骤，且多数站点在申请邮箱时，对查询密码问题设置没有进行严格规定，为可选项。当申请用于商业用途的邮箱时，无论该选项性质如何，建议不要省略该选项。

技能训练

登录网易（http：//www.163.com）主页，申请一个 163（或 126）邮箱，邮箱名结构为“dzsw_ 学生姓名拼音字头 + 学号后两位”，完成邮箱申请后，使用新申请的邮箱给任课教师发送一封表明已完成邮箱申请的邮件。

思考与练习

1. 什么是 e－mail?

2. 电子邮件具有哪些特点？

3. 电子邮件有哪几种类型？

4. 利用电子邮件进行通信时，是否要求通信双方必须同时在线？为什么？

任务2　商务邮件的读写与发送

任务引入

完成邮箱的申请注册之后就可以利用邮箱读取、回复客户发来的邮件。本任务要求熟练使用 e - mail 处理商务邮件。

任务分析

要完成上述任务，首先应该登录邮箱，然后收取客户邮件，在读取客户邮件内容之后，撰写有针对性的邮件，并将此邮件回复至客户的电子邮箱中。

任务实施

商务邮件是企业业务活动中常见的业务文件，一方面，这是关系到企业在用户中形象的大事；另一方面，在业务往来中，电子邮件是一个重要的沟通工具，邮件中的措辞使用是否恰当，可能直接影响沟通的效果。

一、首先登录电子邮箱

以新浪邮箱为例，通过 Web 登录电子邮箱的一般步骤为：

步骤一：在浏览器地址栏中输入 http：//www. sina. com. cn 或 http：//mail. sina. com. cn，打开新浪网主页或新浪邮箱主页。

步骤二：在页面上的电子邮箱入口处填写登录名（即邮箱名）和密码。

步骤三：选择邮箱类型，一般默认邮箱类型为免费邮箱。

步骤四：单击【登录】按钮，如图 1—2—1 所示。

二、电子邮件的读写收发

1. 电子邮件的接收

进入申请电子邮箱的网站，登录电子邮箱，进入【收件夹（箱）】页面，即可看到系统自动接收的邮件。如需要也可以单击【收信】按钮，手动接收邮件，如图 1—2—2 所示。

2. 电子邮件的阅读

（1）在 Web 邮箱中阅读电子邮件

登录电子邮箱后，进入【收件夹（箱）】页面，左键双击要阅读的邮件主题，打开邮件

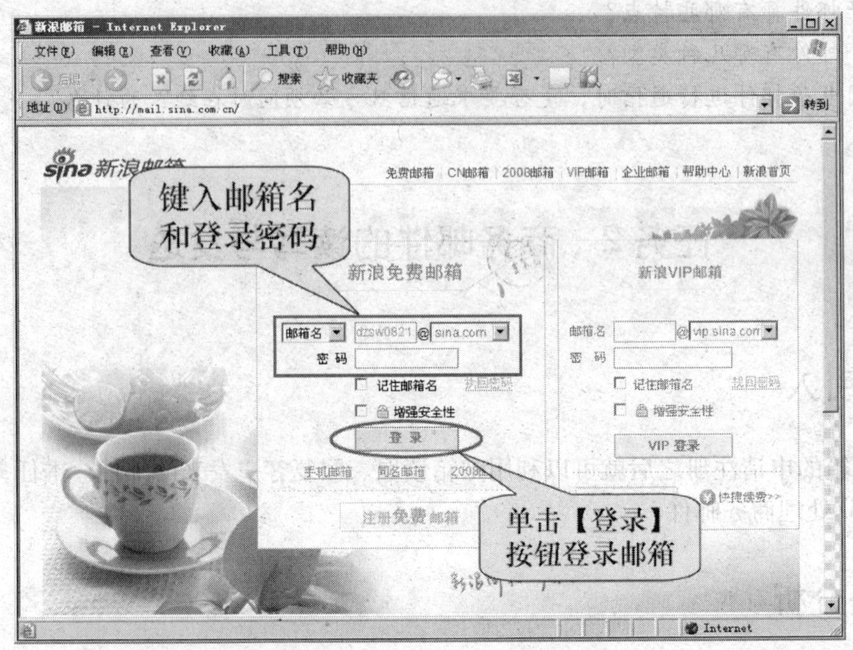

图 1—2—1　通过 Web 登录电子邮箱

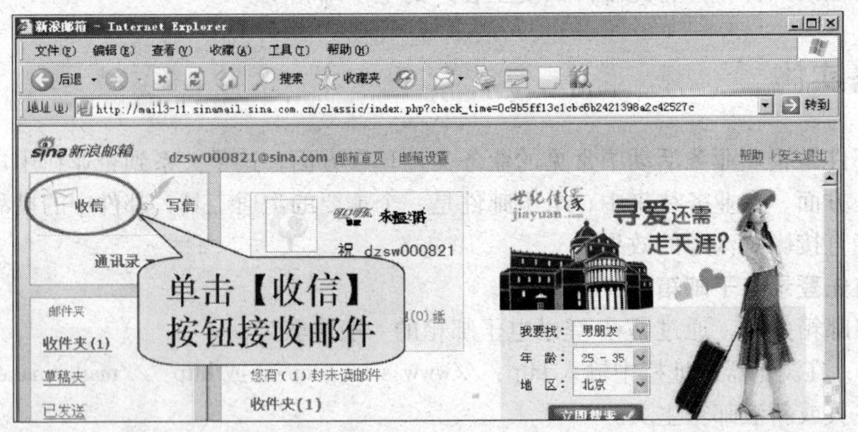

图 1—2—2　手动接收邮件

即可阅读；如邮件带有附件，左键双击附件，即可打开，如附件为压缩文件，则需先使用相应的解压缩软件对附件进行解压。

（2）在 Outlook Express 中阅读电子邮件

方法一：在预览方式下阅读邮件

在邮件列表中单击要阅读的邮件，邮件的正文将显示在预览窗口中，如图 1—2—3 所示。

【提示】由于电子邮件是目前网络病毒传播的主要渠道之一，大多数病毒是通过电子邮件的附件进行传播的，只要不轻易打开邮件的附件，受病毒感染的概率就会大幅下降。但目前已经出现加载在邮件正文中的病毒，这类病毒在打开邮件正文时就会感染用户的计算机，

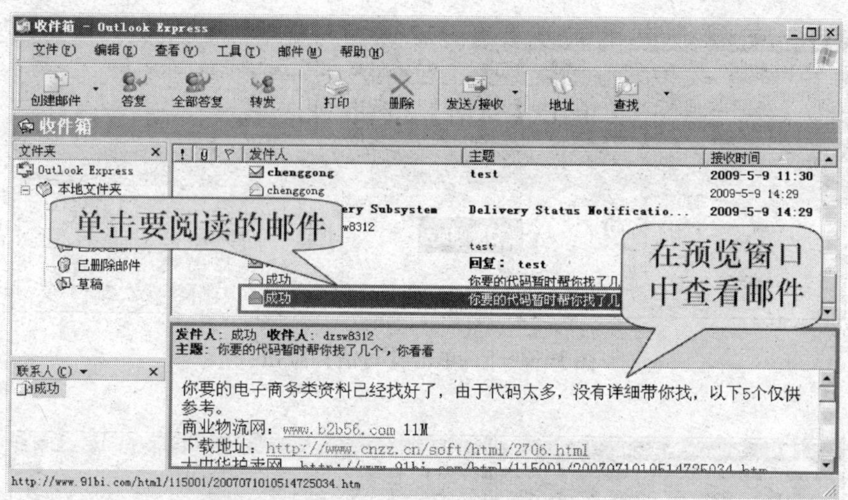

图 1—2—3　在预览方式下阅读邮件

但在预览状态下病毒一般不会被激活。所以对于不能确定来源的邮件不应轻易打开。由于我国目前尚未形成良好的电子邮件文化氛围，而在商务活动中，轻率删除一些不能确定来源的邮件可能导致失去一个新客户或一笔新业务，所以，通常可以在预览状态下查阅这种邮件，待确认邮件内容后再决定取舍。

方法二：打开邮件后阅读邮件

在邮件列表中，左键双击要阅读的邮件，邮件正文内容将在一个新窗口中显示出来，如图 1—2—4 所示。如邮件带有附件，在确认附件的安全性后，可以左键双击附件打开查阅。

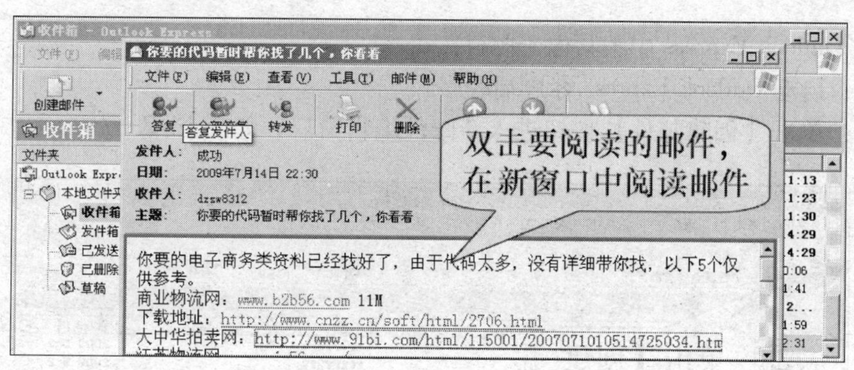

图 1—2—4　打开邮件后阅读邮件

3. 电子邮件的撰写

（1）在 Web 上编写电子邮件

步骤一：登录电子邮箱。

步骤二：单击【写信】按钮，如图 1—2—5 所示。

步骤三：添加收件人的 e - mail 地址和邮件主题，如图 1—2—6 所示。

图 1—2—5　单击【写信】按钮

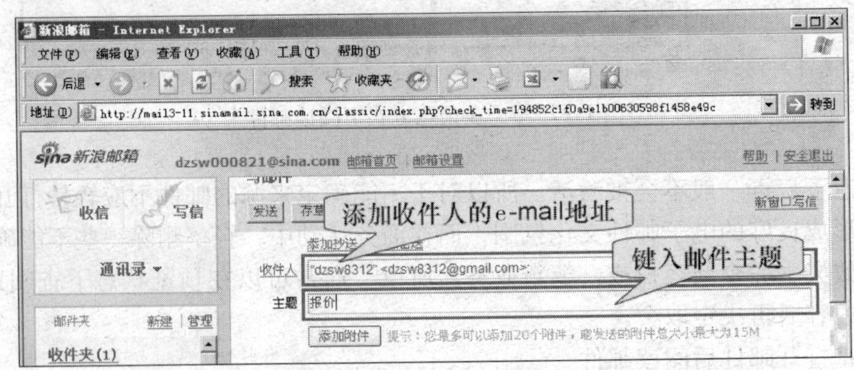

图 1—2—6　添加收件人的 e - mail 地址和邮件主题

步骤四：在邮件文本框内填写邮件正文，如需添加其他文件可以使用【添加附件】功能。

（2）在 Outlook Express 中编写电子邮件

步骤一：启动 Outlook Express 客户端程序。

步骤二：单击【创建邮件】按钮进入新邮件编辑窗口，如图 1—2—7 所示。

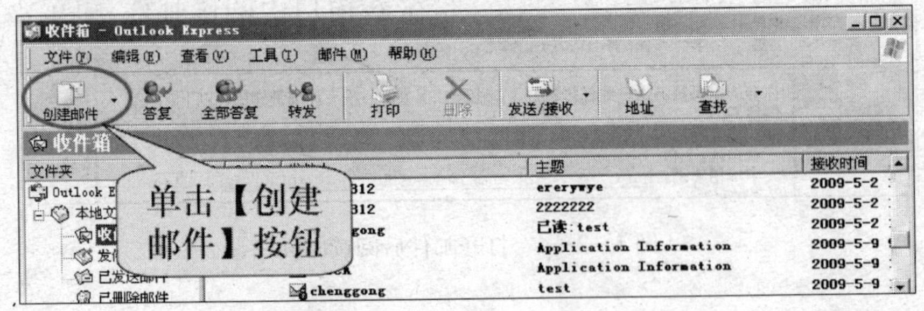

图 1—2—7　创建新邮件

步骤三：添加发件人、收件人邮箱和邮件主题，如图 1—2—8 所示。

步骤四：在邮件编辑窗口内编辑邮件正文，如图 1—2—9 所示。

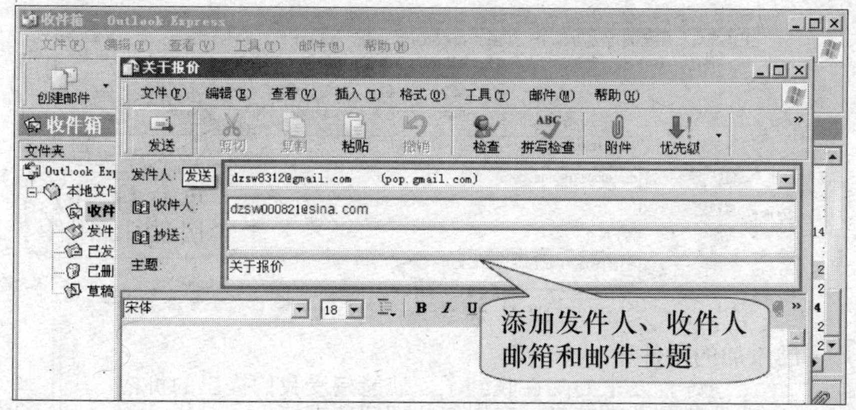

图 1—2—8 添加发件人、收件人邮箱和邮件主题

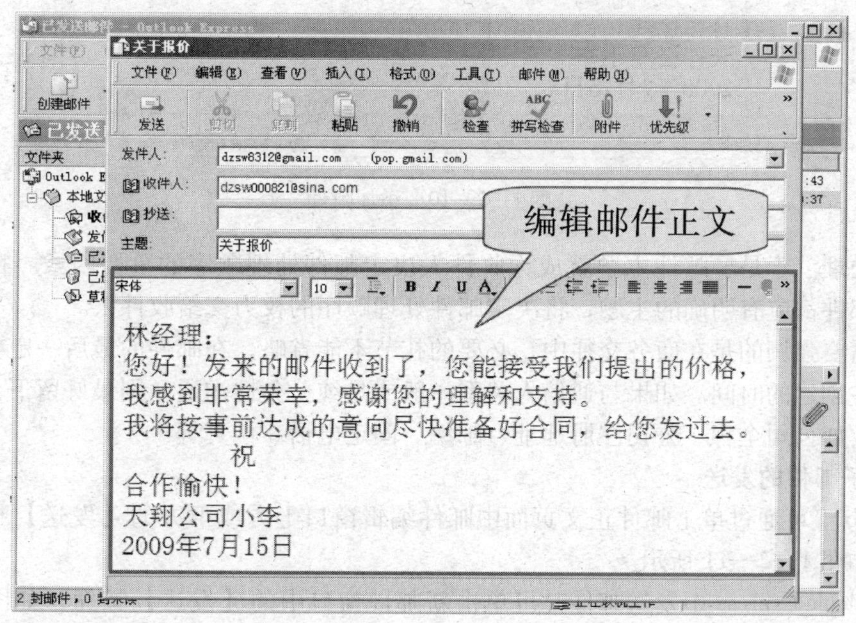

图 1—2—9 编辑邮件正文

步骤五：如需添加其他文件可使用添加附件功能，如图 1—2—10 所示。

【提示】在商务活动中，撰写邮件时必须注意书写规范，包括称谓、格式，正文的语气要根据收件人的不同身份以及邮件内容试图传递的信息加以表达。例如用于请示、汇报、征询意见和建议的邮件应使用诚恳、谦逊的语气；用于交易磋商的邮件应与发件人在谈判磋商中所处的地位协调，比如谈判中处于强势地位的一方，语气表达可以张扬一些，以巩固在磋商谈判中的优势等。

邮件主题用于告知收件人邮件要传达信息的内容或目的，必须简明扼要。在商务活动中，人们每天可能要处理许多的电子邮件。对收件人来说，不同邮件的重要性各不同，如果每封邮件都一一浏览，需要花费许多时间。所以，许多收件人都习惯于通过邮件主题来判断邮件的重要性，在时间较紧时，只浏览自己认为重要的邮件，对于一般性邮件通常会放到有

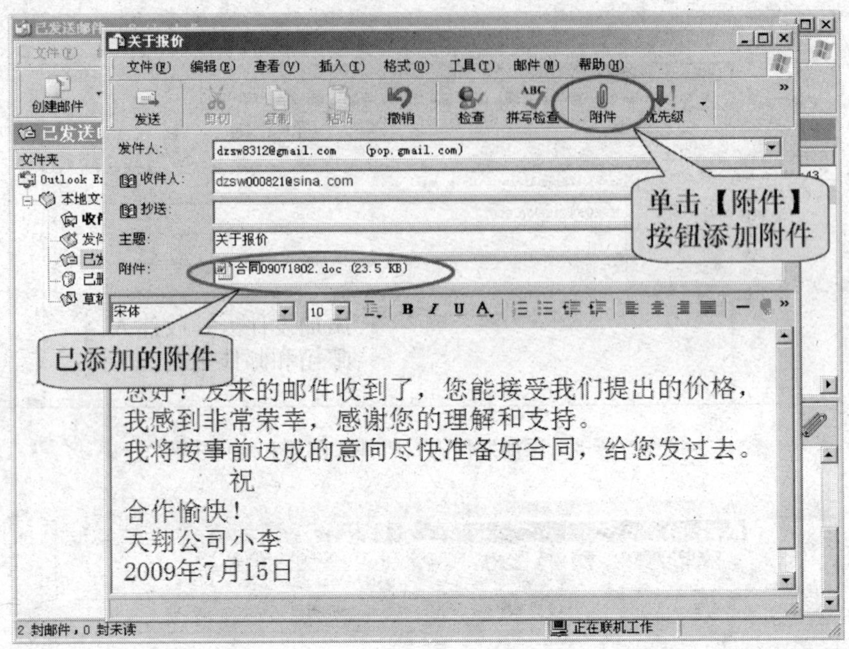

图 1—2—10　添加附件

时间时再处理。于是，邮件主题就成为收件人决定邮件处理顺序的重要因素。在商务活动中，每封邮件都应有明确的主题，将决定邮件处理顺序的权力交给收件人。

特别需要强调的是在商务交往中，必要的礼节不能省略，在邮件的最后一定要有发件人签名和邮件创建的时间。如果与通信人关系一般或是纯公务性沟通，则最好留下公司的详细联络方式，如公司全称、公司注册地址、邮编、固定电话、传真等。

4. 电子邮件的发送

在 Web 上可通过单击邮件正文页面中邮件编辑窗口上方或下方的【发送】按钮立即发送邮件，如图 1—2—11 所示。

在 Outlook Express 中发送邮件时可单击新邮件窗口中的【发送】按钮，如图 1—2—12 所示。

若要发送保存在【发件箱】中的待发送邮件，可以打开【发件箱】，选中要发送的邮件，单击工具栏中的【发送/接收】按钮，在下拉菜单中选择发送该邮件的邮箱发送邮件，如图 1—2—13 所示。

若【发件箱】中有数封待发邮件，则选择工具栏【发送/接收】下拉菜单中的【发送全部邮件】选项，即可将全部待发邮件都发送出去，如图 1—2—14 所示。

5. 电子邮件的回复与转发

（1）邮件的回复

在收到邮件后，可以利用电子邮箱提供的回复功能，直接进行回复，无须重新创建新邮件。在 Web 上回复邮件的步骤是：单击阅读邮件窗口上方的【回复】按钮，编辑回复邮件，单击【发送】按钮，发送回复邮件，如图 1—2—15 所示。

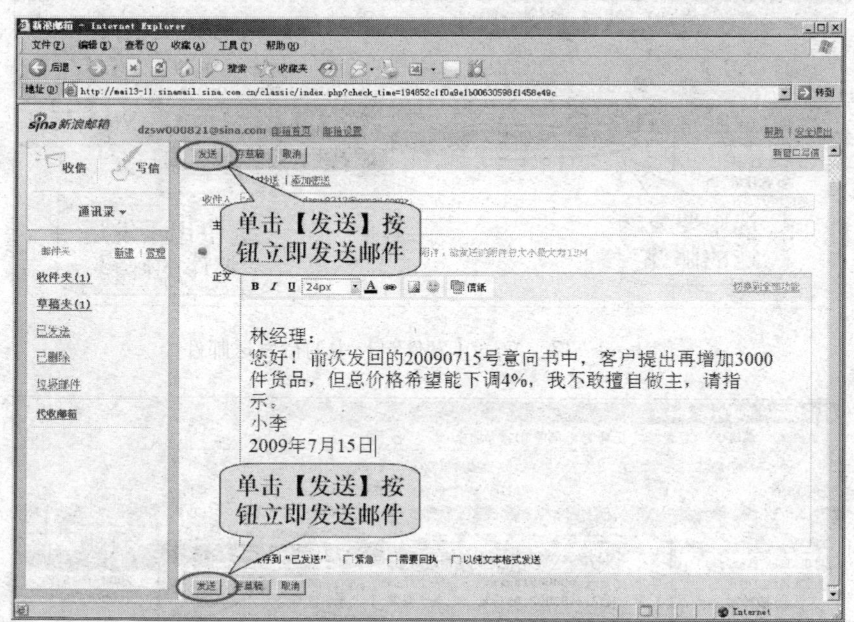

图 1—2—11　在 Web 上发送邮件

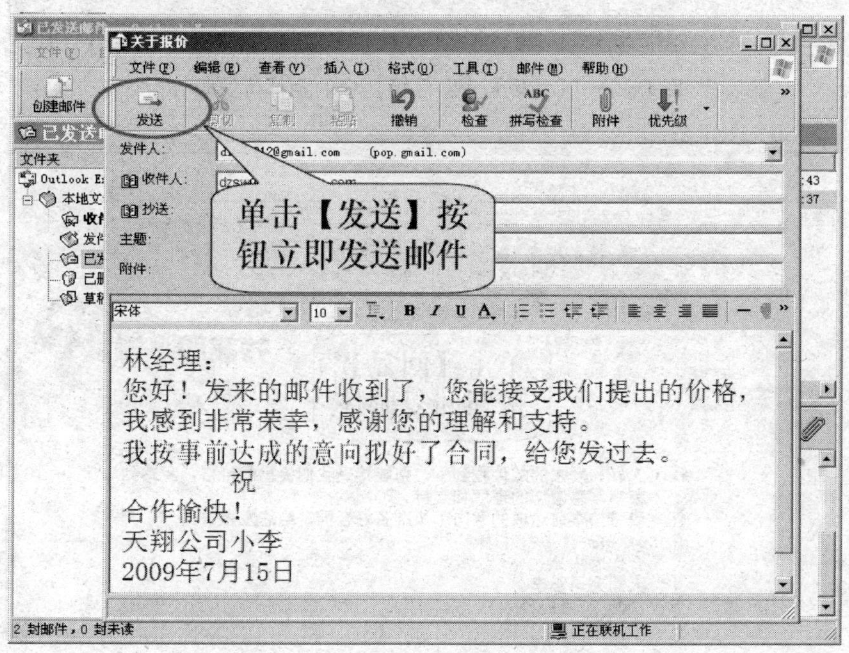

图 1—2—12　在 Outlook Express 中发送邮件

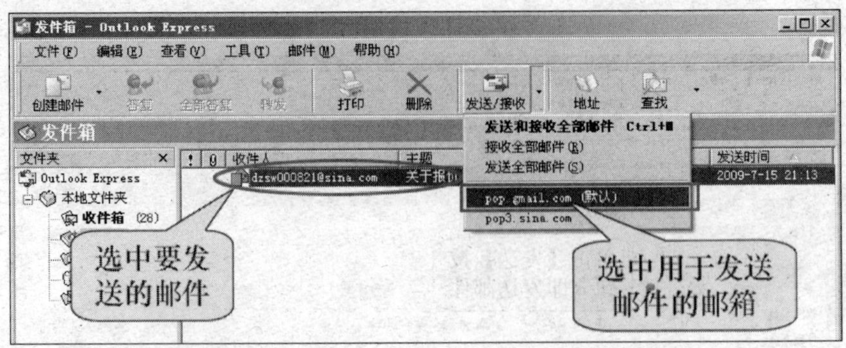

图 1—2—13　发送【发件箱】中的待发送邮件

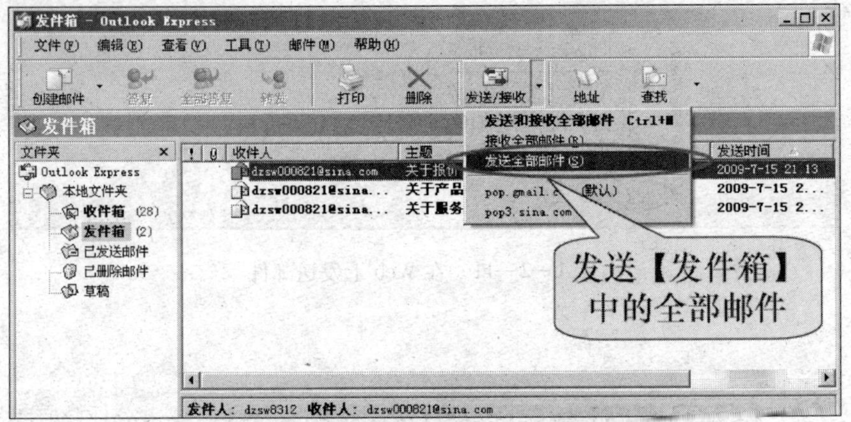

图 1—2—14　发送【发件箱】中的全部待发邮件

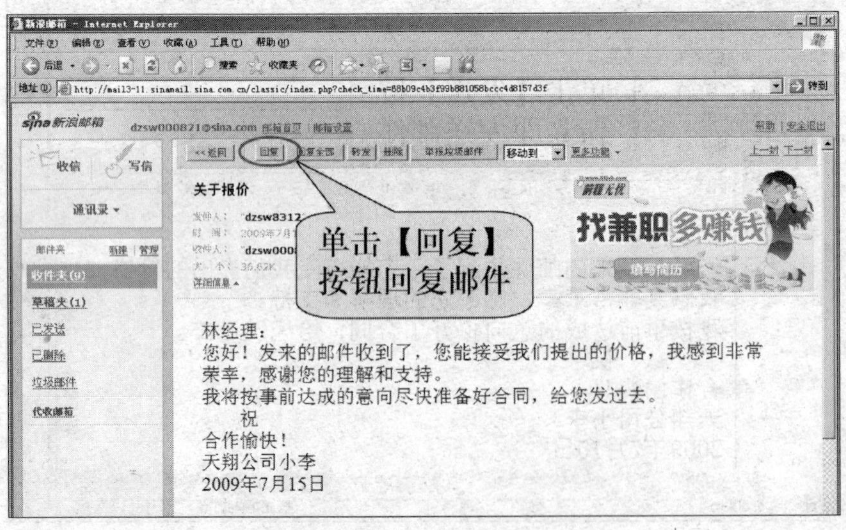

图 1—2—15　在 Web 中回复邮件

在 Outlook Express 中回复邮件的步骤如下：启动 Outlook Express，选中要回复的邮件，单击 Outlook Express 工具栏上的【答复】按钮，打开邮件编辑窗口；或打开要回复的邮件，单击邮件编辑窗口中工具栏上的【答复】按钮，编辑回复邮件。邮件编辑完成后单击【发送】按钮，发送回复邮件。如图 1—2—16、图 1—2—17 所示。

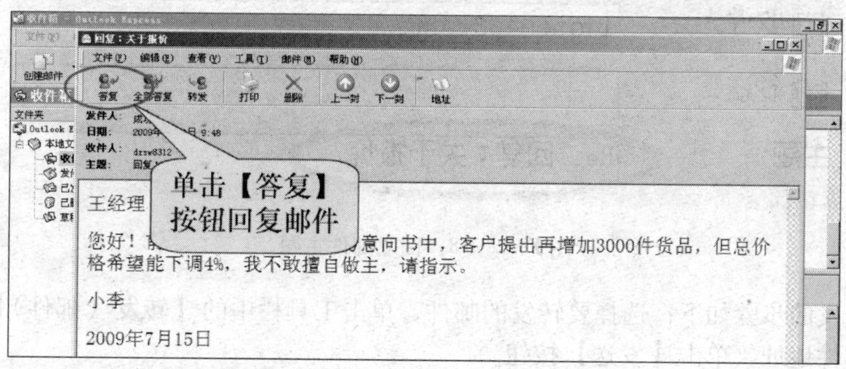

图 1—2—16　在 Outlook Express 中回复邮件

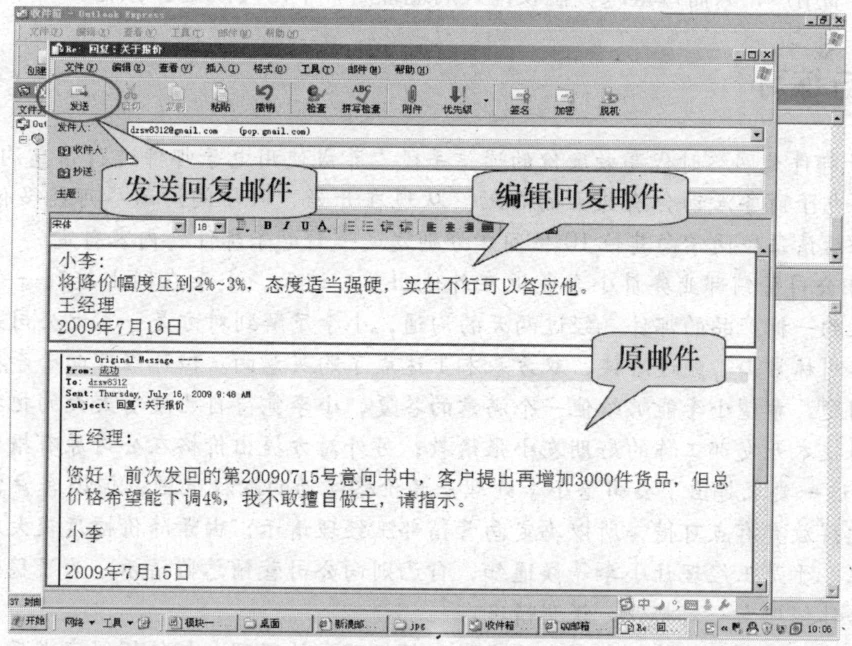

图 1—2—17　编辑和发送回复邮件

在回复邮件时，原发件人自动变为收件人，其 e－mail 地址自动填入收件人栏中，回复邮件的主题则是在原邮件主题前面加上“回复”或“Re”字样，如图 1—2—18 所示。

在回复邮件时，可以包含原邮件的正文内容，也可以不包含该内容，默认情形下为包含，但不包含原邮件的附件。一般来说，在业务磋商过程中的邮件建议保留原邮件的正文内容，这样可以比较好地反映出整个业务磋商活动的完整过程。

（2）电子邮件的转发

如果需将邮件转发给其他用户或朋友，可以利用 Web 邮箱或 Outlook Express 提供的转发功能，将收到的邮件直接转发出去，无须重新编辑邮件。

发件人:	dzsw8312@gmail.com (pop.gmail.com)
收件人:	litong@163com
抄送:	
主题:	Re: 回复：关于报价

图 1—2—18 回复邮件主题

邮件转发的步骤如下：选择要转发的邮件，单击工具栏中的【转发（邮件）】按钮，添加收件人邮件地址，单击【发送】按钮。

在转发邮件时，邮件处于编辑状态，这时可以对邮件的内容进行修改和编辑。如果将邮件转发给多个用户，只需每键入一位收件人的地址后，单击【发送】按钮。

思考与练习

1. 电子邮件是网络时代高效廉价的通信手段，养成使用电子邮件进行信息沟通的习惯，对今后从事电子商务活动会有极大的帮助。从现在开始，同学间沟通尽可能多使用电子邮件。本次课后请每位同学向其他 10 位同学分别发送一封电子邮件，内容自定。

2. 天翔公司营销部业务员小李最近在外地出差。这天，小李在网上接到一个新客户有意向公司采购一批产品的邮件。经过两天的沟通，小李了解到对方是一家大公司采购部的采购经理，名叫林常山。经过洽谈，双方基本上达成了购买意向。但林经理向小李提出了几个技术上的问题，希望小李能够给他一个满意的答复，小李觉得自己没有太大的把握，所以打算向在公司技术开发部工作的好朋友小张请教；另外对方提出价格在公司原有报价基础上再降低 8%，这一要求超出了公司给小李处理产品价格浮动的授权范围，但因客户需求量比较大，小李觉得放弃有点可惜，所以决定向营销部王经理请示；由于降价幅度较大，王经理不敢擅自做主。于是王经理让小李等候通知，自己则向公司营销总监请示。为了稳住客户，小李决定先给林经理发一封邮件，说明情况。

要求：请撰写三封邮件，分别发给小张、王经理和林经理。邮件撰写完成后发送到任课教师指定的邮箱中。

任务 3 商务邮件的群发

任务引入

在许多业务活动中，需要同时向多个客户发送同一份邮件，如果逐个发送，需要花费较多的时间和精力，这时可以通过邮件群发来提高邮件发送的效率。

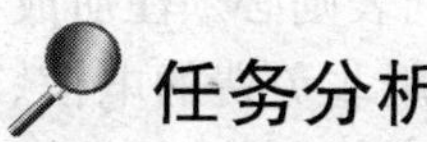

任务分析

常用的邮件群发方法有 4 种：直接发送、通过联系人组发送、使用邮件列表发送和使用专用邮件群发工具发送。

任务实施

1. 直接发送邮件

在收件人栏中，直接添加多个用户的 e－mail 地址，每个地址用分号或逗号分开，当单击【发送】按钮后，该邮件将同时发送给这些用户。此方法适用于同时向少量客户发送一封邮件的情况，当要发送的用户数量较多时就比较耗时耗力。

2. 通过联系人组发送邮件

将要发送邮件的用户创建为一个联系人组，然后向该组发送邮件。也可以在选定要发送的收件人群或组后，采用【抄送】或【暗（密）送】的方式进行群发。

当要发送邮件的用户较多时，采用这种方法操作简便，发送邮件的效率也大大提高。

从实际应用情况来看，邮件发送情况虽较前一种方法有所改进，但仍无法完全解决当联系人组中包含较多用户时因服务器超时而导致邮件发送失败的问题。

3. 使用邮件列表发送邮件

邮件列表是网络营销中常用的一种重要工具，是 Internet 上的一种通过电子邮件进行专题信息交流的网络服务，用于各种群体之间的信息交流和信息发布。邮件列表具有传播范围广的特点，可以向 Internet 上数十万个用户迅速传递消息，传递的方式可以是主持人发言、自由讨论和授权发言人发言等。邮件列表具有使用简单方便的特点，只要能够使用 e－mail，就可以使用邮件列表。一般电子邮件的发送都是“一对一”或“一对多”，邮件列表中可以实现“多对多”通信。邮件列表的类型分为公开、封闭、管制三种。

公开是指任何人都可以在列表里发表信件，如公开的讨论组、论坛。

封闭是指只有邮件列表里的成员才能发表信件，如同学通讯录、技术讨论。

管制是指只有经过邮件列表管理者批准的信件才能发表，如产品信息发布、电子杂志等。

对于需要经常性向大量客户发送业务邮件的用户，可以通过申请邮件列表服务方式进行邮件群发。使用邮件列表发送邮件可以直接在线发送，也可以通过电子邮件客户端工具发送，比如使用 Outlook Express。使用邮件客户端工具群发邮件时，只需在【收件人】栏中键入邮件列表的名称，然后发送即可。

建立邮件列表可以使用自己的服务器，也可以使用网上的邮件列表平台。目前国内提供免费邮件列表服务的站点中，较著名的有希网（http：//www.cn99.com）等。用户可以先在线申请高级用户，然后通过站点的邮件列表系统创建自己的免费邮件列表。

下面以希网邮件列表为例，介绍邮件列表的申请和使用方法。

（1）申请高级用户

登录希网主页申请成为基本用户即可订阅邮件列表，但要想创办邮件列表则必须注册成为高级用户。申请基本用户可以使用免费电子邮箱，申请高级用户必须使用非免费的电信、政府网或教育网的电子邮箱。

1）在希网主页中单击【新用户注册】按钮，如图1—3—1所示。

图1—3—1　新用户注册

2）填写注册表单并提交，如图1—3—2所示。如果仅需要订阅邮件列表，则选中【我只需接收邮件】，单击【确定】按钮，完成普通用户注册。其中e－mail栏中接收邮件的电子邮箱可以是免费邮箱，也可以是收费邮箱，一般建议使用收费邮箱。

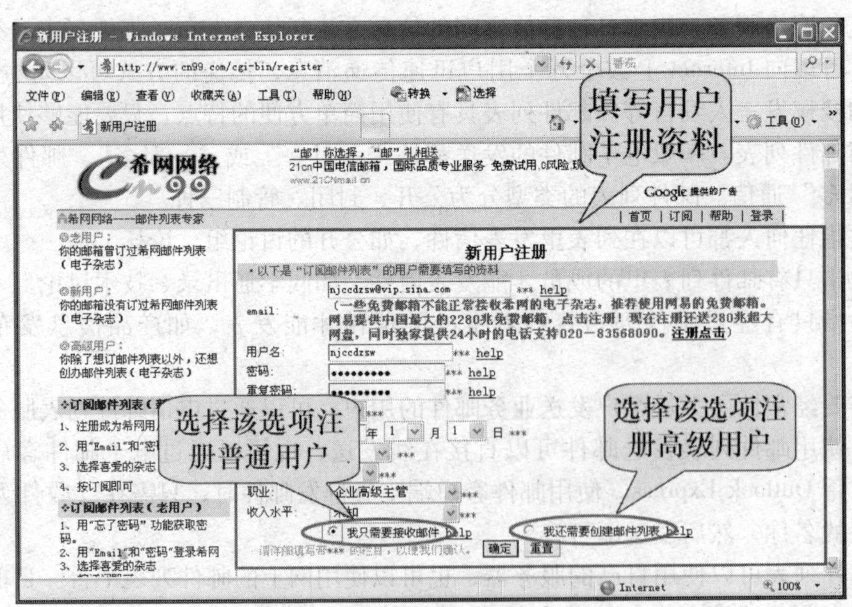

图1—3—2　填写注册表单

如果需要注册高级用户，则需选中【我还需要创建邮件列表】，这时系统会提示必须使用“非免费的电信、政府网或教育网”的电子邮箱，否则将无法通过验证，同时在下方显示高级用户需填写的相关选项，如图1—3—3所示。

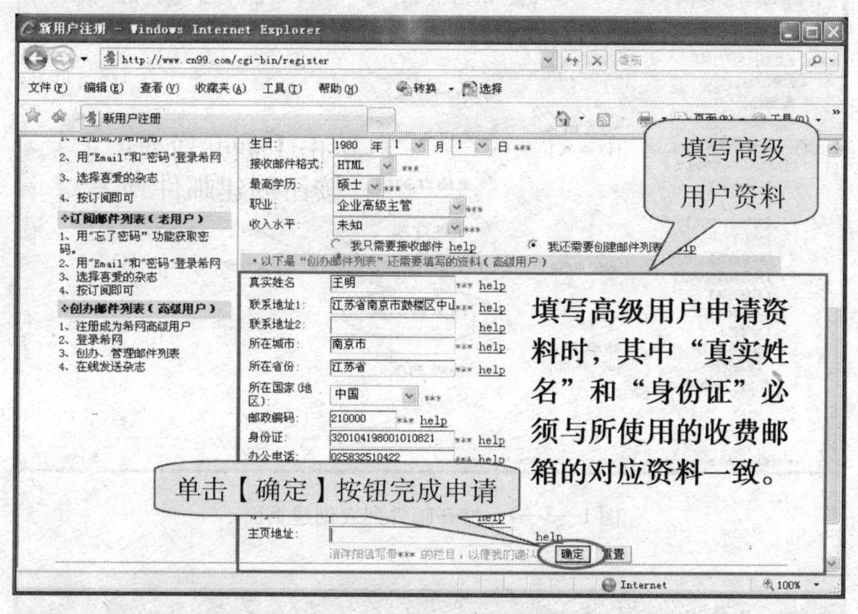

图1—3—3 填写高级用户资料

由于系统采用向注册使用的收费邮箱进行身份认证的方式验证申请的合法性，所以，所填写资料中的“真实姓名”和“身份证”号码必须与收费邮箱注册时填写的资料完全相同，否则将无法通过验证。

3）单击【确定】按钮后，系统自动向注册使用的邮箱发送一封确认信，并提示用户查收该邮件和进行确认。只有当用户发出确认信息后，所注册的账号才能被激活。

确认信中包含账号确认步骤、用户提交资料清单和【我要确认】按钮。单击【我要确认】按钮，完成注册确认，至此完成高级用户注册。

（2）创建邮件列表

1）登录希网主页，使用e-mail和口令通过会员登录窗口登录邮件列表管理中心。

2）在邮件列表管理中心中，单击【创办新列表】按钮，打开邮件列表创建页面，如图1—3—4所示。

按要求填写邮件列表代码、邮件列表名称、邮件列表类型、发行周期、订阅方式等内容，单击【确定】按钮完成邮件列表的创建。

（3）管理邮件列表

邮件列表的管理主要包括获取订阅代码、修改列表配置、获取列表订户、在线发信、批量订阅和删除列表订户。

管理邮件列表的方法是：在邮件列表管理中心，单击【管理列表】按钮，如图1—3—5所示。

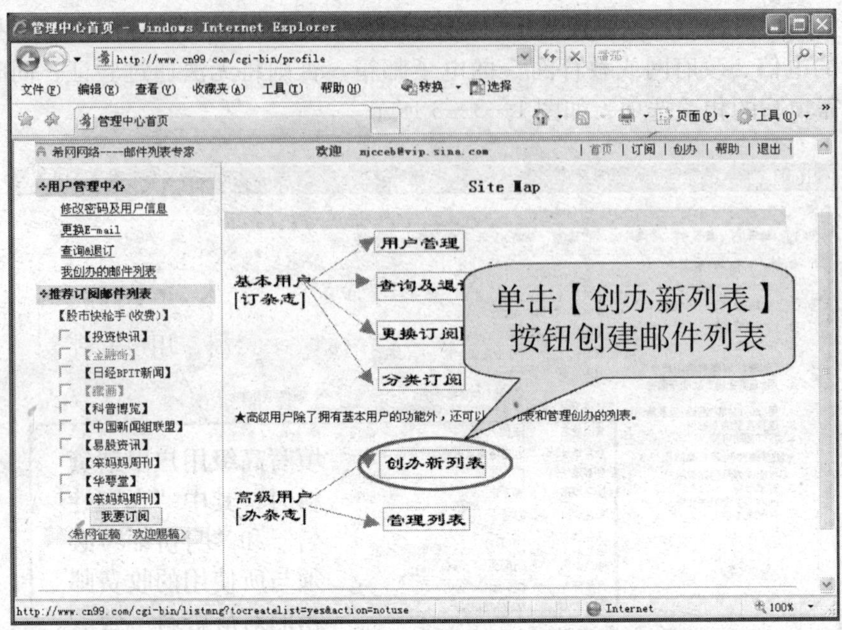

图 1—3—4　打开邮件列表创建页面

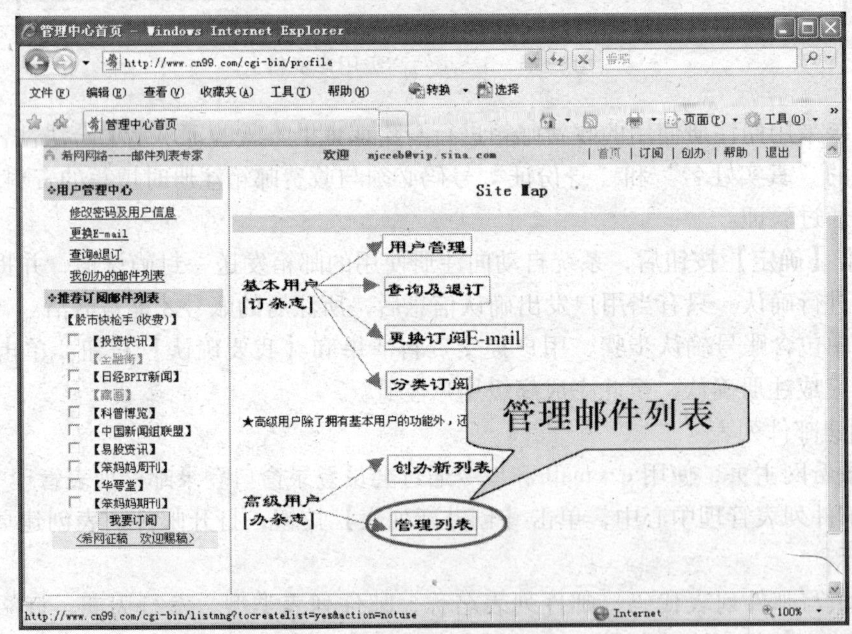

图 1—3—5　单击【管理列表】按钮打开列表管理页面

在打开的邮件列表页面中选中一个邮件列表代码，单击【管理选中的列表】按钮，如图 1—3—6 所示。打开选中的邮件列表页面，在该页面中进行邮件列表操作，如图 1—3—7 所示。

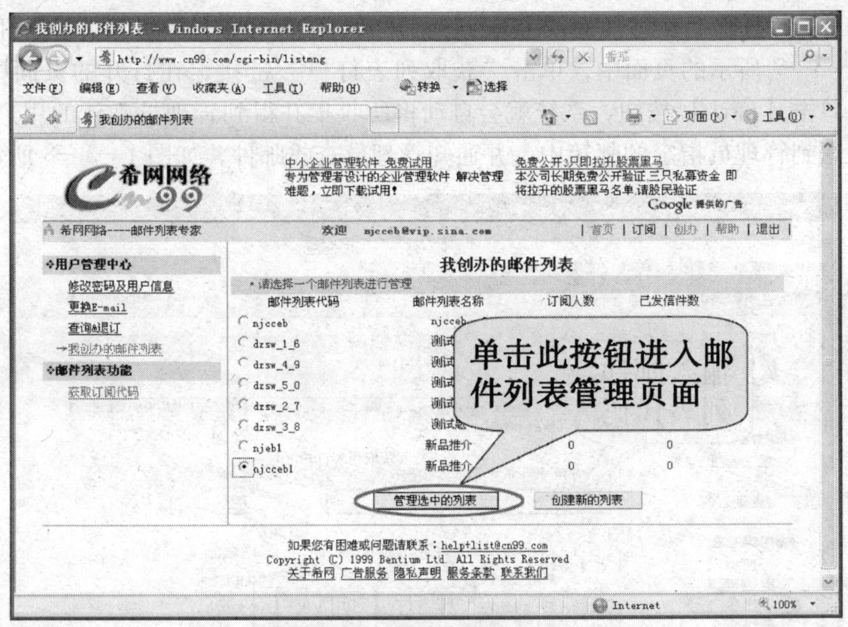

图 1—3—6　单击【管理选中的列表】按钮

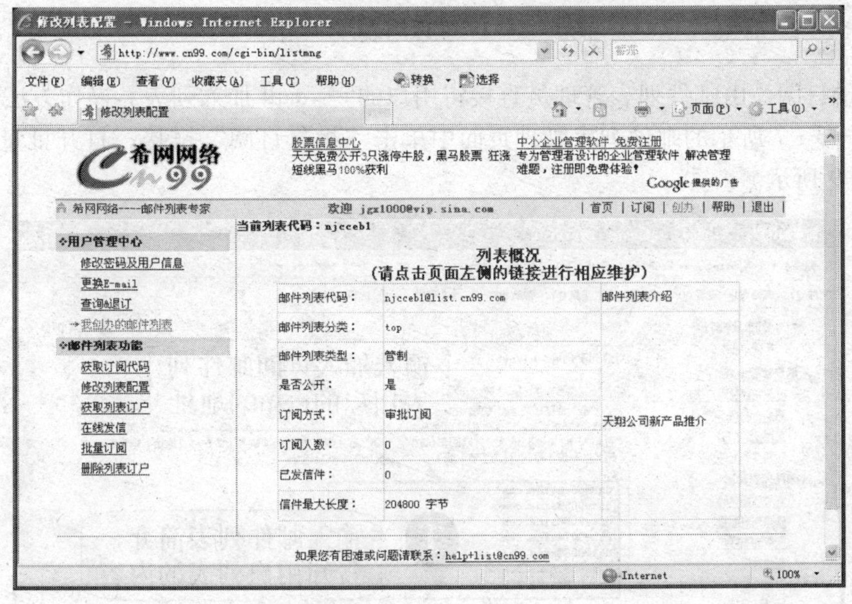

图 1—3—7　管理选中的邮件列表页面

1）获取列表订户操作。普通用户可以直接在希网站点上订阅邮件列表。如果邮件列表中【订阅方式】设置为“公开”，则只要用户订阅了该邮件列表，系统就会自动将用户的 e - mail加入到列表中；如果邮件列表中【订阅方式】设置为“审批订阅”，则用户订阅该邮件列表后，系统会自动收集用户的 e - mail，并以电子邮件方式通知邮件列表管理员对用户的“订阅”资格进行审核。审核通过的用户的 e - mail 会在需要的时候发送到邮件列表管理员指定的邮箱中。邮件列表管理员获取订阅邮件列表用户的 e - mail 的方法如下：

在图 1—3—7 所示的页面中，单击“获取列表订户”链接，在打开的页面中输入邮件列表代码，单击【确认】按钮，系统就会自动将所收集并得到管理员确认的用户的 e - mail 地址清单发送到管理员指定的邮箱中，并通知管理员查收邮件，如图 1—3—8 所示。

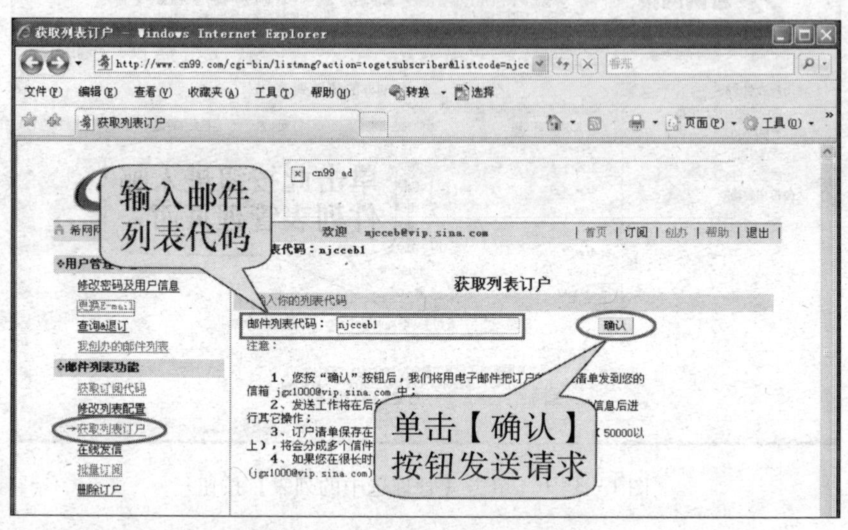

图 1—3—8　获取列表订户操作

2）批量订阅。由邮件列表管理员直接将用户的 e - mail 加入列表。操作方法如下：

在图 1—3—7 所示的邮件列表管理页面中单击“批量订阅”链接，打开批量添加页面，如图 1—3—9 所示。

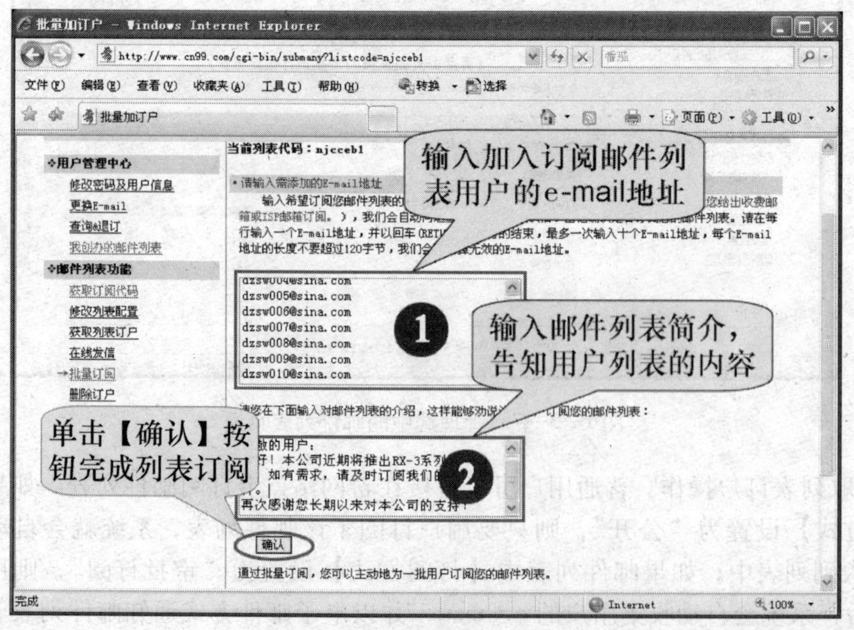

图 1—3—9　批量添加用户页面

邮件列表管理员可以将事先准备的用户的 e－mail 地址输入到图 1—3—9 中的文本框①中，在文本框②中输入邮件列表的简介，向用户说明邮件的意义和发送该邮件的目的，增强用户对邮件的认同感，添加完毕后单击【确认】按钮。这时系统会自动向列表中所有有效的 e－mail 发送一封确认信，待用户确认后将其加入列表。

如果需要添加的 e－mail 较多，可以分几次添加。

（4）利用邮件列表群发邮件

创建邮件列表和获取列表订户后，就可以在需要的时候向列表中的用户发送邮件了。发送邮件时可以登录希网在线发送，也可以通过 Outlook Express 等电子邮件客户端工具发送。

以注册用户身份登录希网，进入邮件列表管理中心，在图 1—3—7 所示页面中，单击“在线发信”链接。键入邮件主题，撰写邮件后，单击【立即发送】按钮，即可向列表中的用户发送邮件，如图 1—3—10 所示。

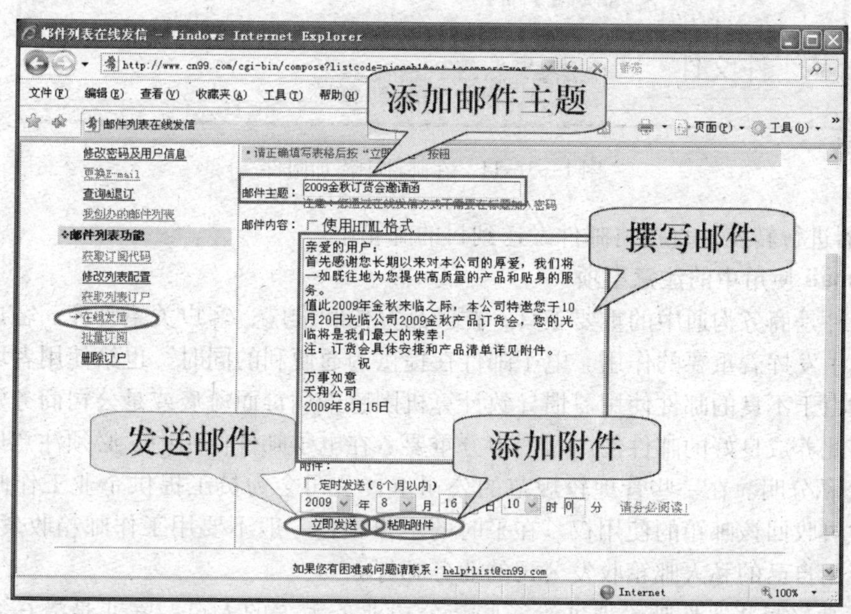

图 1—3—10　在线发送邮件

如需添加附件，可以单击【粘贴附件】按钮，在打开的页面中，单击【浏览】按钮，选中附件文件，单击【粘贴】按钮，将附件文件插入邮件中，单击【完成】按钮后，在下方的文本框中会显示出插入附件的文件名和文件格式，如图 1—3—11 所示。

如果不想马上发送，可以设置要发送的时间，让系统定时发送。

4. 使用专用邮件群发工具发送邮件

使用专用邮件群发工具发送邮件的最大好处是便于管理。发送邮件之前先将要发送邮件的 e－mail 地址整理成文件，发送邮件时直接调用该文件即可。常用的邮件群发工具如 Diffondi Cool、TMS 全球邮件特快专递（Turbo Mail Sender）等。

Diffondi Cool 支持 HTML 等格式，可以同时连接多个 SMTP 邮件服务器，操作简单，发送速度快。使用 TMS 全球邮件特快专递，不需要用户有任何邮件账号，只要将计算机接入 Internet，就可以向全世界任何邮箱发送匿名或非匿名邮件，而且邮件传输不需要任何中继

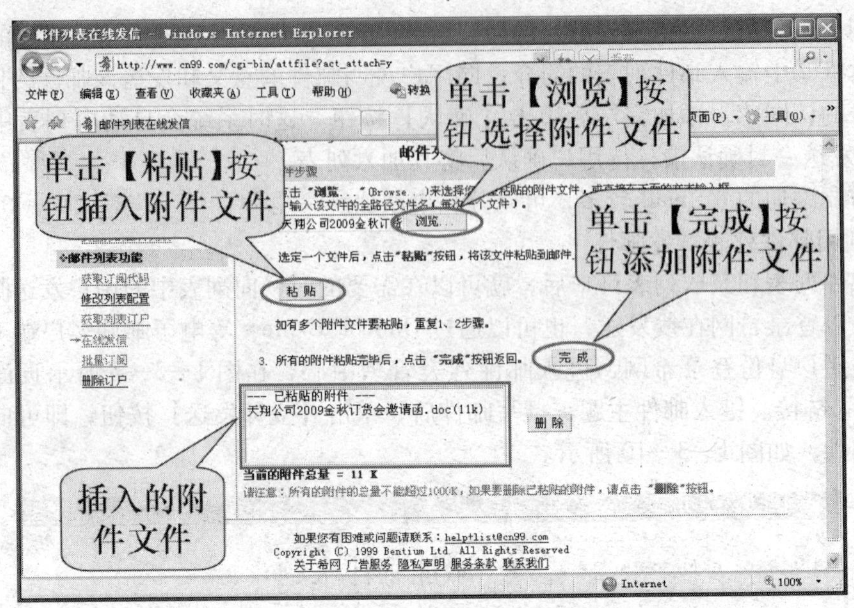

图 1—3—11　在邮件中添加附件

SMTP 服务器进行转发，直接将邮件发送到目的邮箱中。

5. e－mail 使用中的注意事项

电子邮件是商务沟通中的重要工具，在产品宣传和推广、客户关系管理、客户服务和日常业务交往中发挥着重要的作用。电子邮件在提供沟通便利的同时，也给使用者增添了不少烦恼，比如由于不良的邮件使用习惯导致计算机因感染病毒而瘫痪或是公司商务资料被他人窃取等。因此养成良好的邮件使用习惯十分重要。在电子邮件使用中，必须注意以下问题：

（1）公私分明。在一些管理较规范的公司里，公司会为员工提供企业工作邮箱，员工离开公司时再收回该邮箱的使用权。在平时的工作中，一般不要用工作邮箱收发私人邮件，也尽量不要用自己的私人邮箱收发公司的业务邮件。

（2）不要轻易将工作邮箱地址给一些与公司业务无关的人员，除非是潜在客户、关系户或合作伙伴。

（3）尽可能缩短 e－mail 正文，切忌长篇大论。对于较长篇幅的邮件可分为几个邮件发送或在正文中只列出文件要点，将全文添加到附件当中，将是否阅读全文的权力交给收件人。

（4）如非必需，慎用“回复所有人”功能，避免打扰更多的人。切记 e－mail 只发送给与其直接相关的人。

（5）重要的商务邮件在发送或回复时，如非特殊情况，发送邮件时应给直属上司和与邮件内容相关的部门或人员抄送一份，以便让其了解自己工作的进展情况，这样也可以避免一些事后矛盾，有利于团队成员间的工作协调。

（6）注意把握好邮件“抄送”和“密（暗）送”功能使用的基本原则。“抄送”和“密（暗）送”功能都是在发送邮件的同时，将邮件发送给“抄送”和“密（暗）送”的对象。“抄送”和“密（暗）送”的对象可以是一个人，也可以是多人。“抄送”和“密

（暗）送”的差别是在将邮件“抄送”多人时，收件人相互之间可以看到对方的 e - mail 地址，而使用“密（暗）送”时，收件人只能看到发件人的 e - mail 地址，看不到其他收件人的地址。基于这一特点，一般地，公司或团队内部使用“抄送”，而对用户则使用“密（暗）送”。总之，必须充分尊重用户的隐私权。

（7）如果使用 Outlook Express 一类的电子邮件客户端工具收发邮件，若无特殊需要，尽量使用纯文本邮件客户端，这样可以有效防止钓鱼程序和病毒的侵扰。不要随便打开附件，特别是不明邮件的附件。

（8）使用 Web 邮箱应注意电子邮件服务商随时会更新邮箱功能和邮箱的 Web 界面，用户应及时调整使用习惯，适应这种改变。

思考与练习

接收任课教师发送到每位学生信箱中的邮件，并将该邮件添加自己的内容（内容自定），然后转发［密（暗）送］给三位同学。注意邮件格式的完整性和邮件撰写礼仪。

模块二

电子邮件的管理

任务1 Outlook Express 中邮件账户的设置

任务引入

对电子邮件进行全面管理可以利用专用的电子邮件客户端软件来实现，本任务要求能够利用 Outlook Express 软件设置电子邮箱账户和新闻组账户。

任务分析

在 Outlook Express 中进行邮件账户设置主要包括设置邮箱显示名、邮箱的 e－mail 地址、收发邮件的服务器类型、收发邮件的服务器名以及邮件服务器安全设置等。在设置中应注意不同的电子邮件服务商提供的电子邮箱服务在设置上存在一定差异，所以设置前必须弄清楚所申请的电子邮箱的设置要求，这些要求一般在电子邮件服务商提供的 FAQ 中有明确的表述。

任务实施

获得电子邮箱的使用权后，用户就可以通过 Web 方式登录邮件服务器，并在邮件服务器上进行邮件操作。但在许多情况下，人们希望在本地计算机上操作电子邮件，这时就需要将存放在邮件服务器上的邮件下载到本地计算机中，或将在本地计算机中编辑好的电子邮件发送到邮件服务器上。这种安装在本地计算机中，用来接收、发送和管理电子邮件的应用程序称为电子邮件客户端软件或电子邮件客户端程序。由微软开发并集成在 Internet Explorer（IE 浏览器）中的 Outlook Express 就是一款高效的电子邮件客户端软件。

一、启动 Outlook Express

左键双击桌面上 Outlook Express 快捷图标启动 Outlook Express，如图 2—1—1 所示，也可以通过如图 2—1—2、图 2—1—3 所示的操作启动。

图 2—1—1　启动 Outlook Express 方法（一）

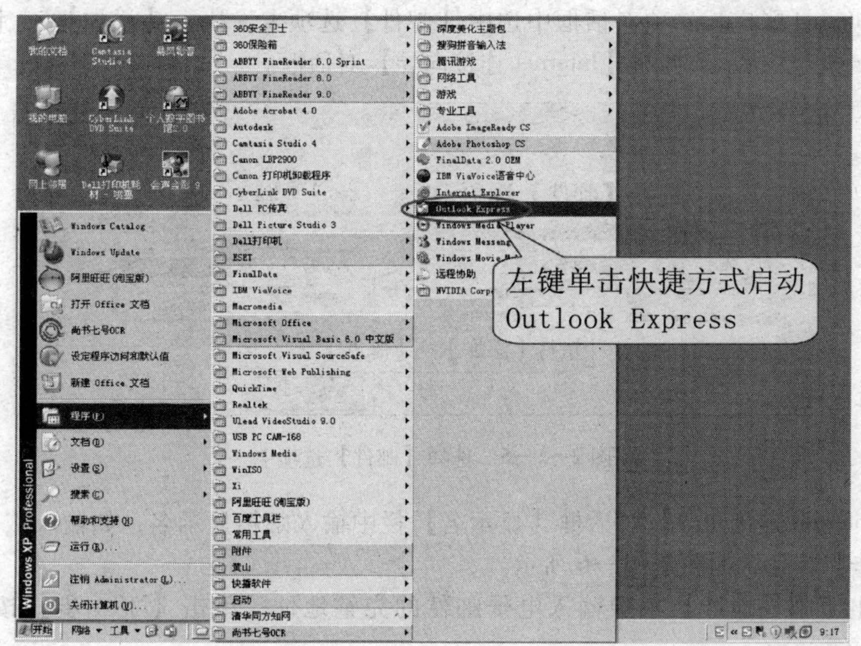

图 2—1—2　启动 Outlook Express 方法（二）

图 2—1—3　启动 Outlook Express 方法（三）

二、在 Outlook Express 中设置电子邮箱账户

执行【工具】→【账户】命令，进入图 2—1—4 所示界面。

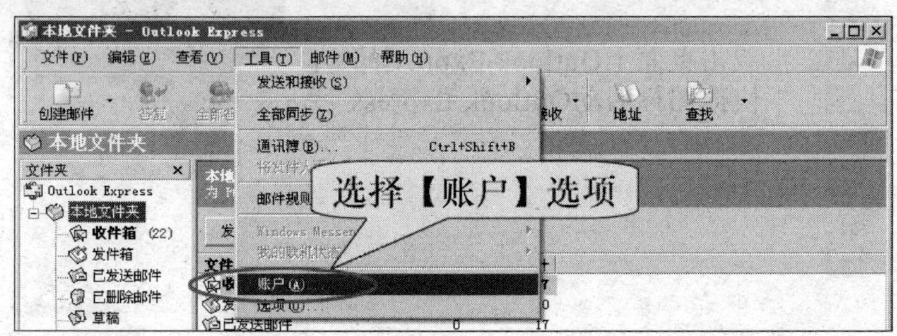

图 2—1—4　执行【账户】命令

在【Internet 账户】选项对话框中选中【邮件】选项卡，执行【添加】→【邮件】命令，如图 2—1—5 所示，打开【Internet 连接向导】对话框。

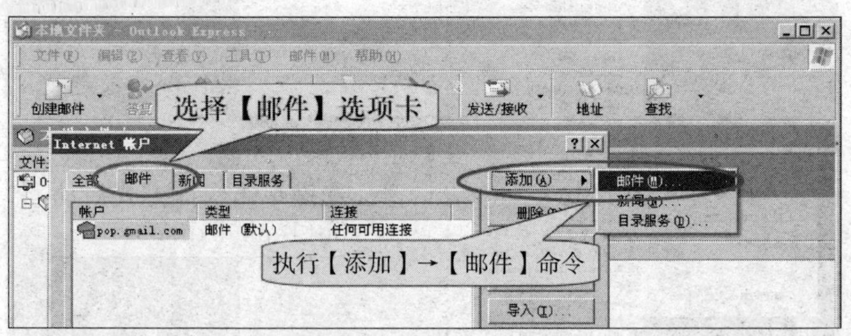

图 2—1—5　选择【邮件】选项卡

在【Internet 连接向导】对话框【显示名】栏中输入邮箱显示名，如输入“王林”，单击【下一步】按钮，如图 2—1—6 所示。

在【电子邮件地址】栏中输入电子邮件的完整地址，单击【下一步】按钮，如图 2—1—7 所示。

选择邮件服务器类型和进行接收和发送邮件服务器设置，如图 2—1—8 所示。目前接收邮件服务器一般为 POP 服务器，发送邮件服务器一般为 SMTP 服务器，具体设置则可以查看 ISP 相关的服务规则。

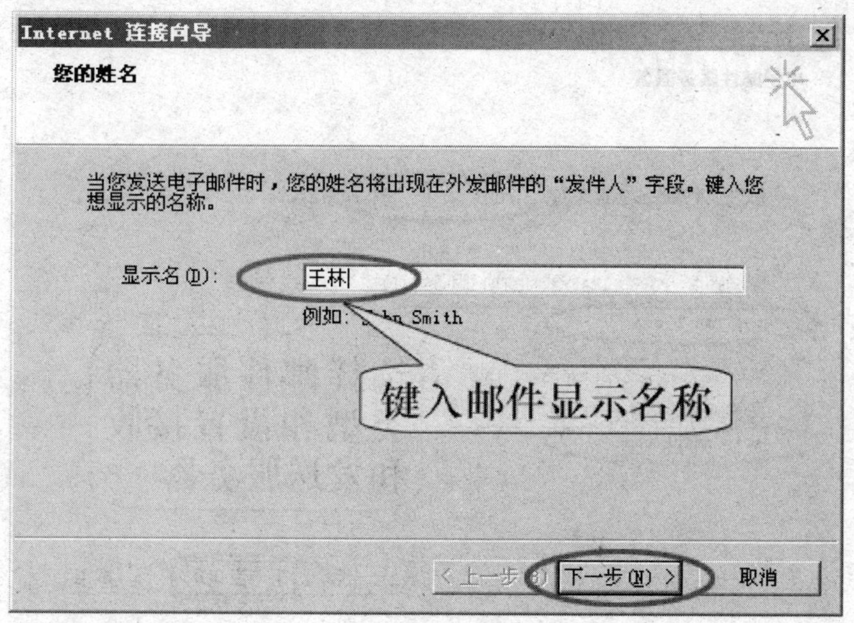

图 2—1—6　【Internet 连接向导】对话框

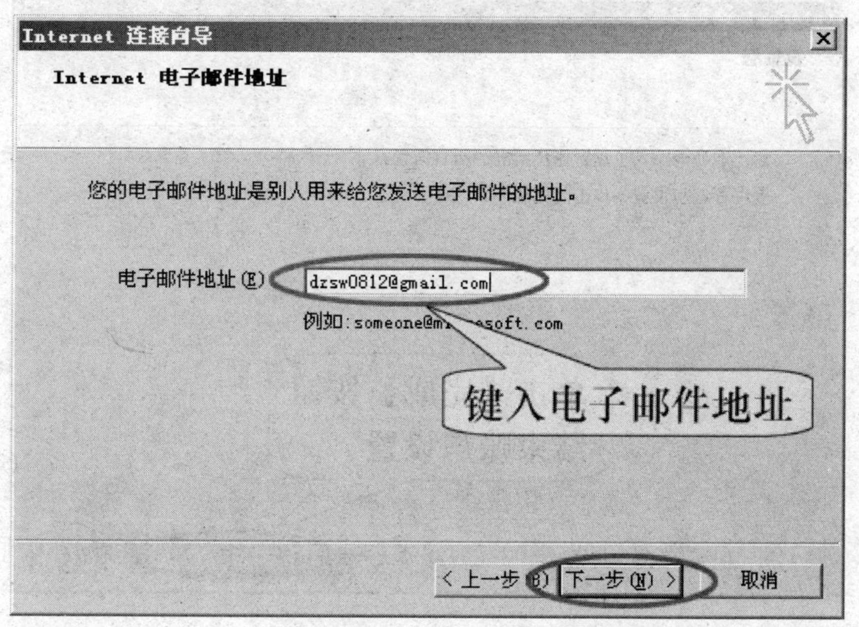

图 2—1—7　键入 e－mail 地址

完成后单击【下一步】按钮，在打开窗口中键入登录口令，该口令必须与申请邮箱时所使用的口令相同。最后，单击【完成】按钮结束账户设置，如图 2—1—9 所示。

邮件账户设置完成后，系统自动返回到【Internet 账户】设置首页，这时可以看到新添加的邮件账户已经存在，如图 2—1—10 所示。

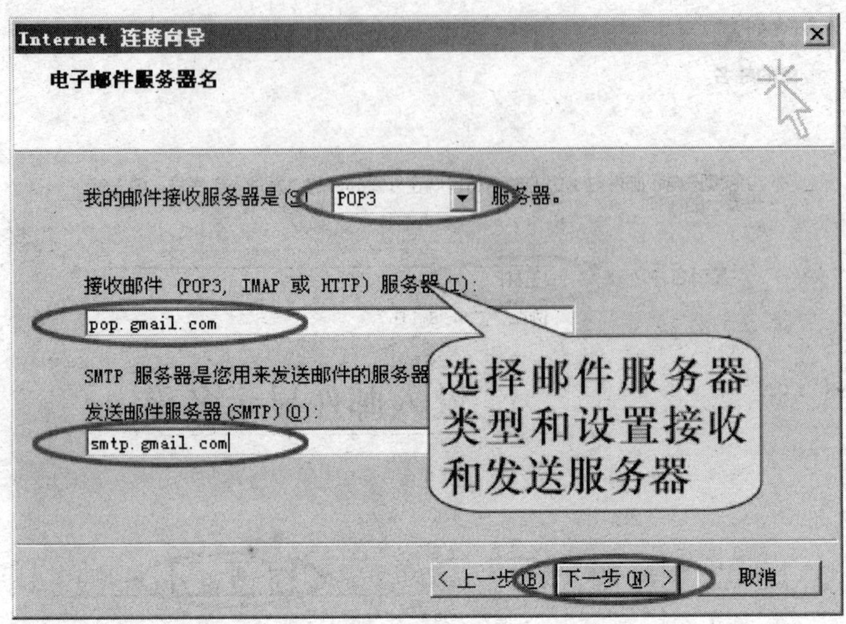

图 2—1—8　接收和发送邮件服务器设置

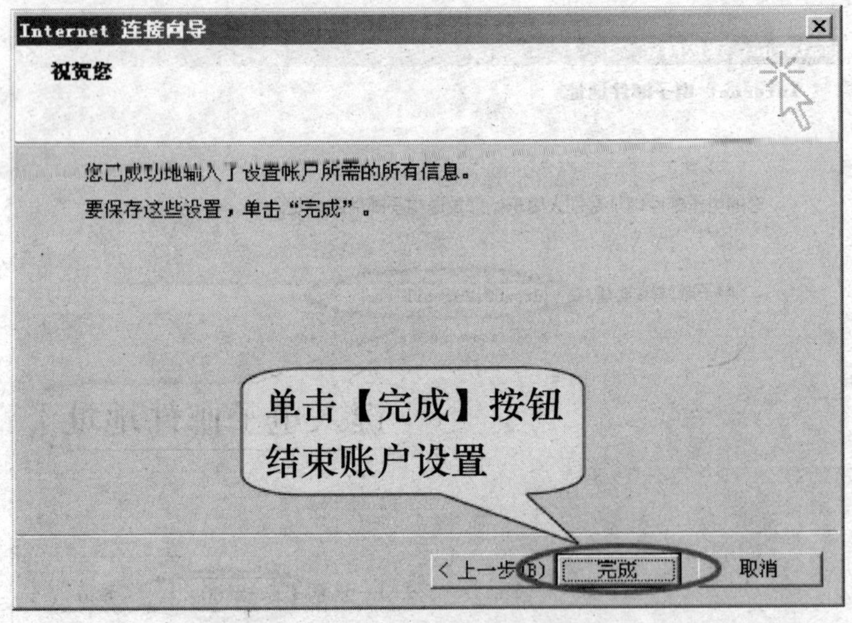

图 2—1—9　完成邮件账户设置

除以上设置外，目前，一般的 ISP 或电子邮件服务提供商在提供邮件服务时，出于邮件服务器的安全需要，设置了一些必要的安全措施。因此，在邮件账户设置完成后，还需对该账户的属性进行必要的设置，设置方法如下：在图 2—1—10 中，选中要设置的邮箱账户，单击【属性】按钮。在账户属性选项卡中，选中【服务器】选项卡，勾选【我的服务器要求身份验证】，如图 2—1—11 所示。单击【确定】按钮完成设置。

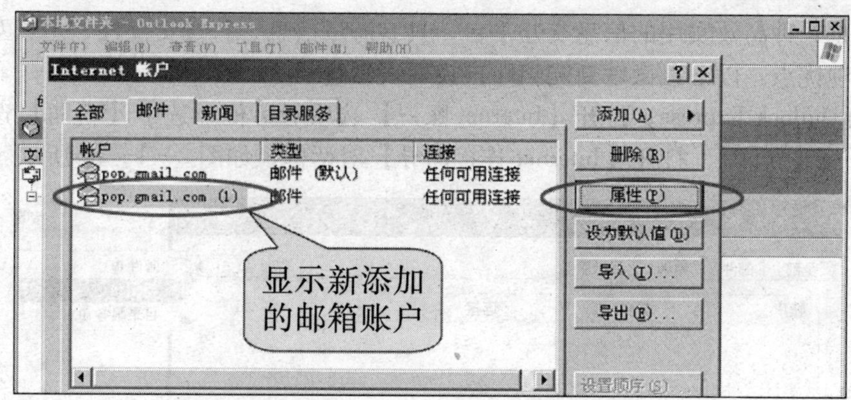

图 2—1—10　显示新添加的邮件账户

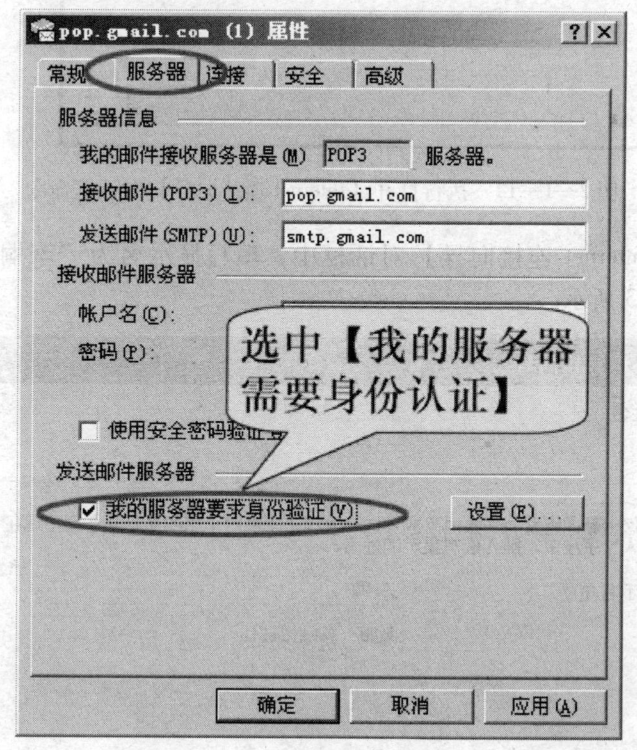

图 2—1—11　单击【属性】按钮

完成上述设置后，就可以使用 Outlook Express 接收和发送电子邮件了。

某些服务商提供的电子邮件账号除了上述设置外可能还会附加一些其他要求，比如 Hotmail、Gmail 邮箱需使用特定的端口接收和发送邮件等。

三、在 Outlook Express 中设置新闻组账户

新闻组可以看成是一个完全交互式的超级电子论坛，是由一系列被称为新闻组服务器的计算机通过网络组合而成的，用户可以通过新闻组客户端工具连接到新闻组服务器上，阅读其他人的消息或参与相关主题的讨论。

新闻组是一种高效实用的信息交互平台，具有海量信息、直接交互性、全球互联性和主题鲜明等四项优点。以下以微软新闻组账户说明设置过程。

1. 启动 Outlook Express，打开【Internet 账户】选项对话框，选中【新闻】选项卡，单击【添加】→【新闻】，打开【Internet 连接向导】对话框，如图 2—1—12 所示。

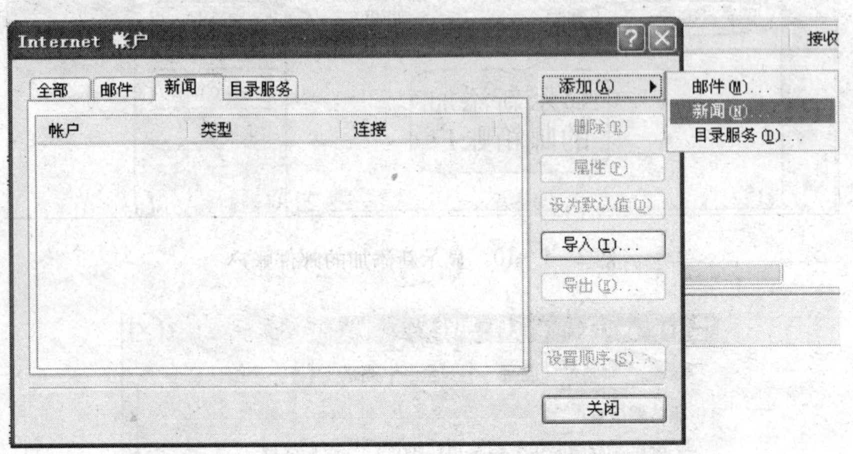

图 2—1—12　执行打开【Internet 连接向导】对话框命令

2. 在打开的【Internet 连接向导】对话框中，填写显示名为“李桐”，单击【下一步】按钮，如图 2—1—13 所示。

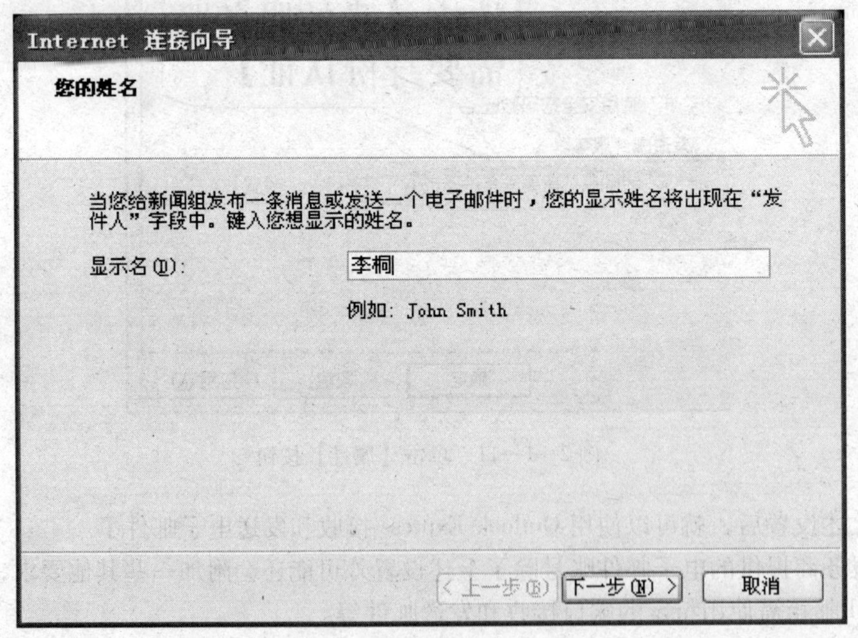

图 2—1—13　填写显示名

3. 在【Internet 连接向导】对话框中的【电子邮件地址】栏中键入接收新闻组信息的电子邮件地址，单击【下一步】按钮，如图 2—1—14 所示。

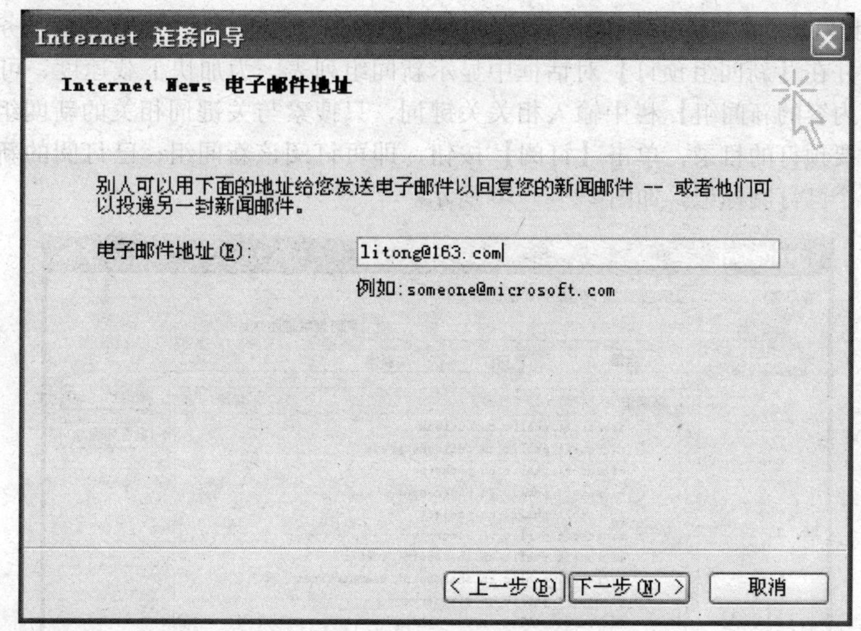

图 2—1—14　键入 e-mail 地址

4. 在【Internet 连接向导】对话框中的【新闻 NNTP 服务器】栏中填入微软新闻组主机名称“MSNews. microsoft. com”，单击【下一步】按钮，如图 2—1—15 所示。

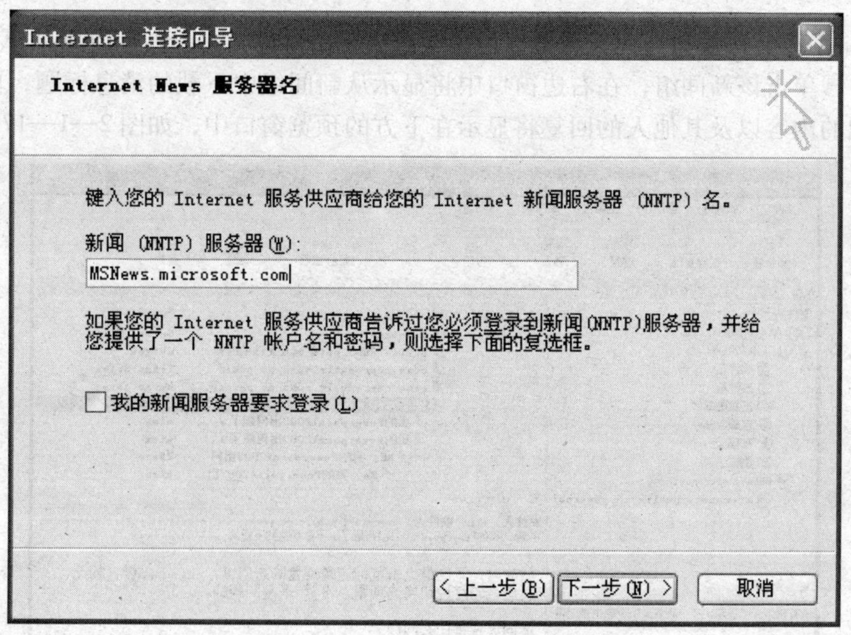

图 2—1—15　填写新闻组主机名

5. 单击【下一步】→【完成】，返回【Internet 账户】窗口，在该窗口中显示已添加的新闻组账户。

6. 关闭【Internet 账户】对话框后，Outlook Express 自动启动，开始下载服务器上的新闻组列表，并在【新闻组预订】对话框中显示新闻组列表。为加快下载速度，可以在【显示包含以下内容的新闻组】栏中输入相关关键词，只搜索与关键词相关的新闻组列表，在列表中选中要预订的目录，单击【订阅】按钮，即可订阅该新闻组；已订阅的新闻组目录前将添加一个已订阅标记，如图 2—1—16 所示。

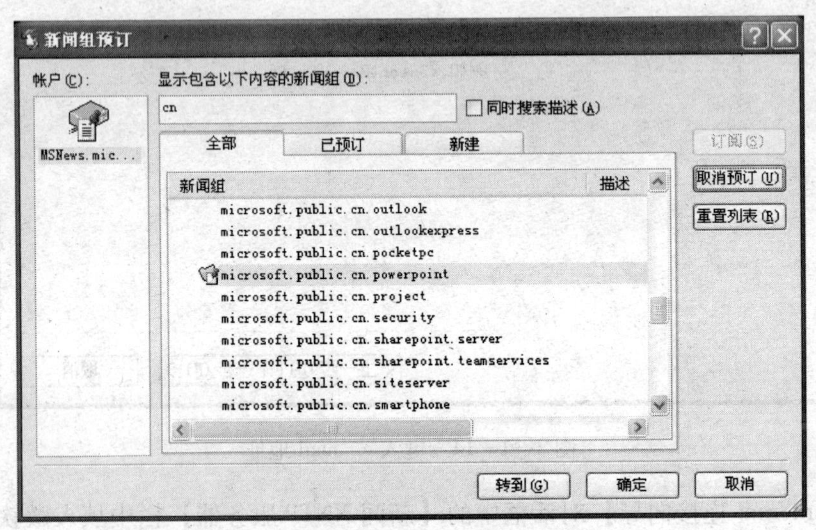

图 2—1—16　订阅新闻组

7. 单击【确定】按钮，完成新闻组订阅，所订阅的新闻组出现在 Outlook Express 的文件夹窗口中，单击该新闻组，在右边窗口中将显示从新闻组中下载的消息标题，单击某一标题，该标题的内容以及其他人的回复将显示在下方的预览窗口中，如图 2—1—17 所示。

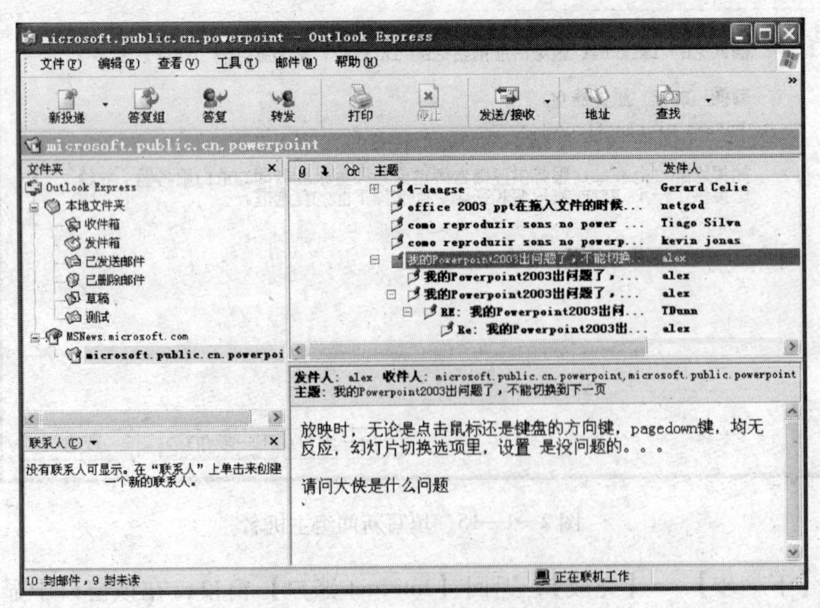

图 2—1—17　查看新闻组消息

技能训练

在 Outlook Express 中设置已申请的 163 免费邮箱账户，比较 163 邮箱账户与新浪邮箱账户在设置中的不同点。

思考与练习

1. 简述 Outlook Express 账户的设置方法。

2. 在新闻组账户设置中所使用的 e-mail 是否只能是在 Outlook Express 中已设置的邮箱账户？使用未设置账户的 e-mail 是否也可以添加新闻组账户？

3. 在 Outlook Express 中使用 163 免费邮箱添加一个微软新闻组账户，订阅新闻组 "microsoft. public. cn. outlookexpress"，并尝试进行新闻组信息阅读、回复、发帖等操作，详细记录操作过程。

任务 2 Outlook Express 中邮件管理目录的创建

任务引入

在商务活动中，业务人员经常收到业务咨询、订单合同、催款信息等不同类型的邮件。本任务要求利用 Outlook Express 按照图 2—2—1 所示完成商务邮件的分类管理。

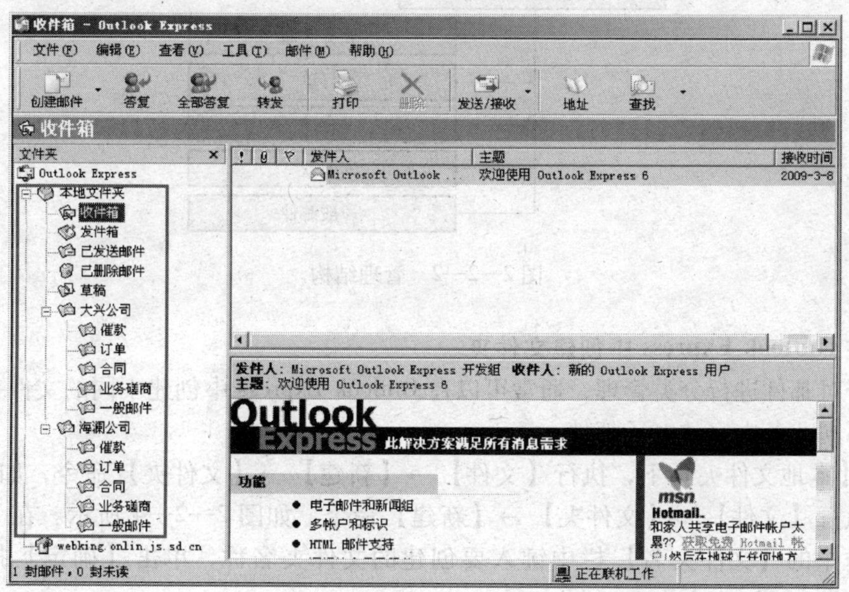

图 2—2—1 创建邮件管理目录

任务分析

在进行商务邮件的分类管理时，使用者可以先根据邮件管理的需要以及个人习惯，规划这些文件夹的层次结构，然后创建一些文件夹，分别存放来自不同用户或不同内容的邮件。

任务实施

一、设计管理结构

分类管理是企业日常管理工作中普遍应用的一种管理方法，分类管理的核心在于如何针对管理的需要将管理对象划分为若干既相互关联又彼此区分的组成部分。在邮件管理中，可以根据销售对象不同划分为若干不同的公司，根据公司间往来中最常见的业务关系划分为业务磋商、订单、合同、催款、一般邮件等几个部分，构建如图 2—2—2 所示的管理结构，邮件按此结构分门别类进行管理。

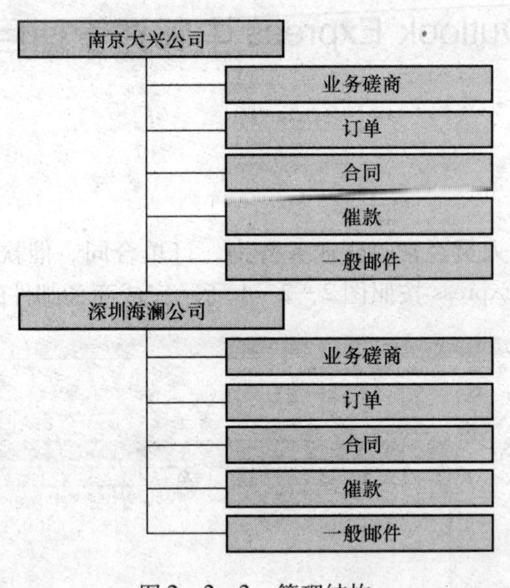

图 2—2—2　管理结构

二、在 Outlook Express 中创建文件夹

为便于对邮件进行分类管理，通常可以在 Outlook Express 中创建不同的文件夹来存放不同用户和不同业务内容的电子邮件。

1. 在【本地文件夹】下，执行【文件】→【新建】→【文件夹】命令，如图 2—2—3 所示，或执行【文件】→【文件夹】→【新建】命令，如图 2—2—4 所示。在【创建文件夹】对话框中的【文件夹名】栏中键入要创建的文件夹名称，单击【确定】按钮，如图 2—2—5 所示。

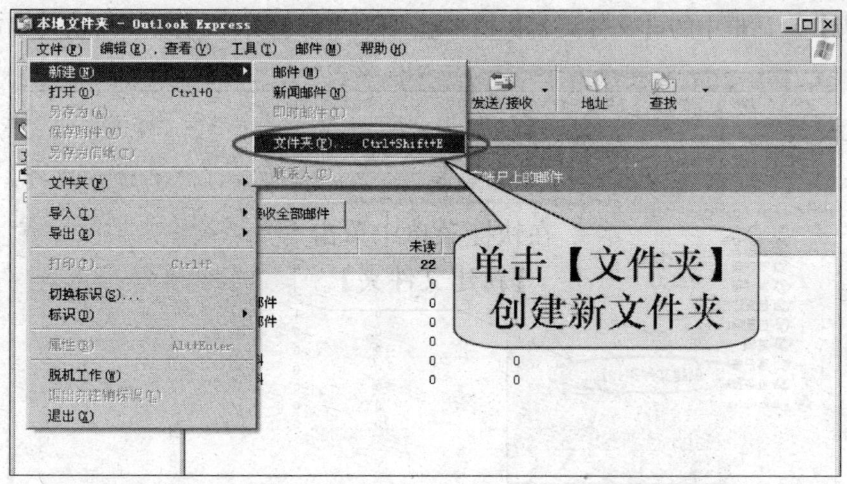

图 2—2—3　在 Outlook Express 中创建文件夹的方法（一）

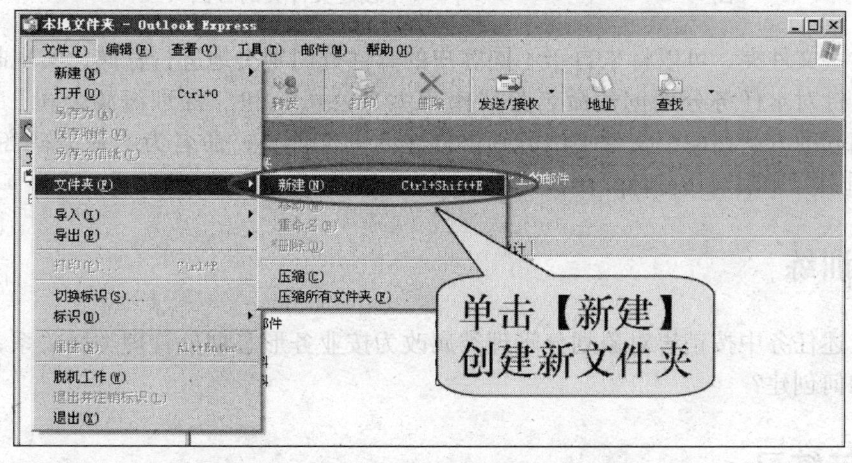

图 2—2—4　在 Outlook Express 中创建文件夹的方法（二）

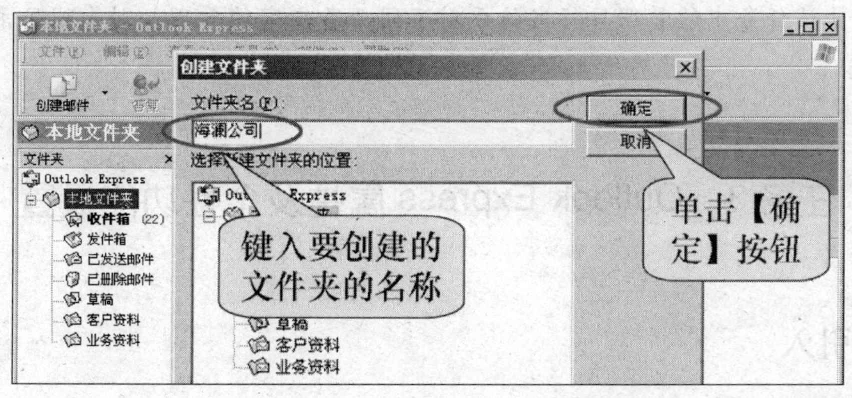

图 2—2—5　为新建文件夹命名

2. 右键单击【本地文件夹】，在快捷菜单中单击【新建文件夹】，如图 2—2—6 所示，在

【创建文件夹】对话框中的【文件夹名】栏中输入要创建的文件夹名称，单击【确定】按钮。

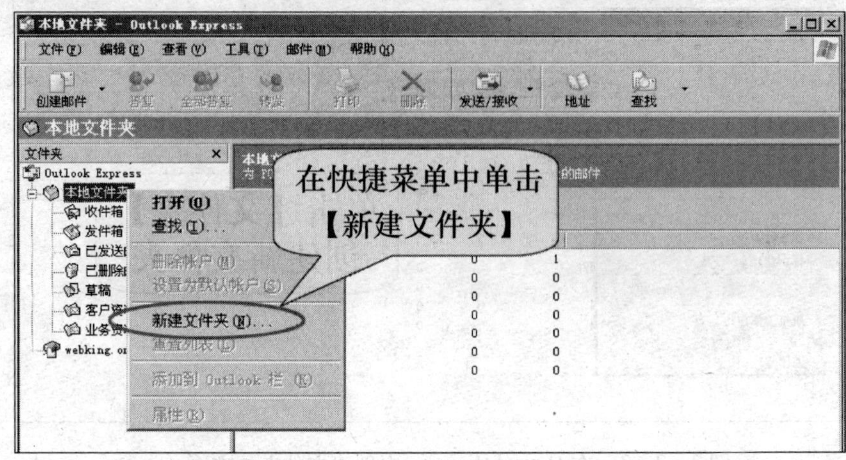

图 2—2—6 在 Outlook Express 中创建文件夹的方法（三）

利用这些文件夹，可以将来自于不同客户的邮件分门别类地进行存储，实现邮件分类管理的目标。针对本任务分别创建命名为“南京大兴公司”和“深圳海澜公司”的文件夹，然后采用相同的方法在两个文件夹中分别再创建 5 个文件夹，命名为“业务磋商”“订单”“合同”“催款”和“一般邮件”。

技能训练

若将上述任务中按销售对象划分管理类属改为按业务形态划分管理类属关系，则邮件管理目录应如何创建?

思考与练习

如果将上述任务中的管理目标定位于对不同业务内容的管理，则管理目录应当如何创建?

任务 3 Outlook Express 属性及个性功能设置

任务引入

合理设置 Outlook Express 的属性及个性功能可以提高使用效率，实现自动化管理，也可以彰显发件人个性特征，给收件人留下印象。本任务要求在 Outlook Express 中设置下列属性：

第一，每隔一小时自动检查一次新邮件；

第二，将被跟踪邮件突出显示的颜色设置为“蓝色”；

第三，设置所有发送邮件均要求提供阅读回执；

第四，自动将回复对象添加到通讯簿；

第五，设置退出 Outlook Express 时清空“已删除邮件”文件夹中的邮件；

第六，将保存邮件的目录更改为“D：\ 我的邮件”。

任务分析

Outlook Express 属性设置不仅可以增强 Outlook Express 的功能，还可以彰显使用者的个性特征。使用者可以根据自身使用的需要，对 Outlook Express 的属性进行必要的设置。属性设置的方法是在 Outlook Express 的【选项】对话框中按需要选中或除去相关选项。

任务实施

一、属性设置

启动 Outlook Express，执行【工具】→【选项】命令，打开 Outlook Express 属性选项对话框。

在【常规】选项卡中，勾选【每隔（C）分钟检查一次新邮件】，并将时间调整到 60 分钟，如图 2—3—1 所示。

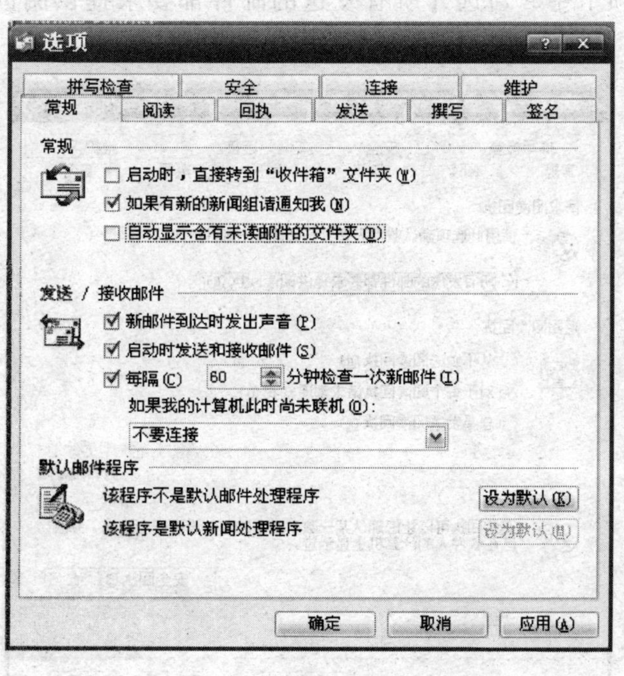

图 2—3—1　设置新邮件自动检查

在【阅读】选项卡中，在【突出显示被跟踪的邮件（W）】后的下拉菜单中选中【蓝色】，如图 2—3—2 所示。

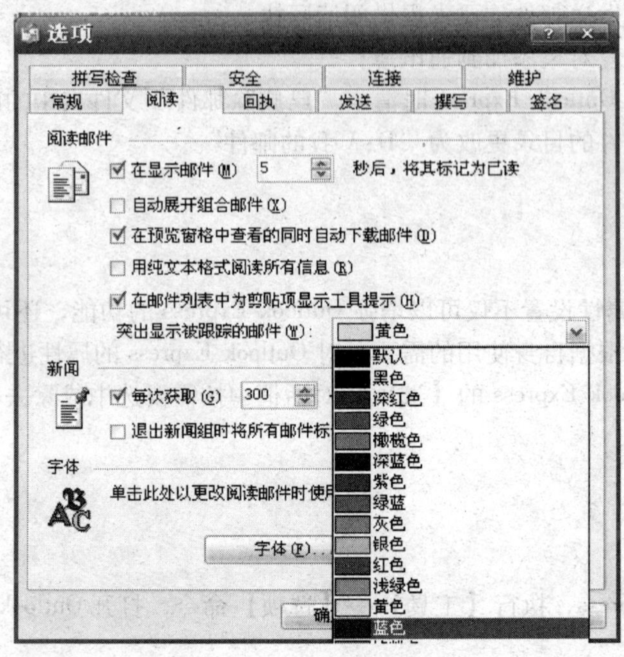

图 2—3—2　设置邮件跟踪颜色

在【回执】选项卡中，勾选【所有发送的邮件都要求提供阅读回执（R）】，如图 2—3—3所示。

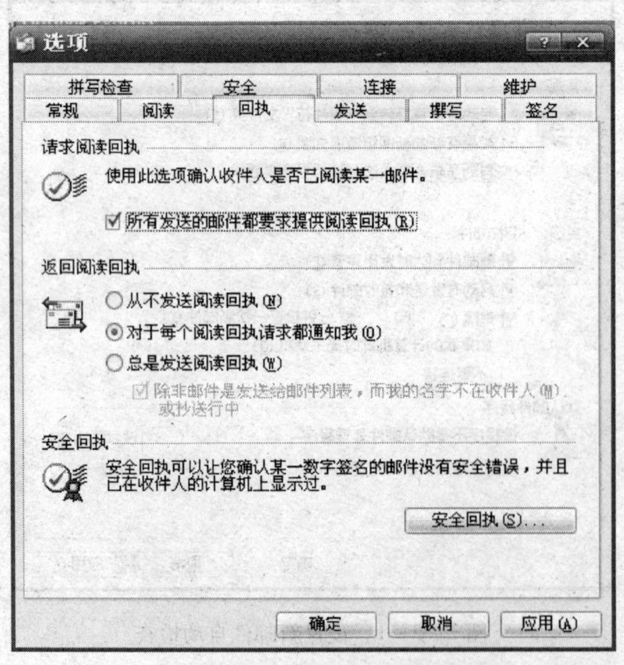

图 2—3—3　设置邮件阅读回执

在【发送】选项卡中，勾选【自动将我的回复对象添加到通讯簿（O）】，如图2—3—4所示。

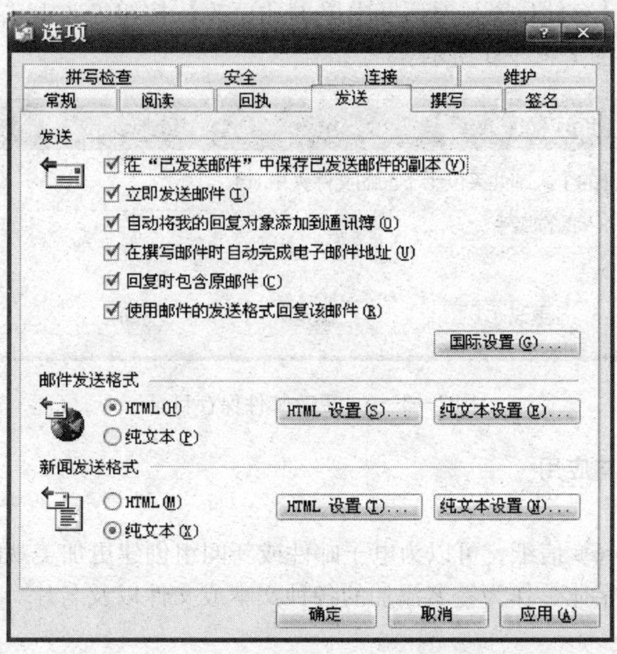

图2—3—4　设置将回复对象添加到通讯簿

在【维护】选项卡中，勾选【退出时清空“已删除邮件”文件夹中的邮件（E）】；若邮件接收服务器为IMAP，则勾选【离开IMAP文件夹时清除已删除的邮件（P）】，如图2—3—5所示。

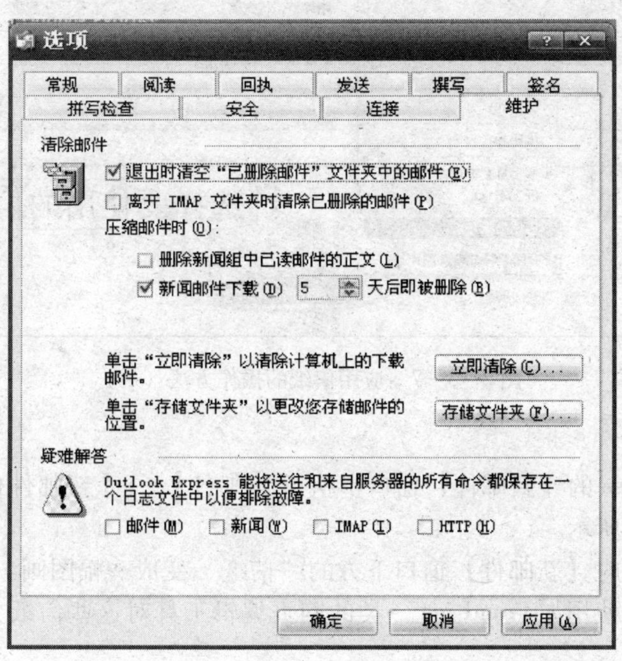

图2—3—5　设置自动清空“已删除邮件”文件夹中的邮件

如果要将邮件保存到“D:\ 我的邮件”目录下，可以在图 2—3—5 中单击【存储文件夹】按钮，在弹出的【存储位置】对话框中单击【更改】按钮，选中“D:\ 我的邮件”，单击【确定】按钮，如图 2—3—6 所示。

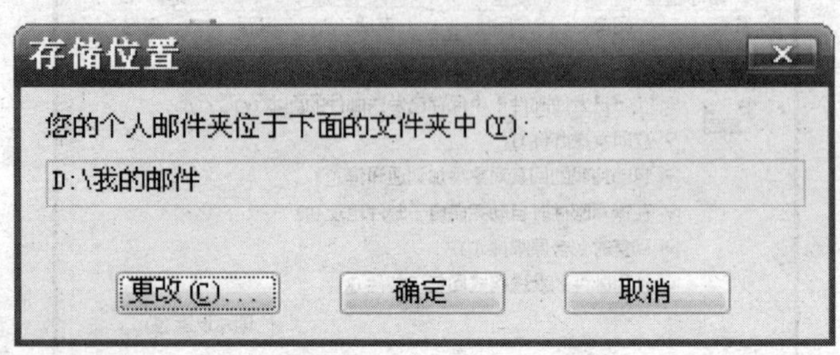

图 2—3—6　更改邮件保存目录

二、个性化设置与应用

1. 信纸的使用

使用 Outlook Express 信纸，可以为电子邮件或新闻组创建更加美观的邮件。信纸包括背景图像、特有的文本字体、作为签名添加的各种文本或文件以及名片。

（1）方法一

在 Outlook Express 的【新邮件】窗口中执行【格式】→【应用信纸】→【向日葵】命令，如图 2—3—7 所示。

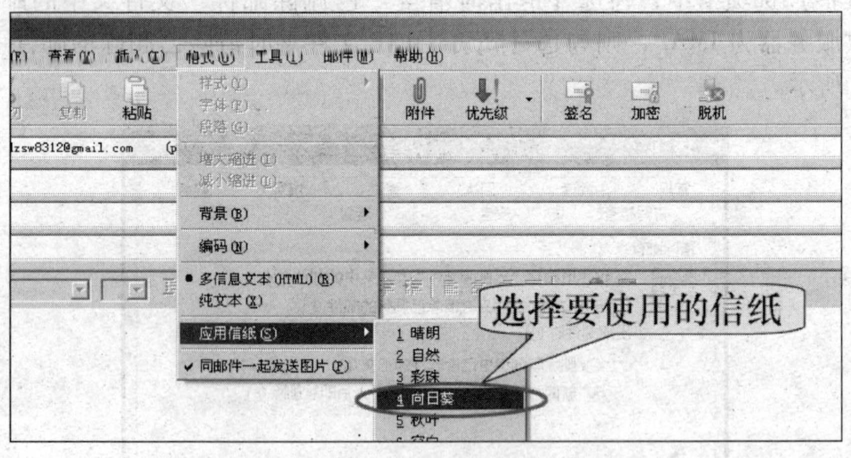

图 2—3—7　应用信纸的操作方法（一）

（2）方法二

在 Outlook Express 的【新邮件】窗口中执行【邮件】→【新邮件使用】→【向日葵】命令，如图 2—3—8 所示。

添加信纸后，这时【新邮件】窗口下方的“信纸”变成一幅图画。这些信纸是 .htm 格式的文件，因此可以使用如 FrontPage 一类的网页编辑工具对这些信纸文件进行编辑，创建更具个性化的信纸。

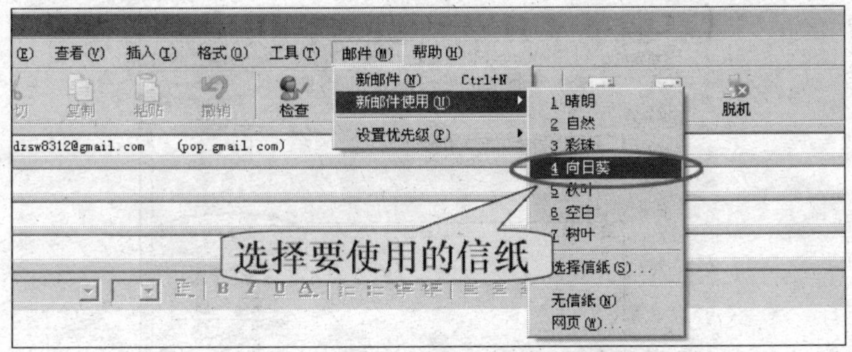

图 2—3—8 应用信纸的操作方法（二）

2. 添加邮件背景

Outlook Express 中为邮件添加背景是指给邮件加上图片背景、不同的色彩背景或声音背景，添加方法是：启动 Outlook Express，执行【新邮件】→【格式】→【背景】命令，如图 2—3—9 所示。

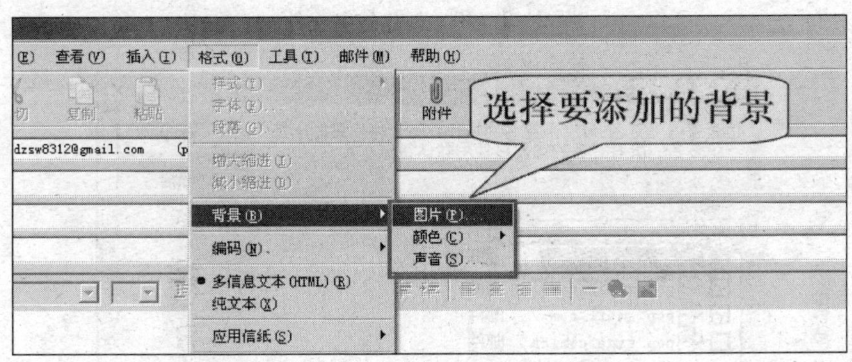

图 2—3—9 为邮件添加背景

添加背景时，可以使用系统内置的背景文件，也可以使用自己事先准备好的背景文件。

3. 插入个性化签名

通常，在书写信件时，总会在最后签上写信人的名字，或者是写信人喜爱的一句格言。在 Outlook Express 中可以通过建立自己的签名，使发送的每封邮件都自动加上这些签名，以凸显写信人的个性，给收信人留下深刻的印象。使用个性化签名的方法如下：

第一步：创建签名文件。启动 Outlook Express，执行【工具】→【选项】命令，打开【选项】对话框。

在【选项】对话框中，选择【签名】选项卡，单击【新建】按钮，在签名编辑窗口中，输入签名的文本，并注意调整签名文本的格式样式，如输入图 2—3—10 所示的文字。

然后单击【高级】按钮，打开【高级签名设置】对话框，选择使用该签名的电子邮箱，如图 2—3—11 所示。单击【确定】按钮后，完成签名的设置。

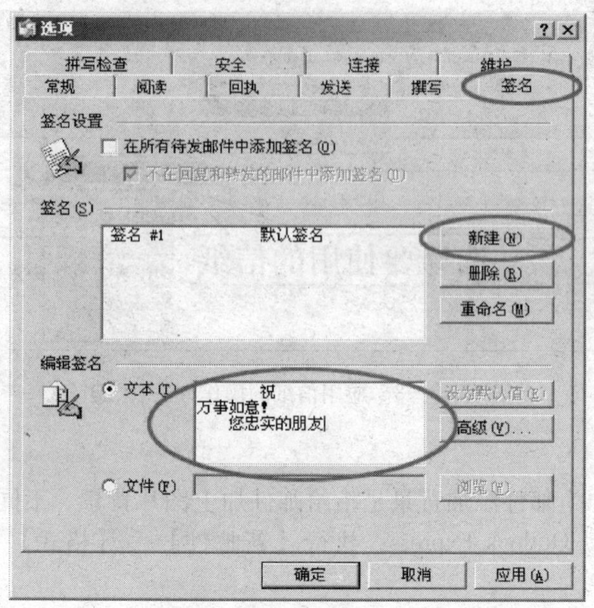

图 2—3—10　创建签名文件

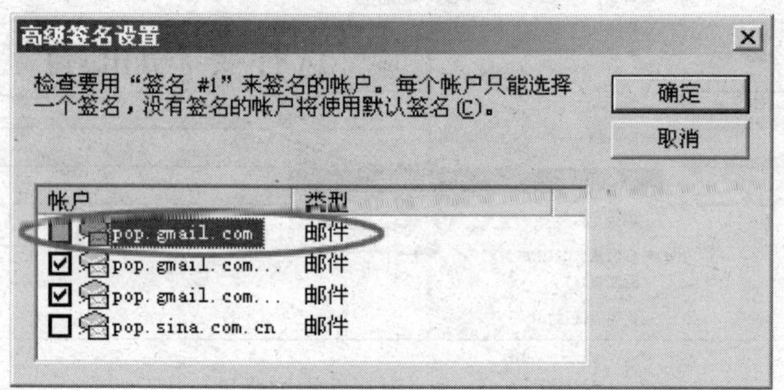

图 2—3—11　选择使用签名的邮箱

第二步：插入签名。邮件编辑完成后，在新邮件窗口中执行【插入】→【签名】命令，如图 2—3—12 所示。

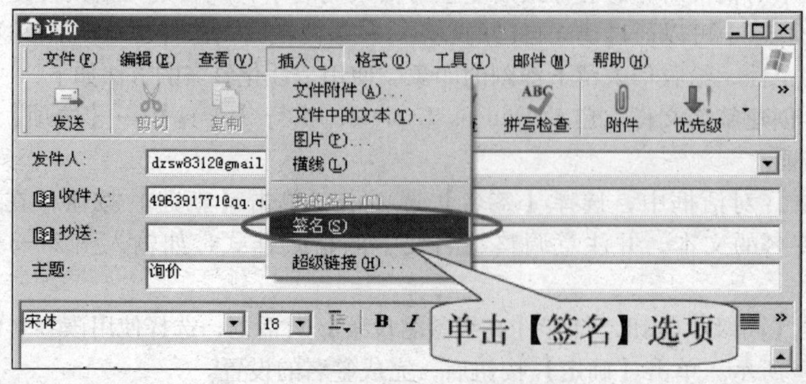

图 2—3—12　插入签名

将事先设置的签名插入邮件当中，如图 2—3—13 所示。

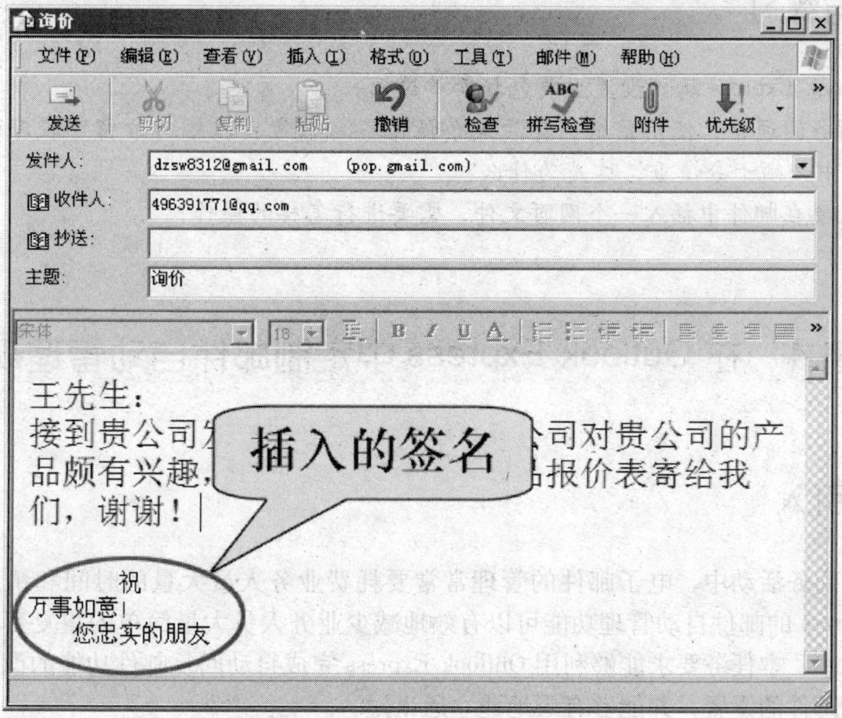

图 2—3—13　插入了签名的邮件

如果想把签名制作得更精美，可以使用 . htm 或 . html 格式的【网页】文件来制作签名文件，然后在图 2—3—10 中，选中【文件】，单击【浏览】按钮，将签名文件插入【文件】栏中。为防止邮件过大，制作的签名网页中的图片最好不要超过 30 KB，插入网页中的图片链接的路径要书写完整，不要写成相对路径；网页签名不要占用太大的幅面。

技能训练

在 Outlook Express 中，进行以下设置：

第一，打开 Outlook Express 时，直接进入收件箱。

第二，邮件正文字体为“黑体”，字号为“四号”，颜色为“紫色”。

第三，用纯文本格式阅读所有邮件。

第四，回复时不包含原邮件。

第五，不允许保存或打开可能有病毒的附件。

第六，撰写 HTML 邮件时使用名为“常春藤”的信纸。

第七，若邮件包含图片，则将图片随邮件一起发送。

第八，在所有待发邮件中添加签名。

思考与练习

1. Outlook Express 属性设置主要包括哪些选项?

2. 在商务沟通中，使用信纸、背景或个性化签名常常可以给对方留下较深的印象，但在实际使用中必须十分慎重，这是为什么?

3. 如果要在邮件中插入一个网页文件，需要进行怎样的操作?

任务4　在 Outlook Express 中定制邮件自动管理规则

任务引入

在日常商务活动中，电子邮件的管理常常要耗费业务人员大量的时间和精力，而利用 Outlook Express 的邮件自动管理功能可以有效地减少业务人员大量简单的重复劳动，提高邮件管理的效率。本任务要求能够利用 Outlook Express 完成自动回复邮件功能的设置，能够完成拒收垃圾邮件的设置，并能够有效地建立通讯簿。

任务分析 任务分析

邮件规则设置是实现邮件智能化管理的关键环节。上述任务可以通过邮件规则设置完成。

任务实施 任务实施

一、邮件规则设置

启动 Outlook Express，执行【工具】→【邮件规则】→【邮件】命令，如图 2—4—1 所示，打开【邮件规则】对话框。

在【邮件规则】对话框中单击【新建】按钮，如图 2—4—2 所示，打开【新建邮件规则】对话框，然后根据需要进行相关设置。

邮件规则设置由以下四方面组成，如图 2—4—3 所示。

1. 选择规则条件

设定规则条件。如特定发件人发送的邮件，邮件有特定主题等。

2. 选择规则操作

设定满足条件时进行的操作。如把邮件移动到指定邮件夹、自动回复邮件、垃圾邮件直接选择删除等。

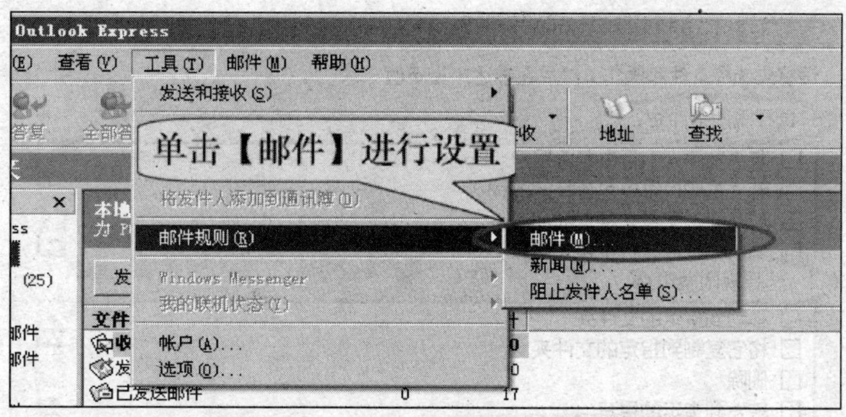

图 2—4—1　执行设置邮件规则命令

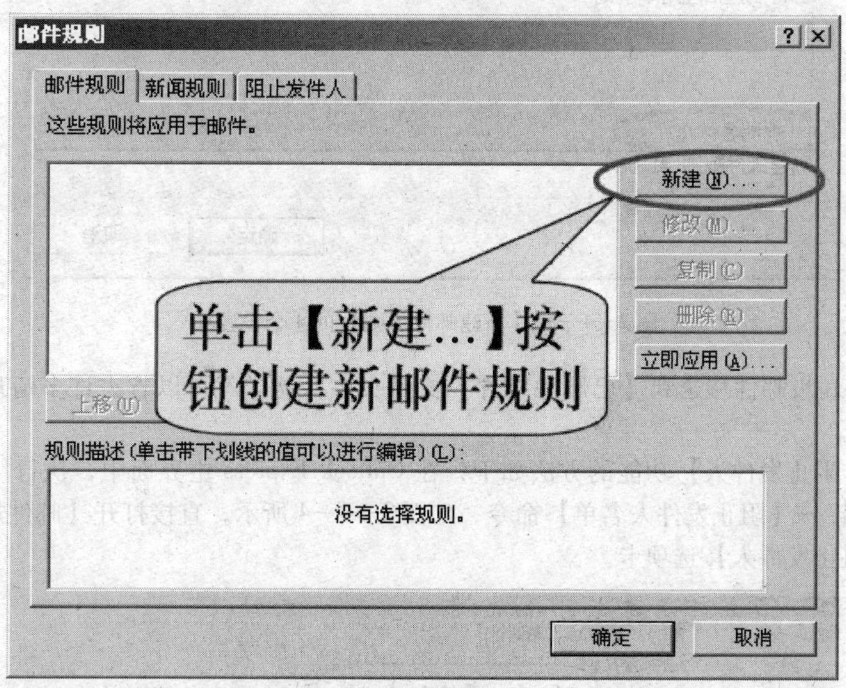

图 2—4—2　邮件规则对话框

3. 规则描述

对所设定的规则的执行过程进行具体的描述。

4. 规则名称

给所设定的规则命名。

二、阻止发件人名单的使用

在电子邮箱使用过程中，特别是使用免费电子邮箱时，经常会收到许多垃圾邮件，而这些垃圾邮件往往来自于某些固定的站点或电子信箱。利用 Outlook Express 的【阻止发件人】功能，可以屏蔽来自这些站点或电子信箱的邮件。一旦这些邮件被下载，Outlook Express 就

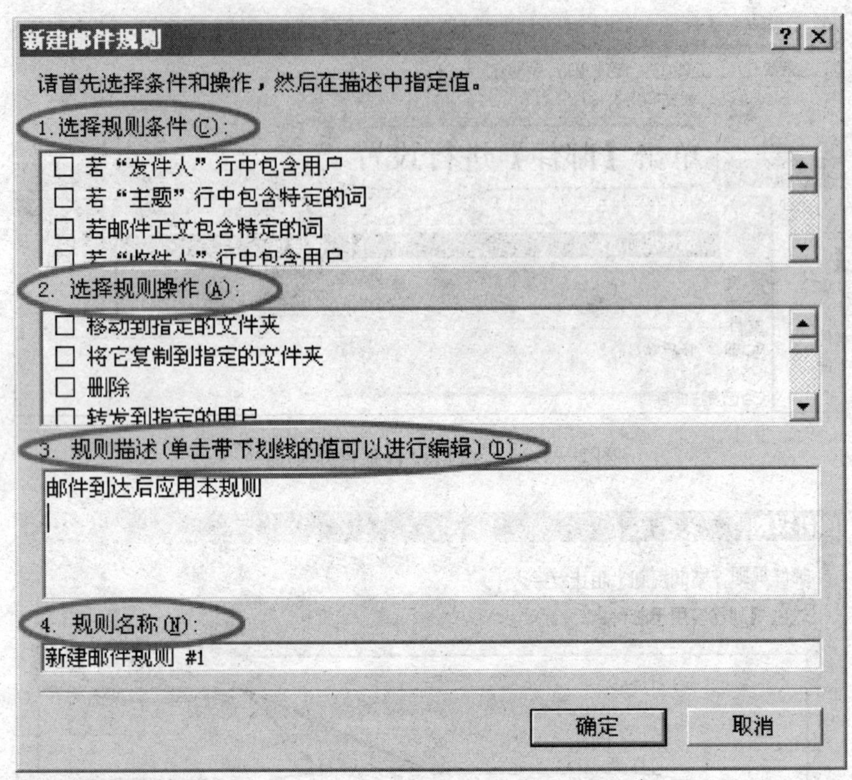

图 2—4—3 【新建邮件规则】的 4 个设置项

自动将这些垃圾邮件移送到【已删除邮件】文件夹中，这样就可以省去许多清理垃圾邮件的麻烦。

使用【阻止发件人】功能的方法如下：在 Outlook Express 主界面中，执行【工具】→【邮件规则】→【阻止发件人名单】命令，如图 2—4—4 所示，直接打开【邮件规则】对话框中的【阻止发件人】选项卡。

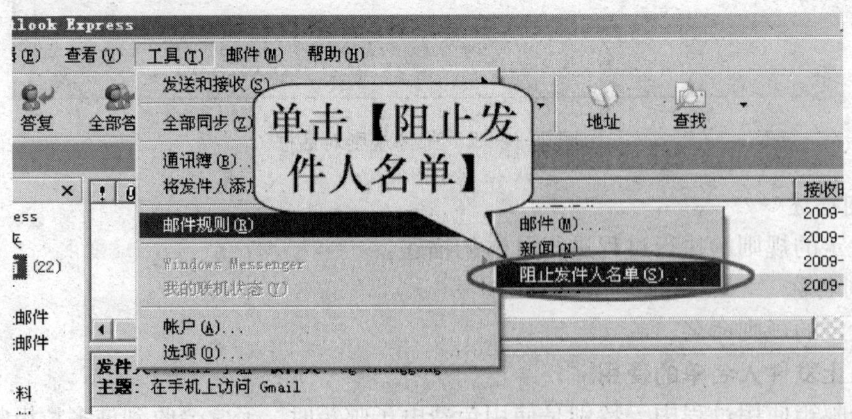

图 2—4—4 启动【阻止发件人】功能

也可以在【邮件规则】窗口中，选择【阻止发件人】选项卡，在选项卡中单击【添加】按钮，如图2—4—5所示，打开【添加发件人】对话框。

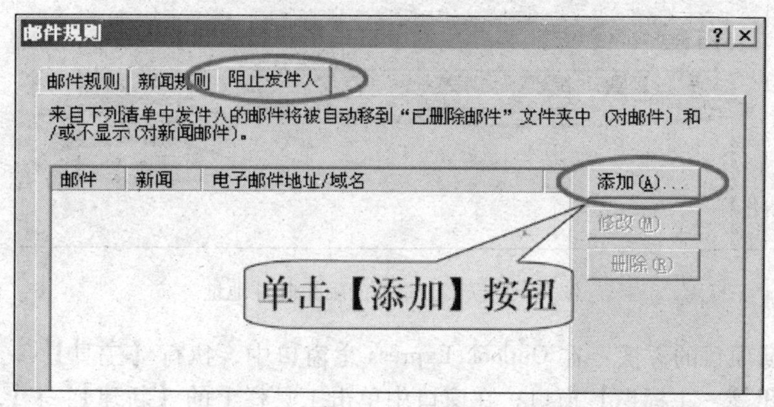

图2—4—5　【阻止发件人】选项卡

选择要阻止的电子邮件、新闻邮件或两者全选；在【地址】栏中键入要阻止的邮件或新闻的地址或域名。例如选择阻止内容为电子邮件，邮件地址为king168@sina.com，如图2—4—6所示，单击【确定】按钮，完成设置。

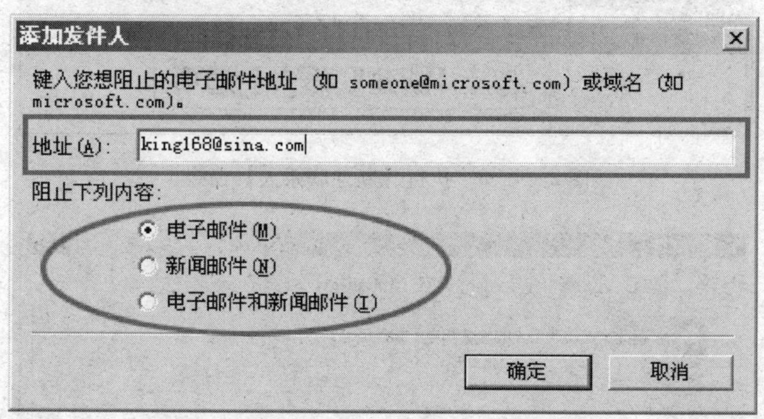

图2—4—6　设置阻止对象和对象地址

返回【邮件规则】对话框，在【阻止发件人】选项卡中可以看到被屏蔽的电子邮件的地址，如图2—4—7所示。单击【确定】按钮完成设置。

如需重新接收该地址的邮件，只需选中该邮件地址，然后单击【删除】按钮，解除对该邮箱的屏蔽。

三、通讯簿的使用

1. 创建联系人

通讯簿是电子邮件中最常用到的功能之一，每个人都可以建立自己的通讯簿，用来和自己的客户或亲朋好友保持联系。当把客户或朋友的e-mail地址放在通讯簿中时，在给他们发信的时候，只需从通讯簿中插入相应地址，而不需要每次都输入e-mail地址。

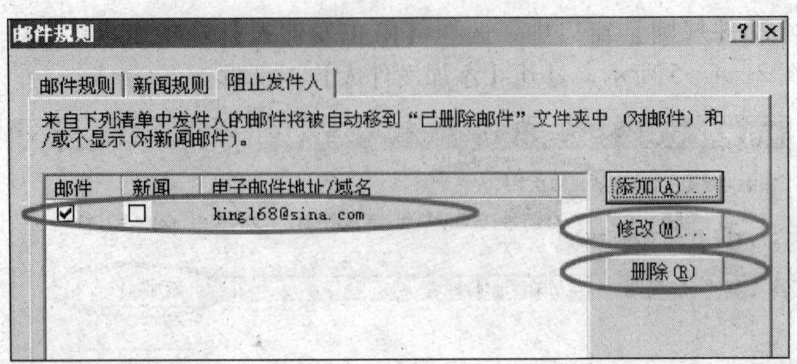

图2—4—7　已添加的阻止邮件地址

建立通讯簿项目的方法：在 Outlook Express 主窗口中，执行【工具】→【通讯簿】命令，打开【通讯簿－主标识】窗口；在窗口中单击工具栏上的【新建】→【新建联系人】，打开【联系人属性】对话框，输入联系人的资料，如图2—4—8、图2—4—9所示。

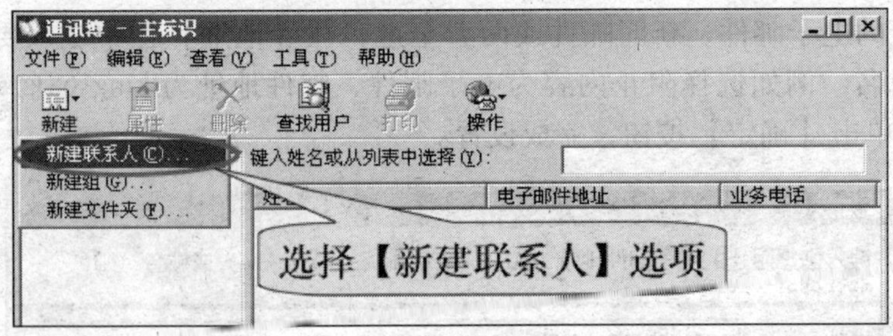

图2—4—8　执行【新建联系人】命令

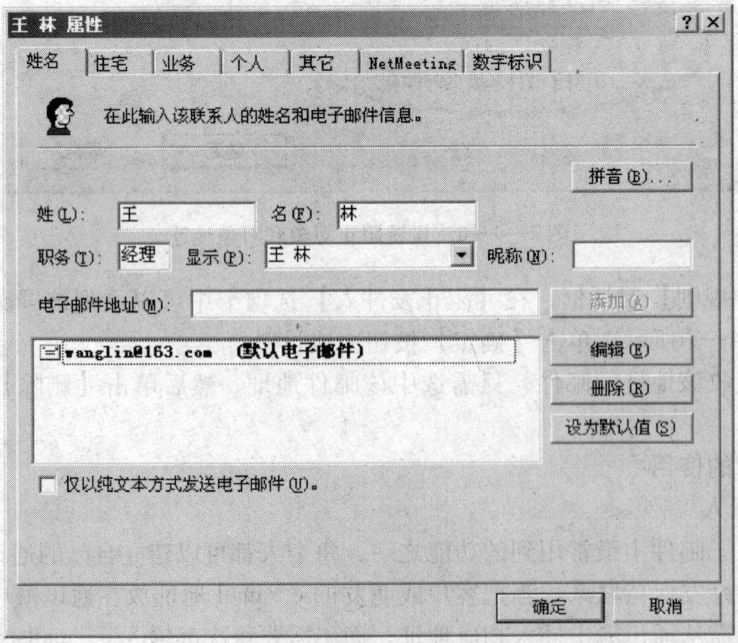

图2—4—9　输入联系人资料

单击【确定】按钮，完成【姓名】选项卡资料的填写。根据需要填写其他资料，完成联系人全部资料的填写。

在建立了通讯簿相应的条目后，如果要给通讯簿中的人写信，只要左键双击该联系人条目，就会弹出【新邮件】窗口，联系人的名字即出现在【收件人】栏中。

另外也可以在打开新邮件窗口后，单击【收件人】按钮，如图 2—4—10 所示。

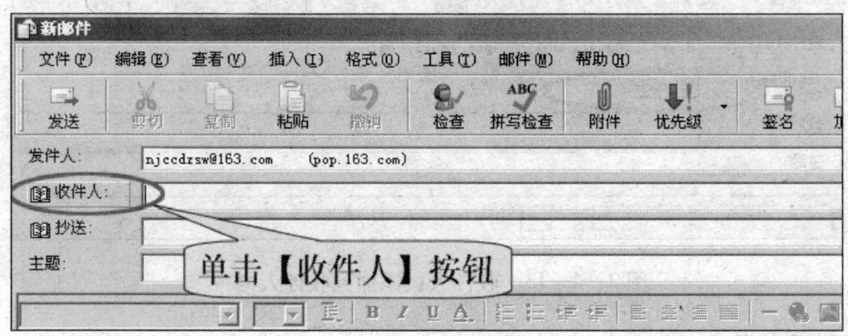

图 2—4—10　单击【收件人】按钮

在【选择收件人】对话框中，选中要添加的收件人，如图 2—4—11 所示。

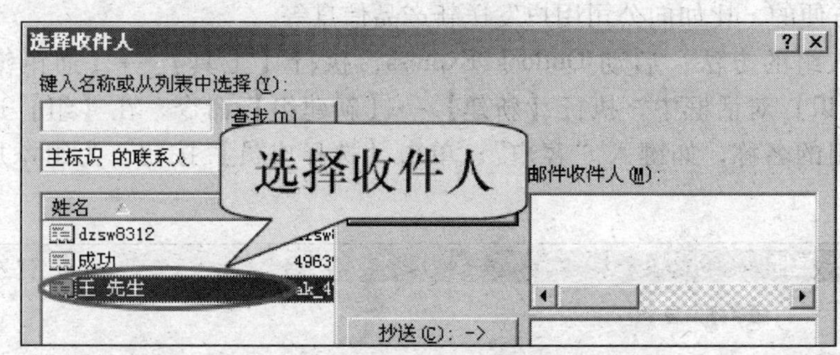

图 2—4—11　选中收件人

单击【收件人】按钮添加收件人，如图 2—4—12 所示。

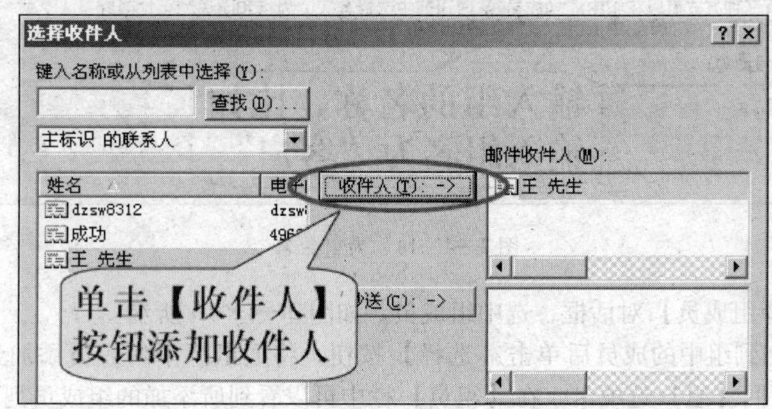

图 2—4—12　单击【收件人】按钮添加收件人

单击【确定】按钮后，在新邮件窗口的收件人栏中就会自动添加收件人的显示名，如图2—4—13所示。

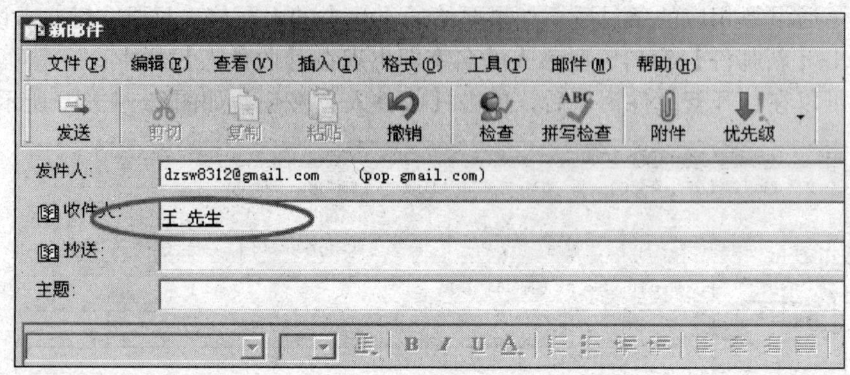

图2—4—13 收件人被添加到收件人栏中

2. 创建联系人组

为便于同时给多个人发送邮件，可以建立联系人组，这样可以直接发信给一组人，而不用在收件人栏中逐个添加每个联系人的邮件地址，这在需要同时向若干客户或朋友发送同一封邮件时是很方便的，比如向公司用户发送新产品信息等。

建立联系人组的方法：启动 Outlook Express，执行【工具】→【通讯簿】命令，在【通讯簿 - 主标识】对话框中，执行【新建】→【新建组】命令，在【组】选项卡的【组名】栏中键入组的名称，如键入“客户”；单击【选择成员】按钮，为组添加成员，如图2—4—14所示。

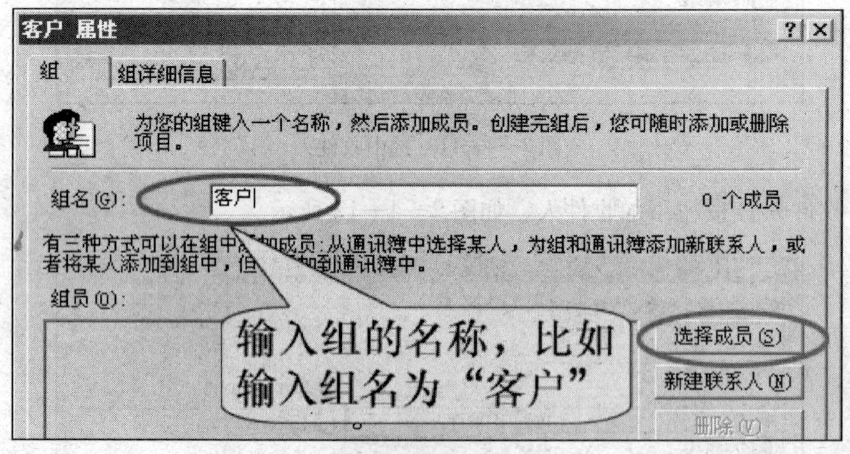

图2—4—14 为组命名

打开【选择组成员】对话框，选中组成员，如图2—4—15所示。

选中要添加到组中的成员后单击【选择】按钮，将通讯簿中的成员添加到组中。单击【确定】按钮返回【组】选项卡，在【组员】栏中可以看到所添加的组成员列表。

如果要添加到组的 e - mail 地址不在通讯簿中，可以先单击【新建联系人】按钮，将联

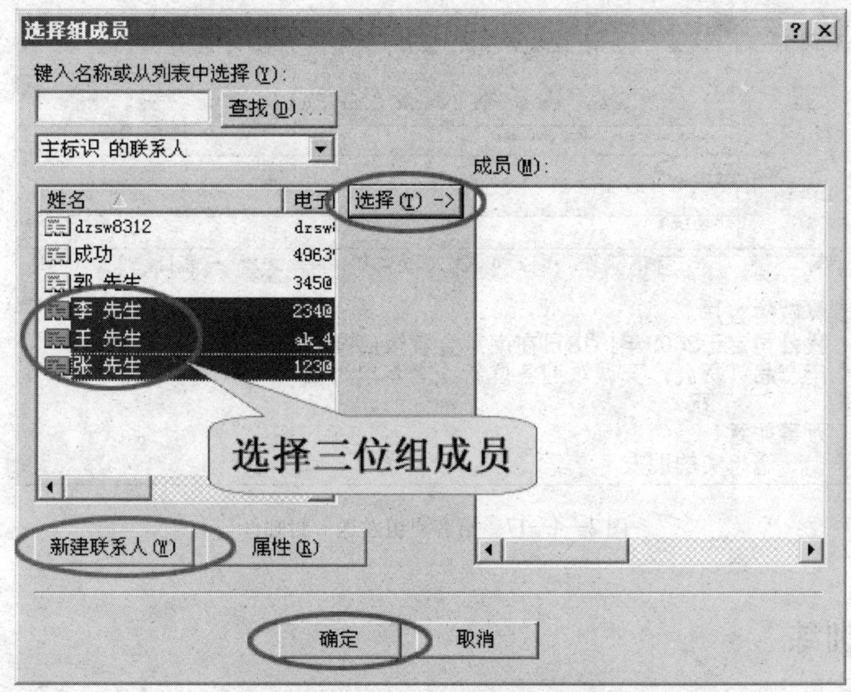

图 2—4—15　为组添加成员

系人添加到通讯簿中，然后再将该联系人添加到组中。

单击【确定】按钮返回【通讯簿-主标识】对话框，在左窗格的【主标识的联系人】目录下增加了一个名为【客户】的子目录，在右窗格中则显示该目录下的三条记录，如图 2—4—16 所示。

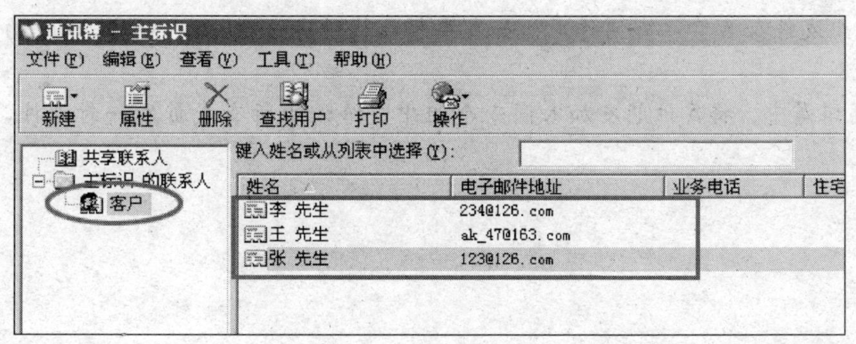

图 2—4—16　通讯簿中的组和组成员

当要同时给这些人发送一封邮件时，只需在【新邮件】窗口中，单击【收件人】按钮；在【选择收件人】窗口中，选中【客户】，单击【收件人】按钮，确定后【客户】出现在新邮件窗口中的【收件人】栏中，如图 2—4—17 所示。

这封邮件一旦发出，将被同时发送给【客户】组中的所有成员。这为在经济活动中发送邮件广告、邀请函等商业函件，带来很大的便利。

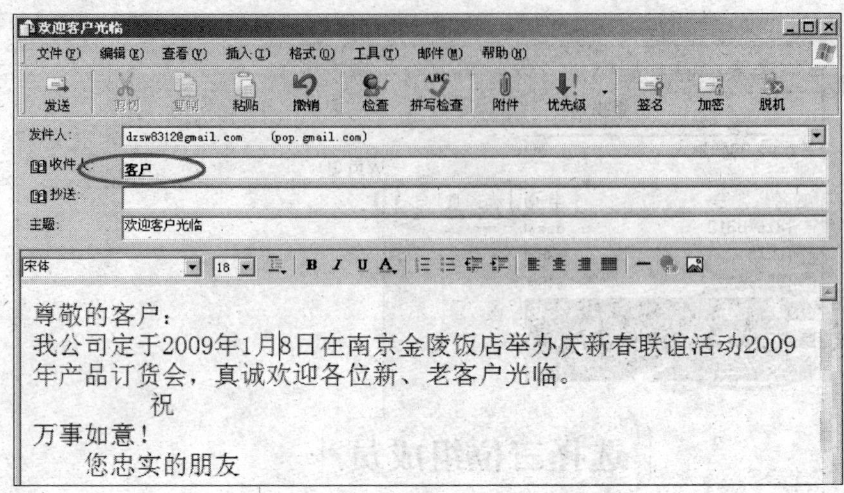

图 2—4—17 给客户组发送一封邮件

技能训练

设置邮件规则：将所有邮寄合同的邮件保存到名为“合同”的文件夹中，给该邮件加上“红色”标记，并从服务器上删除该邮件的副本（提示：用于发送合同的邮件通常在其主题或正文中都会包含“合同”字样）。

思考与练习

1. “阻止发件人名单”有何作用？如果要想屏蔽所有来自 www.kj230.com 的电子邮件，应怎样设置？

2. 在通讯簿中，将5位朋友加入同一个组中，给该组所有成员发一封邮件，并设置自动回执。

模块三

安全通信技术应用

任务1　申请数字证书

任务引入

在电子商务活动中，参与各方通过网络进行各种商务信息沟通和传递商务文件，在进行沟通和文件传输前必须确定各方的身份，在电子商务活动中一般采用数字证书来确认各方的身份。本任务要求能够正确申请、下载、查阅数字证书。

任务分析

数字证书可以在电子商务认证中心进行申请。一般正式的数字证书申请需要先向认证中心授权的证书受理机构提交书面申请材料，待受理机构审核通过后，缴纳证书使用费用，受理机构向申请人发放数字证书文件，然后申请人登录认证中心网站注册数字证书。本任务中所申请的中国数字认证网测试证书为电子邮件保护证书，有效期为一年，采用在线直接申请方式申请数字证书。所申请的证书从内容、功能和配置上与正式证书相同，但不具有实际认证的法律效力。如果先注册为中国数字认证网会员，则可以在线申请正式的数字证书。

相关知识

一、数字证书

Internet 电子商务系统技术使在网上购物的顾客能够极其方便轻松地获得商家和企业的信息，但同时也增加了对某些敏感或有价值的数据被滥用的风险。买方和卖方都必须对在因特网上进行的一切贸易交易运作的真实可靠性提供保证，并且要使顾客、商家和企业等交易各方都具有绝对的信心。因而 Internet 电子商务系统必须保证具有十分可靠的安全保密技术和身份确认机制，也就是说，必须满足网络交易安全的 4 大要素，即信息传输的保密性、数据交换的完整性、发送信息的不可否认性以及交易者身份的确定性。

实现这一目标的方法之一是使用数字证书。数字证书提供了一种在 Internet 上验证身份和保障信息安全的途径，其作用类似于司机的驾驶执照或日常生活中的身份证。数字证书的使用有效地保证了信息除发件人和收件人外不被其他人所识别；信息在传输过程中不被篡改或一经篡改收件人即可识别；接收方能够通过数字证书来确认发送方的身份以及发送方对于自己所发送的信息不能抵赖。

数字证书采用公开密钥加密体系，因而需要产生一个公开密钥和一个私有密钥，这些工作通常是通过 Web 浏览器或电子邮件程序进行的。私有密钥一般由发件人保管，而公开密钥则需通过适当途径发送给收件人。为避免冒名顶替者的身份假冒，防止他人将伪造的公开密钥发送给收件人，就需要一个权威和可信赖的专门机构来发布和管理公开密钥。

这种发布和管理公开密钥的机构称为认证机构或证书管理机构（certificate authorities），简称 CA。用来记载用户的公开密钥和身份信息合法性的电子文件称为数字证书（certificate）。CA 为每个使用公开密钥的用户发放一个数字证书。数字证书的作用是证明证书中列出的用户合法拥有证书中列出的公开密钥。CA 机构的数字签名使得攻击者不能伪造和篡改证书。

二、数字证书的种类和内容

数字证书也称为数字标识，是一个经证书授权机构数字签名的包含公开密钥拥有者信息以及公开密钥的电子文件。数字证书可以用于在网上信息沟通及商务活动中表明参与各方身份，以确定各自在网络中各种行为的权限。

1. 数字证书的类型

数字证书主要有 4 种类型：个人数字证书（personal digital ID）、单位（企业）数字证书、服务器数字证书（server ID）和软件（开发者）数字证书（developer ID）。

（1）个人数字证书

个人数字证书是颁发给个人用户的数字证书，用来表明持有人的身份，同时可以用来实现安全电子邮件、安全个人登录、电子文档签名等多种安全应用。个人数字证书支持目前主流的浏览器产品（包括 Microsoft IE 4.0 及后续版本、Netscape 4.0 及后续版本）和电子邮件客户端软件（包括 Microsoft Outlook、Outlook Express 等）。可存放于智能卡、USB 电子令牌等存储介质中。

（2）单位（企业）数字证书

单位（企业）数字证书是 CA 为公司企业、政府机构、组织团体等签发的数字证书，能够在因特网上标志该单位、组织的身份及实现安全登录、收发安全电子邮件、文档电子签名等安全应用。单位（企业）数字证书对外代表整个单位。单位（企业）数字证书支持目前主流的浏览器产品（包括 Microsoft IE 4.0 及后续版本、Netscape 4.0 及后续版本）和电子邮件客户端软件（包括 Microsoft Outlook、Outlook Express 等）。可存放于智能卡、USB 电子令牌等存储介质中。

（3）服务器数字证书

服务器数字证书主要颁发给 Web 站点服务器或其他需要安全鉴别的服务器，用以证明服务器的身份。服务器数字证书支持目前主流的 Web Server，包含但不限于 IIS、Lotus Domino、Apache、iPlant 等 Web 服务器。可以存放于服务器硬盘或加密硬件设备上。

（4）软件（开发者）数字证书

软件（开发者）数字证书也称为代码签名证书。软件（开发者）数字证书主要颁发给软件开发商，用户在下载、使用软件代码时，证书将证明软件代码的来源、完整性等信息，主要功能是让用户知道该软件代码是安全的并且没有被篡改，用户可以安全地进行下载、使用。本业务支持 Microsoft Authenticode Technology、Netscape Object Signing、Ms Office 2000/VBA Macro Signing 等代码签名技术。目前国内 CA 提供的软件（开发者）数字证书仅供单位用户申请。

除以上 4 种类型的数字证书外，还有一些为特定业务项目进行认证的数字证书，如安全电子邮件证书、交易平台证书、税收证书等。

2. 数字证书的内容

最简单的数字证书包含一个公开密钥、名称以及证书授权机构的数字签名。一般情况下证书中还包括密钥的有效期，发证机关（证书授权中心）的名称，证书的序列号等信息。证书的格式遵循 ITU X. 509 国际标准。一个标准的 X. 509 数字证书包含以下内容：证书的版本信息；证书的序列号，每个证书都有一个唯一的证书序列号；证书所使用的签名算法；证书的发行机构名称，命名规则一般采用 X. 500 格式及其私钥的签名；证书的有效期，现阶段通用的证书一般采用 UTC 时间格式，其计时范围为 1950—2049 年；证书持有人的名称，命名规则一般采用 X. 500 格式；证书持有人的公开密钥和证书发行者对证书的数字签名等。

三、数字证书的作用

数字证书常用于安全电子邮件、网上缴费、网上炒股、网上招标、网上购物、网上企业购销、网上办公、软件产品、电子资金转移等安全电子商务活动。

在利用电子邮件进行信息传输过程中，数字证书有以下几项作用：

1. 保密性

通过使用收件人的数字证书对电子邮件加密，只有收件人才能阅读加密的邮件，这样保证在 Internet 上传递的电子邮件信息不会被他人窃取，即使发错邮件，收件人由于无法解密而不能够看到邮件内容。

2. 完整性

利用发件人数字证书在传送前对电子邮件进行数字签名不仅可以确定发件人身份，而且可以判断发送的信息在传递的过程中是否被篡改过。

3. 身份认证

在 Internet 上传递电子邮件的双方互相不能见面，所以必须有方法确定对方的身份。利用发件人数字证书在传送前对电子邮件进行数字签名即可确定发件人身份，识别是不是他人冒充的。

4. 不可否认性

发件人的数字证书只有发件人唯一拥有，故发件人利用其数字证书在传送前对电子邮件进行数字签名后，发件人无法否认发送过此电子邮件。

四、数字证书的申请步骤

1. 用户登录 CA 站点下载根证书或 CA 证书链（即签发机构的证书）到浏览器中。

2. 下载填写用户证书申请表，申请所需的数字证书。

在使用安全 e－mail 进行通信时，可以通过收件人的 e－mail 账号来下载对方的个人数字证书。

下面以上海市数字证书认证中心（SHECA）个人数字证书申请为例说明数字证书申请

的过程和步骤：

（1）登录上海数字证书认证中心站点 http：//www. sheca. com/default. aspx，打开下载专区页面，下载认证中心根证书，并将根证书安装到要安装数字证书的计算机中。

（2）在我国，正式的数字证书均采用网下申请和网上注册相结合的方式进行申请，网下申请一般是到由 CA 授权的证书申请代理机构处提交书面申请资料，由这些代理机构对申请人的身份进行审核后，发放证书文件。审核时间通常需要 7 个工作日。

用户在 SHECA 网站上下载用户证书申请表，并按要求填写申请表，签字确认。将申请表和个人相关身份证明文件（如身份证、军官证、士兵证、护照等）原件和复印件提交给 SHECA 授权的数字证书申请受理点。如果 SHECA 或受理机构已经通过电话、邮递、第三方验证或者其他方式明确确认申请人身份，申请人可以通过传真、邮递等方式递交证明身份证件的复印件，而不必递交证明身份证件的原件；如果是委托办理，需同时递交被委托人的上述证件的原件及复印件。受理点对用户提交的申请进行审核。审核通过后，用户缴纳证书年费，受理点将向用户发放证书文件和在线注册所需的密码信封，其中包含了用户在线注册的相关资料。

（3）在需要安装数字证书的计算机上下载并安装 SHECA 证书管理器。

（4）用户在取得受理点发放的密码信封后即可登录 SHECA，进入证书申请页面，选择要申请的证书种类后，进入如图 3—1—1 所示的在线申请页面，使用证书文件中提供的注册密码进行在线申请。

图 3—1—1　SHECA 数字证书申请页面

目前各省、市也相继建立了地方 CA 认证机构，提供不同用途的 CA 证书申请服务。不同 CA 数字证书的申请方法和步骤大同小异，用户申请前应认真阅读 CA 提供的用户手册或帮助文件。

任务实施

1. 登录中国数字认证网（www. ca365. com）

在【测试证书】下单击【下载并安装根 CA 证书】链接，将 CA 根证书下载到本地保存，如图 3—1—2 所示。

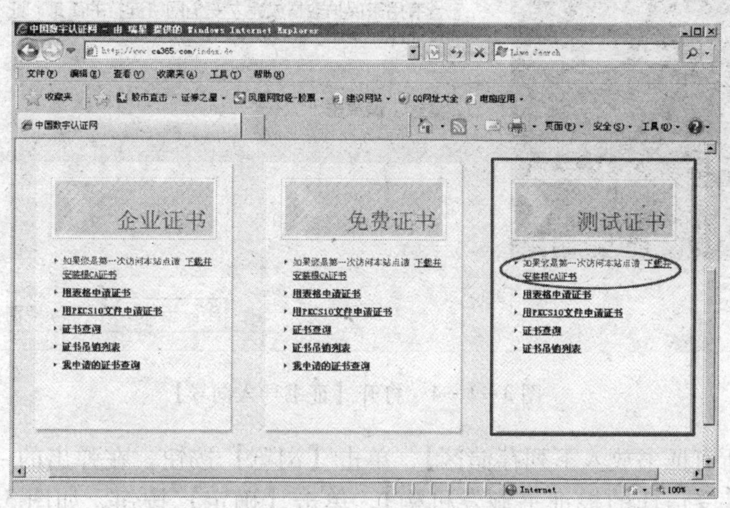

图 3—1—2　下载并安装 CA 根证书

2. 下载并安装 CA 根证书

在保存目录下左键双击 CA 根证书，打开证书，单击证书上的【安装证书】按钮，打开【证书导入向导】，如图 3—1—3、图 3—1—4 所示。然后，单击【下一步】按钮。

图 3—1—3　打开 CA 根证书

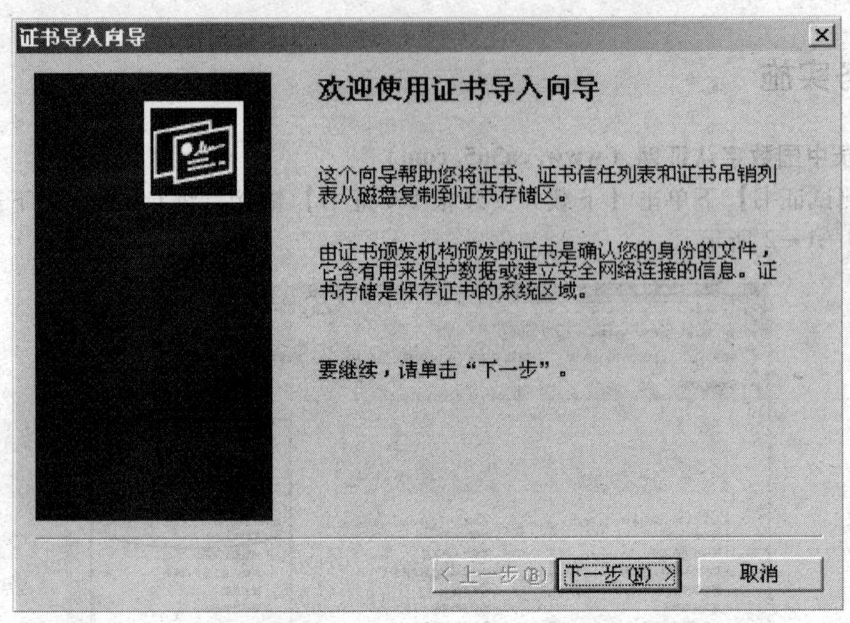

图 3—1—4　打开【证书导入向导】

选中【将所有证书放入下列存储区】，单击【浏览】按钮，在弹出的【选择证书存储】对话框中选中【受信任的根证书颁发机构】，单击【确定】按钮，如图 3—1—5 所示。然后，单击【下一步】按钮。

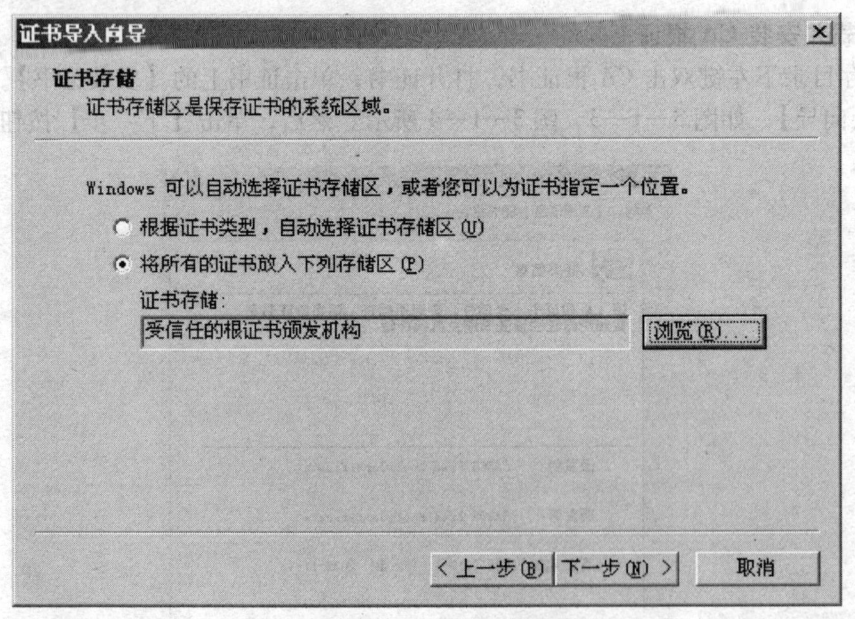

图 3—1—5　选择证书安装目录

之后均为默认安装，如遇到安装提示，则单击【是】按钮，直至证书导入成功为止。

3. 在线申请中国数字认证网测试证书

返回图 3—1—2 所示页面，在【测试证书】下单击【用表格申请证书】链接，打开申请表格页面，按要求填报相关信息，如图 3—1—6 所示，填写完成后，单击【保存】按钮。

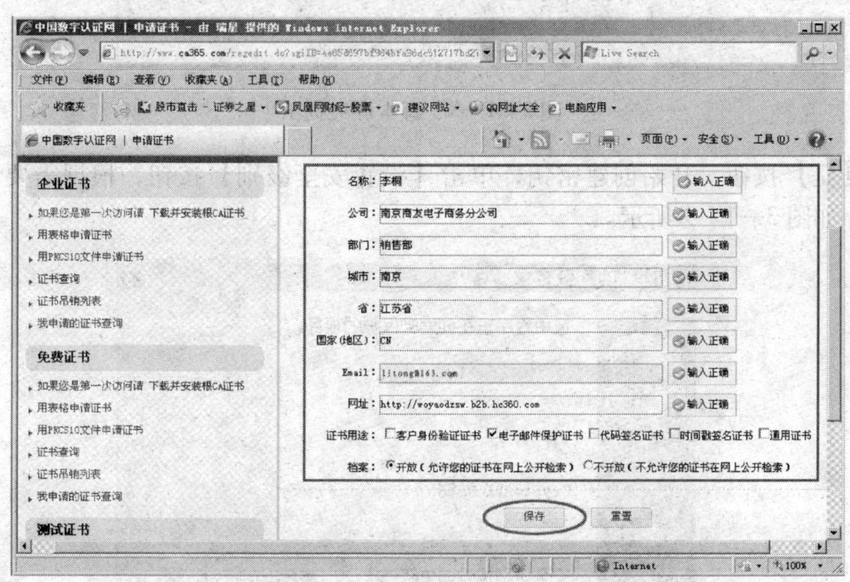

图 3—1—6　填写申请信息

在接下来打开的页面中选择加密服务提供程序（CPS），如图 3—1—7 所示。

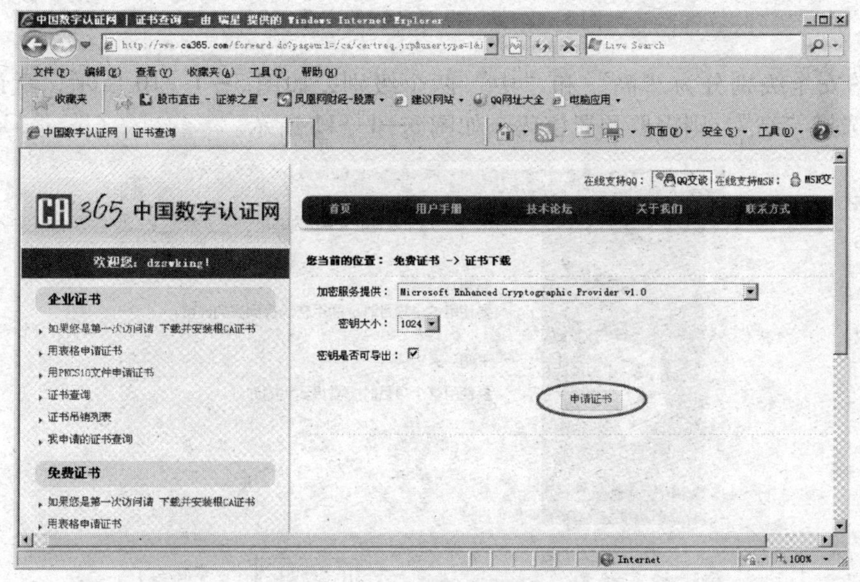

图 3—1—7　选择加密服务提供程序

一般来说，加密服务提供程序的选择与存储数字证书的介质有关，在此选择默认选项即可。完成后单击【申请证书】按钮。

单击【申请证书】按钮后将弹出“潜在脚本冲突”提示，如图3—1—8所示。

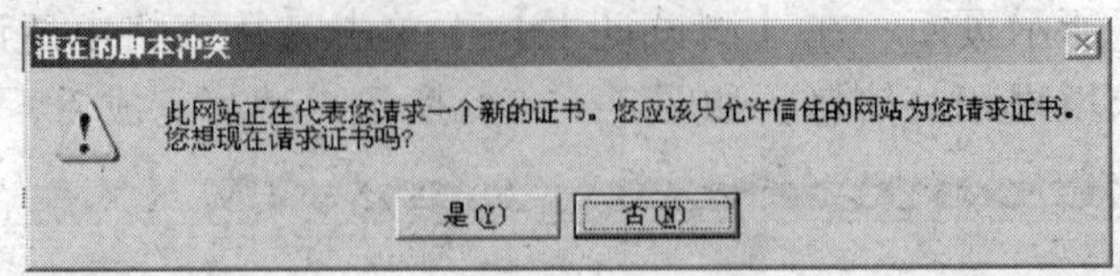

图3—1—8　脚本冲突提示

单击【是】按钮，开始创建密钥，单击【设置安全级别】按钮，根据需要设置私钥的安全级别。如图3—1—9所示。

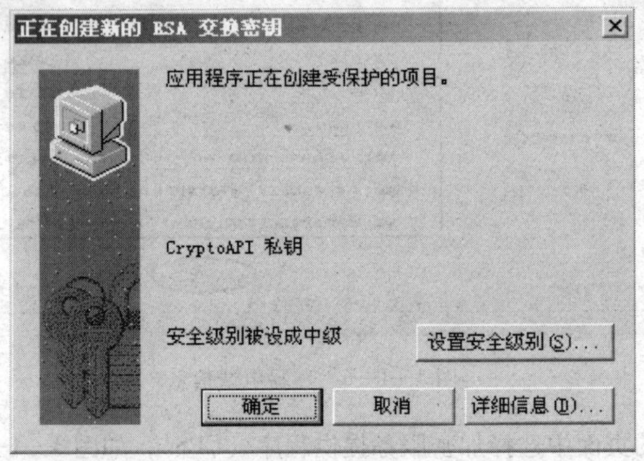

图3—1—9　设置私钥的安全级别

私钥的安全级别分为“高”和“中”两个级别，如图3—1—10所示，默认情形下为“中”，如选择“高”，则需要预置密码，如图3—1—11所示。

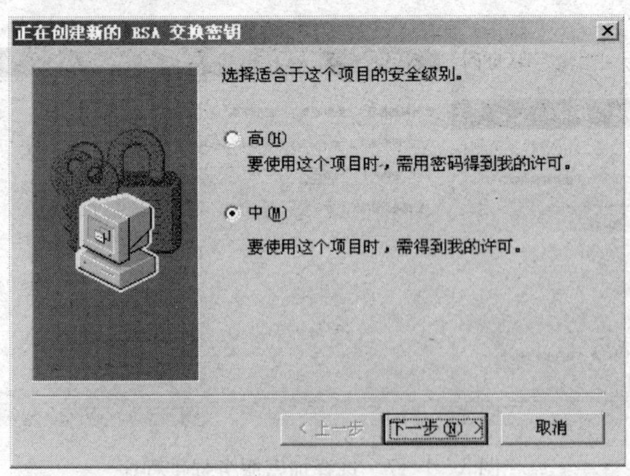

图3—1—10　私钥安全级别选项

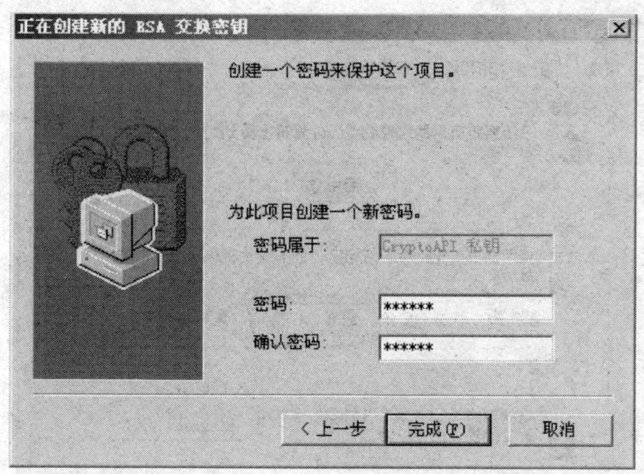

图 3—1—11　预置密码保护私钥

单击【确定】按钮后，系统一般直接将证书安装到默认证书保存目录中。如遇到无法正常安装时，则返回图 3—1—7 所示页面，但页面中的【申请证书】按钮变成【下载证书】按钮，单击【下载证书】按钮，即可将所申请的证书下载到本地保存。

采用与根证书同样的安装方法可以将所申请的证书安装到证书管理器中，仅在安装过程中，无须选择安装目录，由系统默认安装即可。

4. 查阅所安装的数字证书

安装后的数字证书一般储存在专门的证书管理器中。证书管理器可以是操作系统自带的，也可以是由 CA 提供的。在实际使用中，如果 CA 提供证书管理工具下载，建议使用 CA 提供的证书管理器储存和管理数字证书，具体使用方法可查阅 CA 提供的相关帮助文件。不同的 CA 所提供的证书管理工具基本功能相同或相近，但一般只用于管理 CA 自身颁发的数字证书。

Windows 操作系统本身自带一个证书管理工具，如果没有安装 CA 专用的管理器，则所下载并安装的数字证书将储存在这个管理器中。如需查看所安装的数字证书，可以采用以下两种方法。

（1）方法一。在 IE 属性中查看数字证书。

右键单击桌面上的 IE 图标，打开【Internet 属性】→【内容】选项卡，如图 3—1—12 所示。

单击【证书】按钮，查看包括个人证书列表、其他人证书列表、中级证书颁发机构颁发的数字证书列表、受信任的根证书颁发机构颁发的数字证书列表以及受信任的其他证书颁发者颁发的数字证书列表。在不同的选项卡中，选中相应的证书，单击【查看】按钮或双击要查看的证书，可以查看不同级别以及不同颁发者颁发的数字证书的内容，如图 3—1—13 所示。

如需查看证书的详细内容，可以选中要查看的证书，单击【查看】按钮，如图 3—1—14 所示。

数字证书中主要包括常规、详细信息和证书路径三个组成部分，如图 3—1—15 所示。

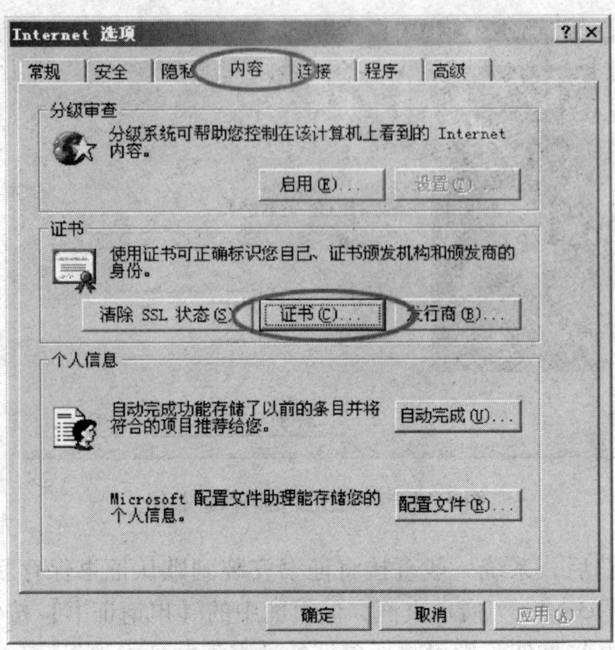

图 3—1—12 【Internet 选项】中的【内容】选项卡

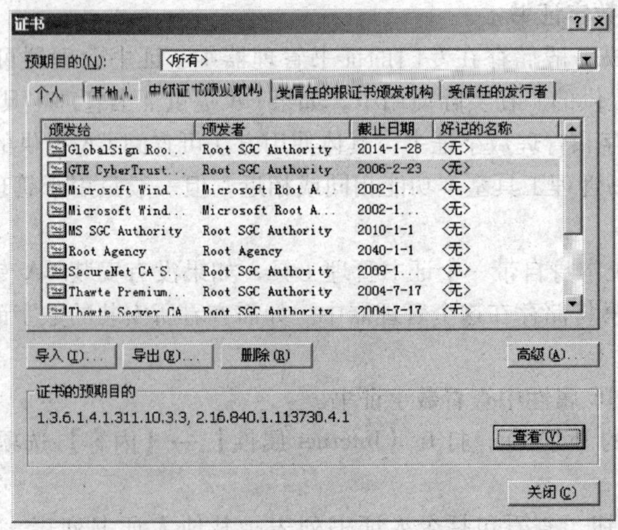

图 3—1—13 查看数字证书列表

（2）方法二。在 Outlook Express 中查看数字证书。

启动 Outlook Express，打开【工具】→【选项】→【选项】→【安全】选项卡，如图 3—1—16 所示。

单击【数字标识】按钮，打开图 3—1—13 所示的【证书】管理窗口。在该窗口中查看证书。

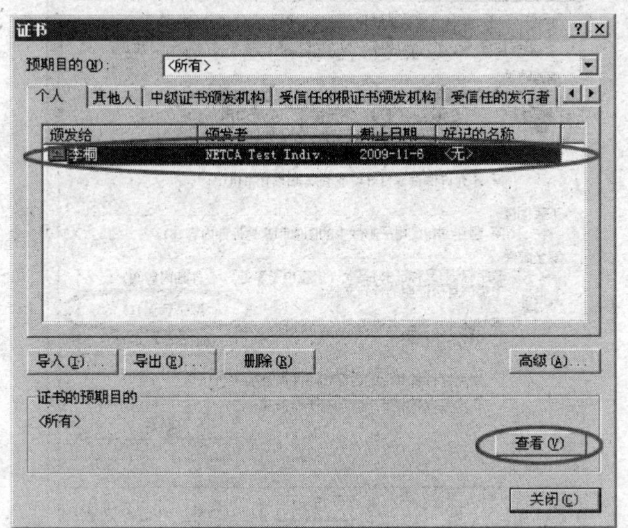

图 3—1—14　查看证书内容

图 3—1—15　数字证书的详细内容

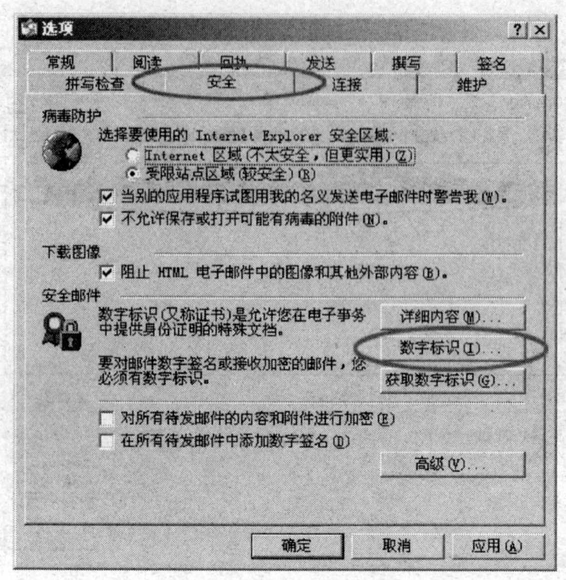

图 3—1—16　Outlook Express 属性中的【安全】选项卡

技能训练

以本人真实身份和已申请的 163 邮箱，登录 http：//www. ca365. com（中国数字认证网），申请一个免费的通用证书（提示：申请前先注册为中国数字认证网会员）；申请完成后下载并安装到本地计算机中。

思考与练习

1. 什么是数字证书？
2. 在电子商务活动中，数字证书有何用途？
3. 数字证书主要有哪几种？
4. 在商务活动中，为什么要进行身份认证？
5. 如何检查计算机中是否安装了数字证书？
6. 标准的 X. 509 数字证书包含哪些信息？
7. 数字证书在哪里申请？一般申请步骤有哪些？

任务 2　数字证书的下载、安装与备份

任务引入

在电子商务活动中进行安全通信的基本条件包括：通信双方拥有自己和对方的数字证

书，并已安装到计算机浏览器或邮件系统中，且已指派给特定的通信账户，如 e - mail 账户等。本任务要求能够正确获取收件人的数字证书，能够正确安装和备份数字证书。

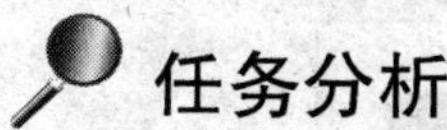

任务分析

获取对方公钥最直接的方法是到颁发证书的 CA 站点上下载对方的数字证书，当然也可以请对方将其数字证书通过适当的方法发给自己；在取得双方的证书文件后，利用证书管理器的导入功能将证书安装到系统中；为便于今后重新安装证书，可以利用证书管理器的导出功能备份证书文件。

任务实施

一、获取收件人的数字证书

1. 在 CA 站点上下载收件人的数字证书

登录收件人申请数字证书的 CA 站点，首先选择要查询证书的类型，如图 3—2—1 所示。

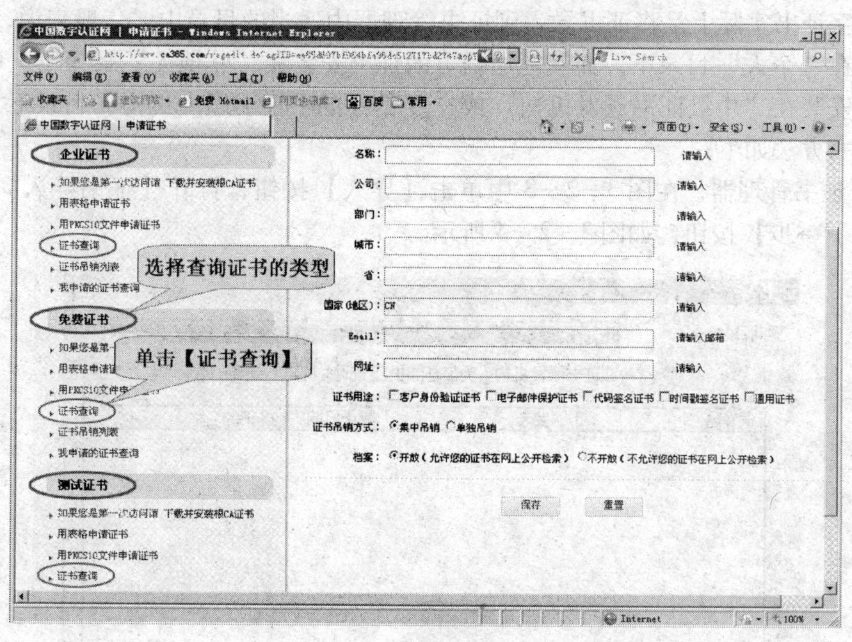

图 3—2—1　选择要查询证书的类型

然后在查询文本框中输入收件人的姓名或所在单位的名称，单击【查询】按钮。在下方列出的收件人查询条目中，单击【下载】按钮，如图 3—2—2 所示。

不同的 CA 需要提供的下载信息不尽相同，所下载的数字证书中包含 CA 的数字签名和收件人的公开密钥，但不包含收件人的私有密钥。

2. 直接向收件人索取数字证书

为了便于与收件人进行安全通信，可以直接向收件人索取数字证书。收件人可以将仅含

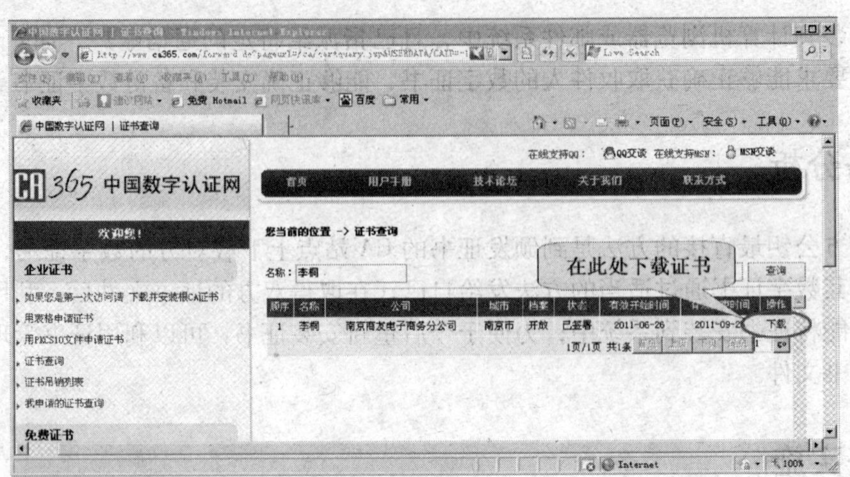

图 3—2—2　在证书查询页面下载证书

本人公开密钥的数字证书副本通过存储介质或电子邮件等方式传送给对方。

二、数字证书的安装

安装数字证书实际上是将证书导入到证书管理器中适当的目录中。一般来说，本人的证书文件安装在“个人”目录下，而其他通信方的证书安装在“其他人”目录下，CA 的根证书一般默认安装在“中级证书颁发机构”或“受信任的根证书颁发机构”目录下。

导入证书方法如下：

1. 打开证书管理器，在图 3—2—3 中单击【导入】按钮，打开【证书导入向导】对话框，单击【下一步】按钮，如图 3—2—4 所示。

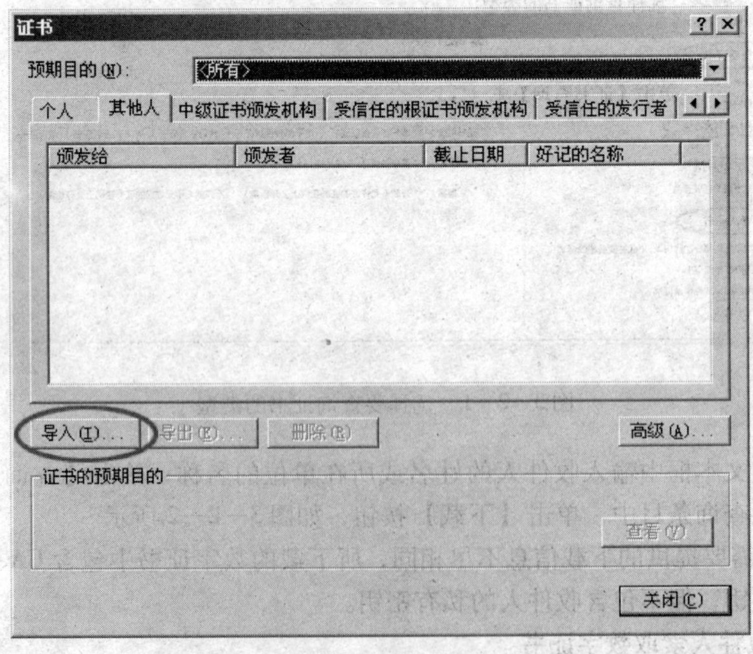

图 3—2—3　单击【导入】按钮

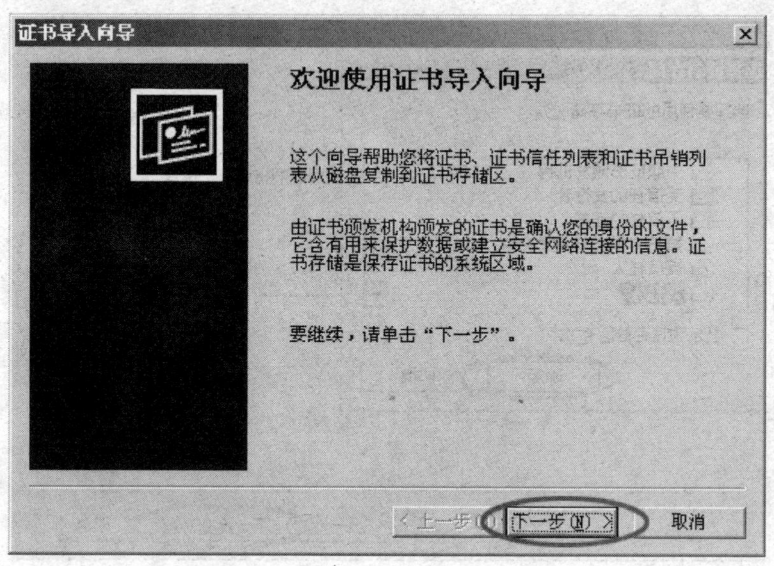

图 3—2—4 【证书导入向导】对话框

2. 单击【浏览】按钮，选择要导入的证书文件，单击【下一步】按钮，如图 3—2—5 所示。

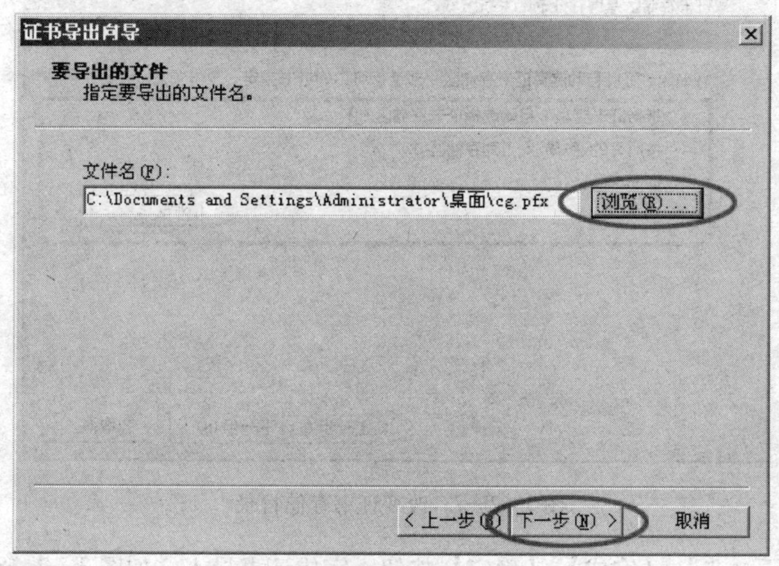

图 3—2—5 选择要导入的证书文件

3. 选择证书保存目录，单击【确定】按钮，单击【下一步】按钮，如图 3—2—6 所示。

也可以选择让系统自动将证书保存到适当的位置。如果熟悉证书的保存机制，可以单击【浏览】按钮，自行改变证书保存的目录，如图 3—2—7 所示。

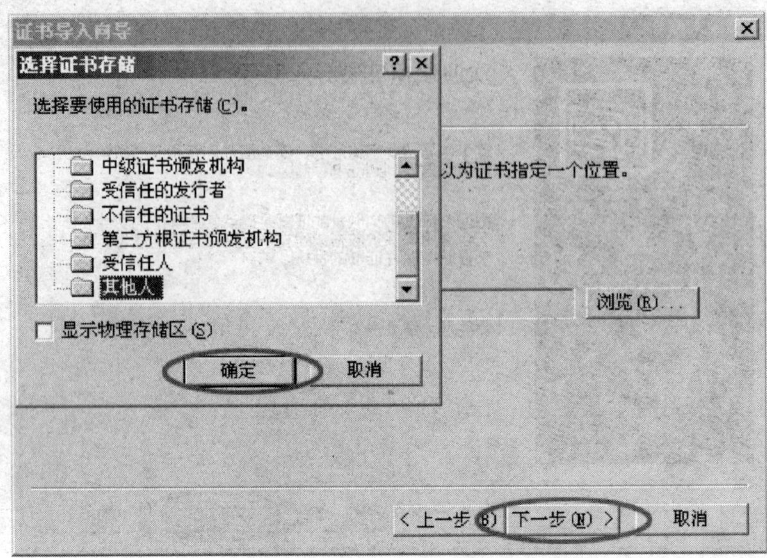

图 3—2—6　选择证书保存目录

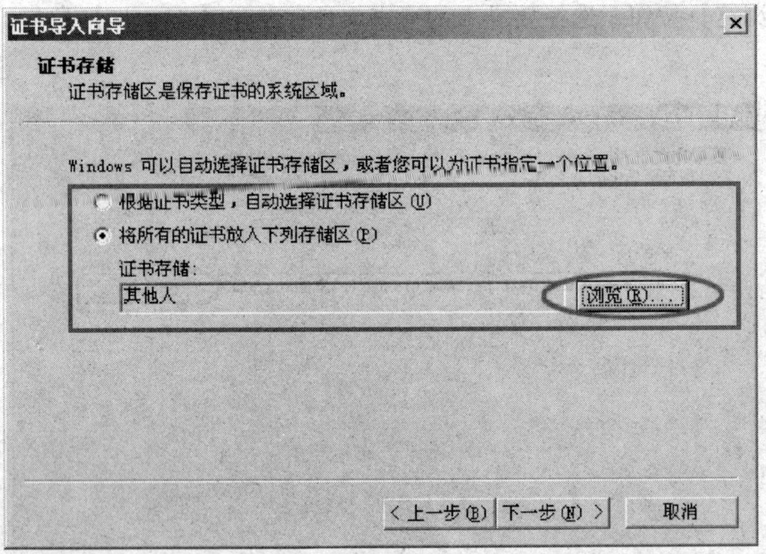

图 3—2—7　改变证书存储目录

4. 单击【下一步】、【完成】、【确定】按钮，完成证书导入，如图 3—2—8 所示。

三、数字证书的备份

备份数字证书是通过证书管理器的导出（或备份）功能，将已经安装的数字证书文件提取出来保存，以备不时之需。根据数字证书应用要求，为便于今后使用，备份时可以将本人的数字证书（含私钥和不含私钥）、收件人数字证书、CA 的证书链（或根证书）一同备份。

数字证书的备份方法如下：

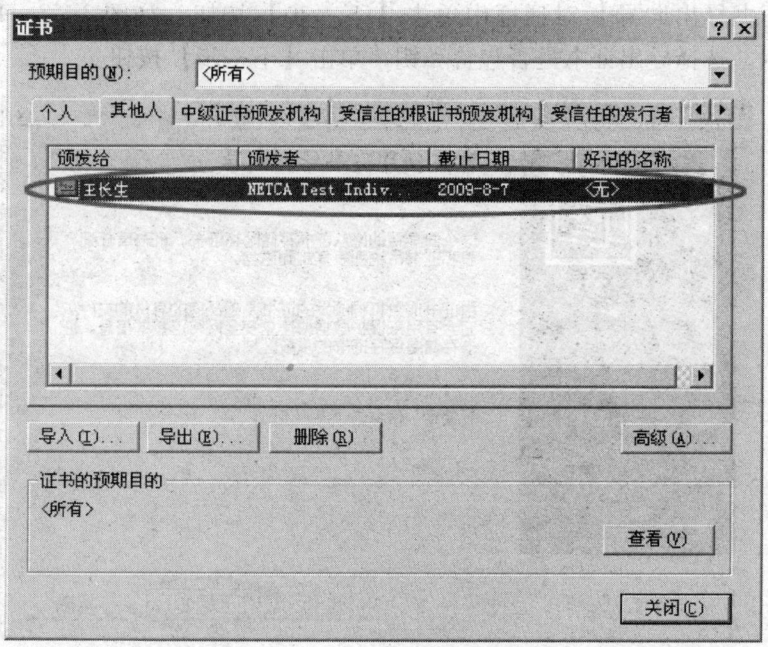

图 3—2—8　导入的数字证书

1. 打开证书管理器，选中要备份的数字证书，单击【导出】按钮，打开【证书导出向导】对话框，如图 3—2—9 所示。

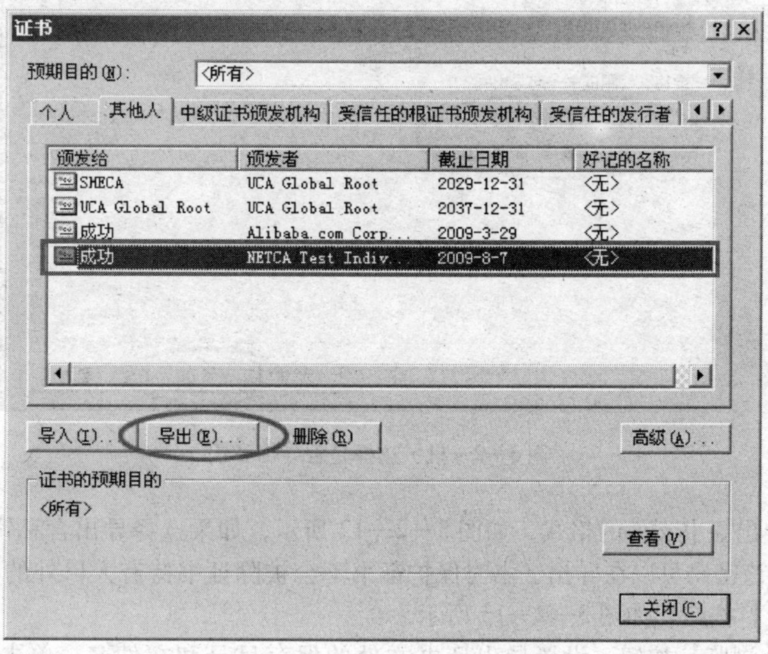

图 3—2—9　选中要备份的数字证书

2. 在【证书导出向导】对话框中单击【下一步】按钮，如图3—2—10所示。如图3—2—11所示，选择导出证书是否包含私钥，单击【下一步】按钮。

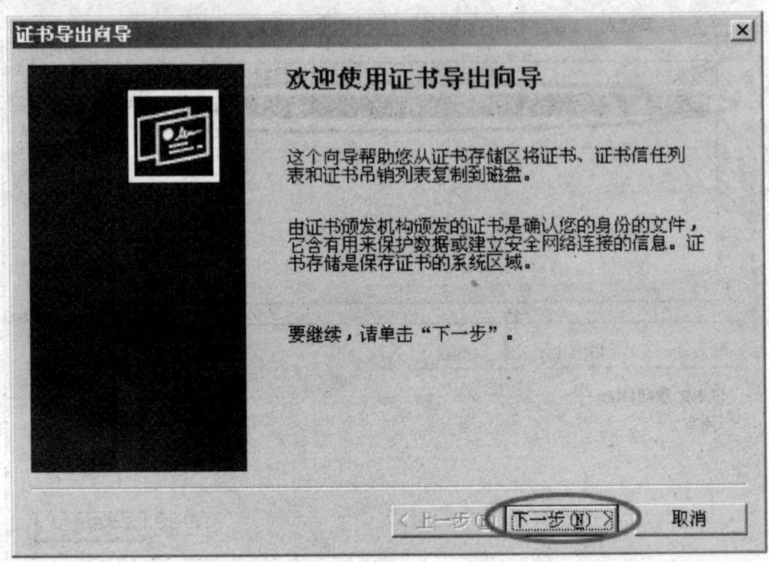

图3—2—10　证书导出向导

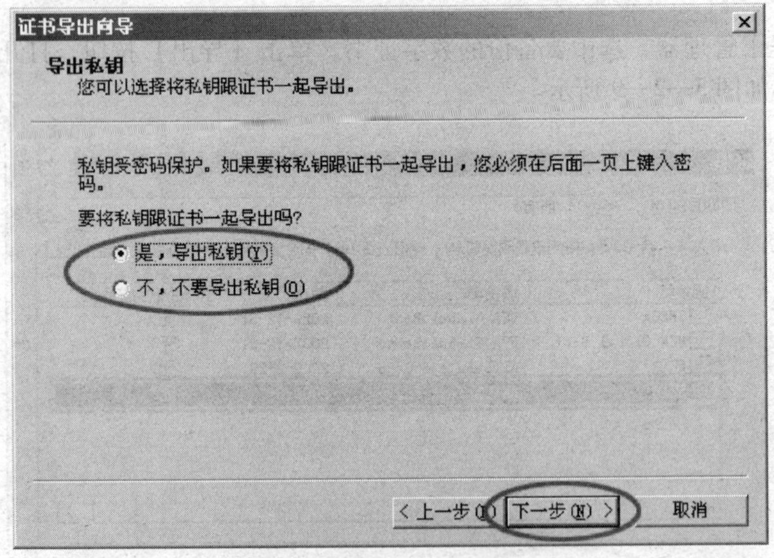

图3—2—11　选择是否导出私钥

3. 选择导出证书文件的格式，如图3—2—12所示，如果选择导出含私钥的证书，则需要键入密码，该密码可以在导出证书时保护证书不会被除证书持有人以外的其他人所利用。单击【下一步】按钮，如图3—2—13所示。

4. 单击【浏览】按钮，设置导出证书文件的保存目录和文件名，单击【下一步】按钮，开始导出所选数字证书，如图3—2—14所示。

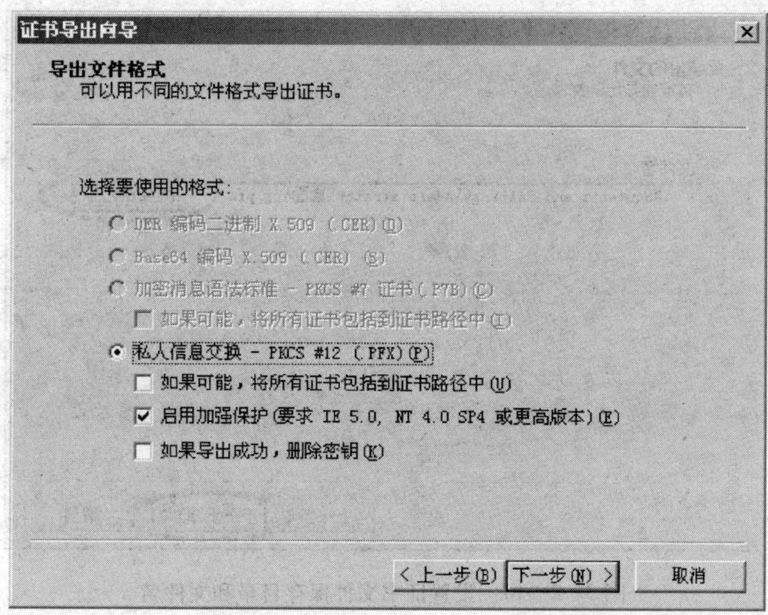

图 3—2—12　选择导出证书文件格式

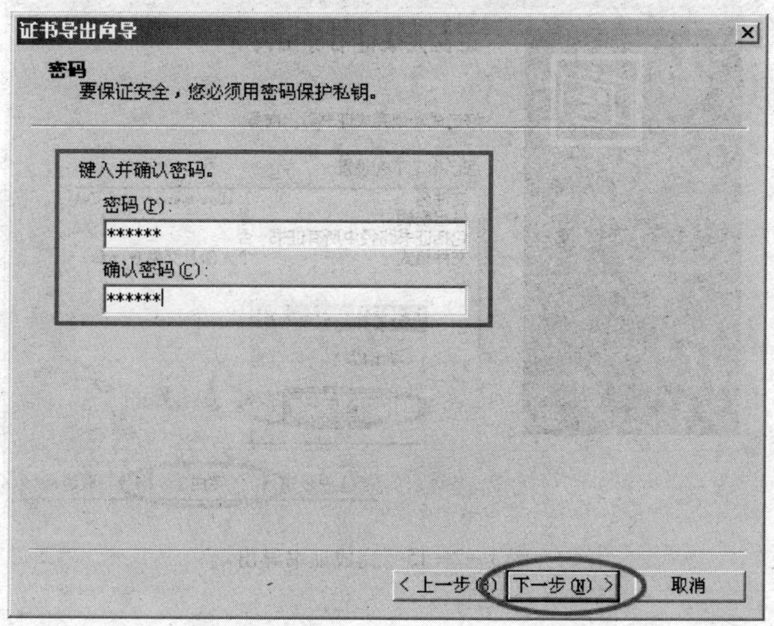

图 3—2—13　为含私钥证书设置保护密码

5. 单击【确定】、【完成】按钮，即可将证书文件导出，如图 3—2—15 所示。将导出的证书文件妥善保存，以备今后使用。

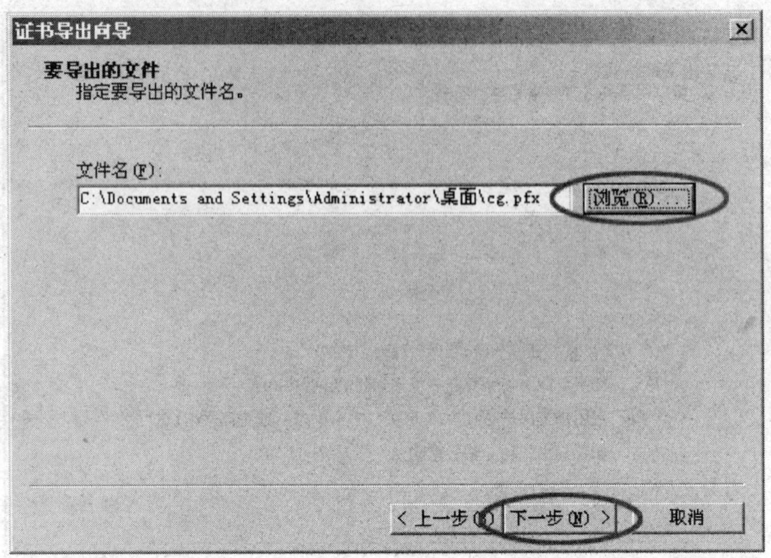

图 3—2—14　设置证书文件保存目录和文件名

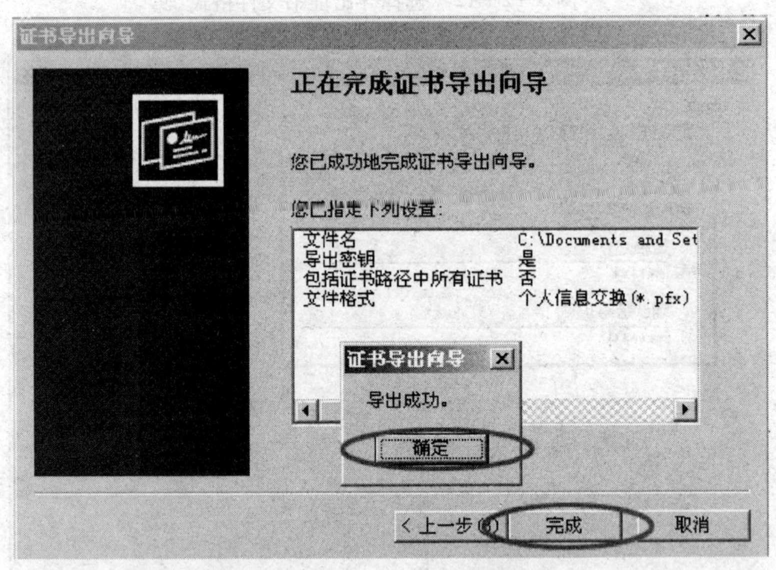

图 3—2—15　完成证书导出

技能训练

登录深圳 Wosign（沃通）网站（http：//www. wosign. com），在线申请一个免费客户端证书，并将该证书安装到“个人”目录下。

知识链接

根证书的作用

根证书是CA认证中心与用户建立信任关系的基础，用户的数字证书必须有一个受信任的根证书，用户的数字证书才是有效的。从技术上讲，证书包含三部分：用户的信息，用户的公钥，CA中心对该证书里面的信息的签名。要验证一份证书的真伪（即验证CA中心对该证书信息的签名是否有效），需要用CA中心的公钥验证，而CA中心的公钥存在于对这份证书进行签名的证书内，故需要下载该证书，但使用该证书验证又需先验证该证书本身的真伪，故又要用签发该证书的证书来验证，这样一来就构成了一条证书链。这条证书链的终结就是根证书。根证书是一份特殊的证书，它的签发者是它本身，下载根证书就表明对该根证书以下所签发的证书都表示信任，而技术上则是建立起一个验证证书信息的链条，证书的验证追溯至根证书即为结束。所以，用户在使用自己的数字证书之前必须先下载根证书。

思考与练习

1. 为什么要获取他人的数字证书？
2. 怎样获取他人的数字证书？
3. 为什么要备份数字证书？
4. 为什么在安装数字证书前先要安装CA的根证书？

任务3 Outlook Express 中数字证书配置与安全邮件的使用

任务引入

安装完数字证书，在发送商务安全邮件时，为了安全起见添加了数字签名，并给邮件加密，但就在发送邮件时却出现“没有数字标识”的提示，应该如何解决这个问题呢？

任务分析

在商务活动中，业务人员通过e－mail发送包含敏感信息的邮件时，为保证信息安全，防止重要内容外泄，需要对邮件进行加密；同时为防止信息传输过程中失真或遭人恶意篡改，需要对邮件添加数字签名。安装数字证书后，需要对Outlook Express进行必要的设置，才能在Outlook Express中使用加密和数字签名功能。Outlook Express中的设置包括以下两方面：

第一，为收发安全邮件的e－mail账户指派数字证书。

第二，将发件人的 e－mail 加入通讯簿，并添加发件人的数字标识。

只有完成以上设置，才能在 Outlook Express 中使用加密和数字签名功能。

任务实施

一、在 Outlook Express 6.0 中绑定数字证书

所谓指派数字证书是指将已申请并安装的数字证书中的数字标识与用于发送安全邮件的 e－mail 账户捆绑起来，该数字标识由公开密钥、私有密钥和数字签名三部分组成。在发送邮件时，Outlook Express 将在计算机上进行搜索，以找到一个带有相同电子邮件地址的有效数字标识，并将其添加到邮件账户中。

在 Outlook Express 中，单击【工具】→【账户】，在【邮件】选项卡中，选定已申请数字证书的 e－mail 账户，单击【属性】→【安全】选项卡，分别在【签署证书】和【加密首选项】中，单击【选择】按钮，在【选择默认账户数字 ID】对话框中，选择用于数字签名和加密的数字证书，在【算法】栏中选择加密算法，单击【确定】按钮，如图 3—3—1 所示。

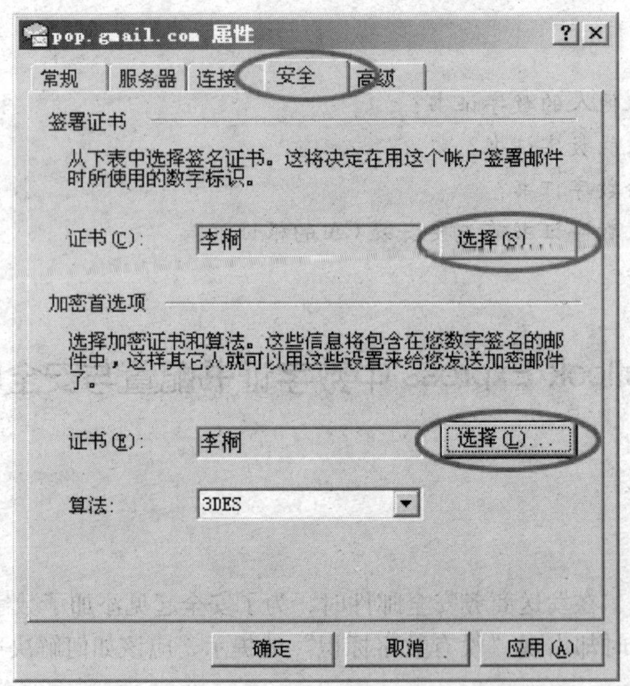

图 3—3—1　指派数字证书

不同版本的 Outlook Express 或不同的电子邮件客户端工具的设置过程存在一定的差异，在设置时应予以注意。

二、添加发件人数字标识

要想给某人发送安全邮件，必须有收件人的数字标识，并且该标识必须与它们在自己的通讯簿中的名称相关联。默认情况下，在接收带有数字签名的邮件时，Outlook Express 自动

将数字标识添加到通讯簿中。如果关闭自动添加选项，则需要手动添加联系人的数字标识。

1. 从发件人携带数字标识的邮件中添加数字标识

打开带有数字签名的邮件，在【文件】菜单上，单击【属性】，打开属性对话框，如图3—3—2 所示；选择【安全】选项卡，单击【查看证书】按钮，如图 3—3—3 所示；在【查看证书】对话框中，单击【添加到通讯簿】按钮，如图3—3—4 所示。

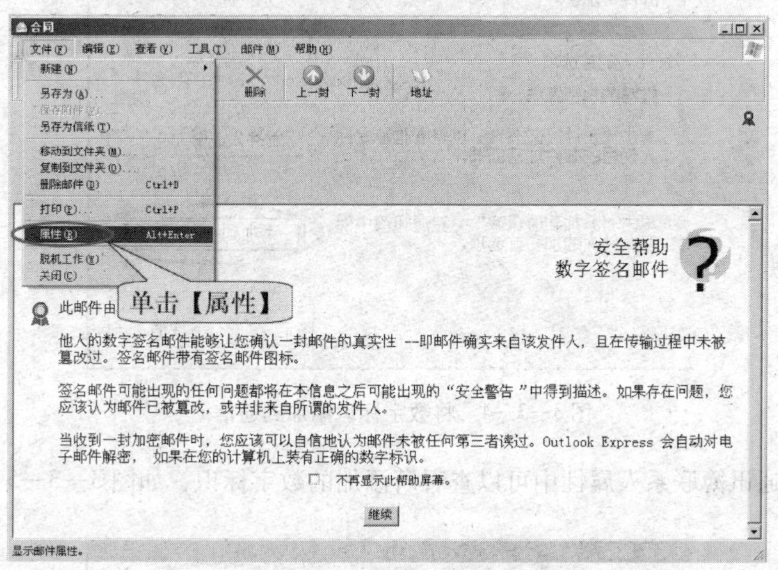

图 3—3—2　【文件】→【属性】

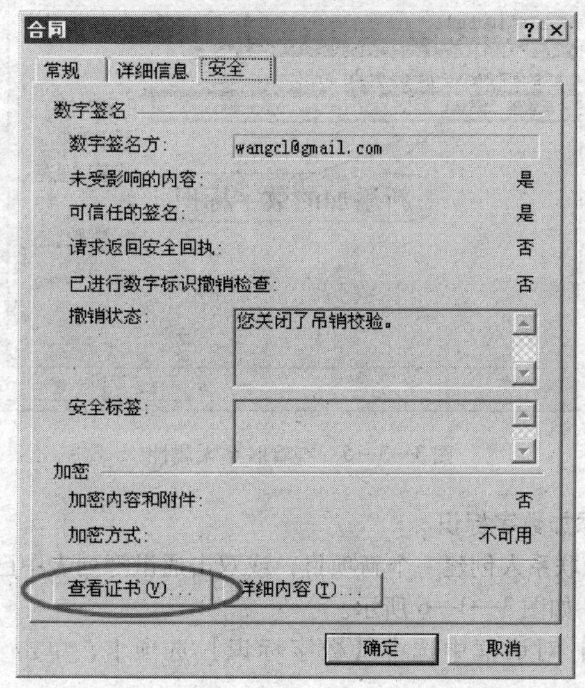

图 3—3—3　选择【安全】选项卡

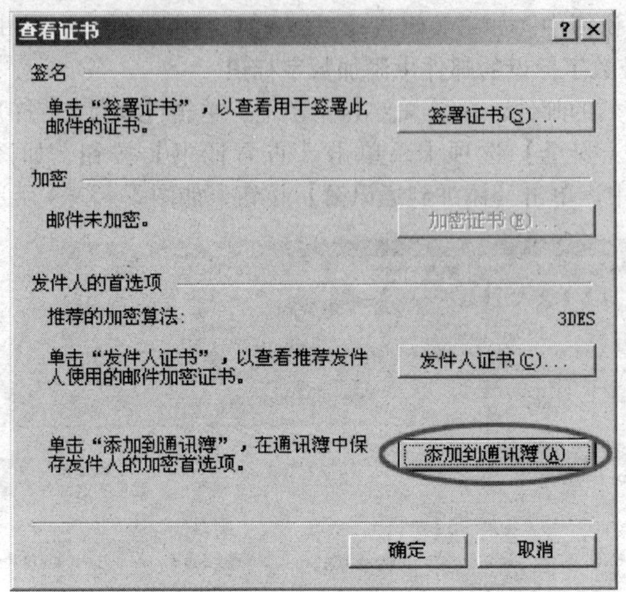

图 3—3—4　将数字标识添加到通信簿

完成后在通讯簿联系人属性中可以查看所添加的数字标识，如图 3—3—5 所示。

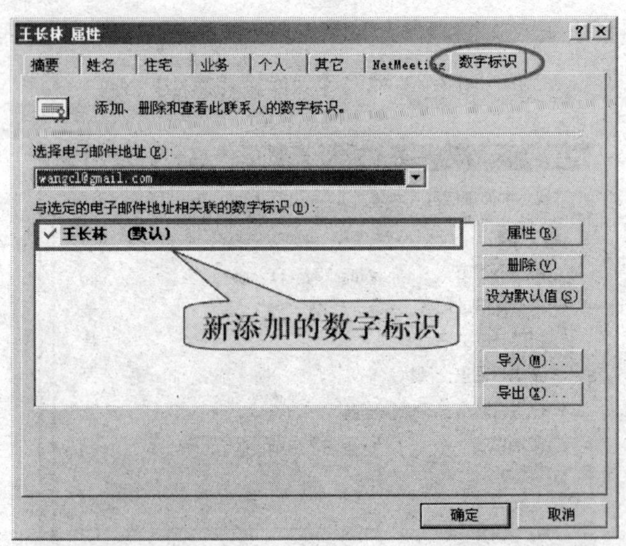

图 3—3—5　查看联系人属性

2. 从数字证书中添加数字标识

在通讯簿中，为该联系人创建一个新项目，或双击通讯簿列表中已有的联系人，打开联系人【属性】对话框，如图 3—3—6 所示。

在联系人【属性】对话框中选中【数字标识】选项卡，单击【导入】按钮，如图 3—3—7所示。

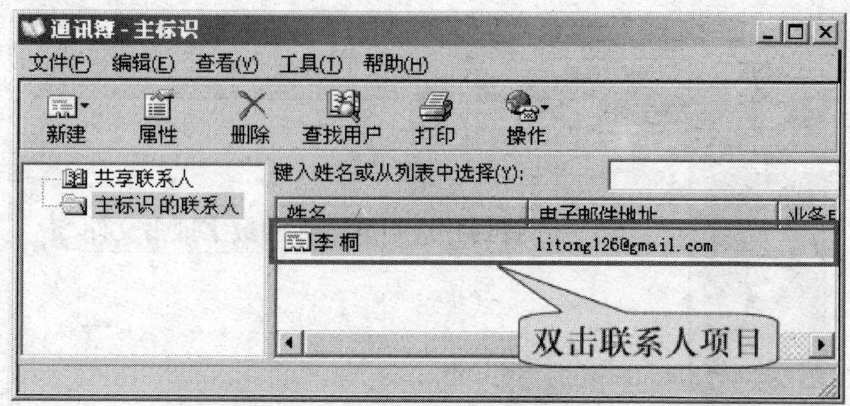

图 3—3—6　选中要添加数字标识的联系人

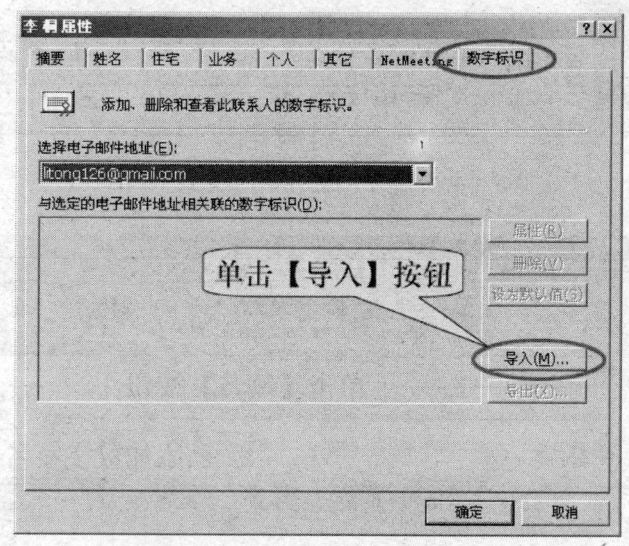

图 3—3—7　选中【数字标识】选项卡

找到该联系人的数字证书文件，然后单击【打开】按钮，即可将该联系人的数字标识添加到通讯簿中，如图 3—3—8 所示。

同时，联系人的数字证书也将自动安装到证书管理器的默认目录中。

三、Outlook Express 中安全电子邮件的使用

完成数字证书设置和添加数字标识后，即可在 Outlook Express 中使用邮件加密和数字签名功能，具体使用方法如下：

1. 签名邮件的使用

在 Outlook Express 中打开新邮件窗口，完成邮件编辑，单击工具栏上的【签名】按钮，如图 3—3—9 所示。

收件人收到该邮件预览或打开时，首先将看见如图 3—3—10 所示的安全提示。

如果已正确安装了发件人的数字证书，并已在通讯簿中添加了发件人的数字标识，当单

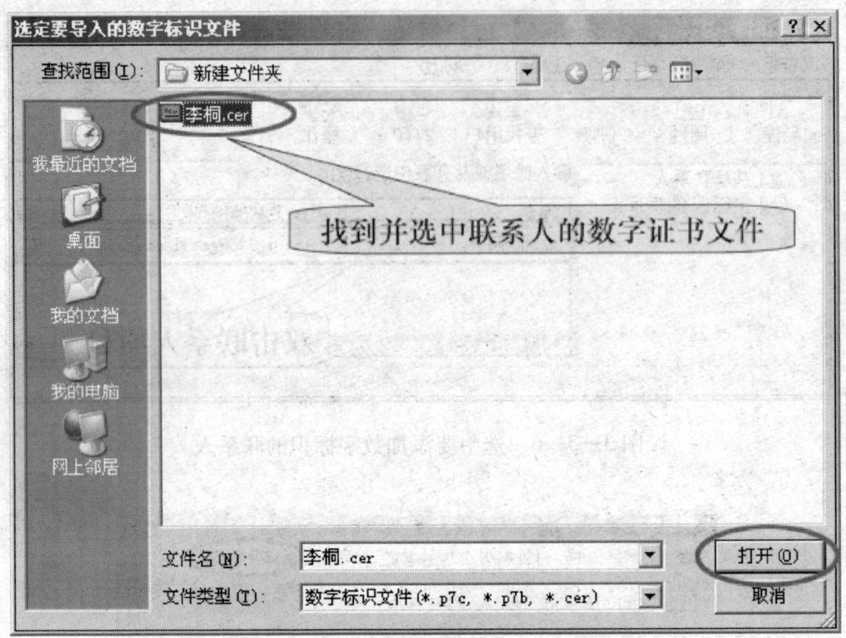

图3—3—8　导入联系人的数字证书文件

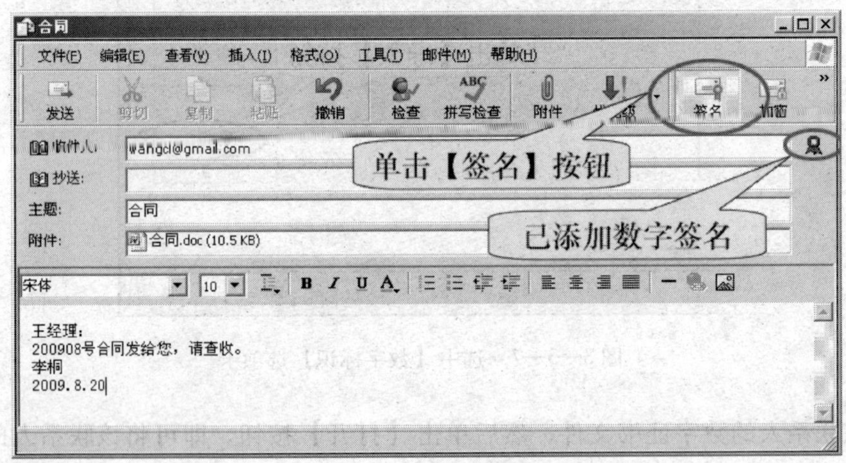

图3—3—9　添加数字签名

击【继续】按钮时，即可看到邮件内容。如果邮件在传输过程中发生改变，则发出安全警告，提醒收件人注意安全风险，如图3—3—11所示。

2. 加密邮件的使用

在Outlook Express中打开新邮件窗口，完成邮件编辑，单击工具栏上的【加密】按钮，如图3—3—12所示。

收件人收到邮件后，在打开邮件时，也会看到类似图3—3—10所示安全提示。如果已添加了发件人的数字标识，当单击【继续】按钮时，即可看到邮件内容。

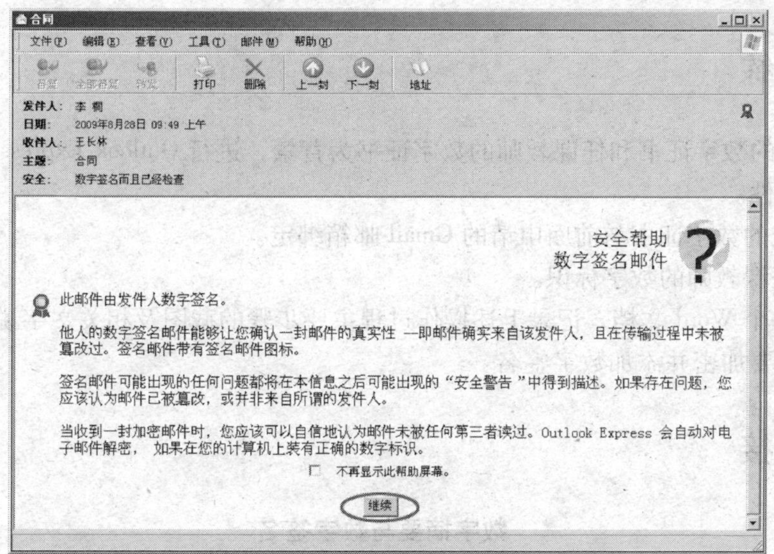

图 3—3—10　签名邮件安全提示

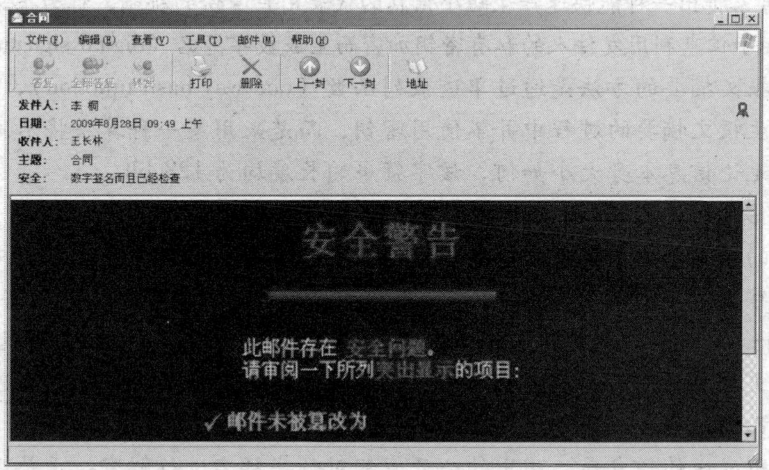

图 3—3—11　安全警告

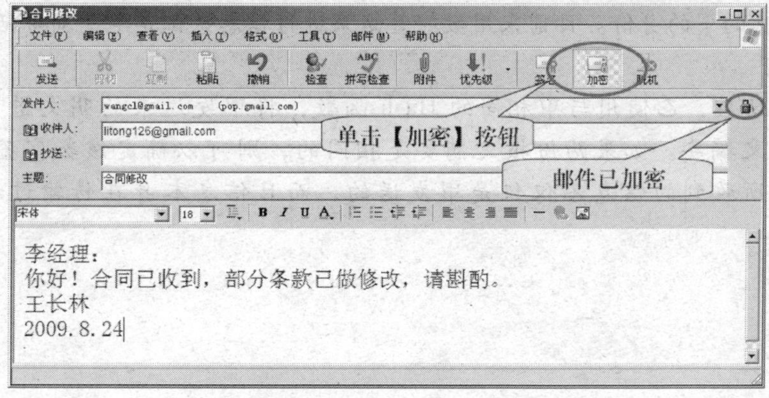

图 3—3—12　邮件加密

技能训练

以所申请的数字证书和任课教师的数字证书为背景，进行 Outlook Express 设置，并发送签名和加密邮件。

1. 将本人的数字证书与前面申请的 Gmail 邮箱绑定。

2. 添加任课教师的数字标识。

3. 新建一个 Word 文档，记录上述操作过程主要步骤的截图及相关文字说明，以附件方式提交，邮件要加密并添加数字签名。

知识链接

数字摘要与数字签名

为提高加密的速度，实际应用中为防止他人对传输的文件进行破坏，以及对发信人的身份进行验证，加密专家推出一种能快速产生短小信息的代表用户身份的机制，称为报文摘要（message digest），这种短小信息利用发件人的私有密钥加密而生成数字签名（digital signature）。

快速生成报文摘要的方法是通过单道散列函数（one-way hash function），也称 Hash 函数来实现的。产生报文摘要的过程中并不使用密钥，而是采用某一种算法将不同的信息转化为一个字符串，无论信息本身大小如何，该字符串的长度均为 128 bit。

比如某条信息经过 Hash 函数处理的结果为字符串 CBBV255ndsAG3D67，这一字符串就称为这条信息的报文摘要。将报文摘要用发件人的私有密钥进行加密生成密文，这一密文称为该信息的数字签名。由于 Hash 函数的特点，不同的信息产生了不同的数字签名。

如图 3—3—13 所示的是发件人甲首先把要发送的信息通过 Hash 函数处理生成报文摘要，并将该报文摘要用甲的私有密钥加密，生成数字签名，然后将数字签名连同明文信息一同发给收件人乙的过程。

乙在收到甲发送的信息后，用甲的公开密钥对数字签名进行解密，于是乙就得到了甲通过 Hash 函数转换而得到的报文摘要。如果乙能用甲的公开密钥解密甲的数字签名，乙就可以鉴别发出信息的甲的身份。目前采用数字签名来进行信息认证是电子商务活动中最普遍的一种认证手段。

在收到信息后，乙使用与甲相同的 Hash 函数，将甲发送来的明文进行转换，从而得到另一份报文摘要。如果两份报文摘要是相同的，则可以确定该数字签名是有效的。这就意味着乙所收到的信息不仅仅是甲发送的，而且信息本身在传输过程中未失真或被篡改。

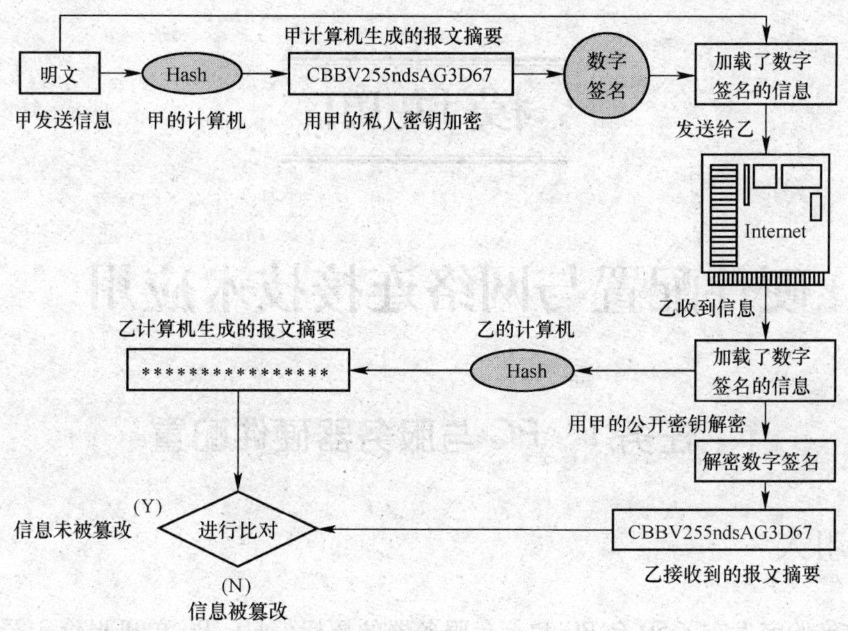

图 3—3—13　数字签名的应用原理

思考与练习

1. 什么是数字签名？有何作用？
2. 在发送安全邮件之前，为什么要将 e－mail 账户与数字证书绑定？
3. 安装了发件人的数字证书，是否一定能够解密发件人的加密邮件？为什么？
4. 使用 Outlook Express 进行安全邮件收发之前需要做哪些设置？

模块四

硬件配置与网络连接技术应用

任务1　PC 与服务器硬件配置

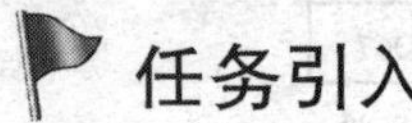

任务引入

某学院实验室发布了 50 台 PC 和一台服务器的招标信息：PC 单机报价 3 250 元，无具体品牌要求；服务器要求 IBM 品牌，总价不超过 20 000 元。试根据上述信息，利用所学的知识，编制硬件配置清单。

任务分析

要想做出一份性价比较高的硬件配置清单，一方面需要熟悉计算机、服务器的基本结构和各部件的主要作用和功能；另一方面，熟悉产品流通渠道，了解业务流程同样至关重要。在编制配置清单前，必须做好以下准备工作：

1. 充分了解当前市场上主流 PC 和服务器产品的性能和配置状况。

2. 规划询价渠道。由于目前高校教学设备采购一般必须通过政府采购招标方式进行，因此政府采购招标网站是重要的参考渠道。

3. 鉴于 IT 产品市场更新换代速度较快，因此必须充分了解当前市场上所采购产品的供应和价格状况。

在实际工作中，还必须通过各种渠道，充分了解用户的具体需求，比如该实验室的用途和设计目标等，这对产品选配十分重要。

相关知识

一、PC 的基本知识与选配

硬件是指构成计算机外在形态的各种物理装置。一台计算机所有硬件的总和称为计算机硬件系统。一个计算机硬件系统，从功能角度分为五大功能部件：运算器、控制器、存储器、输入设备和输出设备。从具体配件角度看，计算机硬件主要有主板、中央处理器

(CPU)、内存、硬盘、显卡、网卡、显示器、键盘和鼠标等。

1. 中央处理器 (CPU)

CPU 是计算机的核心部件，完成计算机的运算和控制功能。目前市场上主流 CPU 有两大品牌：Intel 和 AMD。

Intel 的 CPU 种类繁多，价格覆盖范围非常广，从低端到高端无所不有，能够满足各类不同需求的消费人群。目前 Intel 的主流台式机 CPU 为酷睿和酷睿 2 系列，如 E2160，E2180，E2200 等。以 E2 开头的都是俗称的酷睿 1 (Core) 系列，也称奔腾酷睿，这种 CPU 价格相对低廉，性价比很高。而 E4400，E4500，E4600 等以 E4 开头的则是中端酷睿 2 系列，在性能方面要强于 E2 系列，但售价高出很多，性价比一般。E6550，E6750，E8200，E9300 等是 Intel 的高端 CPU，主要面向发烧级用户，价格在千元之上。此外，Intel 至强 (Xeon) 系列的 CPU 主要用于服务器和图形工作站，价格也在数千元。

相对来讲 AMD 的 CPU 产品比较单一，价格整体来说也比较实惠，性价比总体比 Intel 高，目前主流系列为 Athlon ×2 (速龙系列)，主流型号为 4200 +、4400 +、4600 + 等。

选择 CPU 时主要考察的参数包括外频、倍频、主频 (三者之间满足主频 = 外频 × 倍频)、前端总线 (FSB) 频率以及一级缓存 (L1 Cache) 和二级缓存 (L2 Cache) 的速率等。

一般来说，如果计算机用于处理普通业务文档、表格、浏览网络信息、收发电子邮件等日常业务，选择普通 CPU 即可；如果是用于站点制作、广告制作、图形处理等工作的计算机，则可以选择中高端的 CPU；如果是用于处理大型的音视频文件或做服务器的计算机，则一般需配置高端或服务器级的专用 CPU；对用于运行特定的应用系统的计算机，通常需要根据系统运行需求进行配置，具体配置可参照系统说明书或向系统开发商咨询。

2. 主板

主板也称系统板，是计算机的主体部件。主板上主要组成部件包括与 CPU 配套的集成电路芯片、高速缓存和主存储器、扩展卡槽、各类硬件接口、存储电路芯片以及系统必备的控制电路等。

主板分为两大类：一类是普通主板，另一类是服务器主板。两类主板在外观上有明显的差异，如图 4—1—1 所示。

a)

b)

图 4—1—1　普通主板与服务器主板

a) 普通主板　b) 服务器主板

（1）服务器主板与普通主板之间的区别

1）外观尺寸的不同。普通主板的板型大多是采用 ATX 或 Micro ATX 结构，从规格尺寸上来说，ATX 的尺寸为 30. 5 cm × 24. 2 cm；Micro－ATX 即常说的小板，尺寸为 24. 2 cm × 24. 2 cm。而服务器主板的板型则大多采用较大的 EATX 结构，其尺寸为 30. 5 cm × 33. 2 cm，明显比普通主板宽很多。

2）对处理器和内存支持的不同。普通主板采用的是普通芯片组，因此只支持单 CPU，内存最大只能支持 4 GB，而且一般都不支持 ECC 内存。而服务器主板则采用专用的服务器芯片组，例如 Intel3000、5 000 P/V 等，由于服务器数据处理量大，需要采用多 CPU 并行处理结构，即一台服务器中安装 2 个、4 个、8 个等多个 CPU，因此服务器主板提供了对多处理器的支持；在内存方面，服务器主板能支持高达十几 GB 甚至几十 GB 的内存容量，而且大多支持 ECC 内存以提高可靠性。

3）对存储设备以及网络接口支持的不同。普通主板存储设备接口一般采用 IDE 或 SATA 接口，某些高档产品会支持 RAID。而服务器主板在存储设备接口方面，中高端产品大多采用 SCSI 或 SAS 接口而非 IDE 接口，并且支持 RAID 方式以提高数据处理能力和数据安全性。

普通主板一般都带有整合的网卡芯片，有低档的 10/100 Mbps 自适应网卡，也有高端的千兆网卡。而服务器主板则大多配备双千兆网卡，以满足局域网与 Internet 的不同需求。

4）对稳定性要求的不同。对服务器而言，如果不能保证足够的稳定，那么一旦出现问题就会造成巨大的损失，此时，再高的性能、再大的吞吐量、再高的性价比都是无用的。因此，作为服务器的核心，服务器主板对稳定性的要求是压倒一切的。普通主板对稳定性则没有那么高的要求。一般普通主板出厂前只需经过 72 h 稳定老化测试即可通过检测，而服务器主板则大多需经过一周甚至几周的考验才可以出厂。

（2）主流主板产品品牌简介

目前，市场上主板产品众多，不同品牌的主板多达数十个，其中全球五大主板生产商华硕、微星、技嘉、精英、磐正的产品占据市场的主体。这些主板性能和品质相去甚远，普通主板价格从几百元到一两千元间，而服务器主板价格差距更大，通常从一千多元的入门级产品到几万元甚至十几万元的高端产品都有。

3. 内存

（1）内存的作用

在计算机的组成结构中，存储器是十分重要的组成部分，是用来存储程序和数据的部件。对于计算机来说，有了存储器，才有记忆功能，才能保证计算机正常工作。存储器的种类很多，按用途不同可分为主存储器和辅助存储器。主存储器又称内存储器，简称内存。

内存包括随机存储器（RAM）、只读存储器（ROM）、高速缓存（CACHE）三种，其中随机存储器（RAM）就是通常所说的内存条，如图 4—1—2 所示。

随机存储器（RAM）的特点是：计算机开机时，操作系统和应用程序的所有正在运行的数据和程序都会放置其中，并且随时可以对存放在里面的数据进行修改和存取。其工作需要有持续的电力供应，一旦系统断电，存放在里面的所有数据和程序都会自动清空，并且无法恢复。

（2）内存的种类

根据组成元件的不同，RAM 内存可分为 DRAM（动态随机存取存储器）、SDRAM（同

图 4—1—2　随机存储器（RAM）外观

步动态随机存储器）、DDR SDRAM（二倍速率同步动态随机存储器）、VRAM（视频内存）等 18 种内存。其中 DDR SDRAM 是目前市场上主流的 RAM 内存，其第二代产品 DDR2 已经普及，第三代产品 DDR3 也已面世。目前市场上内存高低端价格差非常大，国内市场上普通内存品牌中，金士顿、威刚、宇瞻、三星、海盗船、金邦等占据了较大的市场份额，服务器内存市场则主要由金士顿、宇瞻、IBM、HP、三星等品牌瓜分。

（3）服务器内存与普通内存的区别

服务器内存与普通内存在外观和结构上没有明显的实质性区别，主要是在内存上引入了一些新的特有的技术，如 ECC、ChipKill、热插拔技术等，具有极高的稳定性和纠错性能。

服务器与普通计算机最大的不同是可同时向许多计算机提供信息或服务，一旦出现故障，所有服务都将停止。因此在速度和稳定之间，稳定是居首位的因素。

4. 硬盘

（1）硬盘的种类

硬盘的功能是用于存储数据。目前市场上硬盘根据接口不同主要分为 IDE 硬盘（电子集成驱动器）、SATA 硬盘（串行存储器）、SCSI 硬盘（小计算机系统接口）和 SAS 硬盘（串行 SCSI）以及光纤通道硬盘等类型，图 4—1—3、图 4—1—4、图 4—1—5、图 4—1—6 分别是主板上的 IDE、SATA、SCSI 和 SAS 接口。普通计算机使用 IDE、SATA 接口的硬盘即可；服务器最好使用 SCSI 或 SAS 硬盘，相对于 IDE、SATA 硬盘，SCSI 和 SAS 硬盘价格较高；采用光纤通道接口的硬盘一般只用于高端或大型的服务器上，价格昂贵。硬盘的主要参数包括容量和转速。目前主流的硬盘容量为 160 GB、320 GB、500 GB、200 GB 或更大容量；转速通常有 5 400 r/min、7 200 r/min、10 000 r/min 以及 15 000 r/min 几种。

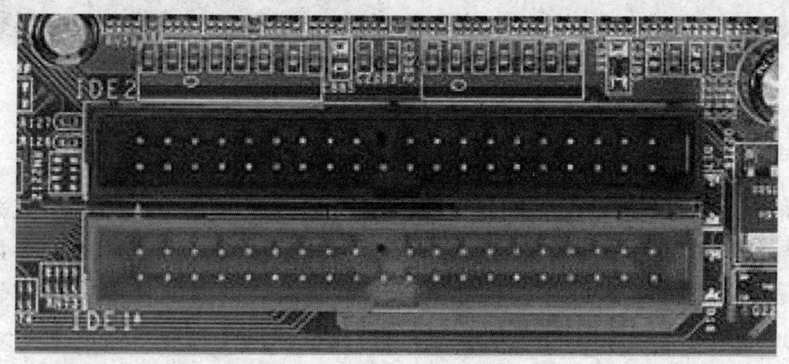

图 4—1—3　主板上的 IDE 接口

图 4—1—4　主板上的 SATA 接口

图 4—1—5　主板上的 SCSI 接口

（2）硬盘主要性能参数

1）平均寻道时间。平均寻道时间是衡量硬盘力学性能的重要指标，指磁头从当前磁道移动到所要读写的目标磁道所需要的时间，单位为毫秒（ms）。与其相关的名词还有最大寻道时间，是指磁头从最外圈磁道移动到最内圈磁道所需要的时间，单位也为毫秒。一般来说，平均寻道时间是最大寻道时间的 1/3。目前常见硬盘的平均寻道时间为 3 ~ 13 ms。

2）单碟容量。单碟容量是硬盘重要的参数之一，一定程度上决定着硬盘的档次高低，硬盘是由一个或多个存储碟片组合而成的，单碟容量就是一个存储碟片所能存储的最大数据

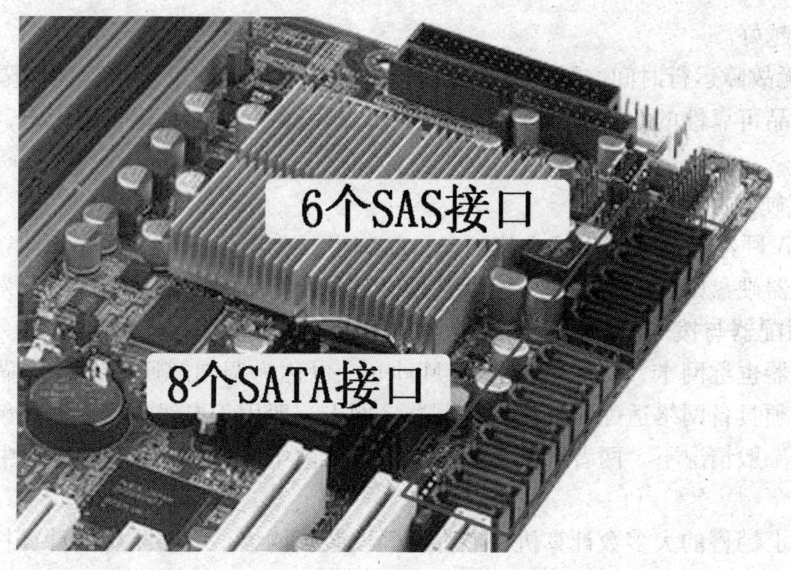

图4—1—6　华硕服务器主板 Z8PE－D12X 上的 SATA 与 SAS 接口

量。主流硬盘的单碟容量从 250～500 GB 不等，单盘片容量越大，硬盘可储存的数据越多。提高硬盘容量一般可以采用增加单碟容量或增加存储碟片的数量两种方式，但受到硬盘整体体积和生产成本的限制，碟片数量一般限制在 5 片以内。

3）延迟时间或潜伏周期。延迟时间或潜伏周期是指在磁头不动的前提下，磁头等待旋转的盘片将需要读写的扇区移动到其下方所需的时间，单位为毫秒。平均延迟时间就是盘片旋转半圈的时间。对于目前常见的 7 200 r/min 硬盘，平均延迟时间＝60÷7 200÷2＝4.167 ms。

4）磁头交换时间。磁头交换时间是指硬盘将存取工作转移切换给某个磁头所消耗的时间。实际上，这个时间非常短，几乎可以忽略不计，因此在多数硬盘参数中不会提及。

5）数据访问时间。指的是从系统发出读取命令到硬盘开始读取资料所需要的时间，它是磁头交换时间、平均寻道时间与延长时间的总和，以毫秒为单位。

6）数据传输率。数据传输率包括外部传输率和内部传输率两部分。外部传输率也称突发数据传输率或接口传输率，指从硬盘的缓存中向外输出数据的速度，目前采用 Ultra 320 SCSI 技术的外部传输率已经达到了 320 MB/s。内部传输率也称最大或最小持续传输率，是指硬盘磁头在盘片上读写数据的速度，目前的主流硬盘大多在 30～60 MB/s。

由于硬盘的内部传输率要小于外部传输率，所以只有内部传输率才可以作为衡量硬盘性能的真正标准。

7）缓存。缓存是硬盘与外部交换数据的临时场所。硬盘读写数据时，通过缓存一次次地填充与清空，再填充，再清空，就像一个中转仓库一样。目前大多数硬盘缓存已经达到16 MB，对于大容量产品则均为32 MB容量。通常硬盘缓存越大，对整体效能的提高越有益。

8）硬盘转速。目前市面上硬盘转速多为 5 400 r/min 与 7 200 r/min，高端的 SCSI 硬盘还有 10 000 r/min 或 15 000 r/min。理论上硬盘转速值越高，延迟时间越短，内部数据传输率越高，性能越好。

9）平均无故障运行时间。平均无故障运行时间指硬盘平均发生错误的间隔时间，是衡量一个硬盘产品可靠性的重要指标。硬盘的 MTBF 越长，表明硬盘运行越稳定，发生故障的概率越小。

（3）主流硬盘品牌与生产商

目前 SATA 硬盘逐步成为市场主流硬盘，品牌主要有希捷、西部数据、日立、三星、富士通等。服务器硬盘则主要由希捷、西部数据、日立、富士通、惠普等厂家开发和生产。

5. 网络适配器与拨号适配器

网络适配器也称网卡，拨号适配器即 Modem，也称为调制解调器，俗称猫。计算机要想上网，就必须具备网络适配器或调制解调器。网卡一般用于专线连接，调制解调器则适用于拨号连接。一般情况下，两者有其一即可。但在目前中国的 ADSL 宽带接入中则是两者都必须具备。

目前市场上销售的大多数计算机一般都已经安装了网卡，有些品牌的计算机甚至两者均已安装。

如果是通过电话线路连接到 Internet，就必须安装调制解调器，这是因为电话线路上传输的是模拟信号，而计算机内部处理的是数字信号，要通过电话线路传输数字信号，就需要将两种信号进行转换。调制解调器的功能就是实现模拟信号与数字信号间的转换，这一过程称为调制和解调。所以调制解调器具有调制和解调两种功能。其中，调制是将计算机内部以数字信号表示的信息转化为可以在电话线上传输以模拟信号表示的信息，而解调则是将通过电话线传输过来的模拟信号转换为数字信号再传送给计算机，供其接收和处理。

目前市场上的调制解调器主要有两类：一类是内置式调制解调器，俗称软猫，插在计算机机箱内主板上的扩展插槽中；另一类是外置式调制解调器，俗称硬猫，是通过电缆与主机后面的串口相连，使用外接电源。除了以上两种调制解调器以外，还有一种专门为 ISDN 线路设计的调制解调器，以支持双线路通信功能。

目前 ADSL 拨号接入使用的一般是外置调制解调器，但与一般调制解调器的连接方式不同，它并不是通过电缆与主机后面的串口相连，而是接在网卡的接口上。这种接入方式支持双线路通信功能，而一般的调制解调器只支持单线路通信功能。

无论是配置网卡，还是配置调制解调器，在选择时主要考虑的因素是传输速率，即发送或接收数据的速率。传输速率采用 bps（每秒比特）表示。bps 表示每秒传送的二进制位数。传输速率越高则调制解调器越好。目前市场上调制解调器按传输速率高低不同可以分为 14.4 KB、28.8 KB、33.6 KB、56 KB 等几种，目前一般选用 56 KB 的调制解调器。目前市场上普通计算机上使用的网卡一般是以太网 10/100 自适应网卡。如果用于服务器，一般需使用 100/1 000 以上规格的自适应网卡或服务器的专用网卡。

目前市场上销售的如联想、方正、同方等品牌 PC 基本上都能满足一般用户的常用需求。因此，如无特殊需求，任选一款价格相符的机型即可。

如果存在某些特殊应用需求，比如用于动画制作或视频处理，可以选配 1 ~ 4 GB 内存和 512 MB ~ 1 GB 显存的显卡等。

二、服务器的基本知识和选配

1. 服务器的种类

服务器一般是指用于在网络中提供信息或服务的计算机。根据机箱结构不同，服务器可以分为塔式服务器、机架式服务器和刀片式服务器。

（1）塔式服务器

塔式服务器从外观上看与普通计算机并无本质区别，只是体积相对较大些。塔式服务器根据放置形式不同又分为卧式和立式两种，如图 4—1—7 所示。

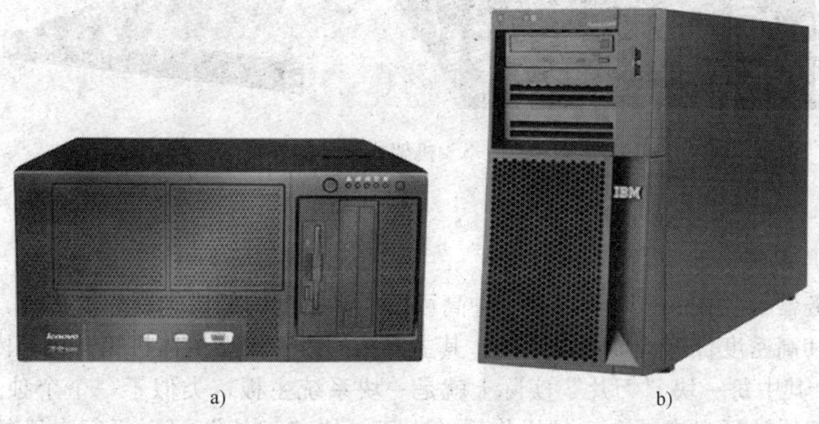

a)　　b)

图 4—1—7　塔式服务器外观

a）卧式　b）立式

塔式服务器的主板扩展性较强，插槽较多，而且塔式服务器的机箱内部往往会预留很多空间，以便进行硬盘、电源等的冗余扩展。这种服务器无须额外设备，对放置空间要求较低，具有良好的可扩展性，配置跨度较大，因而应用范围非常广泛，可以满足一般常见的服务器应用需求。

这种类型的服务器适合常见的入门级和工作组级服务器应用，成本相对较低，性能可以满足大部分中小企业用户的要求。

塔式服务器的主要局限是当需要采用多台服务器同时工作以满足较高的服务器应用需求时，由于其体积比较大，占用空间多，不方便管理，便显得很不适合。

（2）机架式服务器

机架式服务器是指可以直接安装到 19 英寸机柜当中的服务器，通常这样的服务器从大小来看有点类似交换机。机架式服务器实际上是工业标准化下的产品，其外观按照统一标准设计，配合机柜统一使用，以满足企业的服务器密集部署需求。图 4—1—8 所示为单片机架式服务器和机房内安装在标准机架上的机架式服务器。

机架式服务器的标准宽度为 19 英寸，高度以 U 为单位（1U = 1. 75 in = 44. 45 mm），通常有 1U，2U，3U，4U，5U，7U 几种标准的服务器。

这种服务器通常用于服务器数量较多的大型企业或是专门从事服务器托管的机构，目前很多大型的网站一般都采用这种服务器。

机架式服务器的优点是占用空间小，便于统一管理，但由于内部空间的限制，扩充性受

图 4—1—8　机架式服务器外观

到一定限制。

（3）刀片式服务器

刀片服务器（见图 4—1—9）是一种高可用、高密度的低成本服务器平台，是专门为特殊应用行业和高密度计算机环境设计的，其主要结构为一大型主体机箱，机箱内部可插上许多“刀片”，其中每一块“刀片”实际上就是一块系统主板，类似于一个个独立的服务器，它们可以通过本地硬盘启动自己的操作系统，每一块“刀片”可以运行自己的系统，服务于指定的不同用户群。每一块“刀片”的供电、散热、网络连接、外部存储连接等需求均由刀片机箱统一提供。

图 4—1—9　刀片式服务器外观

在实际使用中，可以通过系统软件将这些主板集合成一个服务器集群。在集群模式下，所有的“刀片”可以连接起来提供高速的网络环境，共享资源，为相同的用户群服务。在集群中插入新的刀片，可以提高整体性能，而由于每块刀片都是热插拔的，所以，系统可以轻松地进行替换，并且将维护时间减少到最小。

2. 中小企业选配服务器的基本原则

（1）稳定可靠原则

对于服务器而言，稳定性最为重要。为保证网络的正常运转，首先要确保服务器的稳定运行，如果无法保证正常工作，将造成无法弥补的损失。

（2）合适够用原则

服务器的配置在不断提升而价格在不断下降，因此，只要能满足当前的服务需要并适当超前即可。当现有的服务器无法满足网络需求时，可以将其改为其他对性能要求较低的服务器（如 DNS、FTP 服务器等），或者进行适当扩充，或者采用集群的方式提升性能，然后，再为新的网络需求购置新型服务器。

（3）扩展性原则

为了减少服务器升级带来的额外开销和对业务的影响，服务器应当具有较高的可扩展性，以便及时调整配置来适应企业的发展。服务器的可扩展性主要表现在几方面，如在机架上要为硬盘和电源的增加留有充分余地，在主机板上的插槽不但种类齐全，而且有一定空闲数量，以便让企业用户可以自由地对配件进行增加，以保证运行的稳定性，同时也可提升系统配置和增加功能。

（4）易于管理原则

易于操作和管理主要是指用相应的技术来简化管理以降低维护费用成本，一般通过硬件与软件两方面来达到这个目标。硬件方面，一般服务器主板机箱、控制面板以及电源等零件上都有相应的智能芯片来监测。这些芯片监控着其他硬件的运行状态并做出日志文件，发生故障时还能采取相应的处理。软件则是通过与硬件管理芯片的协作将其人性化地提供给管理员。如通过网络管理软件，用户可以在自己的计算机上监控服务器的故障并及时处理。

（5）售后服务原则

对于中小型企业来说，一般不会委派专门的工作人员维护服务器，选择售后服务好的厂商的产品是明智的决定。在具体选购服务器时，企业应该考察厂商是否有一套面向中小企业的完善服务体系及未来在该领域的发展计划，只有让厂商更了解中小企业的实际情况，在产品设计、价位、服务等方面才能更加满足中小企业的需求。

（6）特殊需求原则

不同企业对信息资源的需求不同，有的企业在局域网服务器存储了许多重要的业务信息，这就要求服务器能够 24 h 不间断工作，这时企业就必须选择高可用的服务器。如果服务器中存放的信息属于企业的商业机密，则安全性就是服务器选择时的第一要素等。当然如果要使服务器满足企业的特殊需求，企业也需要更多的投入。

3. 中小企业服务器的选配方法

中小企业服务器的常见应用包括文件服务、数据库服务、Web 服务、邮件服务、终端服务和多媒体服务等。这些应用对于服务器配置要求的侧重点不同，根据不同用途采购不同配置的服务器，才能使服务器资源得到充分利用，避免资金和服务器资源的浪费。

（1）文件服务器

文件服务器是用来提供网络用户访问文件、目录的并发控制和安全保密措施的局域网服务器。文件服务器要承载大容量数据在服务器和用户磁盘之间的传输，对磁盘的要求比较高；文件服务器要进行大量数据的存储和传输，所以对磁盘子系统的容量和速度都有一定的要求。选择高转速、高接口速度、大容量缓存的磁盘，并且组建磁盘阵列，如 RAID0，RAID5，可以有效提升磁盘系统传输文件的速度。因此，文件服务器对于硬件需求的优先级为网络系统、磁盘系统和内存。

（2）数据库服务器

数据库服务器主要用于存储、查询、检索企业内部的信息，因此对服务器的兼容性、可靠性和稳定性等方面都有很高的要求。数据库服务器对内存要求非常高，大容量的内存可以节省处理器访问硬盘的时间，提高数据库服务器的性能。同时，数据库服务器需要大容量的存储空间，对数据存储的性能以及安全性也有很高的要求。所以数据库服务器一般都采用SCSI或SAS硬盘作为存储介质。在数据存储方面通常都要实现RAID，最好是实现RAID5，这样不但能提升数据存储安全，还能提升整体性能。其他硬件配置，主要从服务器的运行稳定以及发挥服务器的性能方面出发。例如主板需要接口比较多，稳定性高，能够充分发挥其他硬件性能的产品等。因此，数据库服务器对于硬件需求的优先级为内存、磁盘、处理器。

（3）Web服务器

不同的网站内容对于Web服务器硬件需求是不同的，如果Web站点是静态的，对Web服务器硬件要求从高到低依次是：网络系统、内存、磁盘系统、CPU。如果Web服务器主要进行密集计算（例如动态产生Web页），则对服务器硬件需求依次为：内存、CPU、磁盘子系统和网络系统。表4—1—1中列出了不同用途对于服务器关键部件的参考指标。

表4—1—1　　不同Web用途服务器关键部件参考指标

应用需求	CPU数量（个）	内存容量
只有静态网页	1	128～256 MB
生成动态网页	2	256 MB～1 GB
局域网200次访问/秒	1	256～512 MB
局域网500次访问/秒	2	512 MB～1 GB
局域网1 000次访问/秒	2～4	1～8 GB

（4）e－mail服务器

邮件服务器对于处理器性能要求不高，但是由于要支持一定数量的并发连接，对于网络子系统和内存有一定的要求。邮件服务器软件对于内存需求也较高，如Exchange 2007运行时需要占用2 GB左右的内存。同时，邮件服务器需要较大的存储空间用来存储邮件及一些文件，但是对中小企业来说，常来往的企业邮箱的数量一般只有几百个，所以对于服务器的配置要求并不高，一台入门级的服务器完全可以承载几百个邮件客户端的需求。

（5）终端服务器

终端服务器是实现集中化应用程序访问的一种服务器。使用终端服务的客户可以在远程通过图形界面的方式访问服务器，并且可以调用服务器中的应用程序、组件、服务等，和操作本机系统一样。这样的访问方式不仅大大方便了各种各样的用户，而且大大提高了工作效率，并且能有效地节约企业的成本。

终端服务器由于是将客户端的所有负载均加在服务器端，所以对于服务器的处理能力有一定的要求，处理器要可以承载一定数量的并发请求，提供快速的响应速度，如果处理能力不够，容易造成服务器响应缓慢、软件运行错误甚至死机的情况。高速大容量的内存可以提高终端服务器的响应速度，也是提升整体性能的必要条件之一。因此，终端服务器对于硬件要求的优先程度依次为处理器、内存、磁盘和网络系统。

任务实施

一、通过 Internet 了解产品信息

目前 IT 产品的主要市场信息渠道有：北京中关村（http：//detail. zol. com. cn/）、南京珠江路（http：//www. zhujiangroad. com/）、广州太平洋（http：//product. pconline. com. cn/）。

此外，像 IT. com（http：//prod. it. com. cn/）、泡泡网（http：//www. pcpop. com/）、天极网（http：//diy. yesky. com/）等网站产品信息和报价均具有一定的权威性。可登录这些站点收集当前产品的相关信息。

二、对同一价位 PC 产品硬件部件对比

对比硬件部件确定综合性价比排名，见表 4—1—2、表 4—1—3。

表 4—1—2　　PC 产品主要硬件部件对比①

品牌	联想	方正	长城	清华同方
型号	联想扬天 A5800R	方正商祺 N720	长城嘉祥 C - C31500E	同方 S7000 - B001
价格	3 185 ~ 3 600 元	3 260 元	3 134 ~ 3 299 元	3 134 ~ 3 299 元
CPU	AMD Sempron	Intel 奔腾双核	Intel 赛扬双核	Intel 奔腾双核
内存	DDRII/1G	DDRII/2G	DDRII/1G	DDRII/1G
硬盘	SATA2/250G	SATA/320G	SATA2/250G	SATA/160G
显卡	集成	集成	集成	GeForce GT100
系统	Windows XP Pro	DOS	Linux	Linux

表 4—1—3　　IBM 服务器主要硬件部件对比

型号	System x3500 M2	System x3550 M2	System x3200 M2
类型	塔式	机架式	塔式
价格	19 375 元	19 500 元	18 153 元
CPU	1 个 Xeon E5504 处理器	1 个 Xeon E5504 处理器	1 个 Xeon E3350 处理器
内存	DDRIII/4G	DDRIII/4G	DDRIII/1G
硬盘	SAS/146G	SAS/146G	SAS 无标配
网络	双千兆网卡	双千兆网卡	集成千兆以太网卡

三、选型

一般来说，作为院校实验用机，1GB 内存和 160GSATA 硬盘足以满足使用需求，同时，独立显卡不占用内存，而集成显卡需占用部分内存，操作系统可根据需要另行安装，不予考虑。因而 PC 可考虑选择同方 S7000 - B001。

① 2009 年 10 月中关村报价。

表4—1—3所列均为IBM System x系列服务器。从机型上看，有塔式机，也有机架机；CPU和内存中x3500和x3550要优于x3200，性能方面均能满足应用需求；价格方面x3200虽然较低，但标配中不含硬盘，同时，标配硬盘接口为SAS，必须另外增加一块SAS硬盘，单价也在千元之上；由于服务器报价中均不包含显示器的价格，所以报价中预留了显示器差价。

综合比较，选择x3500和x3550型号的服务器均可，具体应视用户现有机房设施状况而定。如果有现成机架，可选机架式机，以便于集中管理；如果没有机架，则选择塔式机。

四、定制硬件配置清单

选定机型后，登录询价站点，下载产品详细硬件参数信息，编制硬件配置清单表。

技能训练

根据本任务背景，编制同方S7000－B001PC和IBM System x3500、IBM System x3550服务器硬件配置清单。

思考与练习

1. 什么是内存？目前内存都有哪几种类型？它在计算机中发挥什么作用？
2. 服务器内存与普通内存有何区别？
3. 根据接口不同，计算机硬盘分为哪些种类？目前硬盘的发展主要有哪些特点？
4. 什么是服务器？服务器有哪几种类型？
5. 中小企业在选择服务器时应注意哪些方面的问题？

任务2　网络连接的基本设置

任务引入

网络中的计算机具备了上网所需的硬件条件，但要实现与Internet的连接，网络中的计算机和服务器上还需安装相应的操作系统和必要的应用软件。本任务要求能够完成网络连接的基本配置，使得网络中的计算机通过代理方式接入因特网。

任务分析

在完成服务器和客户机操作系统安装后，采用代理方式连接Internet还需要完成以下工作：

第一，为代理服务器配置直接访问Internet的IP地址。

第二，以某种方式为机房内的客户机（学生机）指派 IP 地址。

第三，在代理服务器上安装代理软件并完成相关代理服务设置。

第四，在客户机上完成代理上网设置。

相关知识

一、操作系统

操作系统是管理计算机软硬件资源、控制程序运行、改善人机界面和为应用软件提供支持的系统软件。操作系统按其作用不同分为两类：一类是用于信息加工或数据处理的 PC 中安装的操作系统，包括各种普通版和专业版等操作系统，常用的有 Windows 2000/2000 Professional，Windows XP/XP Professional，Windows Vista，Windows 7 等；另一类是用于提供各种网络或应用服务的服务器上安装的操作系统，如 Windows NT4. 0/2000 Server/Advance Server、Windows 2003 Server/Advance Server、UNIX、Linux 等。一般来说，服务器上均需安装服务器版本的操作系统。而安装了服务器版本操作系统的计算机，无论其硬件配置如何，都可以视为一台服务器。

二、IP 地址与域名

为了区分网上主机所在的位置，Internet 使用 IP 地址和域名来对计算机进行标志。

1. IP 地址

由于地址定义是在 TCP/IP 协议中并由该协议来处理，因而称为 IP 地址。Internet IP 地址由 NIC（Internet Network Information Center，因特网信息中心）统一负责全球地址的规划和管理；同时由 Inter NIC、APNIC、RIPE 等网络信息中心具体负责美国及全球其他地区的 IP 地址分配。

一个 IP 地址由 4 字节（32 位）组成，共分成两部分，第一部分是网络号，第二部分是主机号，IP 地址的 4 个字节通常用小圆点分隔开来，其中每个字节用 10 进制的数字来表示。

IP 地址分为 A、B、C、D、E 五类，用二进制数来表示：

（1）A 类地址的最高位为 0，前 8 位是网络号，后 24 位是主机号，在一个网络中最多可以有 126 个 A 类网络，每一个 A 类网络中允许有 1 600 万个节点（主机），所以，通常只有非常大的区域性网络才使用 A 类地址。

（2）B 类地址的前两位是 10，前 16 位为网络号，后 16 位为主机号。这样在某种互联环境下，大约能有 1. 6 万个 B 类网络，而每个 B 类网络中大约可以有 6. 5 万个节点。一些大单位和大公司营建的网络一般是使用 B 类地址。

（3）C 类地址的最高位前 3 位数字是 110，前 24 位表示网络号，后 8 位是主机号。一些较小的公司和单位一般使用 C 类地址。例如某高校校园网的 IP 地址 210. 28. 8. 200 就属于 C 类地址，其中 210. 28. 8 为网络号，. 200 为校园网服务器主机号。

（4）D 类地址仅用于主机组的特殊定义。

（5）E 类地址是为未来使用而保留的地址。

因此应用中实际分配使用的仅有 A、B、C 三类地址。

图 4—2—1 描述的是 IP 地址的排列规则。

2. 公有 IP 地址和私有 IP 地址

公有 IP 地址也称为公网 IP 地址，由因特网信息中心负责分配给注册并向其提出申请的组织机构的 IP 地址。通过它可直接访问因特网。

私有 IP 地址也称专网地址或保留地址，属于非注册地址，在组织机构内部使用，并在局域网内有效。

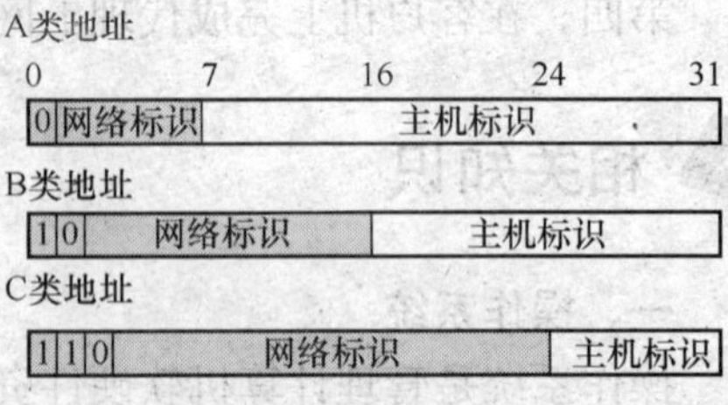

A类地址
0 7 16 24 31
0 网络标识 主机标识
B类地址
1 0 网络标识 主机标识
C类地址
1 1 0 网络标识 主机标识

图 4—2—1 IP 地址的排列规则

目前留用的内部私有 IP 地址主要有以下几类：

（1）A 类

10.0.0.0 ~ 10.255.255.255。

（2）B 类

172.16.0.0 ~ 172.31.255.255。

（3）C 类

192.168.0.0 ~ 192.168.255.255。

3. 域名

IP 地址是一种数字型网络标志和主机标志，数字型标志对计算机网络来讲是最有效的，但对网络的使用者来说则有记忆不便的缺点。为此人们研究了一种字符型的标志，这就是域名。和 IP 地址一样，它是该计算机在 Internet 中的地址标志。

目前使用的域名是一种层次型命名法，域名由若干子域构成，子域间用圆点分隔，圆点右边的域总是左边域的上一层，即表示为：

第 n 级子域 . <……>. 第二级子域名 . 第一级子域名，其中 $2 \leqslant n \leqslant 5$。

域名可以以一个字母或数字开头和结尾，中间的字符只能是字母、数字和连字符，标号必须小于 255。

不同层次的域名分别由不同层次的机构来命名和管理，其中对最高一级域名有两种划分方法：一种是按机构划分，另一种是按地理划分。表 4—2—1 是部分顶级域名。

表 4—2—1　　部分顶级域名

域名	类型	域名	类型
com	商业机构	org	非营利组织
edu	教育部门	cn	中国
gov	政府部门	tw	中国台湾
int	国际组织	hk	中国香港
net	网络服务机构	uk	英国

（1）域名使用注意事项

1）域名在整个 Internet 中必须是唯一的，当高级子域名相同时，低级子域名不允许重复。

2）大小写字母在域名中没有区别。

3）主机的 IP 地址和主机的域名对通信协议来说具有相同的作用，从使用的角度看，两者没有区别。但是，当所使用的系统没有 DNS 服务器（域名服务器）时，就只能使用 IP 地址而不能使用域名。

4）为主机确定域名时应尽量使用有意义的符号，以便于记忆。

5）一台计算机可以有多个域名，但只能有一个 IP 地址。

（2）域名的申请

1）域名申请流程。一般来说，域名的申请注册需要经过准备注册、查询域名、填写注册资料、申请人付款、结果通知和申请验证等过程。

第一步，准备注册。准备注册的企业在注册前需要准备好以下事项：单位名称的中英文缩写，企业的产品注册商标，不超过 20 个字符与企业广告语一致的中英文内容以及比较有趣或具有特定意义的名字。

域名由英文大写字母 A ~ Z、英文小写字母 a ~ z、数字 0 ~ 9 和连接符（即下划线）“_”组成，一般采用本单位名称的中英文全称或缩写或本单位特有的注册商标表示。

目前，我国已经开通中文域名的注册和使用，在域名注册中将可以使用中文字符。

第二步，查询域名。完成准备工作后须向域名管理机构查询所要注册的域名是否已经被他人注册，如果已被注册，则需重新命名。

第三步，填写注册资料。登录域名管理机构站点下载域名注册申请表，按申请表要求如实填写并提交。

第四步，缴纳域名注册和域名使用费用。

第五步，一般来说，用户在支付了注册费用后，很快就能收到注册机构通知，这时就可以访问所注册的域名网址，如果可以看到免费赠送的单页网站页面，则表明已经注册成功。

目前，出于商业竞争的考虑，有些注册机构也采用先注册后收费的方式提供域名注册服务。也有一些网站出于提高网页点击率和访问率的需要，提供免费域名的注册服务。但这一般只是免收注册服务费用，域名的使用费用仍然是要收取的。所以建议到正式的域名注册服务机构申请域名注册。

2）我国域名的申请与注册。在我国，注册 . cn 域名有两种办法：一种是通过中国互联网络信息中心（CNNIC）来自己注册域名，另一种方法是通过 CNNIC 域名注册申请授权单位（一般是 ISP）注册域名。

我国 . cn 域名注册的申请人必须是依法登记的并且能够独立承担民事责任的单位和组织，个人不能申请注册 . cn 域名。域名注册申请表中的各类联系人都是代表组织来办理域名注册申请的，而不是以个人身份办理域名注册的。

个人如果要注册域名一般有两种选择：一是注册国际域名，二是选择某些 ISP 所提供的非独立域名。

目前我国 CERNET 网络中心接受二级域名 . edu. cn 下的三级域名注册申请，CNNIC 接受其余 39 个二级域名下的三级域名注册申请。要申请域名注册时可以直接到 CERNET 网络中心或 CNNIC 办理域名注册申请的有关事宜，或委托网络服务单位代为办理。

近年来，由于域名越来越受到各企事业单位和部门的重视，域名注册数量迅速增长，为了提高域名申请和注册的效率，目前向 CNNIC 提出的域名注册申请可以就近向 CNNIC 授权的域名注册机构申请注册，而无须直接向 CNNIC 提出申请，CNNIC 授权机构名单可以登录 CNNIC 站点查询。

提出域名注册申请的企事业单位或部门，至少拥有一台域名服务器，主域名服务器必须在中国境内运行，并且与 Internet 保持全连接，能对域名提供连续服务。

在向 CNNIC 提出域名申请时，企事业单位或部门需向注册机构提交以下资料：域名注册申请表，本单位介绍信，承办人身份证复印件，本单位依法登记文件的复印件（如果申请人是企业，则应提交营业执照复印件；如果申请人是其他组织，则应提交相应主管部门批准其成立的文件复印件）。

如果是通过代理进行域名申请的应提交以下材料：域名申请表，域名申请单位依法登记文件复印件（如果申请人是企业，应提交营业执照复印件；如果申请人是其他组织，则应提交相应主管部门批准其成立的文件复印件），代理委托书，代理单位介绍信，承办人身份证复印件。

要注册三级域名的申请人首先向 CNNIC 或 CNNIC 的授权机构提出域名申请注册的书面申请，在通过相关审查后，获得审查机构提供的获准注册的密码信封，然后登录 CNNIC 网站进行联机注册。

联机注册完成后，域名申请人必须在联机注册后的 30 天内将域名注册所需的全部正式申请材料送达 CNNIC。否则本次申请将自动失效。

域名申请材料的填写需遵循一定要求：最好采用打印填写；若手工填写，应使用钢笔填写，要求书写工整，不得涂改；不能使用传真纸填写；如实填写各项内容。除辅域名服务器和查询号可以不填之外，其余各项均需填写；在填写申请表时，要求域名申请单位与盖章单位必须一致，申请表上申请单位名称、盖章单位名称与营业执照复印件或主管部门批准成立文件复印件上的名称必须一致；申请表应由单位负责人签字，并加盖单位公章；申请材料只能通过邮寄或面交方式提交 CNNIC。

域名注册完成后，每年还须为域名缴纳域名使用费。

3）国际顶级域名的注册申请。我国国内的企事业单位和自然人可以直接在因特网信息中心注册 COM、NET、ORG 下的域名，只有我国国内的企事业单位才能在 CNNIC 注册顶级域 CN 下的域名。

国际顶级域名也可以通过 CNNIC 或其授权单位进行申请。具体申请注册方法和步骤请登录因特网信息中心和 CNNIC 站点查询。

三、网络接入

按计算机 IP 类型不同网络可以分为私有网络和公共网络两种。公共网络俗称公网，处于公网的计算机可以直接进行会话；私有网络（俗称内网）通常是内部的计算机网络，处于私有网络中的计算机不能直接与公网中计算机进行会话。这时就需要通过宽带路由器或代理服务将私有网络接入公网，其中代理服务是通过一种称为代理服务器（proxy server）的专用服务器完成的。

局域网是一个私有网络，局域网要访问 Internet 必须采用适当的方式接入 Internet。一般来说，直接接入 Internet 是通过 ISP（Internet Server Provider，Internet 服务提供商）完成的，比如通过电信、网通接入等。接入的方式分为拨号和专线两种。

1. 拨号接入

目前向一般用户提供通过公用电话网联机访问 Internet 能力的主要包括 UNIX 仿真终端

方式和 PPP/SLIP 联网方式两种。前者的功能较弱，提供的服务较少，现在普遍使用的是后者。

采用 PPP/SLIP 方式，用户与 ISP 主机连接后，就临时成为 Internet 的一部分，还可以获得一个属于自己的 IP 地址，用户只要安装适当的软件，就能够享受 Internet 提供的全部服务。

这里，PPP/SLIP 是用户计算机与 ISP 之间通过电话线进行通信时所遵守的协议。其中，SLIP 是指串行线路互联协议，PPP 是指点对点协议。

受电话线传输带宽的限制，拨号上网方式的传输速率较慢，一般只能达到 300 bps ~ 14.4 kbps。拨号用户在选择好 ISP 并办理完相关手续后，即可对计算机进行相关硬件和软件的安装和设置。

2. 专线接入

专线接入是向提供网络接入服务的运营商申请网络接入线路，从而将本地计算机连接到 Internet 上。专线连接的费用相对来说比较高，一般采用固定费率的收费形式，但专线连接的数据传输稳定，出口带宽较大，对于网络业务量较大的企事业单位，一般采用这种接入方式较为合适。

目前，市场上提供专线接入服务的运营商主要以电信部门为主，如中国电信、联通、铁通等。此外，一些 ISP 也提供网络接入服务，主要包括 DDN（数字数据网）、ISDN（窄带数据网）。

四、使用代理服务器接入 Internet

1. 利用 ICS 服务共享 Internet 连接

对于客户机少于 150 台的小型办公网络或家庭局域网，采用 ICS 服务共享 Internet 连接，安装、设置简单，无须进行复杂设置，即可实现客户机浏览 Web、FTP、SMTP、QQ 等几乎全部上网的功能。

（1）实现的条件

1）一台拥有双网卡的服务器，局域网采用总线或星型拓扑结构；其中主网卡连接到 Internet或可直接访问 Internet 的局域网，从网卡通过交换机或集线器连接到局域网，如图 4—2—2 所示。

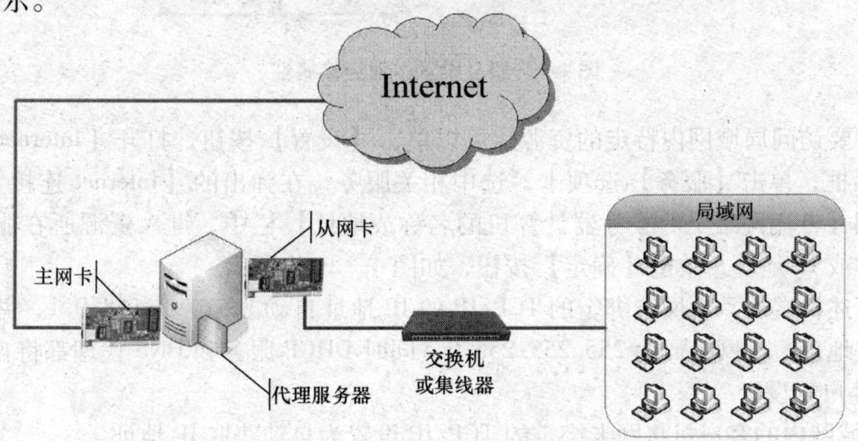

图 4—2—2　代理 Internet 连接示意图

2）服务器安装了 Windows 2000 Server/Advanced Server 操作系统，并安装 TCP/IP、NWLink（IPX/SPX）、NetBEUI 等协议。

（2）服务器端设置

1）右键单击【网上邻居】→【属性】，打开【网络和拨号连接】文件夹，其中【本地连接】对应从网卡，【本地连接 2】对应主网卡。配置【本地连接 2】使服务器可以正常访问 Internet。

2）在【本地连接】的快捷菜单中单击【属性】，打开【本地连接属性】对话框；单击【共享】选项卡，选中【启用此连接的 Internet 连接共享】，在【对于局域网】下拉列表中选中【本地连接 2】。如果服务器上安装了两个以上的网卡，则需确定所选连接是否对应于主网卡的连接；完成后单击【确定】按钮，如图 4—2—3 所示。

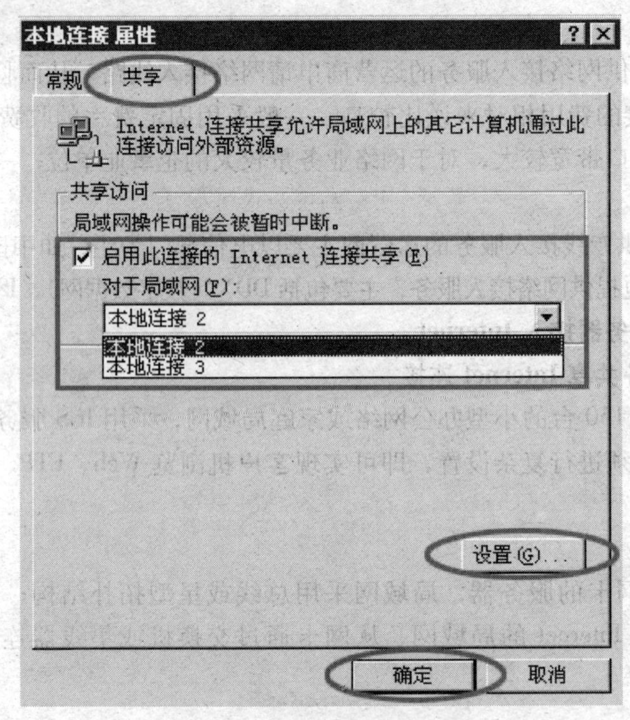

图 4—2—3　设置本地连接属性

如果需要访问局域网内特定的资源，可以单击【设置】按钮，打开【Internet 连接共享设置】对话框，单击【服务】选项卡，选中相关服务，在弹出的【Internet 连接共享服务】对话框中的【专用网络上的服务器计算机的名称或地址】栏中，键入资源所在服务器或计算机的名称或 IP 地址，单击【确定】按钮，如图 4—2—4 所示。

完成上述设置后，从网卡绑定的 TCP/IP 的 IP 地址自动改为 192. 168. 0. 1，并将其作为局域网网关地址，子网掩码为 255. 255. 255. 0，同时 DHCP 服务和 DNS 代理都将自动启用。

（3）客户端设置

1）局域网内的客户机将网卡绑定的 TCP/IP 设置为自动获取 IP 地址。

2）在 IE 浏览器快捷菜单中，单击【属性】→【连接】→【局域网设置】，打开【局域网

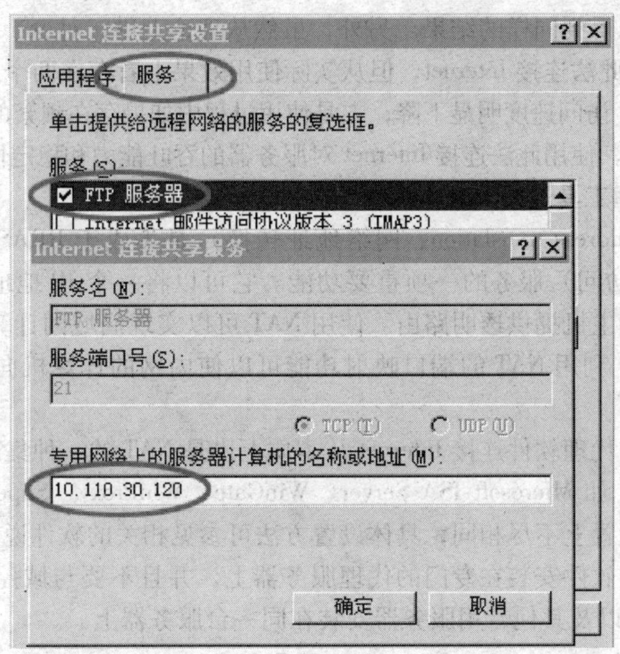

图 4—2—4　设置局域网内特定资源主机

(LAN) 设置】对话框。在【自动配置】中，清除【自动检测设置】和【使用自动配置脚本】复选框，在【代理服务器】中，清除【为 LAN 使用代理服务器】复选框，如图 4—2—5 所示。单击【确定】按钮完成客户端设置。

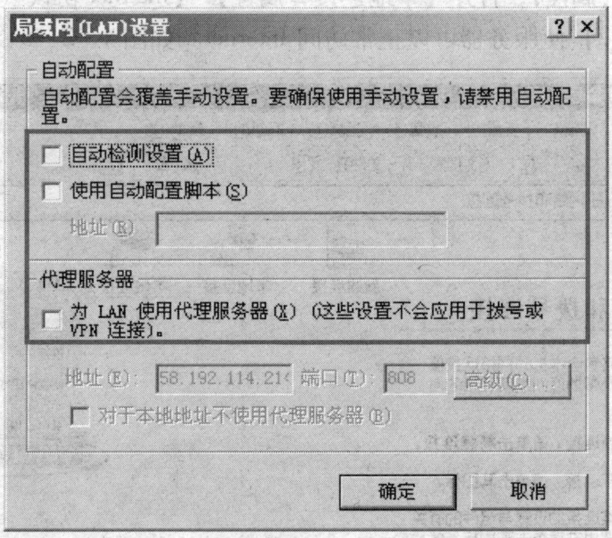

图 4—2—5　客户端局域网设置

使用此法连接 Internet 时需注意不能将此功能与域控制器、DNS 服务器、网关、DHCP 服务器，或配置为静态 IP 地址的系统一起使用，如需要使用这样的组件，则必须使用网络地址转换（NAT）来得到同样的结果。另外，虽然从理论上讲，对少于150台主机组建的小型局域网均可以采用此法连接Internet，但从实际使用效果上看存在两个不确定因素：一是当并发访问超过20时，访问速度明显下降；二是使用过程中如果存在频繁的数据库读写操作时，阻塞现象明显。因此，使用此法连接Internet对服务器的吞吐能力和稳定性要求较高。

2. 利用专用代理工具连接Internet

NAT（network address translation，网络地址转换）是集成于RRAS（routing and remote access，路由和远程访问）服务的一项重要功能。它可以将一个IP地址域映射到另一个IP地址域，从而为终端主机提供透明路由。使用NAT可以实现局域网计算机共享一个公网IP接入Internet。同时，利用NAT的端口映射功能可以使内网的计算机向外提供诸如WWW、FTP等常用服务。

使用专用的服务代理软件连接Internet从本质上讲是NAT的一种集成应用。目前市场上代理软件产品很多，如Microsoft ISA Server、WinGate、WinProxy、SuperProxy、CCProxy等。不同的代理工具在设置上不尽相同，具体设置方法可参见相关的软件说明或帮助文件。

一般来说，代理软件安装在专门的代理服务器上，并且不要与域控制器、DNS服务器、网关、DHCP服务器以及其他专用服务器安装在同一台服务器上。

任务实施

一、代理服务器IP地址设置

在代理服务器上打开【控制面板】→【网络连接】文件夹，在对应于主网卡的【本地连接2】图标快捷菜单中单击【属性】，打开【本地连接2属性】→【Internet协议（TCP/IP）属性】对话框，配置【本地连接2】使服务器可以正常访问Internet。如图4—2—6、图4—2—7所示。

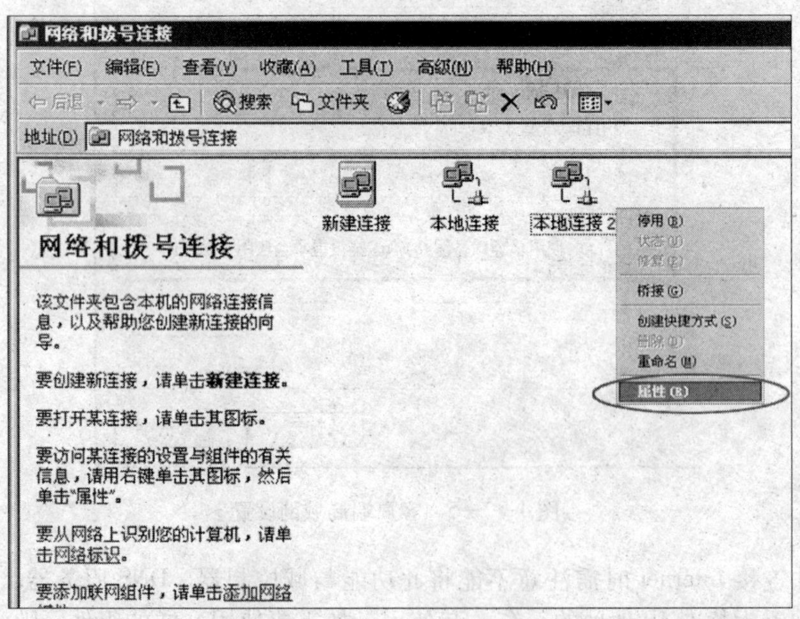

图4—2—6　在【网络和拨号连接】中设置【本地连接2】

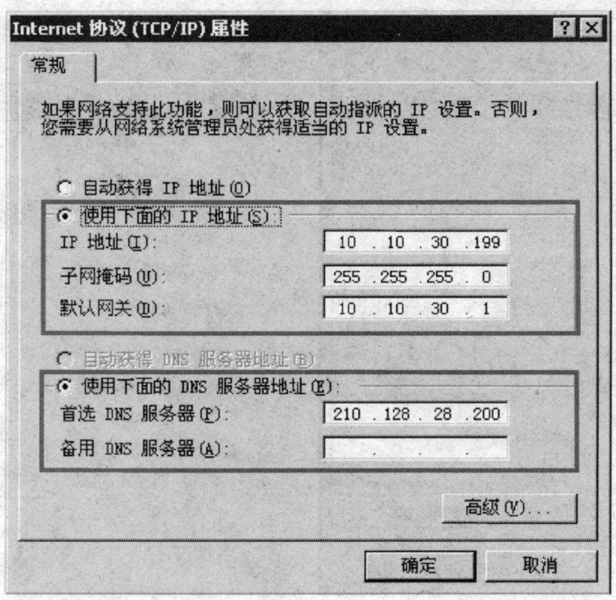

图 4—2—7　配置主网卡 IP 地址

采用同样方法配置与从网卡对应的【本地连接】IP 地址，如图 4—2—8 所示。

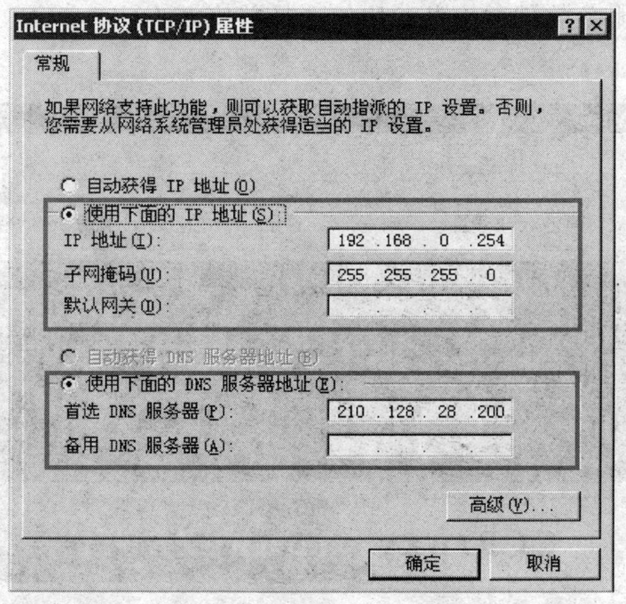

图 4—2—8　配置从网卡 IP 地址

二、客户机 IP 地址分配

客户机可以通过两种方式获得 IP 地址：一种是从 DHCP 服务器获得动态 IP 地址；另一种是使用私有地址配置静态 IP 地址，对于一个仅有 50 台计算机的独立机房而言，使用 C 类地址即可。设置结果如图 4—2—9 和图 4—2—10 所示，单击【确定】按钮完成设置。

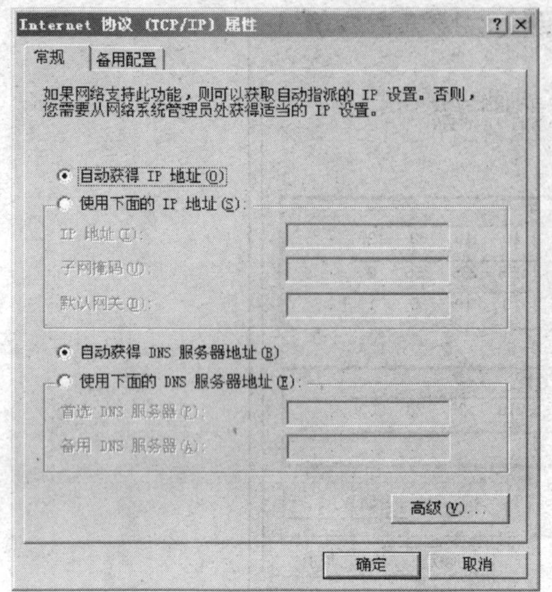

图 4—2—9　使用 DHCP 获取 IP 地址

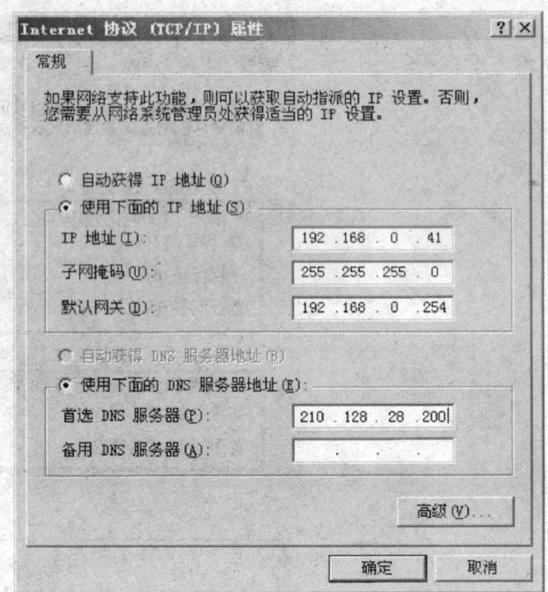

图 4—2—10　使用静态私有 IP 地址

三、服务器端代理设置

选择一款代理服务软件并安装，比如选择并安装 CCProxy6. 5，启动后主界面如图 4—2—11所示。

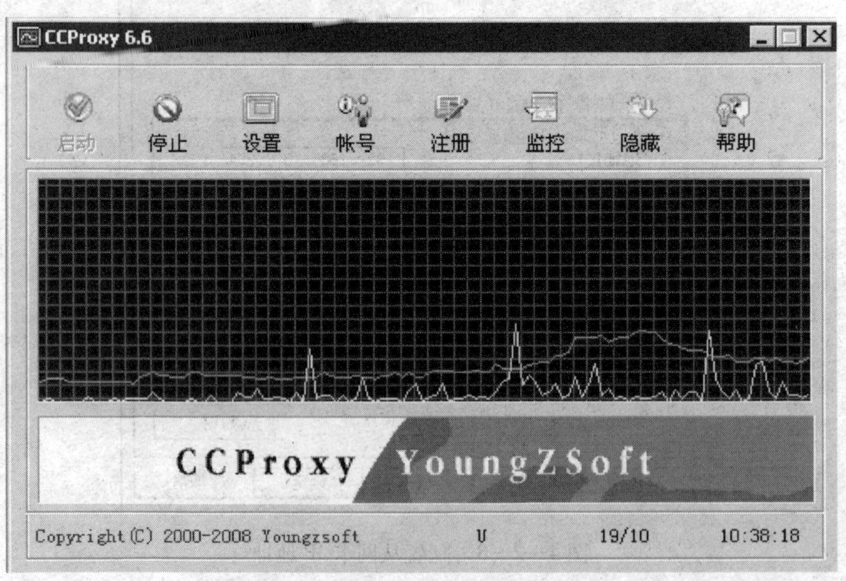

图 4—2—11　CCProxy6. 5 主界面

完成安装后进行相关设置：

1. 单击【账号】，打开【账号管理】对话框中，单击【新建】按钮，设置一个代理账号；也可以先启动全部要代理连接的计算机，然后单击【自动扫描】按钮，自动获取要代理的主机名和 IP 地址，如图 4—2—12 所示。单击【确定】按钮完成设置，单击【关闭】按钮关闭设置窗口。

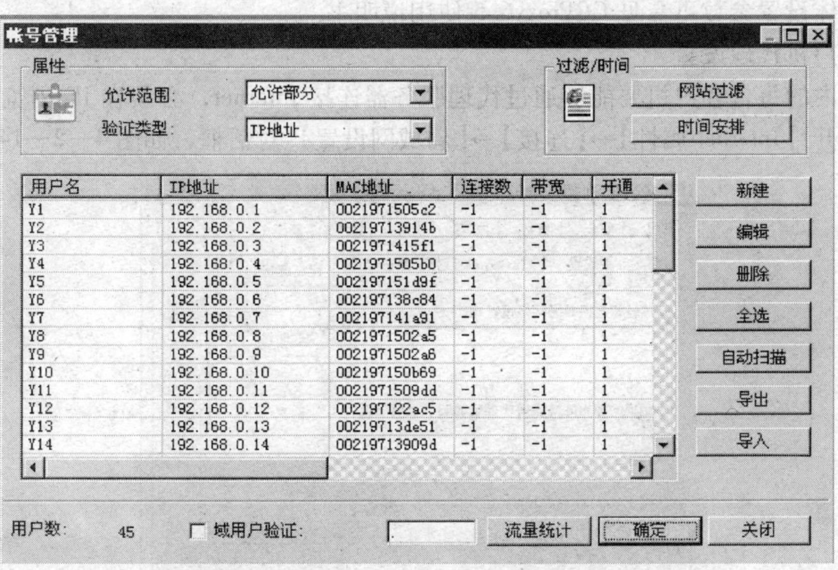

图 4—2—12　设置代理上网主机账号

2. 在主界面上单击【设置】按钮，打开【设置】对话框，设置所代理的相关服务，如图 4—2—13 所示。

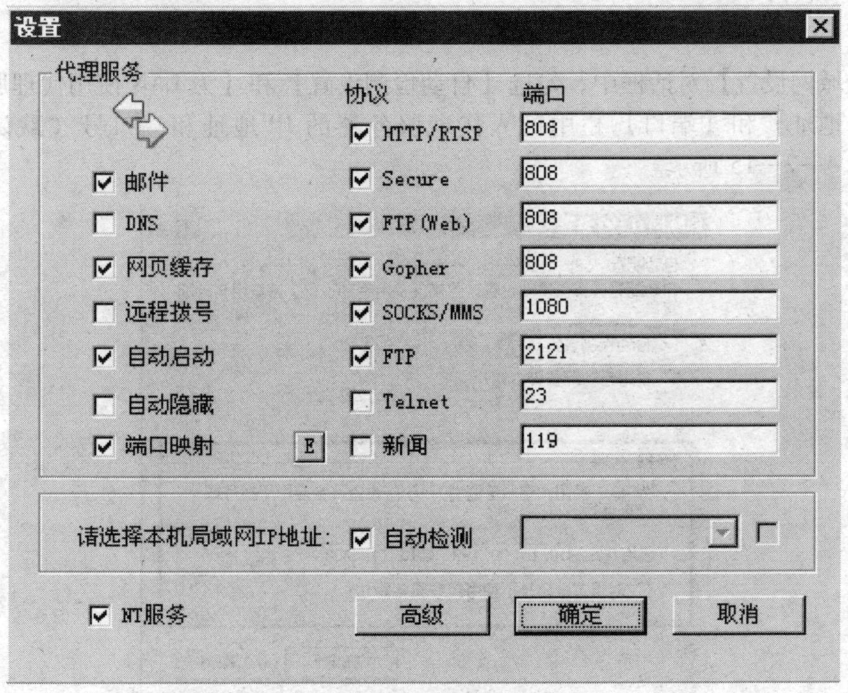

图 4—2—13　设置相关代理服务

单击【确定】按钮完成设置。如果勾选了【自动检测】选项，则每次启动代理服务器时，CCProxy6. 5 即自动启动，单击主界面上的【监控】按钮即可看到当前已连接主机的相关信息。具体设置参数可参见 CCProxy6. 5 使用说明书。

四、客户机代理设置

局域网内的每台客户机要能够通过代理服务器连接 Internet，必须在 IE 浏览器中进行以下设置：打开【Internet 属性】→【连接】→【局域网设置】对话框，如图 4—2—14 所示。

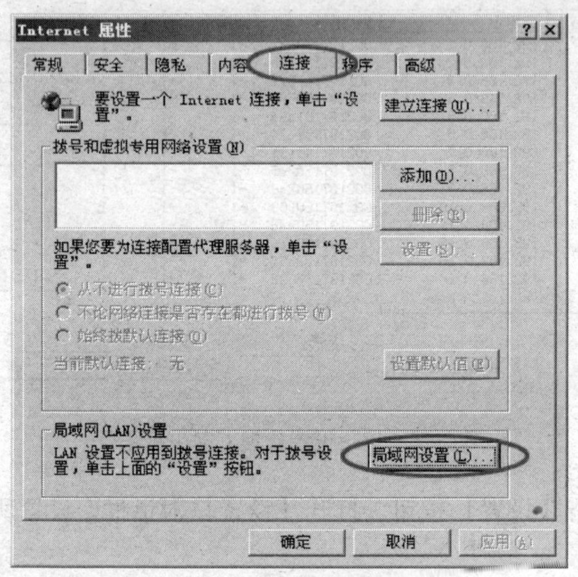

图 4—2—14　打开【局域网设置】对话框

在【局域网设置】对话框中，勾选【自动检测设置】和【为 LAN 使用代理服务器】复选框，在【地址】和【端口】栏中键入代理服务器的 IP 地址和端口号（默认端口号为 808），如图 4—2—15 所示。

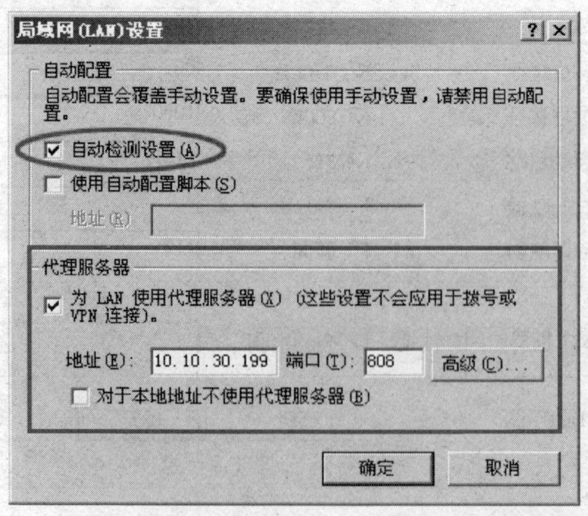

图 4—2—15　设置代理服务器的 IP 地址和端口号

如需设置特定服务代理，可以单击【高级】按钮，在打开的【代理服务器设置】对话框中根据需要进行设置，如图 4—2—16 所示。

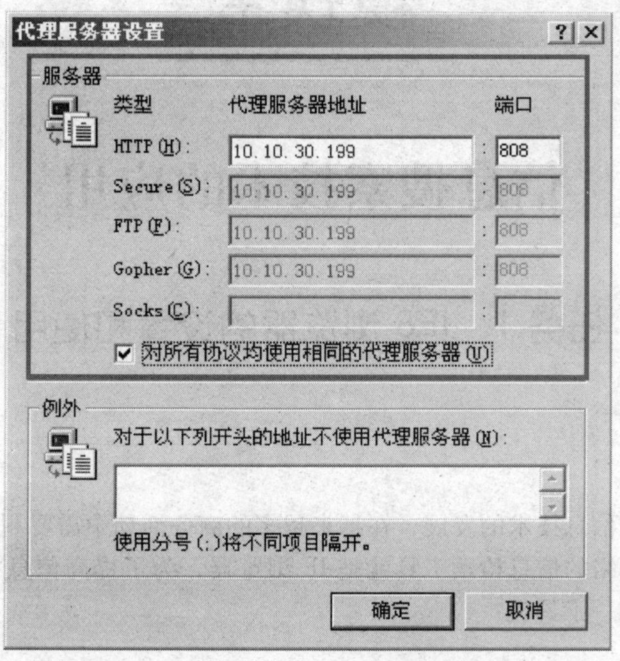

图 4—2—16 代理服务器设置

完成以上设置后，就可以通过代理服务器连接 Internet。

技能训练

在本任务中，如采用 NAT 共享连接，服务器端和客户端应如何设置？

思考与练习

1. 什么是 IP 地址？IP 地址是怎样分类的？怎样区分不同类别的 IP 地址？
2. IP 地址与域名有何联系和区别？
3. 在组建局域网时，如果可供使用的 IP 地址不够用时，一般可以采用哪些办法来解决问题？
4. 如果四台计算机中有一台可以上网，那么剩下的三台能否上网？怎样上网？

模块五

信息搜索技术的应用

任务1　IE8 浏览器的设置和使用

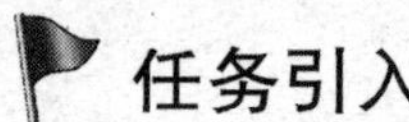

随着网络技术和信息技术的发展，在越来越多的商务活动中需要利用网络来检索和收集信息，常用的基于网络的信息检索工具就是 IE 浏览器，为了提高信息检索的效率，应该如何正确设置和使用这一工具呢?

一、IE 浏览器简介

IE 浏览器是指由微软开发的 Internet Explorer（简称 IE）浏览器，是目前使用最普遍的浏览器之一，它强大的网络功能使得用户可以轻松地访问网络资源，同时 IE 个性化的功能设置充分满足了不同用户的使用需求。IE8 是目前 IE 浏览器较新的版本，捆绑在 Windows Vista 和 Windows 7 之中，较之之前的版本新增了许多优秀而且实用的功能，在安全性、隐私保护、灾难恢复以及使用便利等方面的性能大幅提升，提高了浏览信息和检索信息的效率。

IE 内核浏览器则是指基于 IE 引擎的浏览器，这类浏览器主要是在 IE 引擎基础上，增加一些功能以及在外观上进行了一些修改，使浏览器外观更具亲和力，更易于使用，同时许多 IE 内核浏览器大大降低了对系统内存的消耗，提高了系统资源的利用率。国内目前较流行的 IE 内核浏览器主要有世界之窗（The World）浏览器、遨游（Maxthon）浏览器、360 安全浏览器、搜狗（sogou）浏览器等。而非 IE 内核浏览器主要有 Netscape 浏览器、Mozilla Firefox（火狐）浏览器、Opera 浏览器等。

二、IE8 浏览器的基本结构

IE8 浏览器的主窗口由标题栏、菜单栏、命令栏、地址栏、收藏夹、状态栏和浏览窗口等部分组成，如图 5—1—1 所示，其作用见表 5—1—1。

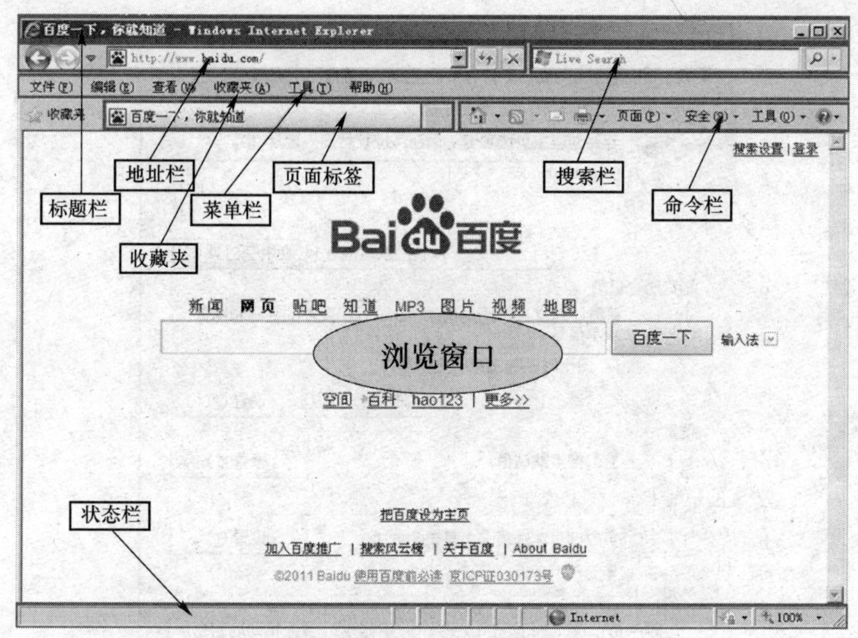

图 5—1—1　IE8 浏览器窗口

表 5—1—1　　IE8 浏览器的基本结构和功能描述

浏览器组件	功能描述
标题栏	用于显示所打开网页的标题
菜单栏	用于完成相关操作的操作菜单，其中包含了浏览器的各种设置和操作命令
命令栏	用于放置完成一些常用操作的功能按钮。用户可以根据使用习惯对工具栏中的按钮进行设置以方便使用
地址栏	用于输入和显示所访问站点或页面的 URL 地址，用户可以将经常性访问地址保存在地址栏下拉列表中，以便快速访问
收藏夹	用于保存用户经常访问的网站或页面的快捷方式，提高访问效率
状态栏	用于显示当前访问站点或页面显示的状态
浏览窗口	用于显示所访问的各种信息

三、浏览器的设置

为了提高 IE 浏览器的使用效率和安全性，需要对 IE 的相关属性进行必要的设置，设置方法如下：打开浏览器，在命令栏中单击【工具】→【Internet 选项】，或在桌面上右键单击 IE 图标，在快捷菜单中单击【属性】，打开【Internet 属性】对话框，如图 5—1—2 所示。IE 属性设置包括七个选项：常规、安全、隐私、内容、连接、程序和高级。

1.【常规】选项卡的主要选项设置

（1）“主页”

用以设置打开 IE 时首先显示的页面。

用户可以将 Internet 网上的任意一个站点的主页或其他网页设置为 IE 的起始页；也可以将自己制作的网页设置为起始页，只需要在地址框中输入相应网页所在的目录和路径或是该

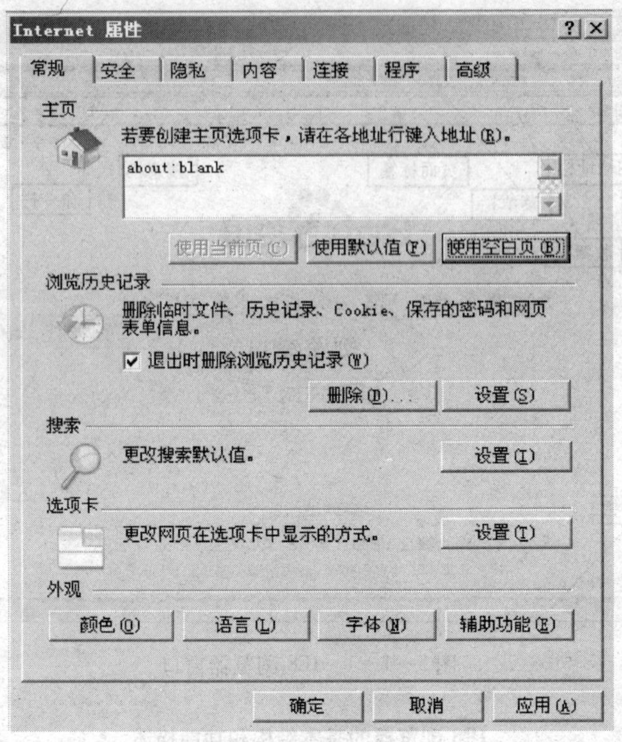

图 5—1—2　Internet 选项对话框

网页的 URL 地址。

(2)“浏览历史记录”

清除临时文件、历史记录、cookie、保存的密码和网页表单信息以及管理 Internet 临时文件。

Internet 临时文件夹用于存放用户访问 Internet 时的临时文件和缓存文件，这些文件可以提高用户再次访问这些资源的速度。在不同的操作系统中，Internet 临时文件存放的目录不完全相同。

在 Windows XP 操作系统中，该目录为：

C:\Documents and Settings\[用户名]\Local Settings\Temporary Internet Files

在 Windows 7 操作系统中，该目录为：

C:\Users\[用户名]\AppData\Local\Microsoft\Windows\Temporary Internet Files

默认情形下，“Local Settings” 文件夹为隐藏的系统文件夹，如图 5—1—3 所示。

2.【安全】选项卡的主要选项设置

【安全】选项卡中包括安全区域设置和安全级别设置。

(1) 安全区域设置

IE 将所有网站分配到以下四个安全区域之一：Internet、本地 Intranet、受信任的站点和受限制的站点。IE 为分配到不同区域的网站指定了用于该站点的安全设置，用户可以选择将某个网站分配给 Intranet、受信任或受限制的区域。通过将某个网站添加到特定区域，可

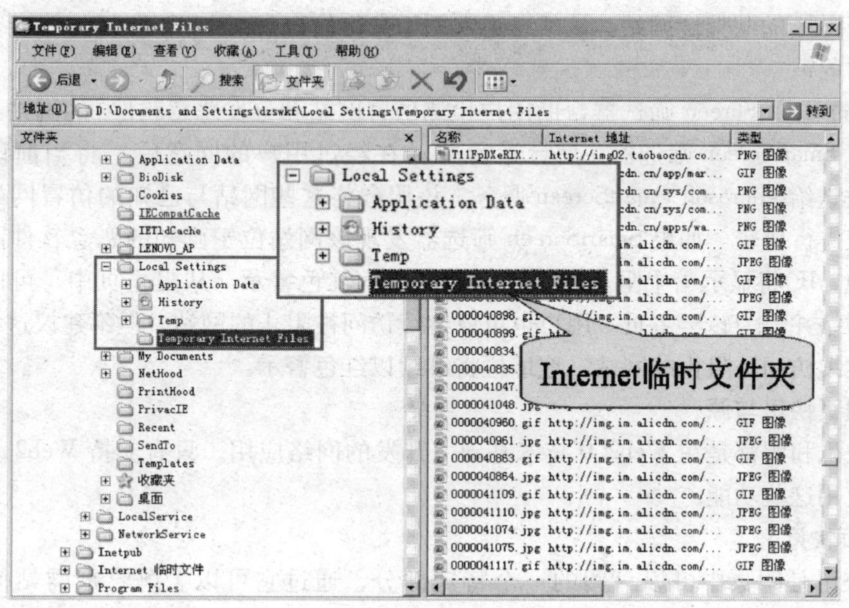

图 5—1—3　Internet 临时文件夹

以控制用于该站点的安全等级。

（2）安全级别设置

IE 提供四个可以自定义的安全区域，并为每个区域设置了默认的安全级别。用户也可以根据实际需要，自定义安全区域安全级别，但如果定义的安全设置低于推荐级别，则计算机可能存在风险。

3.【隐私】选项卡的主要选项设置

cookie 是指某些网站放置在本地计算机上的较小的文本文件，其中存储有关用户首选项以及其他相关信息，如用户名、密码或购物车中的内容。网站使用 cookie 向用户提供个性化体验以及收集有关网站使用的信息，以便用户可以跳过每次转到网站必须的登录操作。cookie 一方面为用户重复访问网站提供了便利；另一方面也由于其中包含某些用户信息而成为用户隐私外泄的风险因素之一。因此，合理使用 cookie 对于保护用户隐私至关重要。

IE 允许用户阻止或允许所有网站上的 cookie，或者可以选择所允许的网站的 cookie。应当注意的是阻止所有 cookie 固然有助于保护用户的隐私，但也可能限制用户在一些网站上的访问。

【隐私】选项卡上另一项重要设置是针对弹出窗口的，用户可以设置阻止或允许所有网站的弹出窗口，或者可以选择所允许网站的弹出窗口。

除以上三项设置外，用户还可以在内容、连接、程序和高级等选项卡中根据需要进行相关设置。所有设置都是动态的，随不同应用需求的变化而改变。

四、IE8 对联机仿冒的处理

联机仿冒是通过欺诈电子邮件或网站来诱使计算机用户透露个人信息或财务信息的伎俩。常见联机仿冒骗局始于看似来自受信任源的官方通知的电子邮件，受信任源包括银行、信用卡公司或可信的在线商店等。在电子邮件中，收件人被定向到要求提供个人信息（例如账号或密码）的欺骗性网站。该信息通常用于身份偷窃①。因此，联机仿冒会对电子商务产生极大的危害。

IE8 通过 SmartScreen 筛选器帮助用户检测仿冒网站和分发恶意软件②的网站。当用户浏览 Web 时，SmartScreen 筛选器在后台运行并（在经过用户的同意后）将当前访问网站的 Web 地址发送给 Microsoft SmartScreen 服务，该服务将这些网站与已知的仿冒网站和恶意软件网站列表进行比较。如果 SmartScreen 筛选器发现该网站位于已知的恶意软件网站或仿冒网站列表中，IE 将显示一个阻止网页，地址栏显示红色警示。从阻止页中，可以选择绕过被阻止的网站并改为转至主页。用户也可以继续访问被阻止的网站，但不建议这样做。如果用户决定继续访问被阻止的网站，地址栏将继续以红色警示。

五、网页快讯与源

网页快讯和源都是在 Web2. 0 技术基础上开发的网络应用，只有支持 Web2. 0 技术的浏览器才能应用这些功能。

1. 网页快讯

网页快讯是网页中可以订阅的一个特定部分，通过它可以了解收藏网站何时提供更新的内容（如股票市场交易情况）。一旦订阅了网页快讯，将在收藏夹中显示为一个链接。在更新网页快讯时，收藏夹栏上的链接将以粗体格式显示。单击该链接可以查看更新内容。

2. 源

源也称为 RSS 源、xml 源、综合内容或 Web 源，RSS 是 really simple syndication（简易供稿）的缩写，是某一站点用来和其他站点之间共享内容的一种简易方式，也称聚合内容。RSS 包含由网站发布的经常更新的内容。通常将其用于新闻和博客网站，但也可用于分发其他类型的数字内容，包括图片、音频文件和视频。常见源格式为 rss 和 atom，新的源格式还在不断开发出来。IE8 支持 rss0. 91、1. 0 和 2. 0，以及 atom 0. 3、1. 0 等版本格式，所有的 Web 源格式都是基于 xml（可扩展的标记语言）的。IE8 不支持的源格式将不能被 IE 发现，但仍然可以订阅。一些源资源提供商开发的源则需要使用专用 RSS 阅读器进行订阅和阅读，如新浪 RSS 等。

任务实施

一、IE8 浏览器的窗口设置

在 IE8 浏览器中，只有标题栏和地址栏不能进行设置，而菜单栏、命令栏、收藏夹、状态栏则可以根据使用者的爱好自行设置显示或隐藏，设置方法如下：

在菜单栏的【查看】→【工具栏】菜单或命令栏的【工具】→【工具栏】菜单中，菜单栏、收藏夹、命令栏和状态栏可根据需要设置为显示或隐藏，设置方法是在对应选项前，通

---

① 什么是仿冒 . Internet Explorer 8 教程 . http：//www. feiesoft. com/ie8/ie118. html

② 恶意软件是指通过表现出非法、病毒性、欺骗性或恶意行为而造成安全或隐私风险的程序。例如，病毒、蠕虫和特洛伊木马等。

过单击该选项，选中或取消该选中项。当选中该选项时，在该选项前面出现“√”；当该选项前面不出现“√”时，则该选项所对应的窗口部分被隐藏。

二、IE8 命令栏设置

IE8 命令栏相当于之前版本 IE 浏览器中的工具栏，浏览器的常用功能可以通过命令栏中的按钮来进行操作，用户可以根据个人爱好自行定义，操作的方法如下：在命令栏中单击【工具】→【工具栏】→【自定义】打开【自定义工具栏】对话框，在【自定义工具栏】对话框左窗格中选中要添加到命令栏上的命令，单击【添加】按钮，这时在【自定义工具栏】对话框右窗格中可以看到被添加的按钮图标，同时在命令栏上可以看到对应于该功能命令的工具按钮。

当要删除某个工具按钮时，只需在【自定义工具栏】对话框的右窗格中选中要删除的按钮图标，然后单击【删除】按钮，如图 5—1—4 所示。

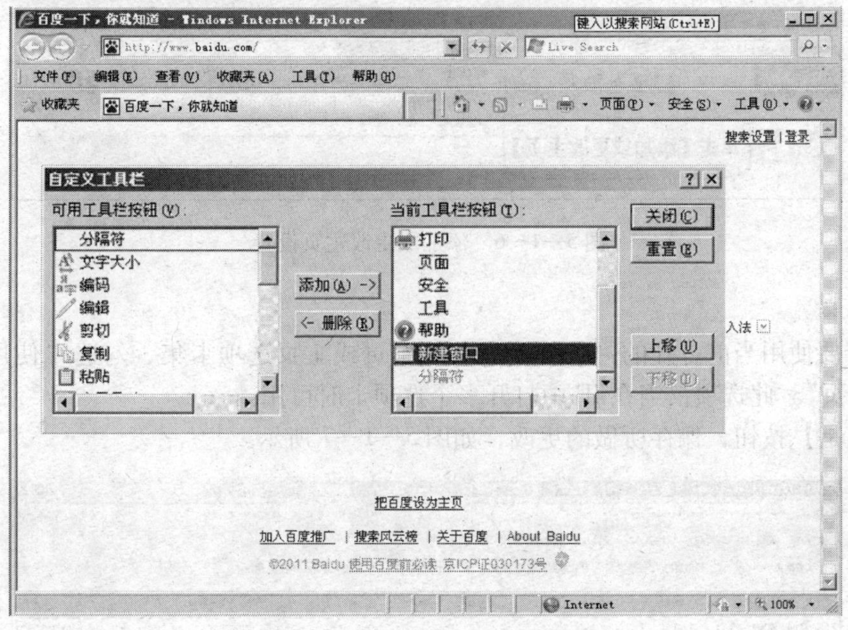

图 5—1—4　自定义工具栏设置

三、【常规】选项卡常用设置

1. 主页设置

在【常规】选项卡【主页】项目下按需要进行设置，如果要设置某一页面为主页，则在打开该网页后，单击【使用当前页】，如图 5—1—5 所示。

另外，IE8 支持主页集，即允许设置多个主页，设置方法如下：

在 IE8 浏览器中，单击【主页】按钮 右侧的箭头，然后单击【添加或更改主页】，如图 5—1—6 所示。

在【添加或更改主页】对话框中，请执行下列操作之一。

（1）若要将当前网页作为唯一主页，勾选“使用此网页作为唯一主页”。

（2）若要启动主页选项卡集或将当前网页添加到主页选项卡集，勾选“将此网页添加

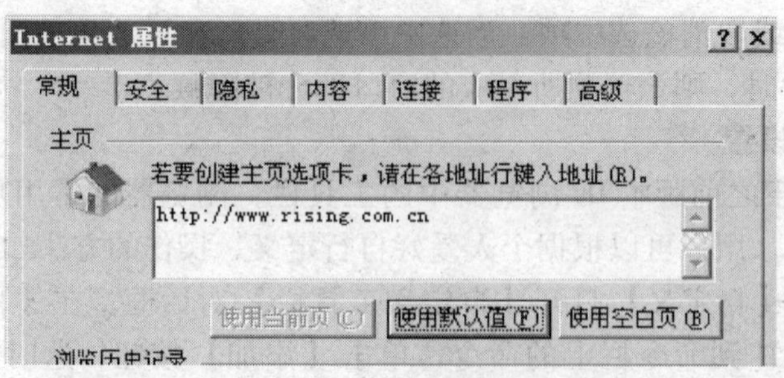

图 5—1—5 【主页】设置对话框

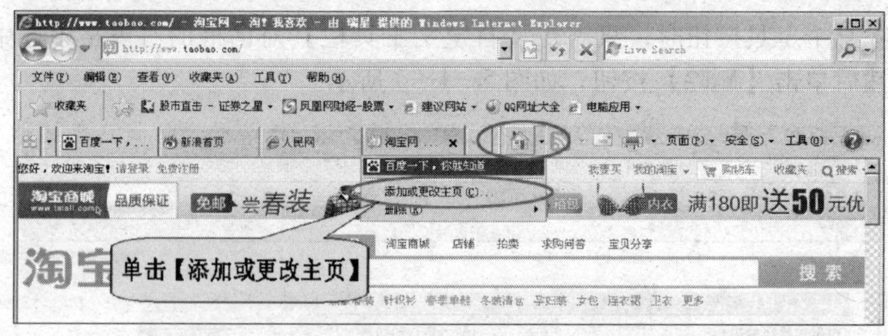

图 5—1—6 添加或更改主页设置

到主页选项卡”。

（3）若要使用当前打开的网页替换现有的主页或主页选项卡集，勾选“使用当前选项卡集作为主页”。此选项仅当在 IE 中打开多个选项卡时可用。

单击【是】按钮，保存所做的更改，如图 5—1—7 所示。

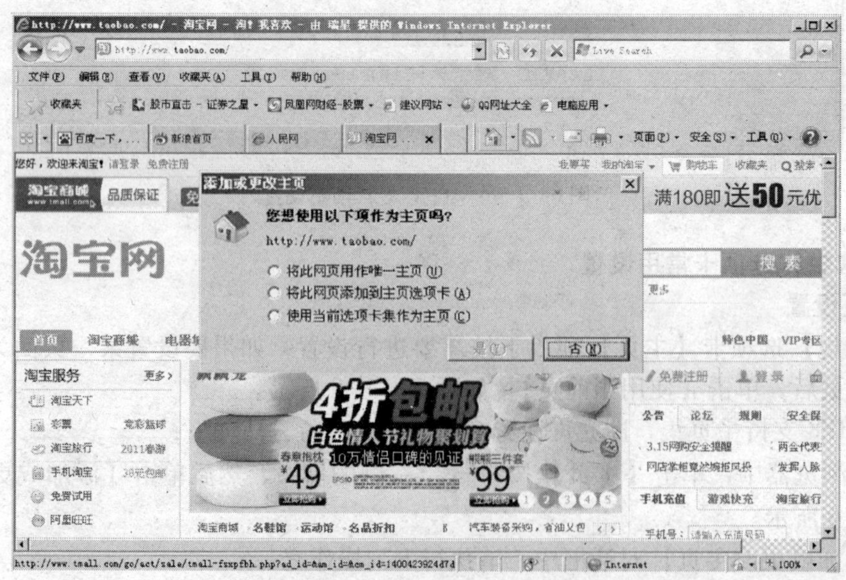

图 5—1—7 选择主页设置选项

注意：如果设置或通过第三方工具设置了“锁定当前主页”，则通常此项设置无效。

2. Internet 临时文件夹设置

在【常规】选项卡【浏览历史记录】项目下，单击【设置】按钮，打开【Internet 临时文件夹和历史记录设置】对话框，如图 5—1—8 所示。

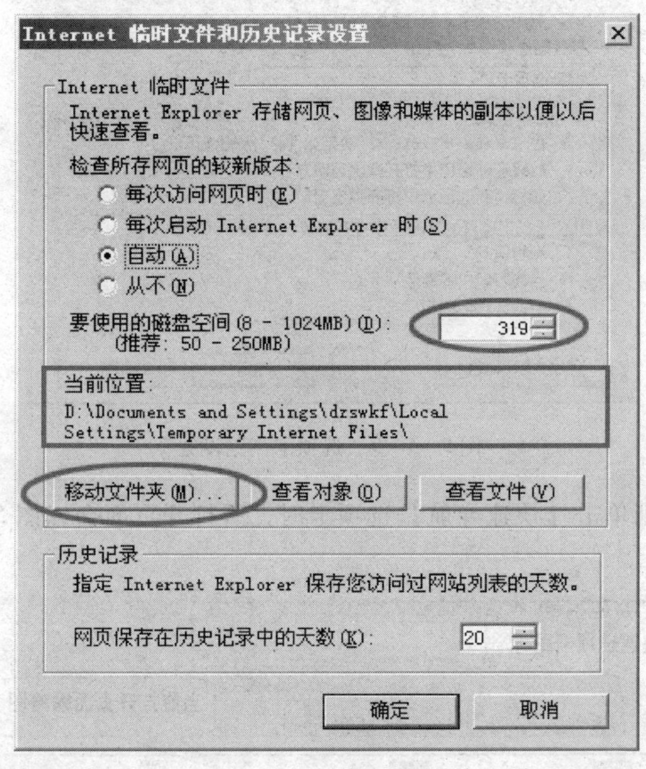

图 5—1—8　【Internet 临时文件夹和历史记录设置】对话框

（1）用鼠标点击上下箭头，按需要调整 Internet 临时文件夹大小。

Internet 临时文件夹的大小可根据需要随时进行调整，一些应用系统在运行时需要较大的缓存空间，这时可以将 Internet 临时文件夹设置大一些，在不需要更大缓存空间时，则可以将该文件夹设置得小一些。

（2）单击【移动文件夹】按钮，更改 Internet 临时文件夹位置。此项操作只是将 Internet 临时文件夹从原来的保存目录转移到新的目录下，而不是创建一个新的文件夹作为 Internet 临时文件夹。

3. 选项卡设置

在【常规】选项卡【选项卡】项目下，单击【设置】按钮，打开【选项卡浏览设置】对话框，如图 5—1—9 所示。

常用设置包括是否使用传统的 IE 浏览器打开方式，如果选择“新窗口”则采用传统 IE 浏览器打开方式，即每个页面占据一个独立的窗口；而选择“当前窗口中的新的选项卡”时，则所打开的页面都在同一窗口中，通过页面标签区分不同页面。如果选中“启用快速

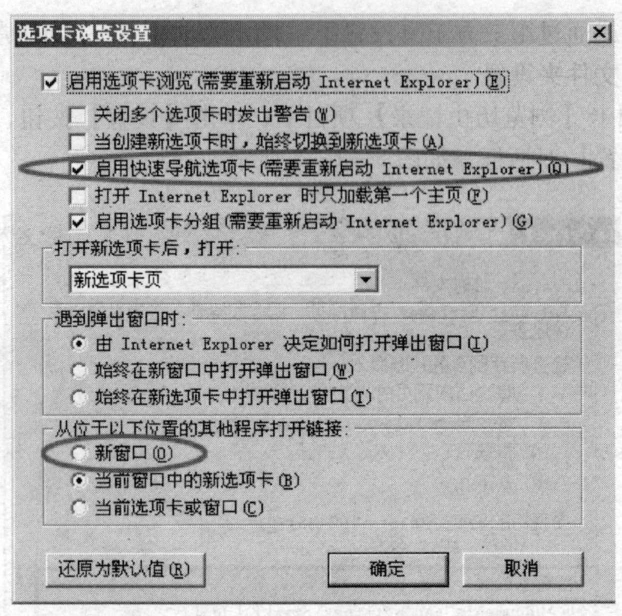

图 5—1—9　选项卡浏览设置

导航选项卡”项，则单击【快速导航】选项卡时，所打开页面会以图 5—1—10 所示样式显示。

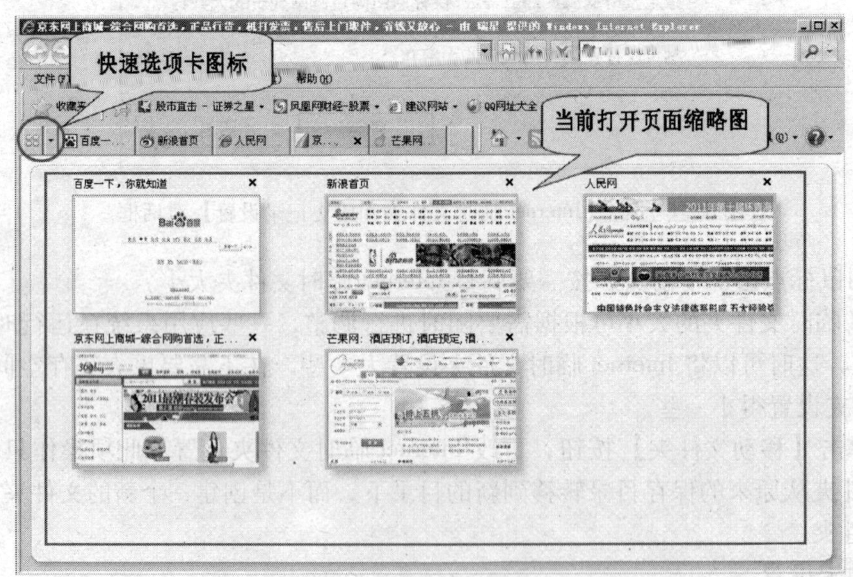

图 5—1—10　以“快速导航”形式显示页面

四、IE8 的安全设置与安全功能应用

1. 防止程序更改默认搜索提供程序

当某些程序在未经许可情况下更改 IE 默认搜索提供程序时，将可能会对计算机系统造成危害。当一个程序（如加载项或工具栏）尝试请求对默认搜索提供程序进行更改时，IE

会显示一个对话框，提示保留或更改当前的默认提供程序。

如果要让 IE 始终阻止对默认搜索提供程序进行更改，可以在某个程序试图更改时出现的对话框中选中“防止程序建议对默认搜索提供程序进行的更改”复选框，也可以通过执行以下步骤来执行相同的操作：

（1）打开 IE，在命令栏中单击【工具】按钮，然后单击【管理加载项】。

（2）在【管理加载项】的【加载项类型】下，单击【搜索提供程序】。

（3）在屏幕的底部，选中“防止程序建议对默认搜索提供程序进行的更改”复选框，然后单击【关闭】按钮，如图 5—1—11 所示。

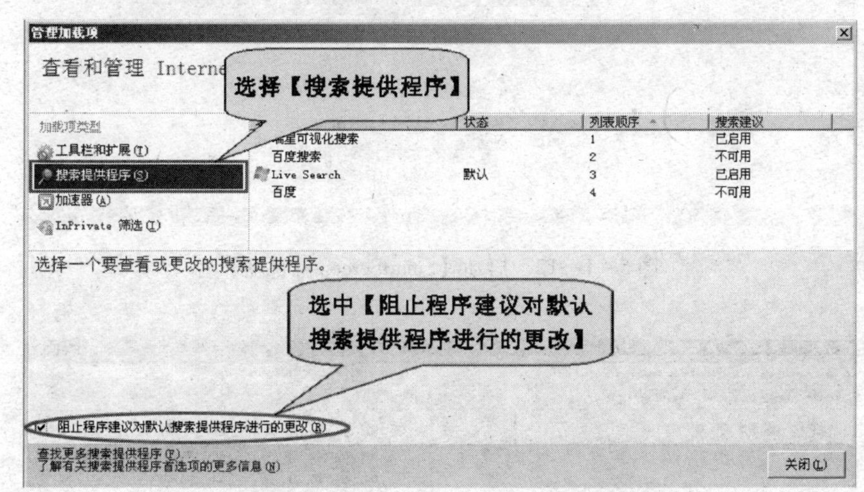

图 5—1—11　阻止更改默认搜索提供程序设置

2. SmartScreen 筛选器的使用

IE8 使用 SmartScreen 筛选器一方面帮助用户检测仿冒网站；另一方面可有效阻止恶意软件的安装。

默认情形下 SmartScreen 筛选器是关闭的，如需启动该功能，可以在命令栏中，单击【安全】→【SmartScreen 筛选器】→【打开 SmartScreen 筛选器】，如图 5—1—12 所示。

在浏览 Web 过程中，如需确认某网站是否属于仿冒网站，可以手动检查，检查方法为：转到要检查的网站，在命令栏中，单击【安全】→【SmartScreen 筛选器】→【检查此网站】，如图 5—1—13 所示。

关于 SmartScreen 筛选器的更多应用请参阅相关文献。

3. 自定义安全级别设置

IE 提供了“Internet”“本地 Intranet”“可信站点”和“受限站点”等四个安全区域，每个区域设置了默认的安全级别。用户可根据需要对安全级别进行重新定义。定义方法如下：

（1）在桌面 IE 图标快捷菜单中单击【属性】或在 IE8 的命令栏中单击【工具栏】→【Internet 选项】，打开【Internet 属性】对话框，选择【安全】选项卡，如图 5—1—14 所示。

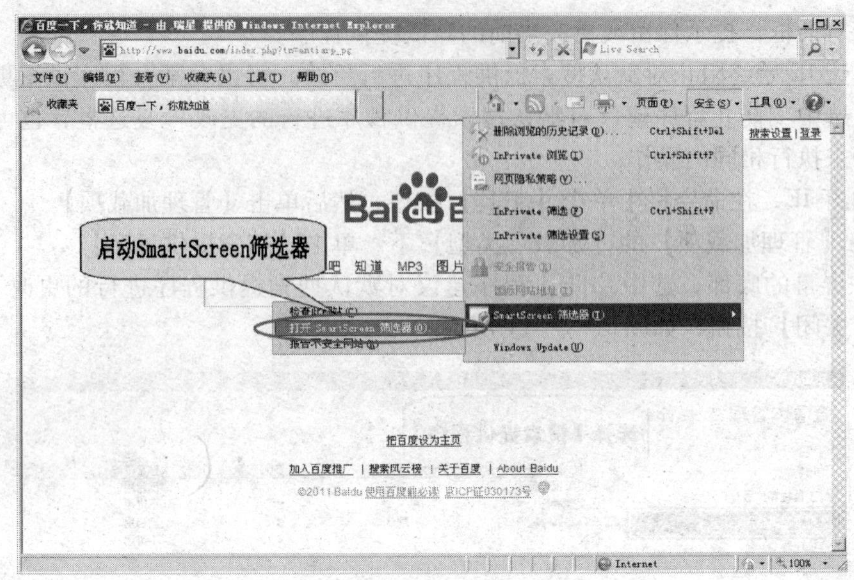

图 5—1—12　启动【SmartScreen 筛选器】

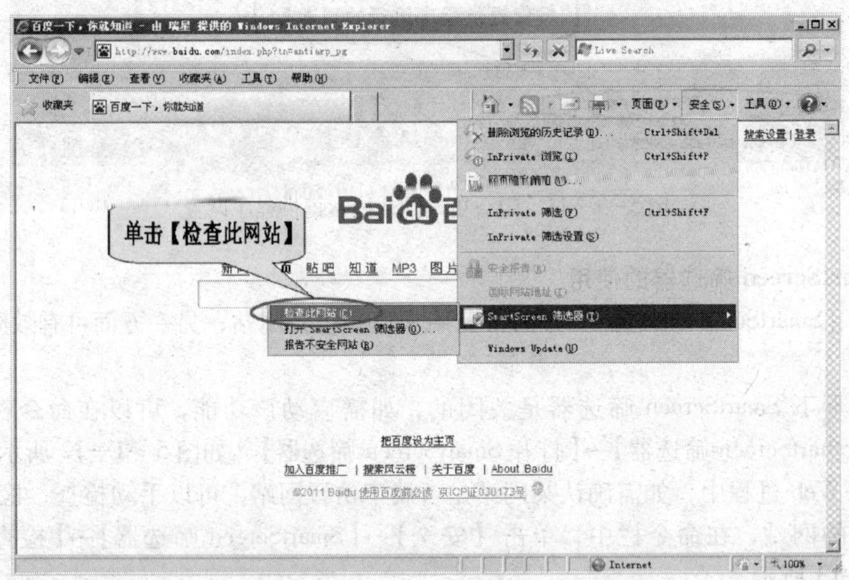

图 5—1—13　仿冒网站检查

（2）在图 5—1—14 所示对话框中选择一个安全区域，比如“可信站点”，单击【站点】→【添加】，输入要添加的站点的 URL 地址，可以将信任站点添加到区域中；如果【默认级别】按钮为灰色，则表明该区域当前的安全级别为微软推荐的默认级别。

（3）如需重新定义该区域安全级别，可以直接在图 5—1—14 对话框中，用左键按住移动滑块上下推动即可。如需对具体安全选项进行设置，则单击【自定义级别】按钮，打开【安全设置—受信任的站点区域】对话框，如图 5—1—15 所示。在对话框中的【重置自定义设置】下拉列表中选择需定义的安全级别，在上方“设置”区域中可以根据需要设置具体的安全选项，完成后单击【确定】按钮。

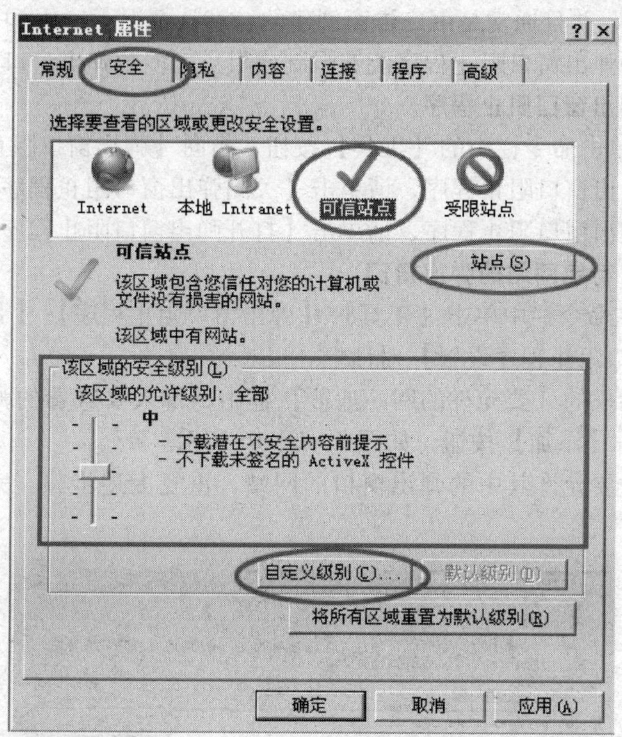

图 5—1—14　【安全】选项卡

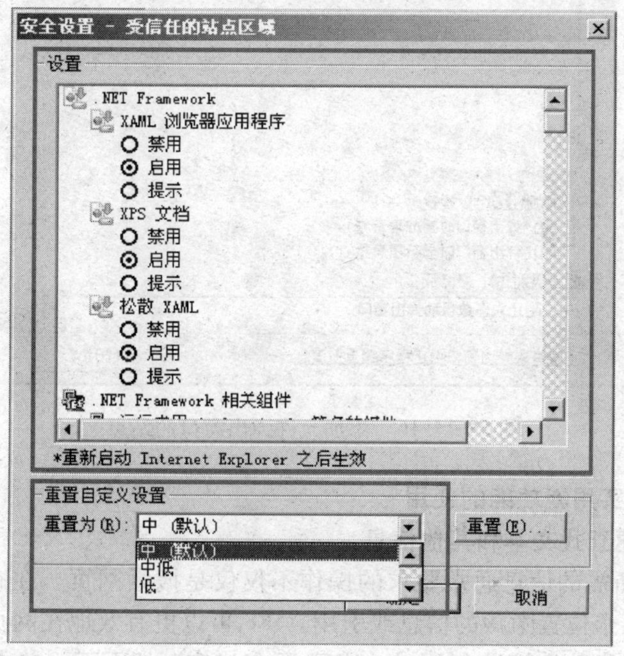

图 5—1—15　设置安全选项

五、阻止弹出窗口设置

弹出窗口是一个小 Web 浏览器窗口，出现在正在查看的网站的顶端。弹出窗口通常在访问网站时立即打开，并且通常是由广告商创建的。默认情况下，IE8 中的弹出窗口阻止程序是开启的。IE 中的弹出窗口阻止程序能够限制或阻止大多数弹出窗口。

1. 打开或关闭弹出窗口阻止程序

（1）在 IE 中，单击命令栏中的【工具】按钮，指向【弹出窗口阻止程序】。

（2）若要关闭弹出窗口阻止程序，请单击【关闭弹出窗口阻止程序】。

（3）若要打开弹出窗口阻止程序，请单击【打开弹出窗口阻止程序】。

2. 选择允许来自特定网站的弹出窗口

（1）启动 IE，在命令栏中单击【工具】→【弹出窗口阻止程序】→【弹出窗口阻止程序设置】，打开【弹出窗口阻止程序设置】对话框。

（2）在上述对话框的【要允许的网站地址】框中，键入要查看的弹出窗口的网站地址（或 URL），然后单击【添加】按钮，如图 5—1—16 所示。

（3）对于每一个要允许其中的弹出窗口的网站，重复上述步骤。完成添加网站后，单击【关闭】按钮。

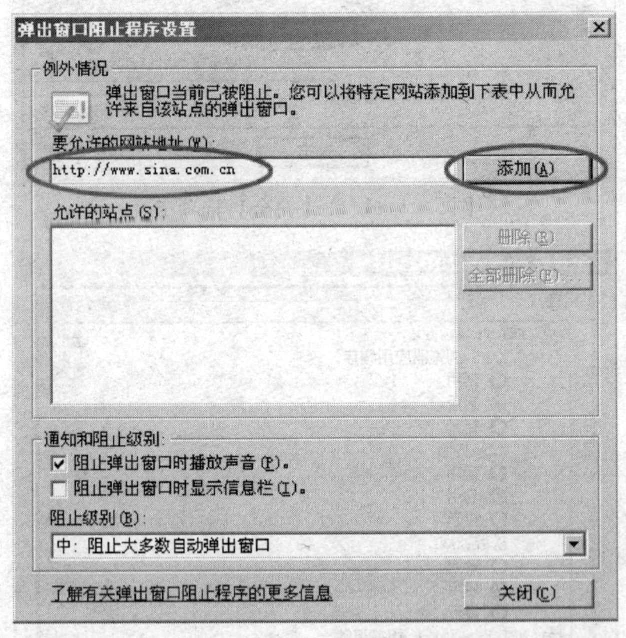

图 5—1—16　添加允许弹出窗口的站点

六、IE8 浏览器实用新功能的使用

1. 在网页中快速查找文本和其他信息

在 Web 中查找所需的信息通常要求的操作不仅仅是搜索网页。在查看网页时，通常需要查找此页面内的某个位置隐藏的信息或引用。IE8 可以更有效地在网页中进行信息搜索。

在网页中查找信息的步骤是在 IE 中，打开要查找信息的页面，单击【编辑】→【在此页上查找】，在选项卡行下方显示文本框，如图 5—1—17 所示。

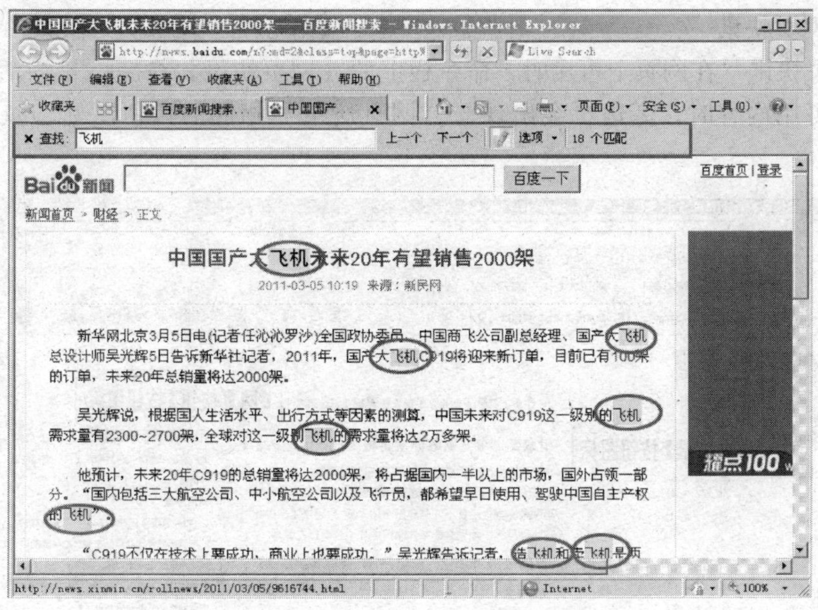

图 5—1—17　在网页中查找信息

在文本框中键入单词时，匹配的单词将在此网页上突出显示，单击【下一个】或【上一个】按钮在页面中移动。

2. 自定义收藏夹栏

收藏夹栏是以前版本的 IE 中链接栏的新名称。和以前一样，可以将 Web 地址从地址栏拖到收藏夹栏中，在 IE8 中还可以拖动正在查看的网页中的链接，此外还可以管理源和网页快讯，如图 5—1—18 所示。

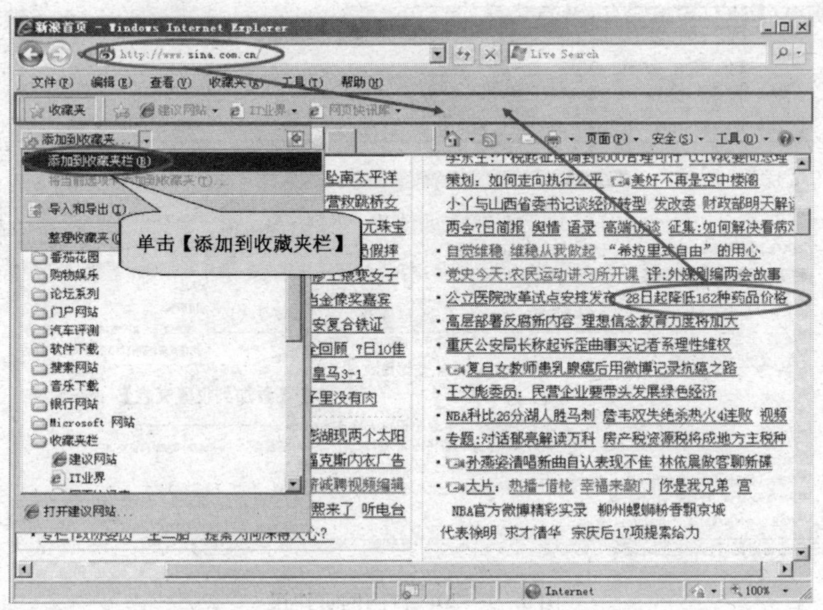

图 5—1—18　将链接添加到收藏夹栏

3. 订阅网页快讯

当“网页快讯”在网页上可用时，命令栏上的【网页快讯】按钮被激活。当鼠标指向网页中的可用内容时，旁边也会出现与“网页快讯”相同的按钮图标，如图 5—1—19 所示。

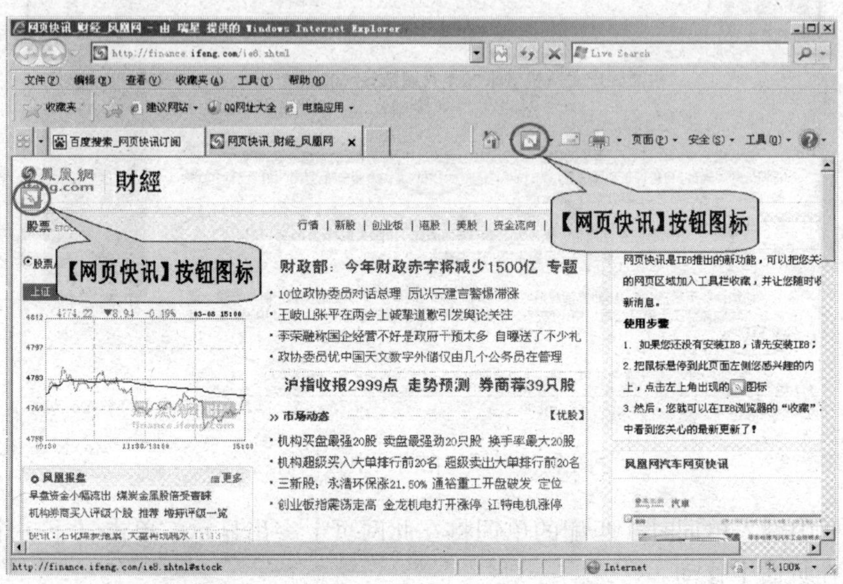

图 5—1—19　【网页快讯】按钮图标

点击页面上的【网页快讯】按钮，弹出是否订阅该网页快讯的对话框，在对话框中单击【添加到收藏夹栏】按钮，即可订阅该网页快讯，如图 5—1—20 所示。

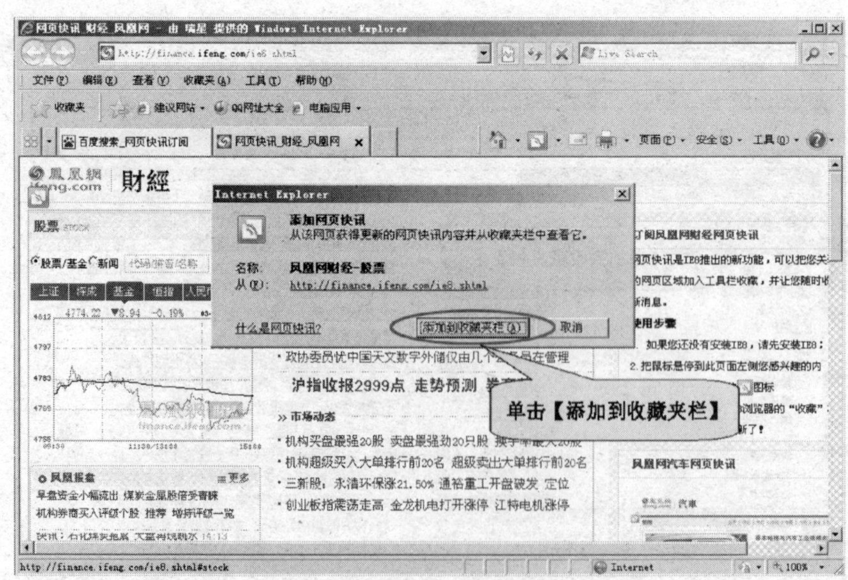

图 5—1—20　订阅网页快讯

完成订阅后，所订阅的网页快讯链接出现在收藏夹栏中，点击该链接即可预览所订阅的内容，如 5—1—21 所示。

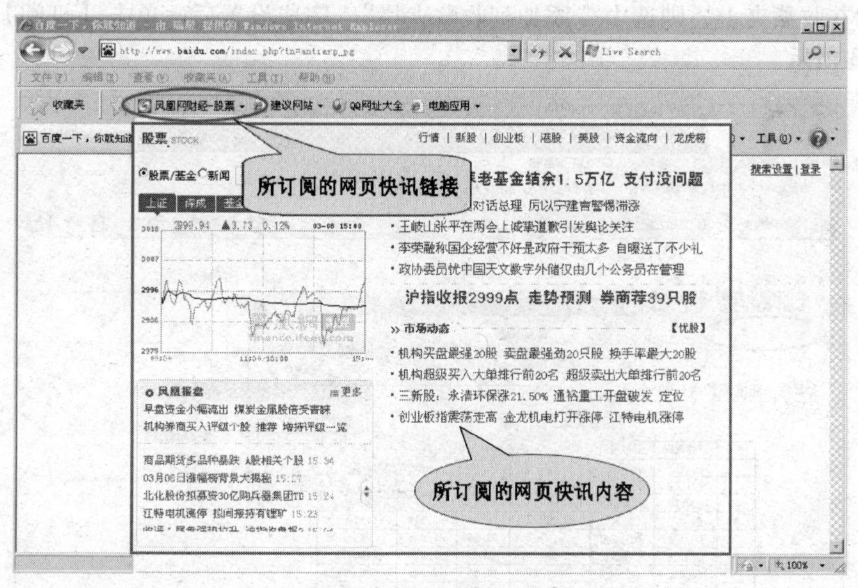

图 5—1—21　网页快讯预览

网页快讯内容是实时更新的，对于需要及时掌握动态信息的用户这是一个非常有用的工具。但要注意的是，并非所有网页都能够使用该功能，只有该网页中拥有可用的网页快讯时，该功能才可用。

4. 订阅和使用源

当查看某个网站时，IE8 会自动搜索所支持的源。如果该网站有可用的源时，【源】按钮将从灰色变为橙色并播放提示音，但如果 IE 不支持该网站的源版本或格式时，【源】按钮仍将是灰色的。单击【源】按钮旁边的小箭头可以展开源列表，如图 5—1—22 所示。

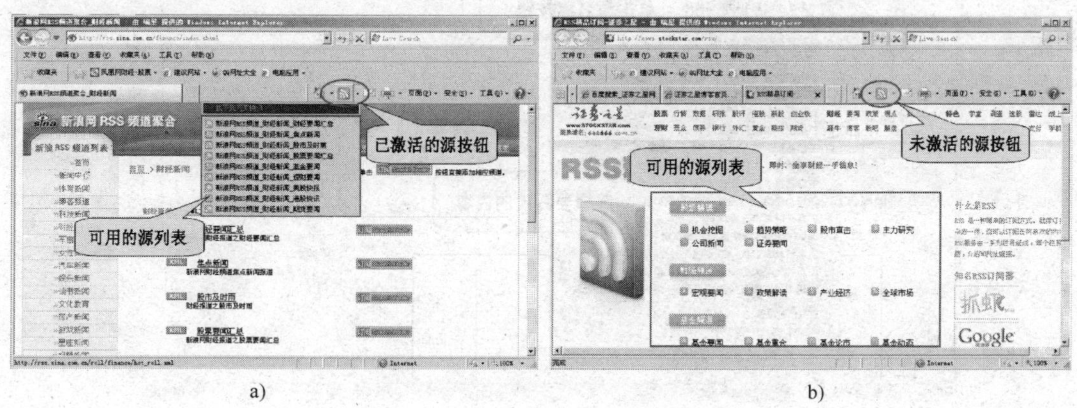

a)　　　　b)

图 5—1—22　IE8 源发现

a）IE 支持的源　b）IE 不支持的源

在源列表中，单击要订阅的源，在打开的源页面中单击【订阅该源】，在【订阅该源】对话框中命名源名、创建源位置，也可以在收藏夹上创建一个文件夹来收藏所订阅的源，如需将源显示在收藏夹上，则选中“添加到收藏夹栏”，完成设置后，单击【订阅】按钮，如图 5—1—23 所示。

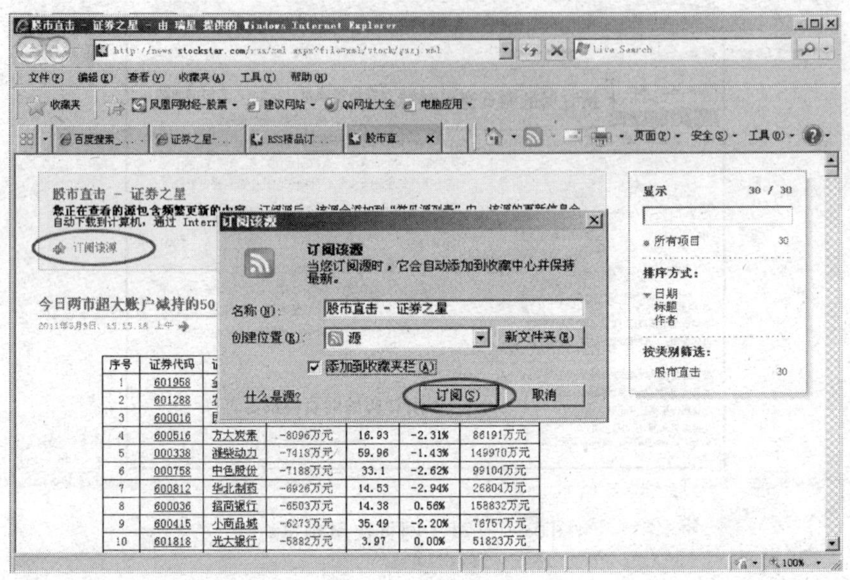

图 5—1—23　订阅源

如需阅读源内容，可以单击收藏夹上的源名称按钮，在下拉列表中单击要查看内容的链接目录，即可打开相关内容页，如图 5—1—24 所示。

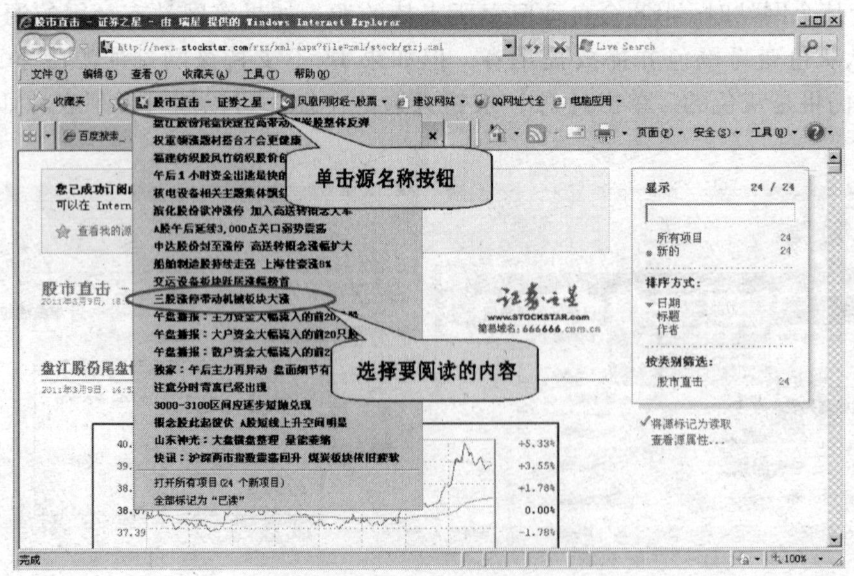

图 5—1—24　从收藏夹阅读源

也可以单击【收藏夹】按钮，在其下方窗口中选中【源】标签，单击要查看的源名称，如图5—1—25所示。

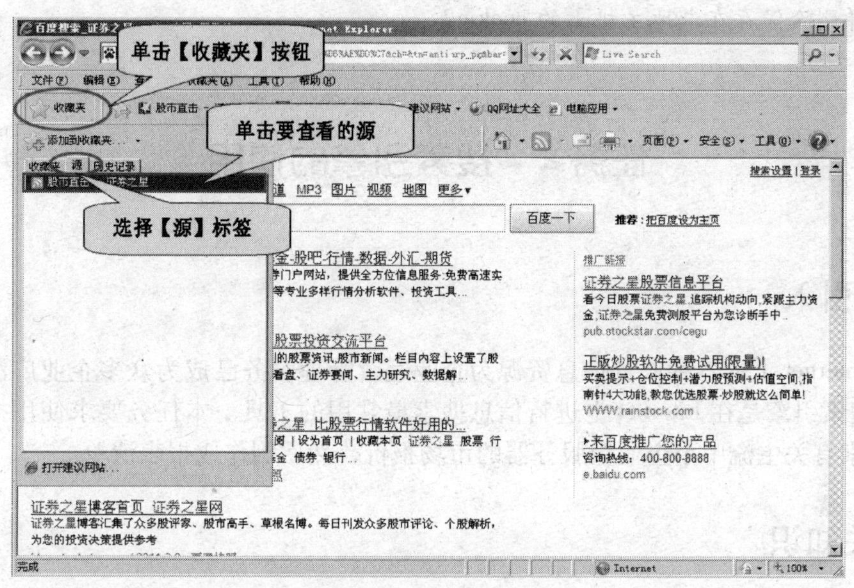

图5—1—25　从收藏夹阅读源

技能训练

在IE8浏览器中完成下列设置：

1. 在IE命令栏中添加编辑、剪切、复制、粘贴按钮，如果该工具按钮已经存在则将其删除。
2. 隐藏收藏夹，如果原是隐藏的，则设置收藏夹为“显示”。
3. 将http：//mail. sina. com. cn添加到收藏夹中。
4. 将IE首页设置为“腾讯首页”。
5. 将Internet安全区域的安全级别设置为“中”，但“禁用桌面组件安装”“禁用字体下载”和“禁用活动脚本”，并将站点http：//www. 164. com加入受限站点。
6. 将Internet临时文件夹转移到D：\ Internet临时文件，并将该文件夹容量设置为20 MB。
7. 手动删除全部Internet临时文件和历史记录。
8. 使用IE8订阅网页快讯和源，主题、内容自选。

思考与练习

1. 如何在收藏夹中创建文件夹？
2. 从网页上保存图片有几种方法？分别叙述操作过程。
3. 查阅资料，了解Internet Explorer键盘快捷方式的使用方法。

4. 怎样删除网页历史记录?
5. 在打开弹出窗口阻止程序之后仍会看到一些弹出窗口，为什么?
6. 怎样删除保存在本地主机上的 cookie?

任务 2　搜索引擎的使用

任务引入

利用 Internet 上的各种商务信息资源为企业经营管理服务已成为众多企业广泛应用的手段之一，搜索引擎是在 Internet 上进行信息搜索最常用的工具。本任务要求使用搜索引擎在 Internet 搜索有关主流中小企业级服务器的市场报价，然后制作成报表清单。

相关知识

Internet 是一个拥有丰富知识和资源的集散地，人们通过浏览器可以快速地查找和访问这些资源，但如果不知道要查找的资源所在站点或网页的 URL 地址，可以利用搜索引擎查找这些资源，然后利用超级链接技术访问这些资源。

一、搜索引擎的种类

搜索引擎指自动从因特网收集信息，经过一定整理后，提供给用户进行查询的系统。搜索引擎主要有三类：基于元搜索技术的搜索引擎、基于网站分类目录或特定网站搜索的搜索引擎、基于全文搜索的搜索引擎。目前，搜索引擎是最常用的网络营销手段之一。

1. 元搜索引擎

元搜索引擎使用的是元素搜索技术，使用网页中的关键字进行搜索，如 Hotbot、Lycos 等传统搜索引擎使用的就是这一技术。元搜索引擎能够提供全面且较为准确的查询结果，是将用户提交的检索请求发送到多个独立的搜索引擎上去搜索，并将检索结果集中统一处理，然后以统一的格式反馈给用户，因此元搜索引擎又称搜索引擎之上的搜索引擎。

2. 分类目录搜索引擎

大多数的中文搜索引擎使用的是基于网站分类目录或特定网站搜索技术，像 Yahoo、Sohu、新浪等中文搜索引擎使用的就是这种技术。严格地讲这并不是真正意义上的搜索引擎，而是提供一种基于网站分类目录或特定网站搜索服务。这类搜索引擎可以提供的信息量取决于收录网站（网页）数量的多少。由于中文全文搜索引擎技术一直不很完善，反馈的结果相关性较差，但中文搜索使用分类目录搜索引擎的现状还无法改变。企业要想使自已的站点或网页取得较准确的搜索效果，还必须向经营网络搜索的服务商购买特定的关键词。所以近年来关键词成为我国网络营销活动中的一个重要产品。

3. 全文搜索引擎

真正意义上的搜索引擎是基于信息全文检索理论，利用计算机程序检索整个因特网，根据检索的关键词在每一篇文章中出现的频率和在一个网页中出现的概率，对包含这些关键词的网页进行排序，将排序结果反馈到浏览器。百度就是这类搜索引擎的典型代表之一，它代表了未来搜索引擎发展的趋势。

二、全文搜索引擎的工作原理

搜索引擎工作由信息收集、信息处理和查询服务三部分构成。

1. 信息收集

信息收集是通过搜索引擎的信息收集模块实现的，信息收集模块包括蜘蛛控制和网络蜘蛛两部分，网络蜘蛛程序从种子网页出发，通过反复下载网页并从文档中寻找未曾见过的 URL，达到访问其他网页得以遍历 Web 的目的，其工作策略一般分为累积式抓取和增量式抓取两种①。

2. 信息处理

信息处理模块将纷繁复杂的网页数据整理成可以被检索系统高效、可靠、方便使用的格式。信息处理包括对传统内容信息的处理和对非内容信息（主要是链接结构信息和文本结构信息等）进行处理两方面的内容，主要技术包括网页内容分析和索引、相关性分析和检索服务等。

3. 查询服务

查询服务模块是指网络信息检索系统中，直接与用户查询需求交互的组成部分。从功能上讲，这个模块主要完成两方面的任务：第一是用户交互，即收集用户查询并用符合用户行为习惯的方式对查询结果进行反馈；第二是信息查询和检索，使用收集到的用户查询再由信息收集模块抓取，并由信息处理模块建立索引的网络数据上进行检索。这其中涉及的核心技术包括检索系统网络服务的建立和维护、面向网络信息的检索模型建立等。

三、搜索关键词和关键词组合

搜索关键词②是搜索引擎最基本的应用元素，是指输入搜索框中的文字，也就是命令搜索引擎寻找的东西。日常可以使用搜索引擎寻找任何内容，所以关键词的内容可以是人名、网站、新闻、企业、产品、事件等。关键词的表现形式可以是任何中文、英文、数字，或中英文数字的混合体表示的字、单词、短语或句子。

多个关键词组成的整体称为关键词组合，使用关键词组合进行搜索，其效果通常都好于单一关键词搜索。

1. 关键词选择应避免过于宽泛

应当避免使用含义宽泛的通用词语作为关键词。比如要想查找去长城旅游的信息，“长城一日游”就是比“旅游”更好的关键词。

2. 提高关键词与搜索目标的关联度

挑选关键词必须与搜索目标有关，关联度越高，搜索的准确性也越高。

3. 尽量使用关键词组合

当发现搜索结果中存在很多无关信息时，可以尝试增加关键词来过滤掉无关的结果。比

① 搜索引擎的原理. http://www.darwinmarketing.com/marketing/seo-peixun/searchengine-principle.html

② 搜索关键词不同于文献或出版物中的关键词，后者的关键词必须符合《文献叙词标引规则》（GB 3860—1995）的规范，而搜索引擎中使用的关键词通常不受该规范的限制。

如要搜索位于南京的“同城快递”信息，如果选择关键词“同城快递”进行搜索则词条量将非常庞大，但搜索“南京同城快递”，结果就好多了。

4. 避免使用无意义的虚词

去掉关键词中的疑问词、连词、感叹词、助词、语气词等无意义的虚词，有助于提高检索质量。比如“建一个商务网站需要多少钱”的检索质量就不如“南京网站报价”。

在搜索过程中不断积累关键词的选择技巧，是成为搜索高手的必经之路。在使用搜索引擎过程中，根据以往搜索经历，不断修正关键词选择，才能不断提高搜索技巧和效率。

四、搜索引擎基本使用方法

以百度为例介绍相关内容。

1. 关键词检索

在百度主页的检索栏内输入关键词串，单击【百度一下】按钮，百度搜索引擎会搜索中文分类条目、资料库中的网站信息以及新闻资料库，搜索完毕后将检索的结果显示出来，单击某一链接查看详细内容。

2. 减除无关资料

百度支持“-”功能，用于有目的地删除某些无关网页，但减号之前必须留一空格，语法是“A□-B”（其中“□”表示空格）。

3. 并行搜索

使用“A|B”来搜索“或者包含关键词A，或者包含关键词B”的网页。例如，要查询“图片”或“写真”相关资料，无须分两次查询，只要输入“图片|写真”搜索即可。百度会提供与“|”前后任何关键词相关的网站和资料。

4. 相关搜索

当无法确定适合的搜索关键词时，可以先输入一个简单词语进行搜索，然后，百度搜索引擎会提供“其他用户搜索过的相关搜索词”作参考。点击任何一个相关搜索关键词，都能得到相关搜索词的搜索结果。

百度搜索引擎除了以上搜索方法外，更多的搜索技巧请参见相关文献。

任务实施

一、设计搜索关键词和关键词组合

1. 选取关键词

首先将与“中小企业级服务器价格”直接相关的关键词筛选出来，如中小企业、企业级、服务器、价格、报价等；其次筛选出与服务器有关联的关键词，如品牌（IBM、HP、Dell、联想、浪潮）、配置、塔式机、机架式、刀片机、国产、进口、经销商、生产商、销售商、地区等。

2. 设计搜索关键词组合

（1）选择主关键词

关键词组合设计之前，需在所有关键词中确定1~2个主关键词（也称核心关键词），比如在本任务中可以选择“服务器”作为主关键词。

（2）搜索关键词组合设计

随着搜索引擎优化（SEO）在搜索引擎推广中逐步推广，越来越多的企业在其站点页面中增加了提高搜索引擎检索率的关键词组合，这些关键词组合一般是依据长尾理论进行设计的，所以也称为长尾关键词或长尾关键词组合。一般商用长尾关键词设计可以采用以下结构：

销售区域＋用户群＋产品质量等级＋产品材质＋产品型号＋产品用途＋产品主名

在搜索关键词组合设计时，采用相同结构设计关键词组合，可以有效提高搜索的准确性和效率。如本任务中可以采用以下设计：

南京 IBM 中小企业级服务器

上海浪潮企业级 2U 机架服务器

上述设计结构在使用中并非一成不变，而是需要根据实际搜索效果不断进行调整，并可设计多组不同的关键词组合。同时，也不要求每个关键词组合中都要包含所有的商业元素。

二、选择搜索引擎进行信息搜索

1. 常规搜索

选择较知名的搜索引擎，如百度、雅虎。

百度：http：//www. baidu. com

雅虎：http：//www. yahoo. cn/

采用上述关键词组合设计进行搜索，效果如图 5—2—1 所示。

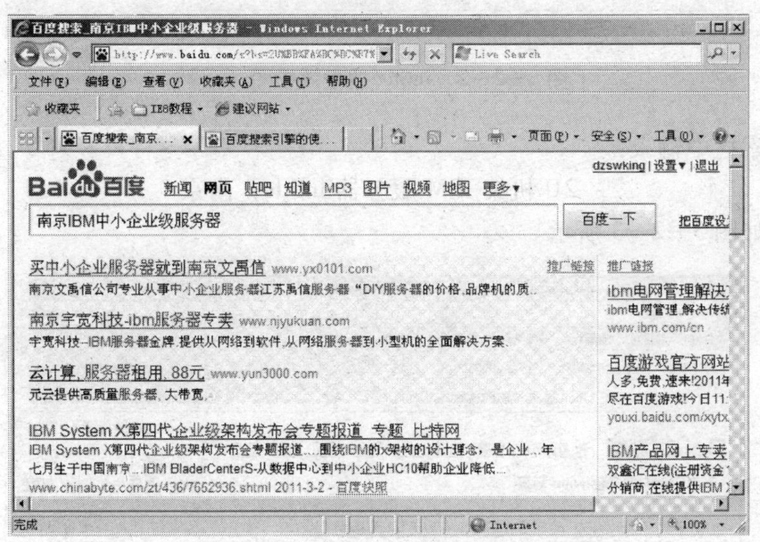

图 5—2—1　采用关键词组合搜索效果

2. 高级搜索

（1）标题栏搜索

由于网页标题是搜索引擎的网络蜘蛛抓取网页时的主要目标之一，许多企业网站会将自己产品的相关信息作为关键词设置为网页的标题，显示在网页的标题栏上。为此，百度搜索引擎提供了一个专门把搜索范围限定在网页标题中的特殊功能，其语法格式是：

搜索关键词（关键词组合）intitle：搜索范围

其中，搜索范围可以是网站范围、地域范围、内容范围等。比如，要在珠江路在线（http：//www. zhujiangroad. com/）范围内搜索 2U 规格的 IBM 机架服务器信息，就可以在搜索栏中输入：

2U 机架 IBM 服务器 intitle：珠江路

搜索结果如图 5—2—2 所示。

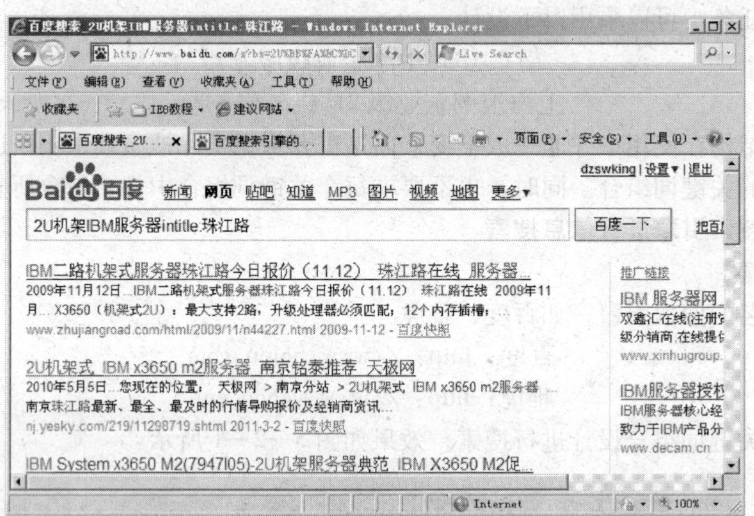

图 5—2—2 intitle 搜索效果图（一）

如果在搜索栏中输入：

2U 机架 IBM 服务器 intitle：南京

搜索结果如图 5—2—3 所示。

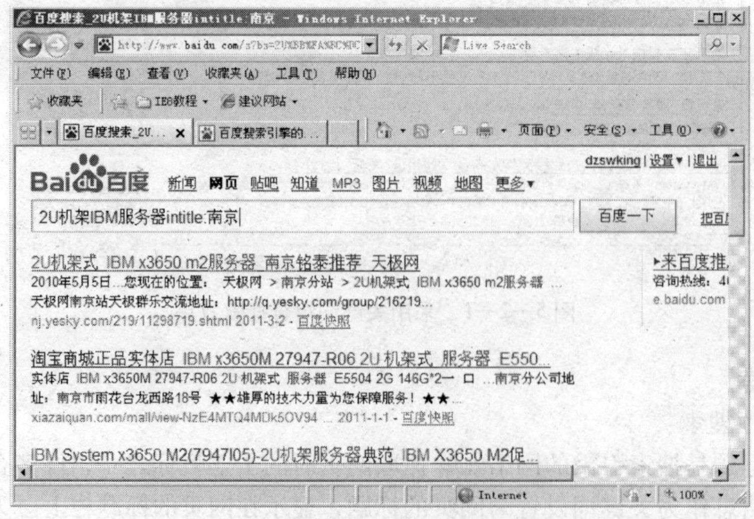

图 5—2—3 intitle 搜索效果图（二）

(2) 特定站内搜索

百度为在特定网站内的搜索提供了一个“site”搜索功能，语法结构如下：

搜索关键词（关键词组合）site：站点域名

比如要在中关村在线（http：//www. zol. com. cn）中搜索塔式服务器相关信息，则可以在搜索栏中输入：

企业级塔式服务器 site：zol. com. cn

搜索结果如图 5—2—4 所示。

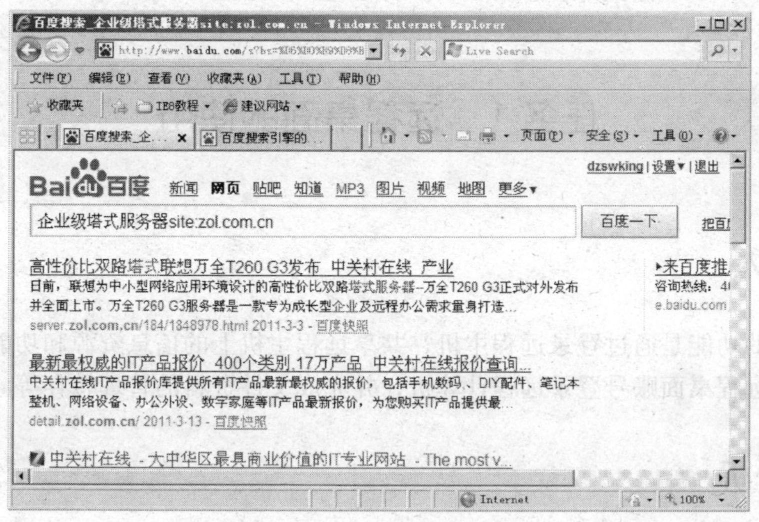

图 5—2—4　site 搜索效果图

百度搜索引擎提供了许多类似于上述形式的高级搜索功能，熟练掌握这些功能的使用方法，可以收到意想不到的搜索效果。

技能训练

完成本任务，并编制中小企业级服务器报价汇总表。

思考与练习

1. 搜索引擎有哪些种类？目前主要的中文搜索引擎有哪几个？
2. 查阅相关资料，了解 IE8 的新功能。
3. 查阅相关资料，了解专业垂直搜索引擎的相关信息。
4. 如果要搜索网站建设价格，应怎样设计搜索关键词和关键词组合？并通过实际搜索比较关键词和关键词组合的搜索效果。

模块六

数据传输与信息共享技术

任务1　远程桌面的使用

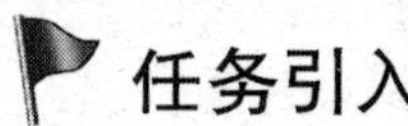

远程桌面的功能是通过登录远程主机，共享远程主机上的信息资源和功能资源。本任务要求能够设置远程桌面账号登录远程计算机，并完成文件资料的管理转存等。

任务分析

由于远程主机上的资源对远程桌面用户来说是透明的，因而对登录用户必须进行严格的控制和筛选，只有经远程主机管理员授权的用户才允许登录主机并使用远程主机提供的资源和服务。所以，使用远程桌面必须具备两个必要条件：一是远程主机管理员将访问者添加为远程桌面用户；二是远程主机允许访问者使用经授权的用户身份登录。本任务的关键就在于如何创建远程桌面用户账户和面向授权用户开放远程桌面访问。

相关知识

一、远程桌面的定义

远程桌面是 Windows XP Professional 的一项新功能，是微软公司为了方便网络管理员管理维护服务器而推出的一项服务。远程桌面使用的通信协议是 Microsoft 定义 RDP（Reliable Data Protocol）协议，RDP 协议的 TCP 默认通信端口号是3389，用户可根据需要更改端口号。远程桌面服务允许从其他计算机上访问运行在自己计算机上的 Windows 会话。这意味着可以从任何地方连接到工作计算机，并访问所有应用程序、文件和数据库。

连接到工作计算机时，远程桌面将自动锁定该计算机，这样其他任何人都无法在机主不在场时访问应用程序和文件。返回工作计算机后，可以按“Ctrl + Alt + Del”组合键解除锁定。

Windows XP Professional SP1 上的远程桌面不支持多个用户同时登录，只允许一个用户在一台计算机上拥有活动的会话，即当其他用户远程登录机主的 Windows XP 时，主机上当前正在操作的用户将自动退出，屏幕也将变成黑屏。当机主再次登录系统后，远程用户的连接将被中断；而在 Windows XP Professional SP2 及以后的版本中，通过修改注册表中相关注册表键值，可以允许最多两个用户同时使用不同的账号登录；到了 Windows 2003 时，已允许多用户同时以本地或远程桌面连接方式登录主机。

二、使用远程桌面的安全问题

从 Windows 2000 server 版本开始微软就将一个名为“远程终端”的程序集成到操作系统中，通过“远程终端”网络管理员可以在网络的另一端轻松地控制公司的服务器，在上面进行文件操作、删除程序、运行命令，和在本地计算机一样，极大地方便了网络管理员的工作。该功能发展为现在的“远程桌面”。

然而随着网络的普及，网络的安全性越来越受到企业的重视，很多网络管理员发现使用 Windows 的远程桌面功能操作服务器有一定的安全隐患，比如数据传输的安全级别不够高，通过专用工具，可以很容易获得远程服务器或计算机的 IP 地址和登录用户的用户名，登录口令虽然在传输过程中进行了一定的加密，但黑客高手可以通过对信息的反编译将其还原成本来的信息。另外，随着黑客主要攻击的端口——139 端口一般都被关闭，远程桌面使用的 3389 端口逐渐成为黑客攻击的主要端口之一。

为了提高远程桌面的安全级别，保证数据不被黑客窃取，在 Windows 2003 的最新补丁包 SP1 中添加了一个安全认证方式的远程桌面功能。通过这一功能用户可以使用 SSL 加密信息来传输控制远程服务器的数据，从而弥补了远程桌面功能本来的安全缺陷。

此外，养成良好的远程桌面使用习惯对于降低安全风险同样至关重要。建议关闭 3389 端口，重新为远程桌面服务开放一个新的服务端口；适当限制远程用户的访问权限，尤其注意不要轻易将具有管理员权限的账号授予他人使用；平时关闭远程桌面功能，在需要时开启该服务。

任务实施

一、远程桌面用户账户的创建方法

1. 打开【控制面板】，单击【管理工具】→【计算机管理】，打开【计算机管理】对话框，单击【计算机管理】→【系统工具】→【本地用户和组】→【用户】，在【用户】快捷菜单中单击【新用户】，打开【新用户】对话框，如图 6—1—1 所示。

2. 在【新用户】对话框中，键入用户名、全名、描述，设置用户登录密码。一般限制用户不能更改密码，密码使用期限可以根据需要进行设置，如图 6—1—2 所示。单击【创建】按钮完成一个用户创建。

重复操作创建多个用户。全部用户创建完毕后单击【关闭】按钮退出。这时在【计算机管理】的【用户】目录中，可以看到新创建的用户列表，如图 6—1—3 所示。

3. 具有管理员身份的用户具有使用远程桌面访问远程主机的权限。出于安全需要，一

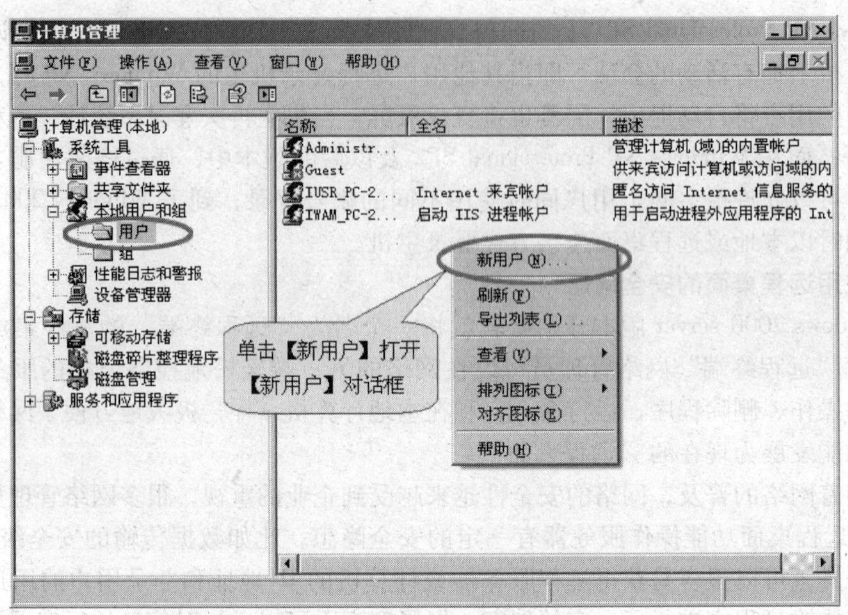

图 6—1—1　创建新用户

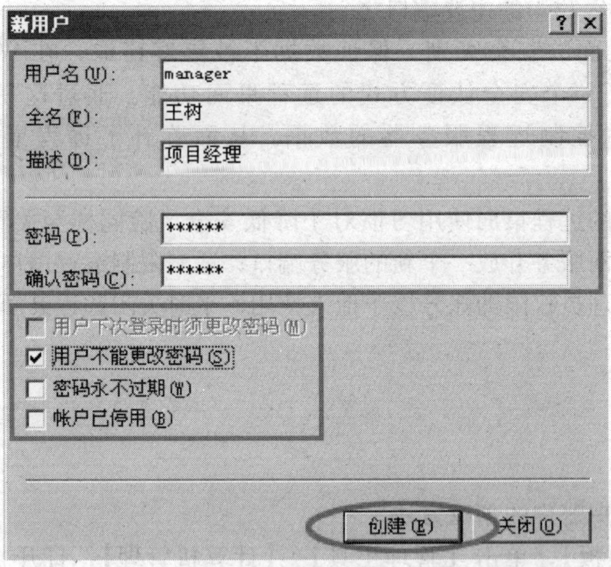

新用户
用户名(U): manager
全名(F): 王树
描述(D): 项目经理
密码(P): ******
确认密码(C): ******
用户下次登录时须更改密码(M)
用户不能更改密码(S)
密码永不过期(W)
帐户已停用(B)
创建(E)　关闭(O)

图 6—1—2　创建新用户信息及登录密码

般将远程桌面用户加入到计算机的 Remote Desktop Users 组中，避免直接授予管理员权限。将用户添加到 Remote Desktop Users 组的方法如下：

在【组】中选中【Remote Desktop Users】，单击快捷菜单中的【添加到组】，在【Remote Desktop Users 属性】对话框中单击【添加】按钮，在【选择用户】对话框【输入对象名称来选择】栏中输入要创建的用户名，单击【确定】按钮，如图 6—1—4 所示。

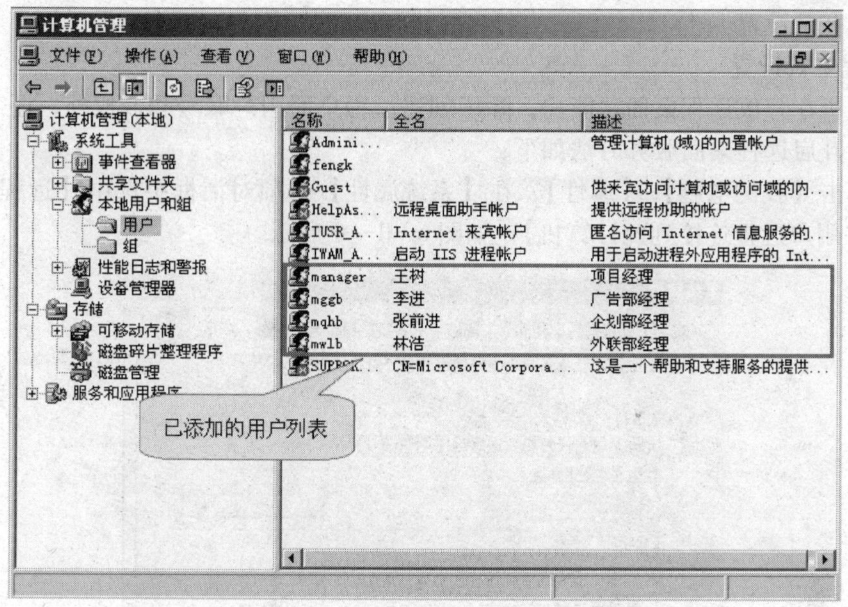

图 6—1—3　在用户列表中的新建用户

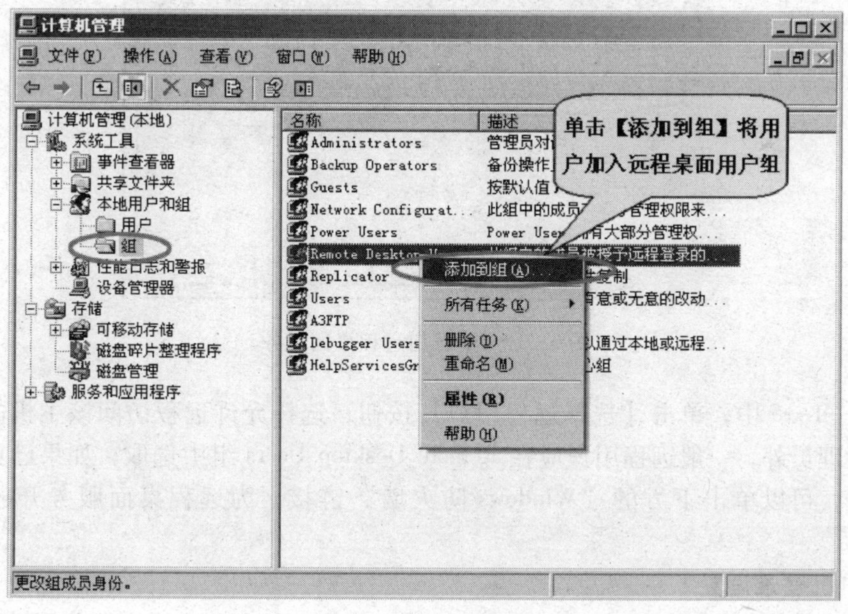

图 6—1—4　将用户加入 Remote Desktop Users 组

这样创建的用户只能从远程登录该计算机，而不能从本地登录该计算机，并且可以通过组策略设置，修改远程桌面用户权限。

二、远程桌面登录设置

基于安全需求，默认情形下，Windows 禁用远程桌面功能。因此，使用远程桌面登录远程主机时需进行必要的设置。这些设置包括两部分：一是远程主机开放远程桌面服务设置，二是客户机登录设置。

1. 远程主机设置

远程主机在开放远程桌面功能前，除了创建远程桌面用户账号和授权外，还需开启远程桌面服务，开启远程桌面服务方法如下：

右键单击【我的电脑】→【属性】，在【系统属性】选项对话框中选中【远程】选项卡，勾选【允许用户远程连接到此计算机】，如图 6—1—5 所示。

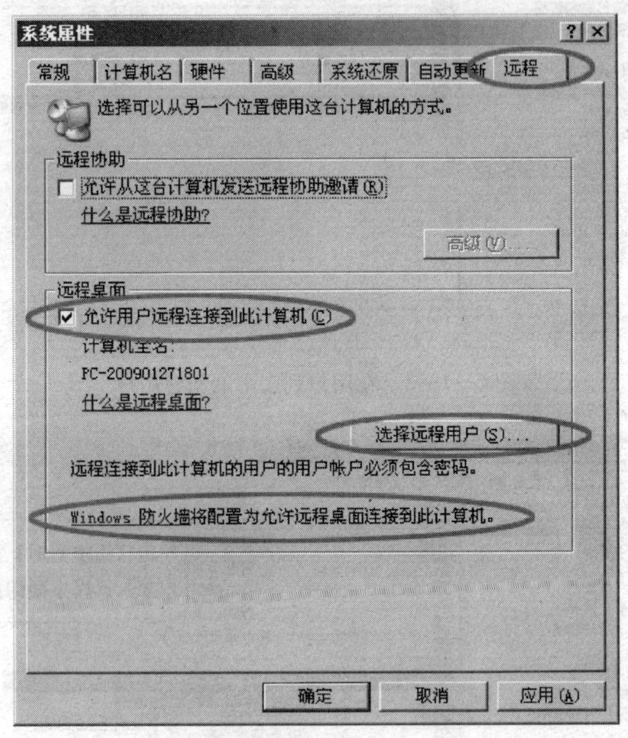

图 6—1—5　开启远程桌面服务

在图 6—1—5 中，单击【选择远程用户】按钮，选择允许远程访问该主机的用户，除远程主机管理员外，一般远程用户应在 Remote Desktop Users 组中选取；如果已更改远程桌面服务端口，可以单击下方的“Windows 防火墙”链接，为远程桌面服务开放新的服务端口。

2. 客户机登录设置

客户机登录设置主要包括登录信息、远程桌面大小、颜色、本地资源使用、启动远程主机上的程序以及性能优化等。设置方法如下：

（1）启动远程桌面登录程序

单击【程序】→【附件】→【通讯】→【远程桌面连接】或【程序】→【附件】→【远程桌面连接】，打开连接对话框，如图 6—1—6 所示。

（2）设置登录属性

在登录窗中单击【选项】，打开【远程桌面连接】属性对话框，对话框中共有【常

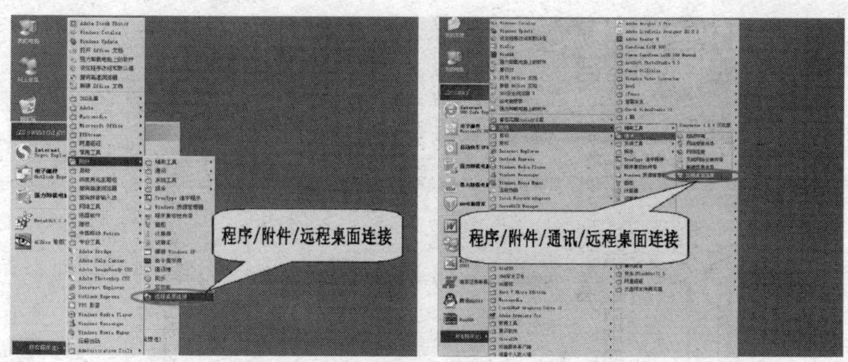

图 6—1—6　不同版本操作系统启动位置

规】、【显示】、【本地资源】、【程序】、【体验】、【高级】等 6 张选项卡，分别设置登录信息、远程桌面大小、颜色、本地资源使用、启动远程主机上的程序以及性能优化等，用户可根据须要进行设置。

如果需要在本地主机和远程主机间传输文件或共享资源，则可以在【本地资源】和【程序】选项卡中进行设置。

例如，在图 6—1—7 中选中“打印机”选项，则可以在远程主机上直接使用本地打印机，无须再进行打印机共享或网络打印设置。

又如，在图 6—1—7 中单击【详细信息】按钮，在打开的对话框中选中“串行口”选项，则可以在远程主机上直接使用连接在本地的 USB 接口设备，如图 6—1—8 所示。

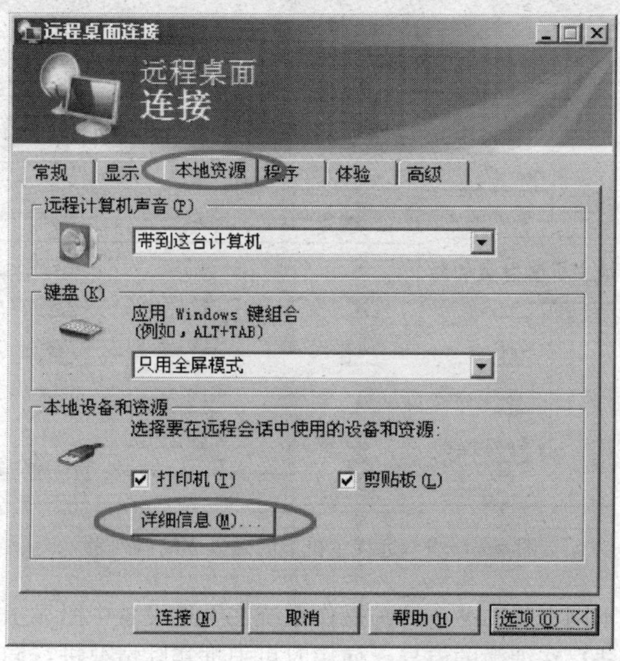

图 6—1—7　【远程桌面连接】属性对话框

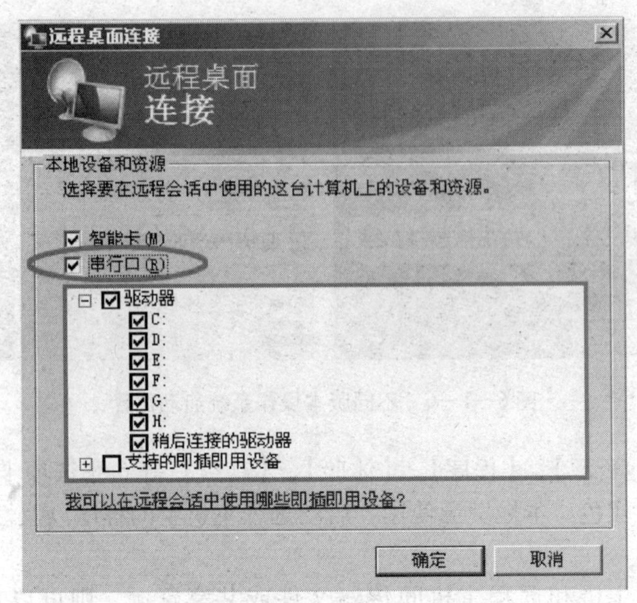

图 6—1—8　本地驱动器和串口设置

如果选中相应的驱动器盘符，则可以将本地驱动器映射到远程主机上，用户可以方便地在远程主机上直接进行本地主机和远程主机间文件复制操作，无须在本地和远程间来回切换，如图 6—1—9 所示。

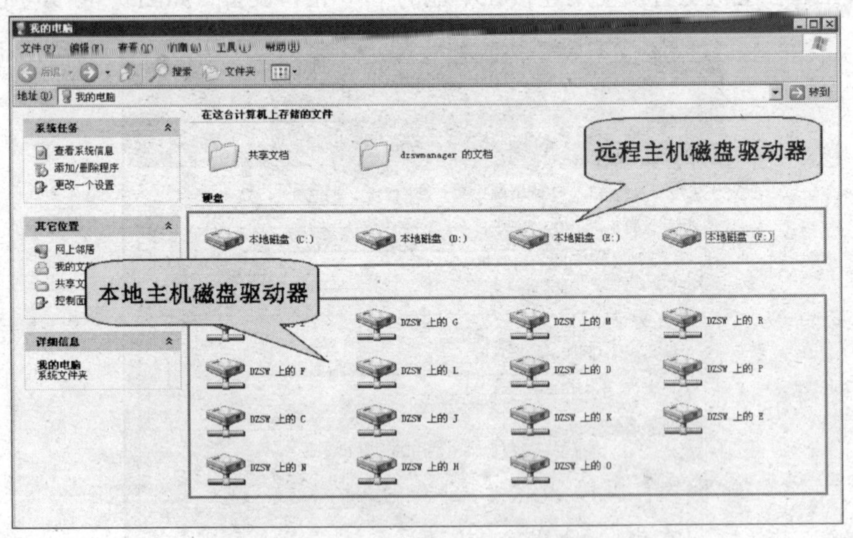

图 6—1—9　远程主机上的磁盘驱动器列表

应当注意的是，不同本版的 Windows 操作系统在上述设置中所显示的设置界面和设置选项不尽相同，设置方法存在细微的差异，使用时可根据实际情况进行调整。

技能训练

学生两人一组，分别使用远程桌面登录到对方主机上，并从对方主机中将指定文件复制到自己的计算机中。

思考与练习

查询相关文献，了解限制远程用户访问权限的方法，并添加一个远程用户，设置用户可以使用远程主机的所有功能，但无远程安装和删除程序、远程开关机权限。

任务2 网络打印机的安装、设置和使用

任务引入

文件打印是企业日常工作中常见的业务活动，对于工作组和部门级打印机来说网络打印是一个必备功能。本任务要求能够正确连接和设置网络打印机。

任务分析

要实现网络打印，首先需要一台网络打印机，然后以适当的方式连接和安装到网络中，并给打印机配置 IP 地址；网络中计算机需要安装该打印机的驱动程序。安装完成后，计算机就可以连接到打印机并使用该打印机提供的打印功能。

相关知识

一、网络打印机

网络打印机是指通过打印服务器（内置或者外置）将打印机作为独立的设备接入局域网或者 Internet，打印机不再是计算机附属的外设，而是网络中一个独立的网络节点和信息管理与输出终端，用户可以直接访问使用该打印机。

外置式网络打印机实际上是由外置打印服务器和打印机组成网络打印系统，打印机通过并口或 USB 口与打印服务器连接，打印服务器再与网络连接，实现联网打印功能；内置式网络打印机则是打印机本身自带打印服务器，可以直接连接到网络上实现联网打印。通常所说的网络打印机一般是指后者。

识别一台打印机是否是网络打印机，可以观察打印机的背面或侧面是否有网络接口，常见的为 RJ－45 网络接口，如图 6—2—1 所示。

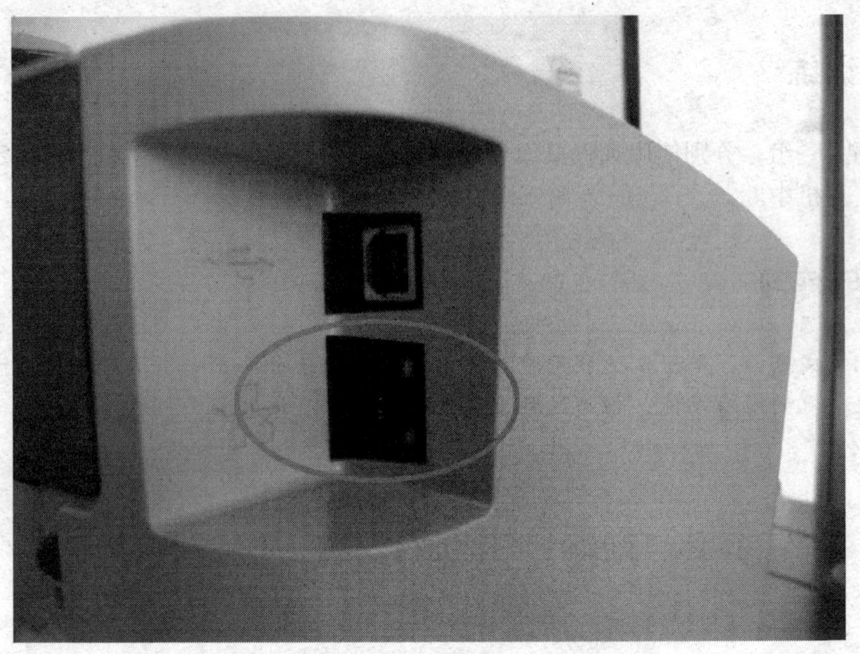

图 6—2—1　打印机侧面的 RJ－45 网络接口

二、共享打印与网络打印

通常许多人会把共享打印误认为是网络打印，其实不然。网络打印功能与共享打印功能是不同的。

1. 共享打印

共享打印也称主机打印，是网络打印的最基本层次。它是把直接连接打印机的一台 PC 机配置成打印服务器，打印机设置成共享设备，网络上的用户通过与计算机的连接，共享该计算机的打印设备。这种打印方式存在许多弊病，比如打印速度慢、可靠性差、不支持不同协议的计算机同时输出至同一台共享打印机等。因此，共享打印实际上并不能称为真正意义上的网络打印。

2. 网络打印

网络打印无须另外配置一台计算机作为打印服务器，只需用网络线将打印机的网络端口与交换机（或集线器（HUB））直接连接起来，打印机不再是网络中任何一台主机的外设，而是一台独立的网络设备，网络上的用户通过直接连接打印机实现打印服务。

网络打印可以通过外置打印服务器、内置打印服务器和无线打印服务器三种方式实现。

三、网络打印机的设置与安装步骤

要使用网络打印功能，首先需要在网络中安装一台网络打印机，并为打印机配置固定的 IP 地址，一般步骤如下：

第一步，选择具有网络打印功能的打印机并将其与交换设备连接起来。

第二步，为网络打印机配置 IP 地址。

第三步，安装与设置网络打印机。

完成上述步骤操作后，用户即可像使用本地打印机一样使用网络打印机打印各种文件了。

不同品牌、型号的打印机的配置与安装步骤基本相同，但具体操作存在差异。因此，配置与安装前请详细阅读打印机说明书或查阅相关文献。

任务实施

一、网络打印机的选择与连接

1. 网络打印机的选择

网络打印机硬件构成分为打印部分和网络部分，这两方面的性能共同决定了打印机整机的性能。具体可以关注以下几个重要指标：打印质量、打印速度、处理能力以及其他附属功能。详细内容可参见相关文献。

2. 网络打印机的连接

根据所选择打印服务器的不同按图 6—2—2 所示连接打印服务器和打印机。其中采用外置打印服务器连接方式时，可以使用专用的打印服务器，也可以用一台 PC 机，将其配置成打印服务器提供打印服务。从表面上看使用 PC 打印服务器与共享打印连接方式十分相像，但实际上两者存在很大的差别。

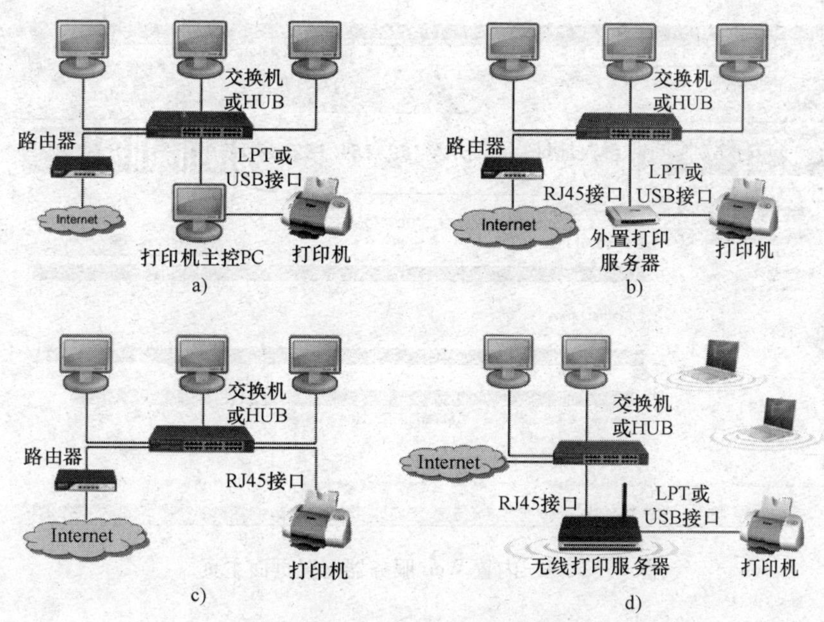

图 6—2—2　网络打印机连接方式

a）共享打印连接方式　b）外置打印服务器连接方式

c）内置打印服务器连接方式　d）无线打印服务器连接方式

二、配置打印机 IP 地址

1. 在打印机准备就绪的状态下，按打印机控制面板上的执行按钮，打印配置页。在配置页中查找打印机当前 IP 地址信息，如图 6—2—3 所示。

2. 运行 IE 浏览器，在浏览器地址栏中输入当前打印机 IP 地址，进入内置 Web 服务器配置页面，如图 6—2—4 所示。

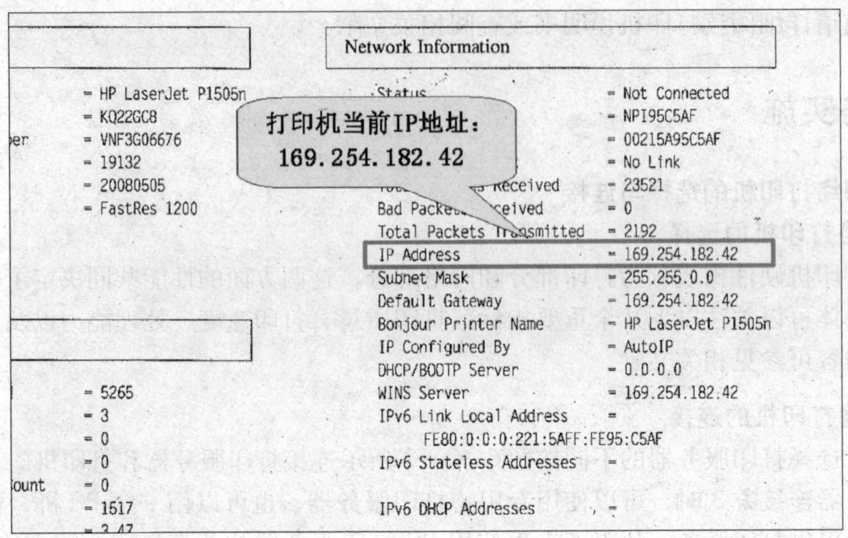

图 6—2—3　配置页（局部）中列出的打印机当前 IP 地址

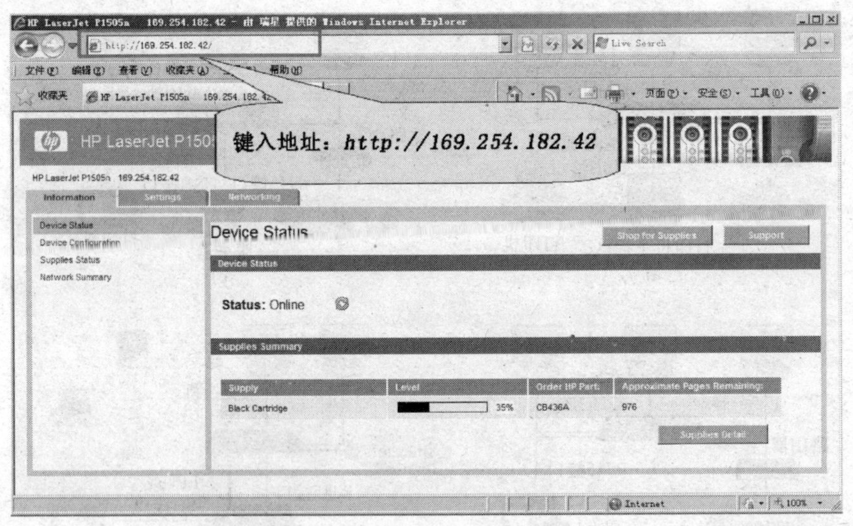

图 6—2—4　内置 Web 服务器配置页面主页

3. 在图 6—2—5 所示页面中，选择【Networking（网络）】选项卡，在【Networking（网络）】窗口中，把 IP 地址的分配方式改为【Manual IP（手动）】模式，在【Manual IP Address（手动分配 IP 地址）】中输入要配置的 IP 地址。

配置 IP 地址时应注意与所在局域网地址同属一个网段，所以在设置时应包括 IP 地址、网关和子网掩码；如果所在局域网使用动态地址，则需在 DHCP 服务器上为网络打印机保留地址。

完成上述设置后单击页面下方的【Apply（应用）】按钮，在打开的【Configuratin result（配置结果）】窗口中单击【OK】按钮，完成打印机 IP 地址配置，如图 6—2—6 所示。

完成设置后，打印机的地址被更新为新设地址，如本任务中打印机新设 IP 地址为 10.110.31.254。打开 IE 浏览器访问 http://10.110.31.254，即可打开图 6—2—4 所示页面。

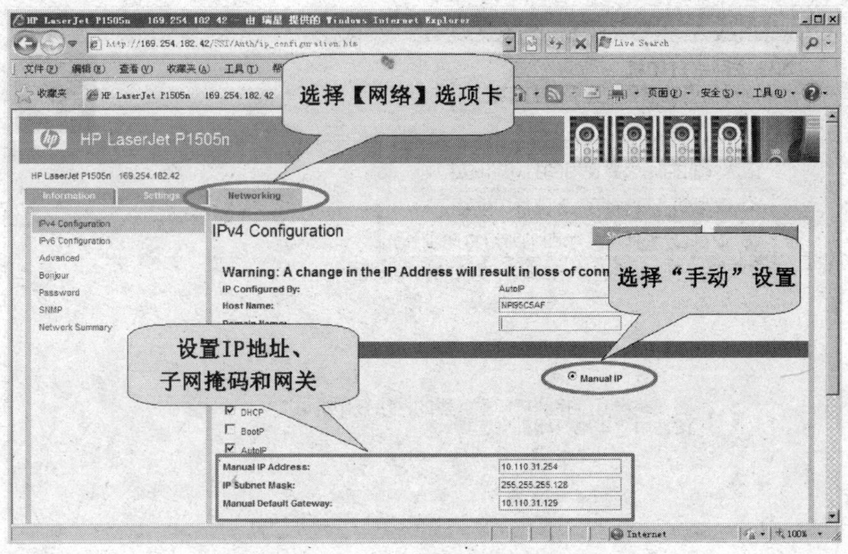

图 6—2—5　设置打印机 IP 地址

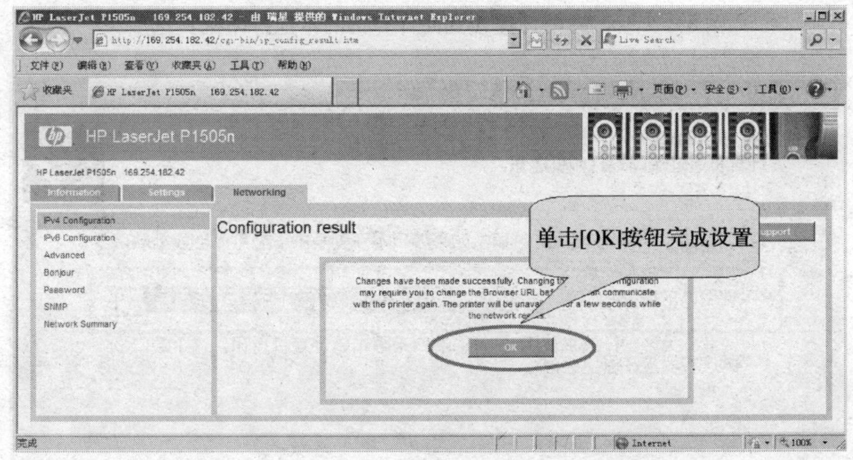

图 6—2—6　单击【OK】按钮完成设置

三、安装网络打印机

在【控制面板】中，单击【打印机和传真】→【添加打印机】，打开【添加打印机向导】，单击【下一步】按钮，选中【连接到此计算机的本地打印机】选项，如图 6—2—7 所示。

单击【下一步】按钮，向导自动搜索已安装的即插即用网络打印机，但由于网络打印机的端口设置与计算机默认端口不同，通常都需要手动安装。单击【下一步】按钮后打开【选择打印机端口】对话框，如图 6—2—8 所示。

在【使用以下端口】下拉列表中选择要使用的打印机端口，然后单击【下一步】按钮。如果要使用的端口不在列表中，则选择【创建新端口】，在下拉列表中选择新端口的类型，如图 6—2—9 所示。

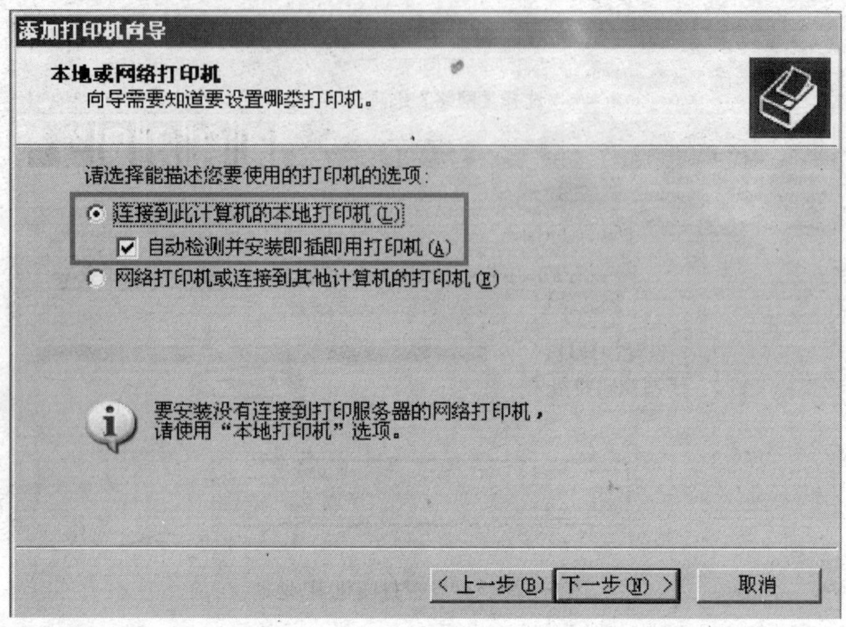

图 6—2—7 选中【连接到此计算机的本地打印机】选项

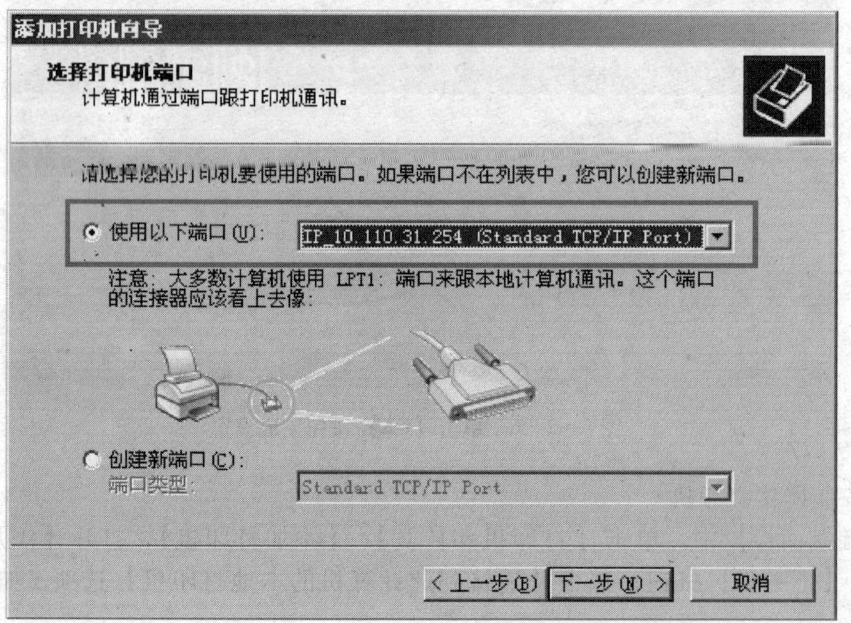

图 6—2—8 【选择打印机端口】对话框

单击【下一步】按钮打开【添加标准 TCP/IP 打印机端口向导】对话框，直接单击【下一步】按钮，打开【添加端口】对话框，在【打印机名或 IP 地址】栏中键入新设的打印机 IP 地址：10. 110. 31. 254，安装向导将创建一个名为 IP_ 10. 110. 31. 254 端口并分配相应的端口号，如图 6—2—10 所示。

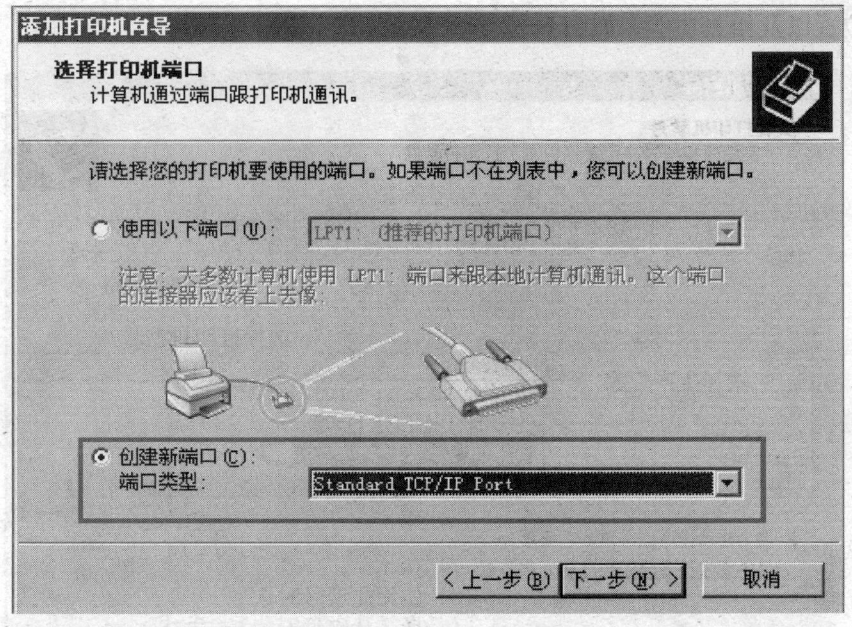

图 6—2—9　选择创建新端口

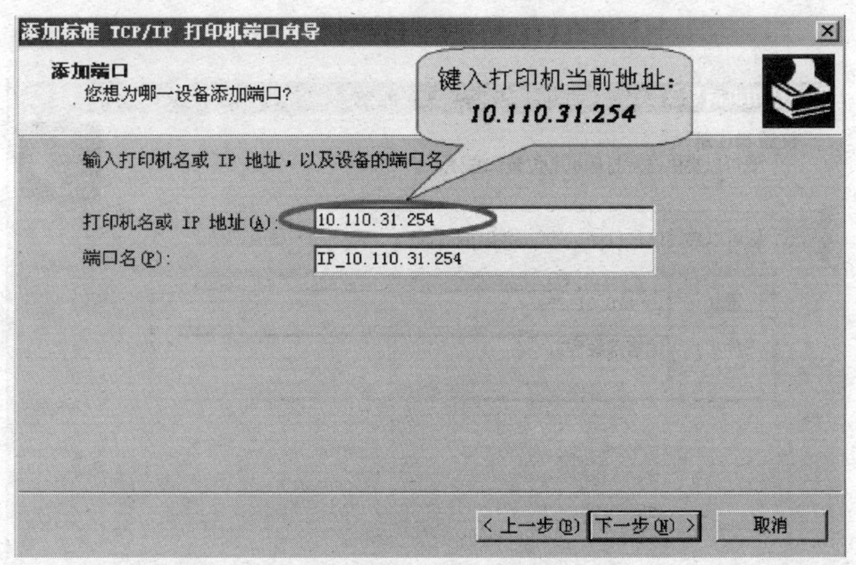

图 6—2—10　添加新端口 IP 地址

单击【下一步】按钮直至完成端口添加。单击【完成】按钮返回【添加打印机向导】，在【安装打印机软件】对话框中，选中打印机生产厂商和打印机型号，单击【下一步】按钮开始安装打印机驱动程序。如果找不到打印机生产厂商或打印机型号，则单击【从磁盘安装】按钮，从打印机随附的驱动光盘中安装，如图 6—2—11 所示。

如无特殊需求，其后设置均可使用默认设置。此过程中还有一个环节需要注意：在设置【位置和注解】时，为方便其他网络用户使用该打印机资源，应明确标注出打印机的网络位置和物理位置以及相关功能，如图 6—2—12 所示。

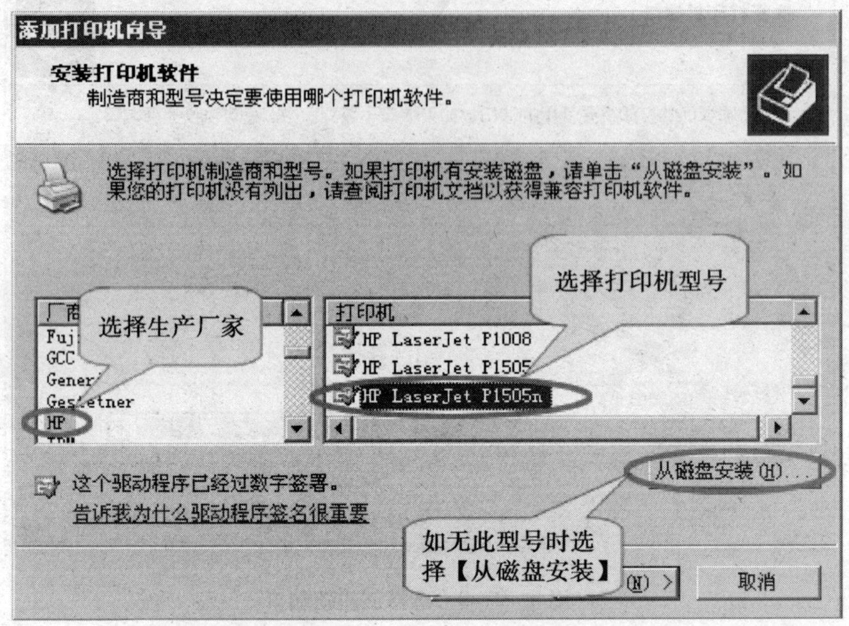

图 6—2—11　打印机驱动程序安装

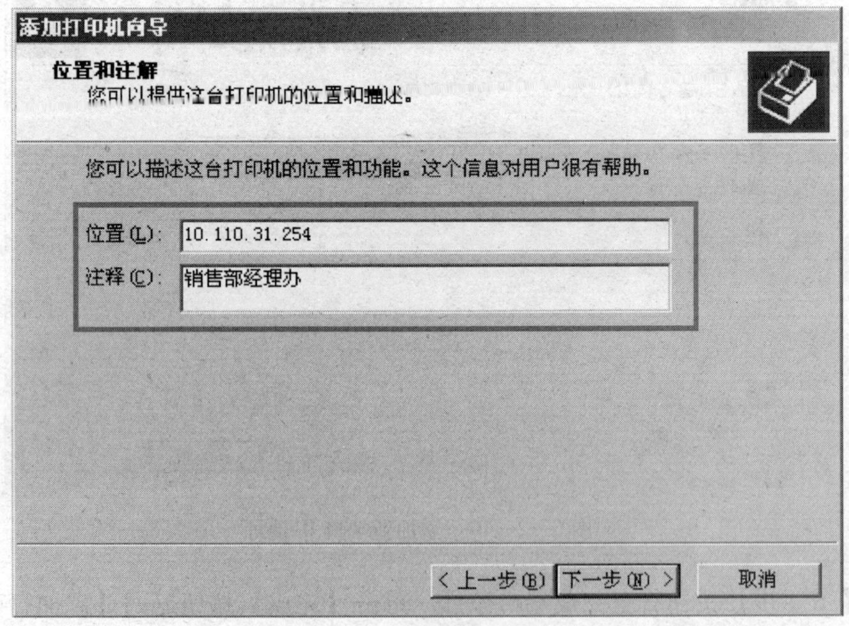

图 6—2—12　位置与注释

在图 6—2—13 所示页面中单击【完成】按钮，如果能正确打印测试页，则说明网络打印机已安装完成，可以正常使用了。

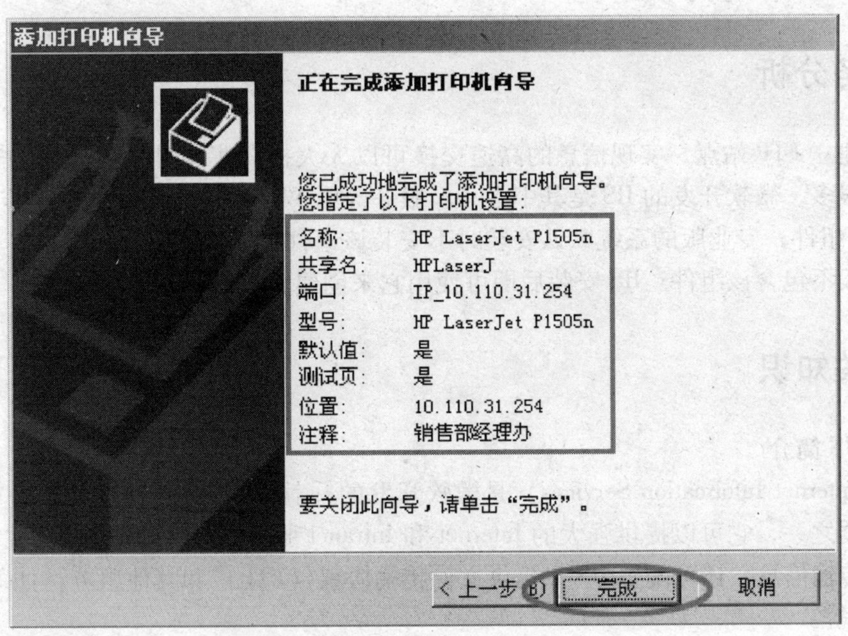

图 6—2—13　完成网络打印机添加

如果其他网络用户要想使用该打印机，只需在自己的计算机上重复以上步骤即可。

技能训练

选择一台网络打印机，按上述步骤完成打印机 IP 地址配置和安装，并打印测试页。

思考与练习

1. 怎样鉴别一台打印机是否具有网络打印功能？
2. 外置网络打印与共享打印有何区别？
3. 共享打印和网络打印分别适合哪些工作环境？

任务 3　基于 IIS 的匿名 FTP 站点创建和使用

任务引入

FTP 是 Internet 上最常用的基本服务之一，在企业中经常需要在公司各部门和客户间传递各种工作文件。本任务要求在 Windows XP 系统上搭建一个 FTP 站点，以便将需要共享的文件和业务资料存放在站点中供部门成员随时使用。

任务分析

通过建立 FTP 站点，实现信息的高速交换可以大大提高集中办公的效率。建立 FTP 站点的工具很多，微软开发的 IIS 是其中之一。服务器版 Windows 操作系统在安装系统时同时安装了 IIS 组件；专业版的系统默认安装时不安装该组件，需要用户另行安装；家庭版安装文件中一般不包含该组件。IIS 安装后即可使用它来创建 FTP 站点。

相关知识

一、IIS 简介

IIS（Internet Information Services）是微软开发的一款 Web 服务器软件，是目前流行的 Web 服务器之一，它可以提供强大的 Internet 和 Intranet 服务功能。IIS 通过超文本传输协议（HTTP）传输信息，还可配置 IIS 以提供文件传输协议（FTP）和其他服务，如 NNTP 服务、SMTP 服务等。

二、IIS 的安装

1. 单击【开始】→【设置】→【控制面板】→【添加或删除程序】→【添加/删除 Windows 组件】，打开【Windows 组件向导】，勾选【Internet 信息服务（IIS）】，如图 6—3—1 所示。

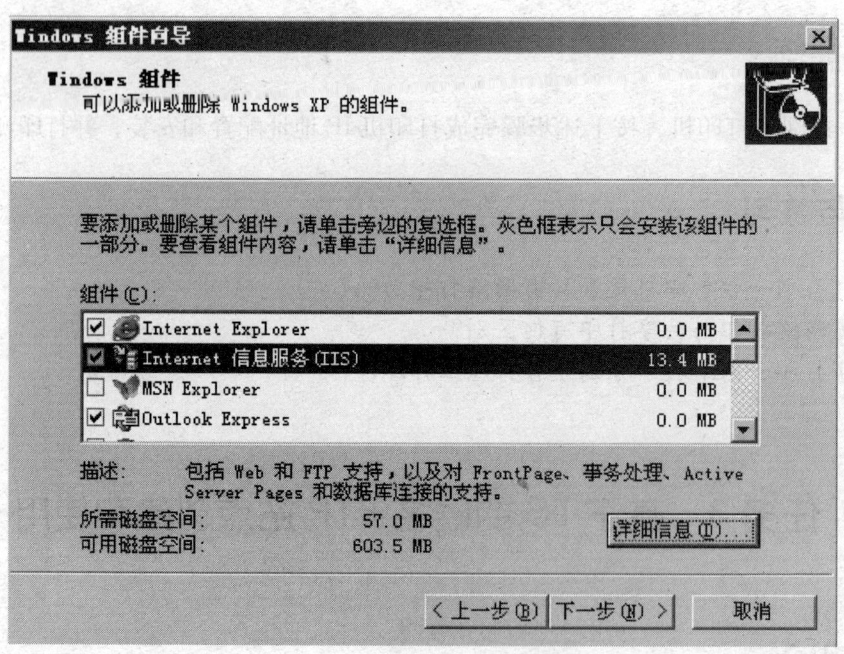

图 6—3—1　Windows 组件向导

2. 单击【详细信息】按钮，在【Internet 信息服务（IIS）】对话框中选中要安装的组件，如图 6—3—2 所示。

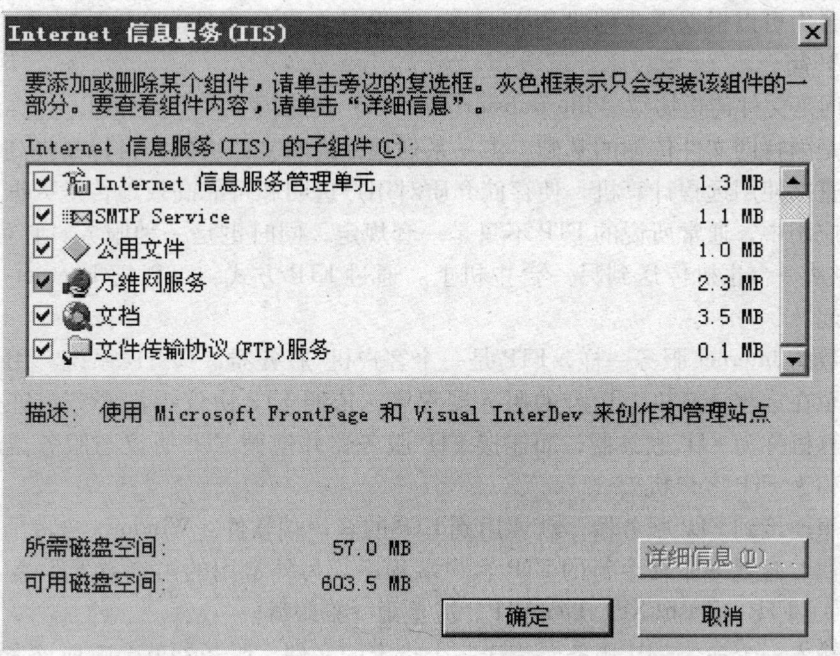

图 6—3—2　【Internet 信息服务（IIS）】对话框

单击【确定】按钮后系统开始安装所选取的组件，安装过程中系统会提示插入 Windows 系统安装盘，按提示完成安装。

安装完成后，通过【开始】→【程序】→【管理工具】→【Internet 信息服务】，即可启动 IIS，打开 IIS 控制台，如图 6—3—3 所示。

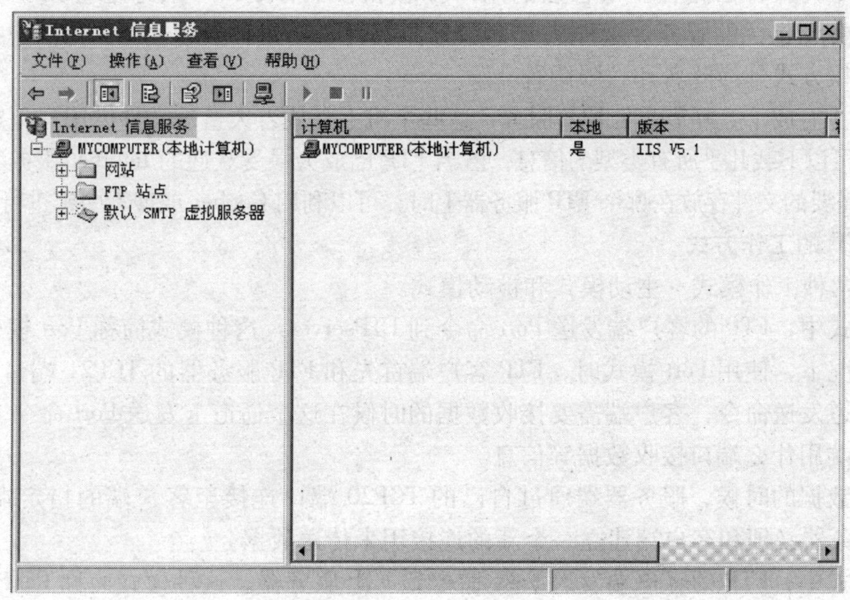

图 6—3—3　IIS 控制台

在控制台中可以根据需要创建 Web 站点、FTP 站点以及 SMTP 服务器等。

三、FTP 简介

FTP 一词是文件传送协议（file transfer protocol）的缩写，FTP 是 TCP/IP 协议组中的协议，该协议是因特网文件传输的基础，由一系列规格说明文档组成，目标是提高文件的共享性，提供非直接使用远程计算机，使存储介质对用户透明和可靠高效地传送数据。

在实际应用中，通常所说的 FTP 不只是一套规定，同时也是一种服务。它可以在 Internet 上使信息从一台主机传送到另一台主机上。通过 FTP 方式，可以把 Internet 上的主机相互联系在一起。

同大多数的 Internet 服务一样，FTP 是一个客户机/服务器（C/S）系统。用户通过客户端程序连接至在远程计算机上运行的服务器程序。依照 FTP 协议提供服务，进行文件存储和传送的计算机称为 FTP 服务器，而连接 FTP 服务器并遵循 FTP 协议与服务器进行文件传送的计算机称为 FTP 客户机。

用户要想连接到 FTP 服务器，就要用到 FTP 的客户端软件。Windows 自带了一个字符界面的 FTP 工具，这是一个命令行的 FTP 客户端程序。另外常用的第三方 FTP 客户端程序有 CuteFTP、Ws_ FTP、FlashFXP、LeapFTP、流星雨－猫眼等。

例如，输入一个命令，让服务器传送一个指定的文件，服务器就会响应该命令，并传送这个文件；客户机程序接收这个文件，并将其存入保存目录中。

当从远程计算机上复制文件到自己的计算机上时，称为“下传”或“下载”（download）文件；当从自己的计算机上复制文件到远程计算机上时，则称为“上传”或“上载”（upload）文件。

要连接到 FTP 服务器，即通常说的“登录”FTP 服务器，就必须有该 FTP 服务器授权的账号和口令，只有在拥有一个合法的用户标志和一个有效口令后才能登录 FTP 服务器，享受 FTP 服务器提供的服务。这种从 FTP 服务器获得账号和口令的过程称为用户授权。FTP 服务器的授权方式分为匿名和权限两种。

Internet 上有成千上万个匿名 FTP 服务，这些主机上存放着大量的文件供用户免费下载，通过匿名 FTP 可以下载几乎所有类型的信息，匿名 FTP 已成为最受欢迎的 Internet 服务。当用户想要知道自己需要的文件存放在哪个 FTP 服务器上时，可以利用 Gopher 或搜索引擎进行查找。

四、FTP 的工作方式

FTP 有两种工作模式：主动模式和被动模式。

主动模式中，FTP 的客户端发送 Port 命令到 FTPserver，这种模式简称 Port 模式。

默认情况下，使用 Port 模式时，FTP 客户端首先和 FTP 服务器的 TCP21 端口建立连接，通过这个通道发送命令，客户端需要接收数据的时候在这个通道上发送 Port 命令。Port 命令包含了客户端用什么端口接收数据等信息。

在传送数据的时候，服务器端通过自己的 TCP20 端口连接至客户端的指定端口发送数据。FTP 服务器必须和客户端建立一个新的连接用来传送数据。

被动模式中，FTP 的客户端发送 Pasv 命令到 FTP 服务器，这种模式简称 Pasv 模式。

被动模式在建立控制信道的时候和主动模式类似，但建立连接后发送的不是 Port 命令，而是 Pasv 命令。

FTP 服务器收到 Pasv 命令之后，随机打开一个高端端口（端口号大于 1024），并且通知客户端在这个端口上传送数据的请求，客户端连接到 FTP 服务器此端口，然后 FTP 服务器将通过这个端口进行数据的传送，这个时候 FTP 服务器不再需要建立一个新的和客户端之间的连接。

很多防火墙在设置的时候都不允许接受来自外部发起的连接，所以许多位于防火墙后或内网的 FTP 服务器不支持 Pasv 模式，因为客户端无法穿过防火墙打开 FTP 服务器的高端端口。

而许多局域网内的客户端不能用 Port 模式登录 FTP 服务器，因为从服务器的 TCP20 端口无法和内部网络的客户端建立一个新的连接，造成无法正常工作。

五、FTP 的传输模式

FTP 协议的任务是从一台计算机将文件传送到另一台计算机，这与这两台计算机所处的位置、连接的方式甚至是否使用相同的操作系统无关。

假设两台计算机通过 FTP 协议对话，并且能访问 Internet，则可以用 FTP 命令来传输文件。虽然不同的操作系统使用上存在某些细微差别，但是每种协议基本的命令结构却是相同的。

FTP 的传输有两种方式：一是 ASCⅡ传输模式，二是二进制数据传输模式。

六、FTP 的地址结构

FTP 地址结构如下：

ftp：//用户名:密码@ FTP 服务器 IP 或域名:FTP 命令端口/路径/文件名。

上面的参数除 FTP 服务器 IP 或域名为必要项外，其他都不是必须的。

以下地址都是有效 FTP 地址：

ftp：//list：list@ foolish. 6600. org：2003/soft/list. txt；

ftp：//foolish. 6600. org；

ftp：//list：list@ foolish. 6600. org；

ftp：//list：list@ 10. 110. 30. 200：2003。

七、访问 FTP 资源

1. 使用 FTP 命令访问远程主机

Windows 操作系统中提供了一个支持 FTP 服务的字符型界面客户端程序 ftp. exe，在不同版本的 Windows 操作系统中，启动该程序的方法不尽相同。在 Windows 98 中，进入纯 DOS 状态或 MS－DOS 状态；在 Windows 2000/XP 中，进入命令提示符状态，然后输入相应的 FTP 命令，按 Enter 键即可。

如果远程主机支持匿名登录，则输入用户名和密码，按 Enter 键即可登录远程主机。

如果远程主机不支持匿名登录，只有输入合法的登录名和有效口令后，才能登录远程主机。

常用的 FTP 命令和提示符如下：

（1）登录命令

ftp□<主机名或 IP 地址>□<端口号>（其中“□”表示空格），使用默认端口时端口号可以省略，如 ftp□10. 110. 36. 166□8888。

（2）口令提示符

password，提示输入登录口令。匿名访问时输入任意一个 e－mail 地址，授权访问时则输入 FTP 站点授权的口令。

（3）查询文件命令

dir□\ <查询目录名称>，如 dir□\ kk，显示所访问目录中的子目录和文件的名称及创建时间，但不显示子目录和文件在服务器上的虚拟路径，如图 6—3—4 所示。

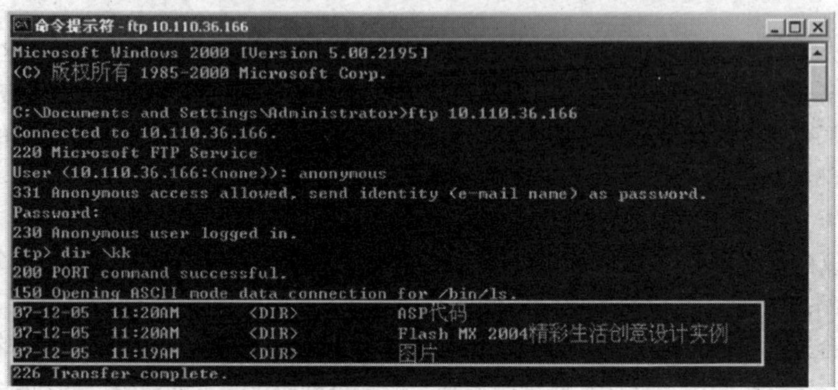

图 6—3—4 使用“dir”命令查询所访问目录中的文件

（4）查询目录命令

ls□\ <查询目录名称>，如 ls□\ kk，在显示子目录和文件名时显示其在服务器上完整的虚拟路径，如图 6—3—5 所示。

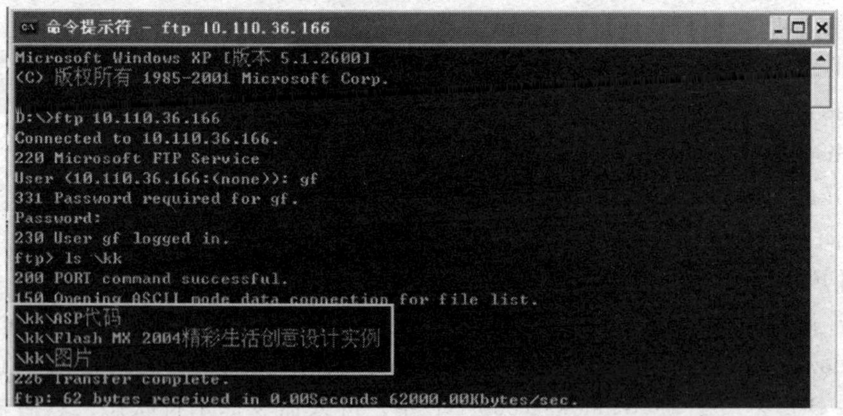

图 6—3—5 显示所查询目录中的文件和路径

（5）文件下载命令

get□ <源文件名>□ <目的文件名>，如 get□\ kk \ ASP 代码 \ bbs. asp□d: \ 新建文件夹 \ ASP 代码 \ bbs. asp。输入命令时关键词“get”与源文件名之间、源文件名与目的文件名之间的空格不能省略；<源文件名>必须包含源文件在 FTP 服务器上的完整的虚拟路径，<目的文件名>必须是保存文件的本地完整路径；源文件名、目的文件名应包括文件的扩展名，如 bbs. asp。

（6）文件上传命令

put□ <源文件名>□ <目标文件名>，如 put□e: \ 远程登录软件 . exe□\ kk \ wj \

ycd. exe。文件上传时可以在服务器端创建新的目录，也可以重命名上传的文件。

(7) 退出登录命令

输入 quit 或 bye，退出登录。

2. 使用地址栏访问远程主机

在地址栏中输入远程主机的 FTP 地址，格式如下：

ftp：//＜主机名或 IP 地址＞：＜端口号＞/＜要访问的文件路径和文件名＞

如：ftp：//10. 110. 36. 196：8280/kk/jxdg. doc。

如果远程主机使用的是 FTP 的默认端口 21 号端口，则端口号可以省略，如 ftp：//10. 110. 36. 166/kk/jxdg. doc，其中，10. 110. 36. 196 为远程主机的 IP 地址，kk 为远程主机上 FTP 站点的虚拟目录，jxdg. doc 为要访问的文件。

一般来说，如果远程主机允许匿名登录，则只要输入远程主机的 FTP 地址，就可以登录远程主机，访问远程主机上的相关资源；如果远程主机不支持匿名登录，则需要输入合法的登录名和有效口令，才能登录远程主机。

用户登录 FTP 服务器后，可以查阅 FTP 服务器上的共享资源。如果要进行文件下载，可以将服务器上的文件直接复制到本地保存目录下；也可以先选中要下载的文件，然后按住左键，将要下载的文件拖曳到保存目录中。

同样，如果要上传文件，只需将本地主机中要上传的文件复制或拖曳到 FTP 窗口中。

3. 使用 FTP 客户端工具访问远程主机

目前网络上有许多第三方 FTP 客户端软件，这些软件一般都是图形化界面的，操作简便，可以提供 FTP 访问的所有功能，对于熟悉 Windows 操作系统的用户来说使用起来得心应手。比较常用的有 CuteFTP、FTP Voyager、FlashFXP 等。

使用第三方 FTP 客户端工具进行文件传输的优点是图形化操作界面符合普通用户的使用习惯，支持多个文件同时下载和断点续传功能。

任务实施

一、创建 FTP 根目录

FTP 站点默认路径为 C：\ Inetpub \ ftproot，出于安全考虑，一般将 FTP 站点的根文件夹建在本地磁盘的非系统分区中，比如 D：\ FTP IIS \ A3 项目组。

二、在 IIS 中创建 FTP 站点

1. 在 IIS 控制台中，在快捷菜单中选择【默认 FTP 站点】→【新建】→【虚拟目录】，打开【虚拟目录创建向导】对话框，如图 6—3—6 所示。

2. 在【虚拟目录创建向导】对话框中，单击【下一步】按钮，分别键入虚拟目录别名①和 FTP 站点根目录的本地路径；出于安全考虑，一般匿名 FTP 站点只允许用户浏览和下载，所以，在【访问权限】对话框中只选中“读取”选项，完成后单击【完成】按钮退出。

---

①　是指虚拟目录在 IIS 管理器中的有效名称，亦即虚拟目录在站点主目录下映射的名称。用户在下载 FTP 文件时指定的 URL 路径中包含的目录名称就是虚拟目录别名。

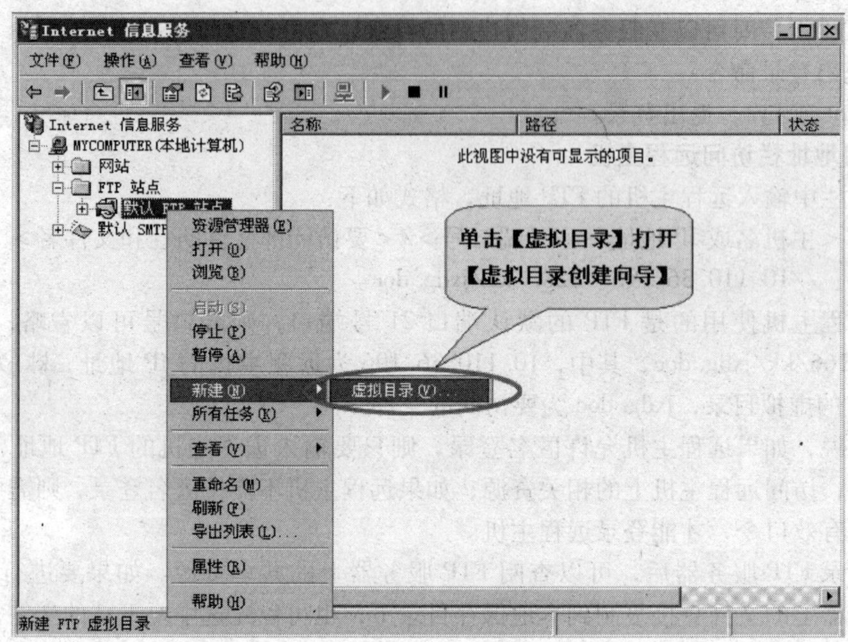

图 6—3—6 打开【虚拟目录创建向导】

3. 设置 FTP 站点属性

在 IIS 控制台中单击【默认 FTP 站点】→【属性】，打开【默认 FTP 站点属性】对话框，如图 6—3—7 所示。

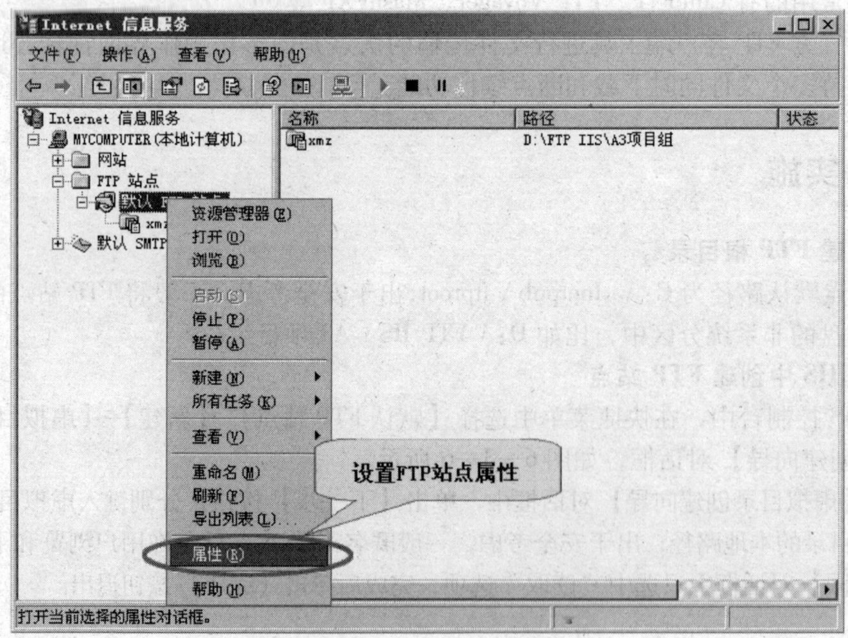

图 6—3—7 设置 FTP 站点属性

在【FTP 站点】选项卡中，设置 FTP 站点的 IP 地址；默认端口号为 21，用户也可根据需要修改端口号；设置最大并发连接主机数，出于安全上的考虑，在 Windows 专业版中，默认最大连接数限制在 10 个，服务器版操作系统则无此限制，如图 6—3—8 所示。用户通过一些特殊工具和设置，可以解除这种限制。

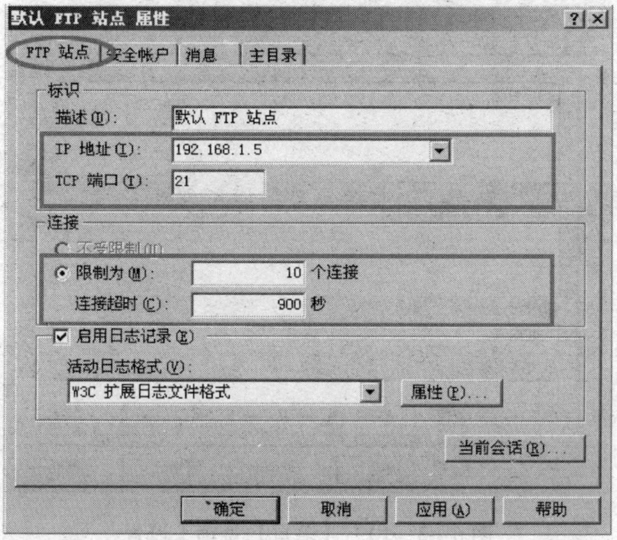

图 6—3—8　站点地址、端口和连接数设置

若想提供“匿名”访问权限，则在【安全帐户】选项卡中，选中“允许匿名连接”。鉴于 FTP 默认传输密码的过程是明文传送，为保障拥有管理权限的账户密码安全，可以选中“只允许匿名连接”选项。如需指派特定用户可以单击【浏览】按钮进行选派，如图 6—3—9 所示。

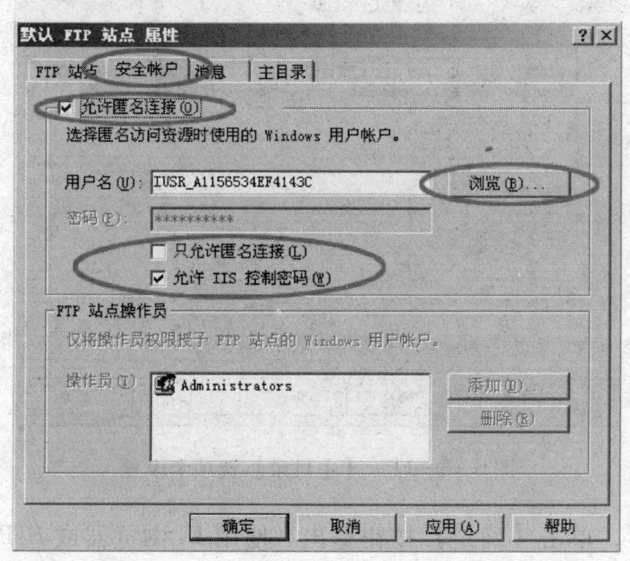

图 6—3—9　【安全帐户】选项卡设置

在【消息】选项卡的“欢迎”“退出”和“最大连接数”3个输入框中，分别输入用户在登录、退出时FTP服务器给出的提示信息，最大连接数可以使用默认值，也可以自行设置，但不能超过系统默认的最大主机台数，如图6—3—10所示。

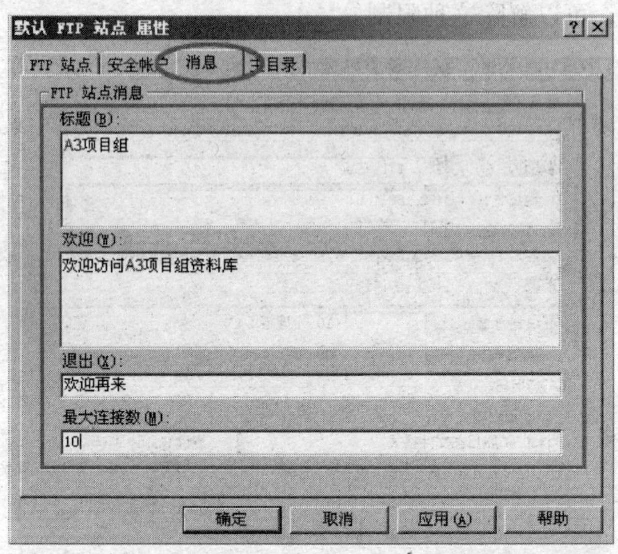

图6—3—10 【消息】选项卡设置

在【主目录】选项卡中，单击【浏览】按钮，将主目录定位到事先创建的FTP站点根文件夹，如D:\ FTP IIS \ A3项目组；设置访问权限，如图6—3—11所示。

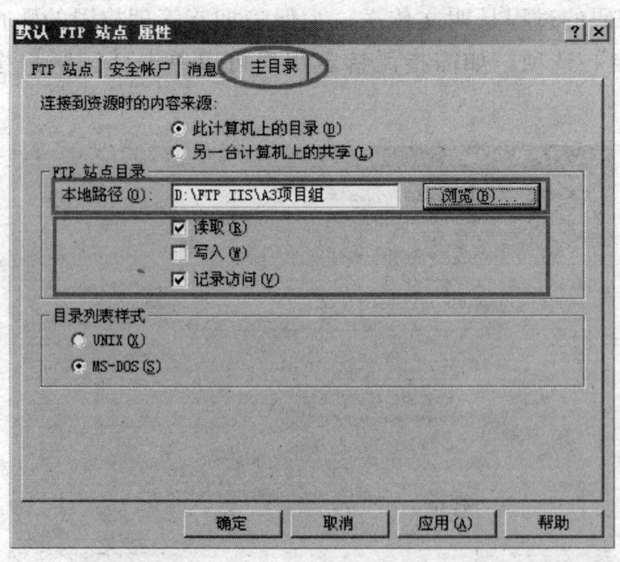

图6—3—11 【主目录】选项卡设置

完成上述设置后，单击【确定】按钮退出。使用IE浏览器或FTP客户端工具访问该FTP站点，如能正常访问，则表明FTP站点架设成功。更多关于FTP站点架设信息参见相关文献。

技能训练

在 Windows Server 系统中架设一个匿名 FTP 站点，并与 Windows Pro 系统进行比较，找出两者间的不同之处。

知识链接

CuteFTP 客户端工具的使用方法

CuteFTP 是一款功能强大的第三方 FTP 客户端工具软件，图 6—3—12 为其默认启动界面。

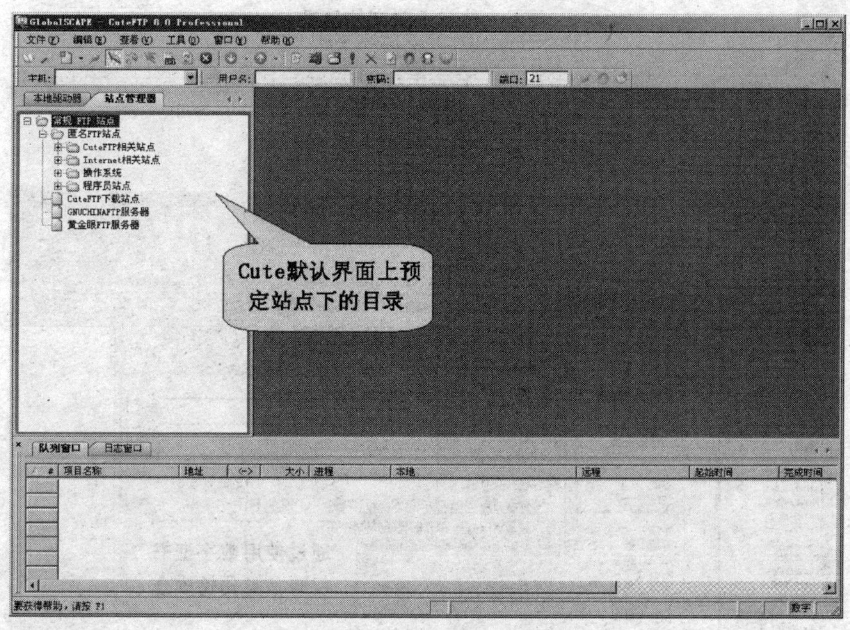

图 6—3—12　CuteFTP 默认启动界面

1. 登录与设置

使用 CuteFTP 登录 FTP 站点一般有以下方法：

（1）在【站点管理器】标签下执行【文件】→【新建】→【FTP 站点】命令，可以创建一个新的 FTP 站点快捷方式，左键双击快捷方式即可向该 FTP 站点发出连接请求。

（2）在地址栏中键入 FTP 站点的 IP 地址或 FTP 服务器的主机名登录 FTP 站点，如图 6—3—13 所示。

（3）对 CuteFTP 进行必要的设置可以提高使用效率，设置方法为单击【工具】→【全局选项】，在打开的全局选项对话框中根据需要进行设置，如图 6—3—14 所示。如为保证数据传输的安全，可以使用数字证书进行身份认证，并建立安全的数据传输通道等。

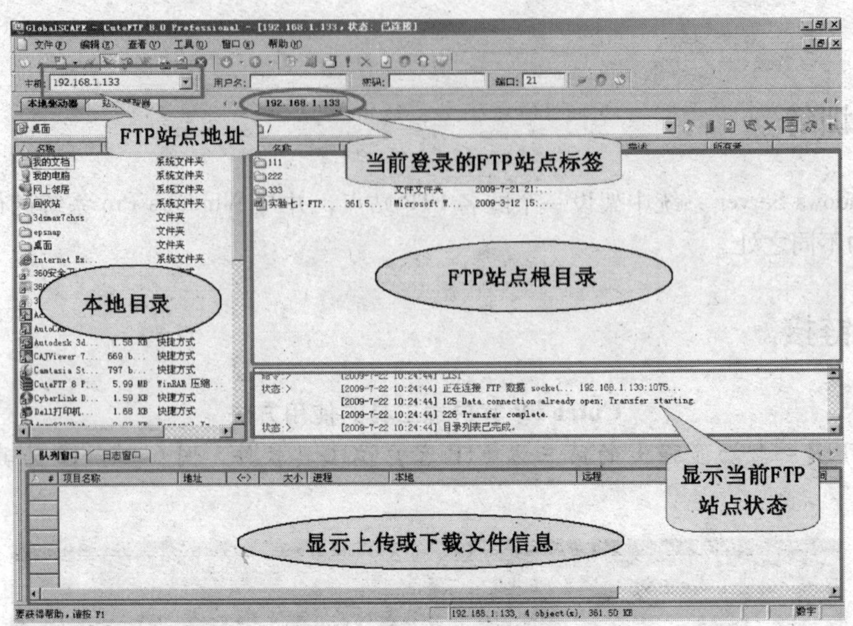

图 6—3—13　登录 FTP 站点

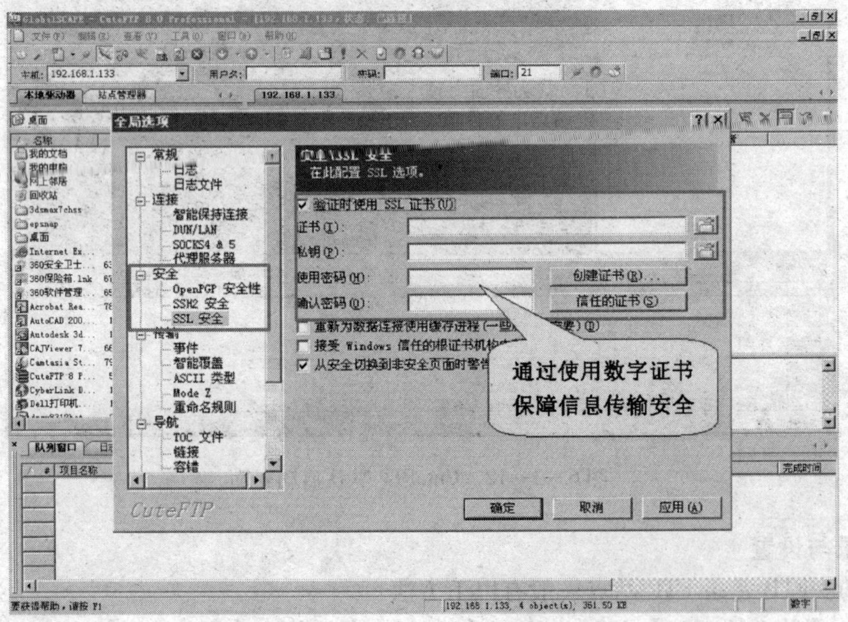

图 6—3—14　CuteFTP 安全设置

2. 文件下载与上传

FTP 服务的主要功能是实现数据文件的高速下载与上传，使用 CuteFTP 进行文件上传和下载的方法如下：

（1）文件的下载

登录 FTP 站点后，在【本地驱动器】中下载文件的保存目录，在 FTP 站点目录中选中要下载的文件或文件夹，在快捷菜单中单击【下载】，即可将选中的文件下载到指定目录中。

也可以在选中要下载的文件或文件夹后，在快捷菜单中单击【复制】，将要下载的文件复制到本地目录中。

第三种方法是利用鼠标拖曳功能将要下载的文件从远程站点直接拖曳到本地保存目录中。

（2）文件的上传

如果具备文件上传授权，登录 FTP 站点后，在【本地驱动器】中选中要上传的文件，在 FTP 站点目录下选中要保存文件的目录，如需要也可以新建一个文件夹，然后在快捷菜单中单击【上传】，即可将文件上传到 FTP 站点中。与文件下载类似，也可以采用复制或鼠标拖曳的方法上传文件。

思考与练习

FTP 最大的安全漏洞在于其默认传输密码的过程是明文传送，很容易被嗅探到。而 IIS 又是基于 Windows 用户账户进行管理的，因而很容易泄露系统账户名及密码，如果该账户拥有一定管理权限，则更会影响到整个系统的安全。查询相关文献，了解怎样加强 FTP 站点的安全性。

任务 4　基于 FTP 的协同作业环境的创建

任务引入

某公司决定组成 A3 产品市场推广项目组，下设项目办公室、企划部、广告部、外联部等机构。为提高各部门间业务信息的沟通效率，同时加强站点数据资源安全，决定对原销售部的 FTP 站点进行改造，在站点中为每个部门开辟一个独立空间，用于存放本部门的相关数据信息，同时开辟一个公共空间，存放项目组的共享信息。用户只有在授权情况下才能访问相关资源，试完成上述操作。

任务分析

出于信息安全的需要，企业内部信息通常是采用分权限共享的，不同的成员只能访问自己所授权范围内的信息，比如可以采用如图 6—4—1 所示的授权结构。

在网络上实现信息授权共享的方法有许多种，在 Windows 服务器版本或 Windows XP 及其以上的 Professional 版本中，利用 IIS 和 NTFS 文件系统的文件夹权限功能，通过建立 FTP 站点，为特定用户提供授权的信息交换和数据共享服务，是实际工作中常用的一种方法。

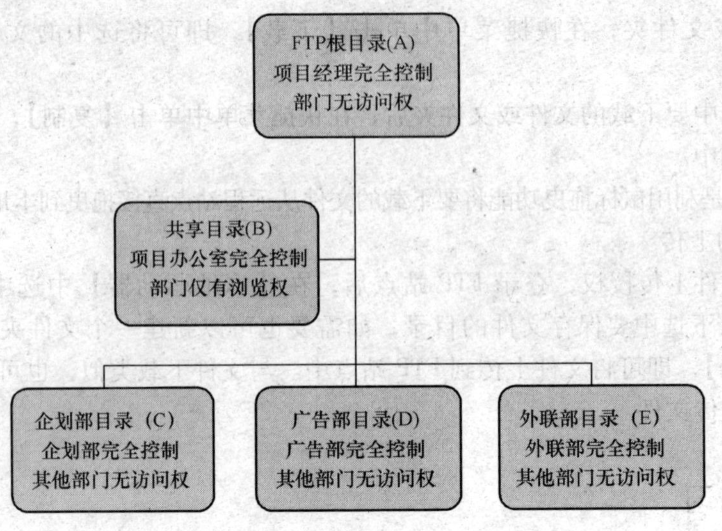

图 6—4—1　FTP 站点访问授权结构

相关知识

一、NTFS 文件系统

文件系统是用于管理磁盘分区中存储的各种数据文件的系统，Windows 操作系统中常见的文件系统有 FAT①16、FAT32 和 NTFS 三种。

NTFS 是 new technology file system 的缩写，中文译为新技术档案系统，是 Windows NT 以及之后的 Windows 2000、Windows XP、Windows Server 2003、Windows Server 2008、Windows Vista 和 Windows 7 的标准文件系统。

NTFS 文件系统较之 FAT 文件系统具有更多的优越性，其中之一是允许用户在 NTFS 分区上为共享资源、文件夹以及文件设置访问许可权限，从而大大提高了数据文件的安全性，对非法访问起到了有效的控制作用，而 FAT 文件系统则不具备这项功能。

二、NTFS 访问权限设置的内容

NTFS 访问权限设置包括两方面的内容：一是允许哪些组或用户对文件夹、文件和共享资源进行访问；二是获得访问许可的组或用户的访问级别。

1. 访问对象的设置

NTFS 通过创建用户或用户组来确认允许访问文件夹、文件和共享资源的对象，设置方法如下：

（1）创建用户账号。

（2）为便于相同权限授权和用户管理，通常需要创建一个组，并将所创建的用户归入该组，创建组的方法如下：

---

① FAT 是 file allocation table 的缩写，中文译为文件配置表，是微软开发的一种磁盘文件管理系统，包括 FAT16 和改进型 FAT32 两种。

单击【计算机管理】→【本地用户和组】→【组】，在【组】快捷菜单中单击【新建组】，如图6—4—2所示。

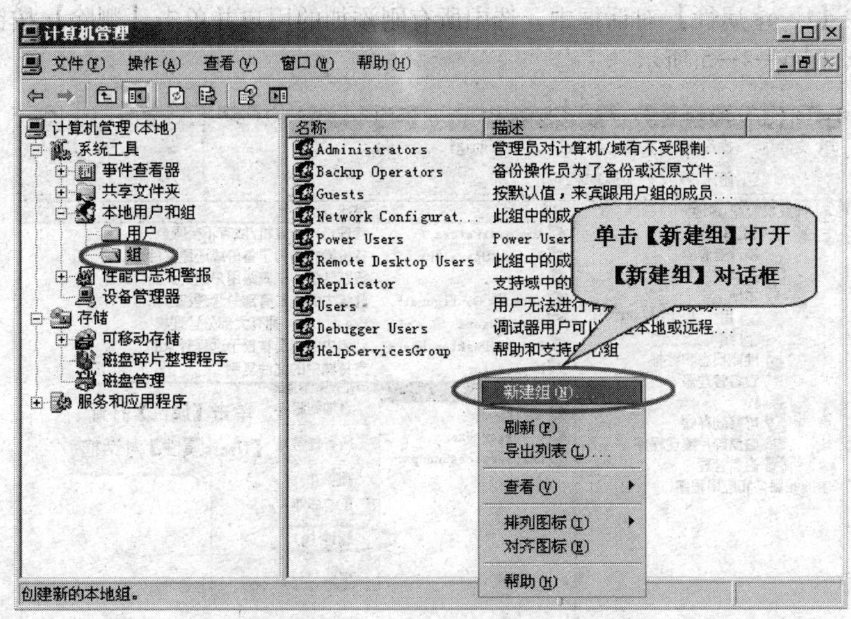

图6—4—2　打开【新建组】对话框

在【新建组】对话框中，键入组名、组描述；单击【添加】按钮，将已创建的用户账号添加到组中，如图6—4—3所示。单击【创建】按钮创建组。

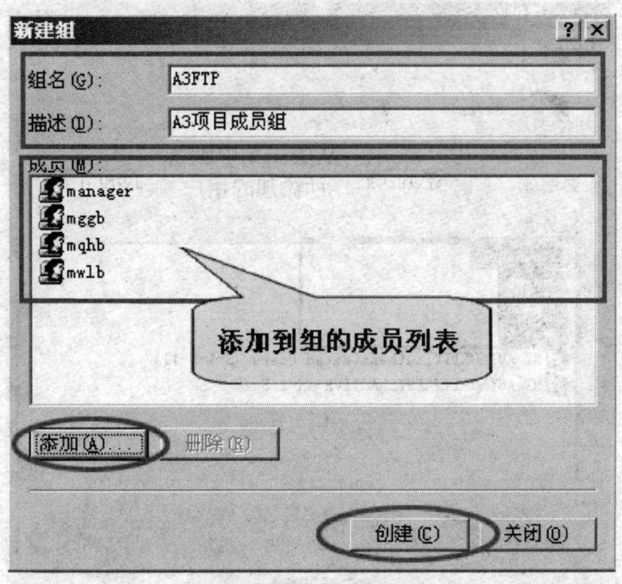

图6—4—3　创建用户组

（3）由于新创建的用户默认隶属于Users组，因此这些用户拥有对大部分资源的访问权限，比如本地登录权限等。为了实现对特定资源的有效管理，需要将这些用户从 Users 组中删除。删除方法是在【计算机管理】窗口的右窗格中【Users】选项的快捷菜单里，单击【属性】，在【Users 属性】对话框中，选中所有刚添加的用户并单击【删除】按钮即可。如图 6—4—4、图 6—4—5 所示。

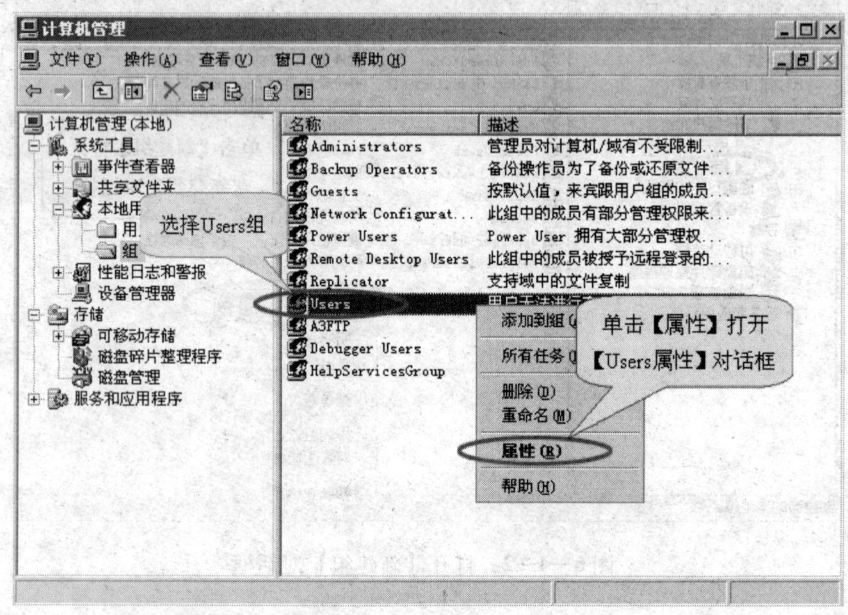

图 6—4—4　打开【Users】组属性对话框

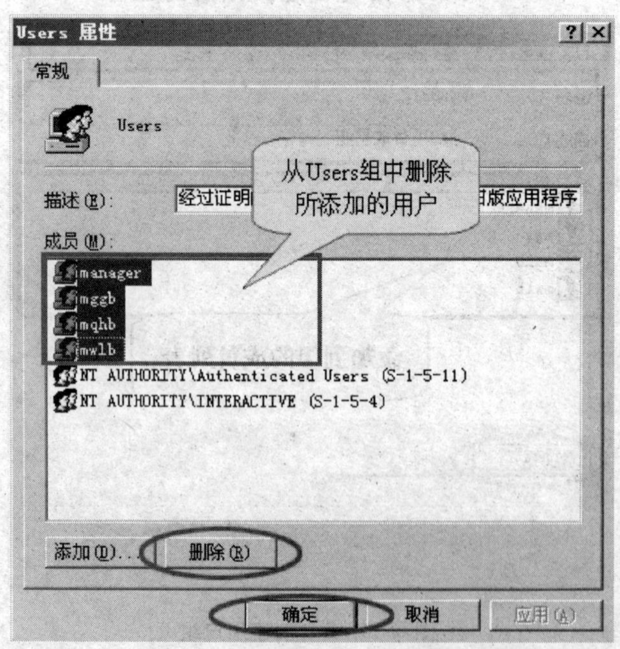

图 6—4—5　删除 Users 组中的已添加用户

完成以上操作后，用户即获得以特定用户名和密码访问文件夹、文件和共享资源的许可。

2. 访问权限的设置

利用 NTFS 文件系统的文件夹权限功能可以为不同用户设置独立的访问权限，如果文件夹在 FAT16 或 FAT32 的硬盘分区上，则无法使用该项功能。

（1）进行权限设置前，首先需要在【文件夹选项】→【查看】的【高级设置】中，去掉【使用简单文件共享（推荐）】选项前的“√”，如图 6—4—6 所示。

完成上述操作后，在文件夹属性中即可看到【安全】选项卡，如图 6—4—7 所示。

（2）在要授予权限的文件夹的快捷菜单中单击【属性】，打开文件夹属性对话框，如图 6—4—8 所示。

在对话框中选中【安全】选项卡，单击【添加】按钮，将要赋予访问权限的用户添加进来。然后在【组或用户名称】区域中，选中要设置权限的用户或组，在用户权限区域中勾选要赋予的权限，如图 6—4—9 所示。

为了使所设置权限仅对某一文件夹有效，可以单击【高级】按钮，在该文件夹的【高级安全设置】对话框【权限】选项卡中，选中【权限】中的相应的权限选项，单击【编辑】按钮，如图 6—4—10 所示。

在打开的【广告部的权限项目】对话框中的【应用到】下拉列表中选中【该文件夹，子文件夹及文件】选项，在【权限】区域中勾选要赋予的权限，连续单击【确定】按钮完成设置，如图 6—4—11 所示。

完成设置后，特定用户只能读取所授权限范围内的信息资源，而无法看到主目录和其他用户目录的内容。采用同样方法，可以为不同用户授予不同的访问权限。

任务实施

1. 创建 FTP 站点根目录及子目录

在本地硬盘上的非系统分区内创建 FTP 站点根目录，如 D：\ FTP IIS \ A3 项目组，在该目录中分别创建四个子目录，并分别命名为企划部、广告部、外联部和共享。

2. 创建 FTP 站点

先创建 FTP 站点，仅在图 6—3—9 所示【安全帐户】选项卡中去除“只允许匿名连接”选项。

3. 创建用户账号

创建四个账号 A、B、C、D（自行命名），分别授予项目经理和部门经理，为四个账号设置不同的登录口令，禁止这些账号在本地登录。

4. 账号授权

根据本任务的要求，按表 6—4—1 分别为各账号授权。

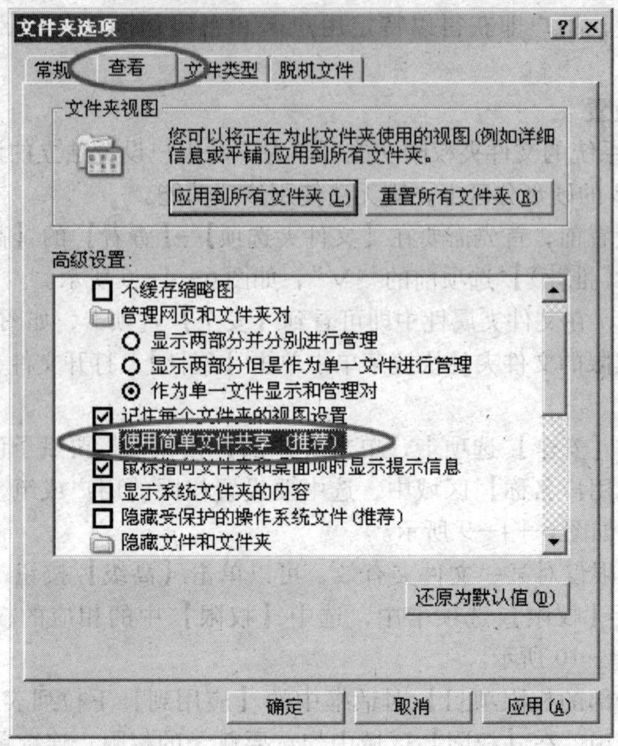

图 6—4—6　取消【使用简单文件共享】

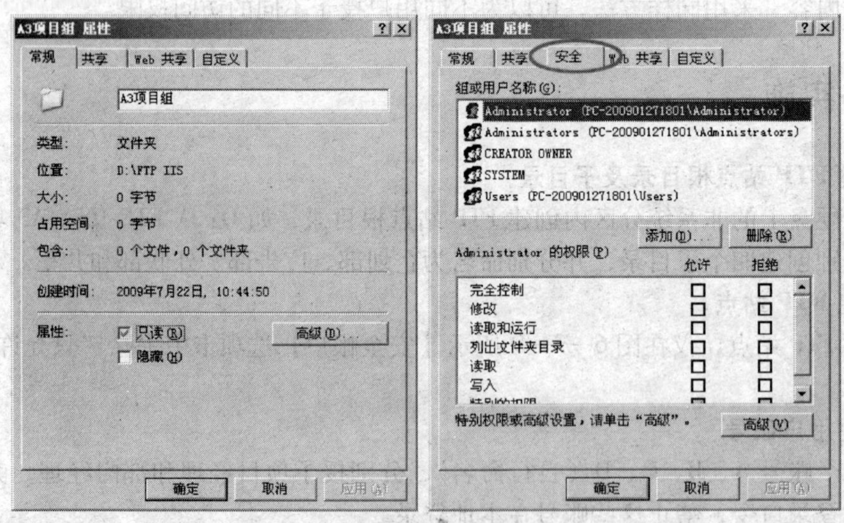

图 6—4—7　取消【使用简单文件共享】后文件夹属性

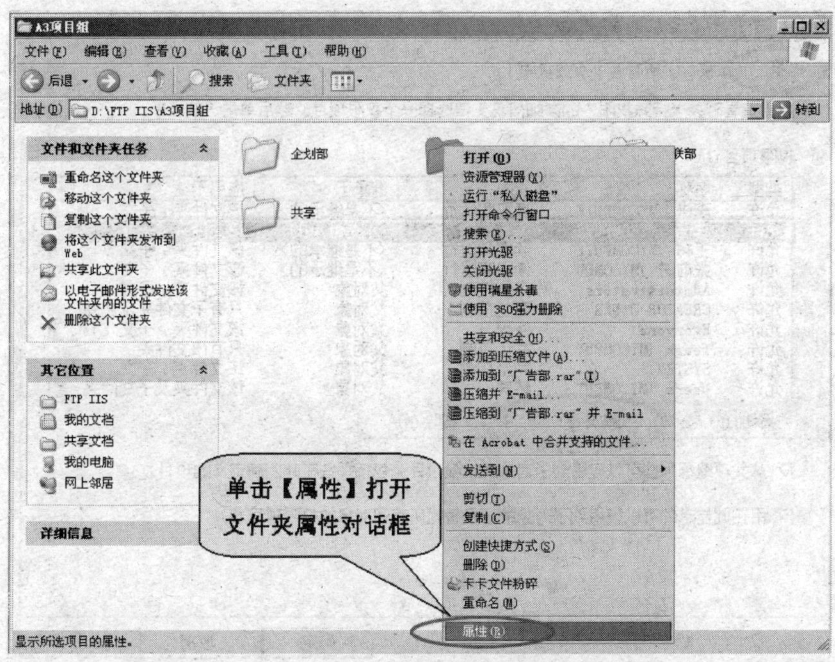

图 6—4—8　打开文件夹属性对话框

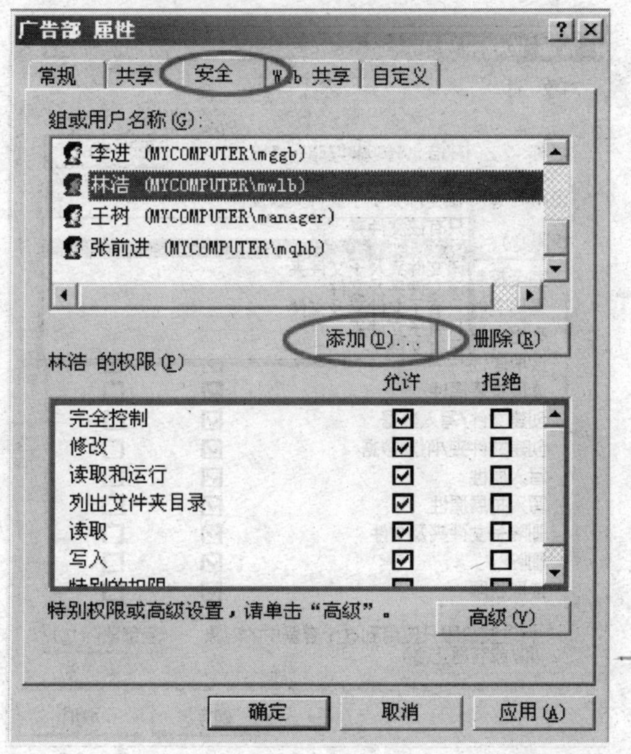

图 6—4—9　设置用户访问权限

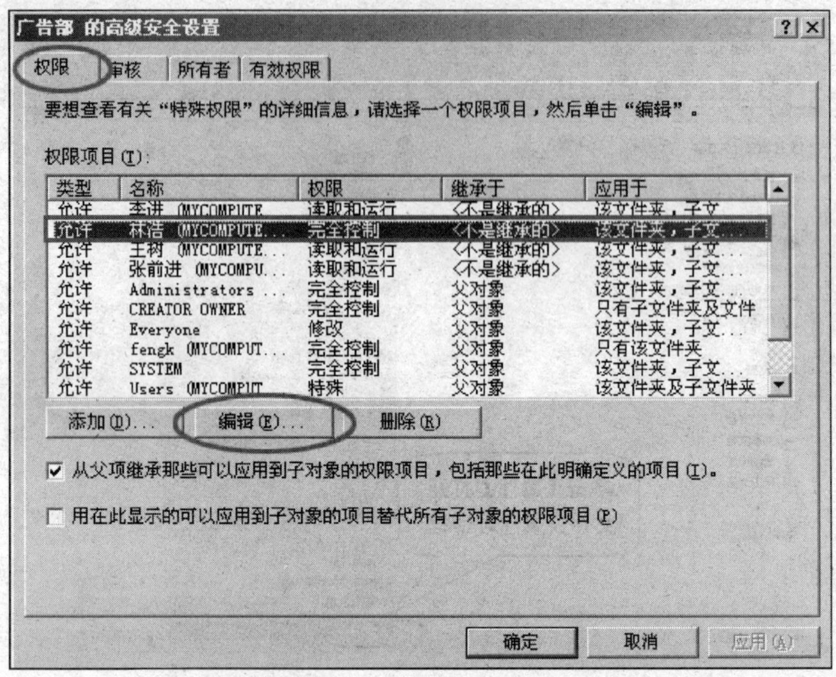

图 6—4—10　用户特别权限设置

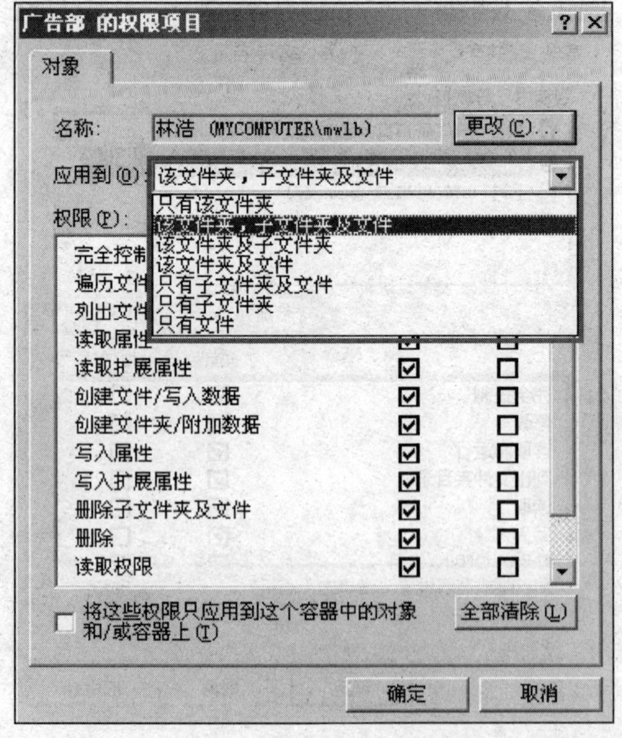

图 6—4—11　设置文件夹权限

表 6—4—1　　账号权限分配表

账号＼目录	企划部	广告部	外联部	共享
A	读取、写入 修改、删除	读取、写入 修改、删除	读取、写入 修改、删除	读取、写入 修改、删除
B	读取、写入 修改、删除	拒绝访问	拒绝访问	读取
C	拒绝访问	读取、写入 修改、删除	禁止访问	读取
D	拒绝访问	拒绝访问	读取、写入 修改、删除	读取

5. 账号测试

FTP 站点创建完成后，分别进行本地测试和远程测试。

技能训练

完成本任务中 FTP 站点创建并测试站点的有效性。

思考与练习

在本任务中，部门经理登录 FTP 站点后，可以看到不同部门所属的文件夹，但除了可以访问自己部门的文件夹和共享文件夹外，其他部门所属的文件夹是无法打开的。如果要使部门经理登录后只能看到部门所属的文件夹和共享文件夹，看不到其他部门所属的文件夹，将怎样进行设置？

模块七

网页制作快速入门

任务1　认识 FrontPage 2003

任务引入

企业站点建设的核心任务之一是站点网页文件和各种网页元素的开发与制作，良好的开发与制作工具对于制作者来说十分重要。微软公司开发的 Microsoft Office FrontPage 是一款网站制作和管理的良好工具。掌握该工具的工作界面和主要功能，可以更好地了解网站的组成结构和网页的形式与内涵。

任务分析

认识 Microsoft Office FrontPage 2003，可以从其工作界面的基本结构入手，了解各组成部分的设置、功能和作用。FrontPage 2003 的工作界面主要包括网页编辑界面和视图操作界面。其中，网页编辑界面用于进行网页文件编辑的工作区，视图操作界面则是进行站点文件的管理、发布和维护的工作区。

相关知识

一、Microsoft Office FrontPage 2003 的启动

FrontPage 2003 安装完毕后在开始菜单程序目录下生成 FrontPage 2003 的快捷方式，如图 7—1—1 所示，单击该快捷方式即可运行 FrontPage 2003。用户也可以通过创建桌面快捷方式，然后用左键双击桌面上的 FrontPage 2003 快捷图标的方式启动 FrontPage 2003。

二、FrontPage 2003 的工作界面

FrontPage 2003 的工作窗口主要由标题栏、菜单栏、常用工具栏、格式工具栏、状态栏、任务窗格和工作区等组成，如图 7—1—2 所示。其中，用户可以根据需要自行设置常用工具栏、格式工具栏。

1. 常用工具栏的设置

如果要隐藏常用工具栏，可以将【视图】→【工具栏】→【常用】选项前的“√”除去。

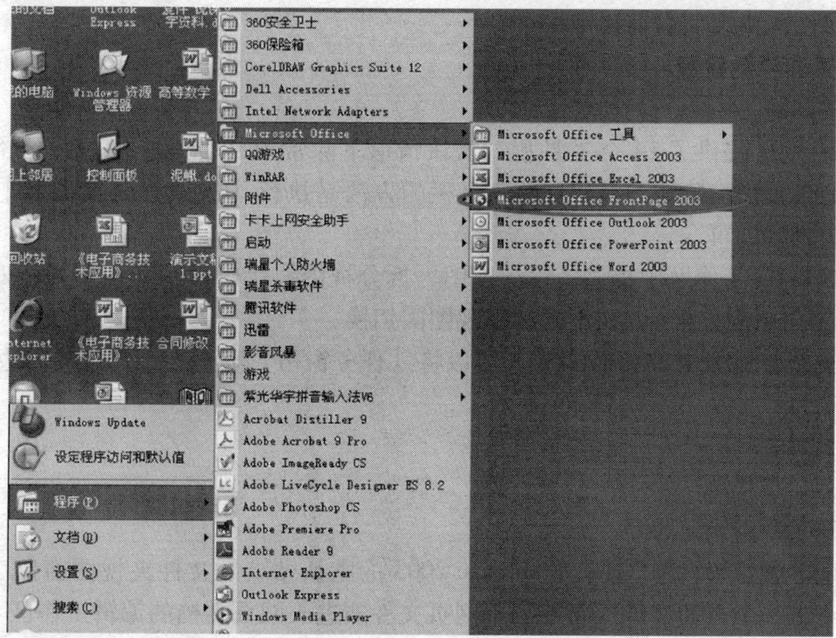

图 7—1—1　启动 FrontPage 2003

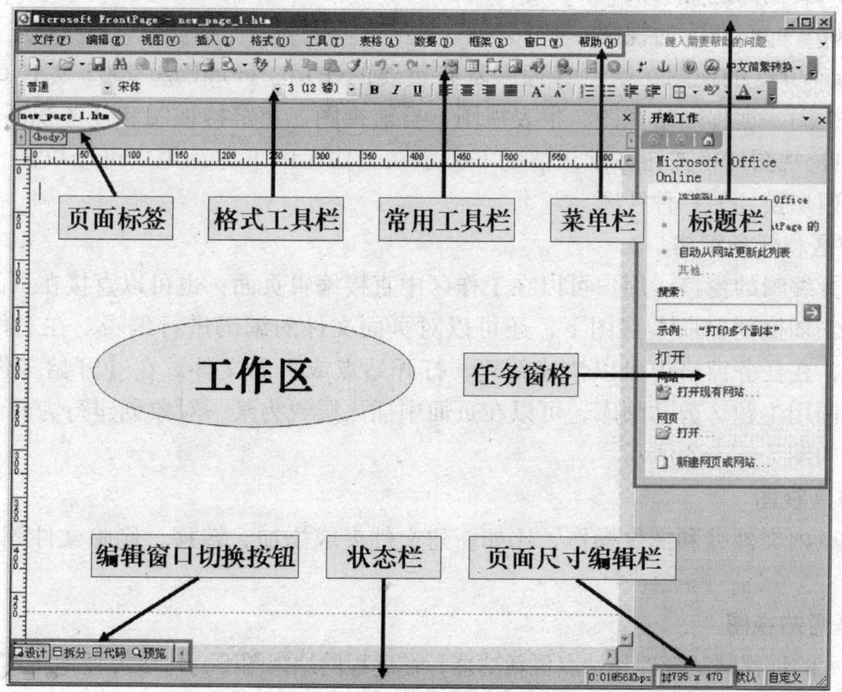

图 7—1—2　FrontPage 2003 工作界面

如果要增加或减少常用工具栏中的工具图标，可执行单击【视图】→【工具栏】→【自定义】→【命令】，在【自定义】对话框左窗格中选中要添加命令的类别，然后在右窗格中，用鼠标将要添加的命令图标拖曳到常用工具栏中；如果要将常用工具栏中的某个命令图标删除，只需将该图标拖曳回右窗格中。

2. 格式工具栏的设置

设置方法同前。

FrontPage 2003 提供了 14 个工具栏，默认情形下除常用（标准）工具栏、格式工具栏显示外，其他工具栏均隐藏；显示这些工具栏的方法是执行【视图】→【工具栏】命令，选择要显示的工具栏即可。

FrontPage 2003 工作区中提供了设计视图、拆分视图、代码视图和预览视图四种编辑视图，单击相应的视图按钮可以在不同编辑视图间切换。

执行【视图】→【任务窗格】命令，可以将【任务窗格】显示在工作区的右边。

任务实施

一、打开 FrontPage 2003

启动 FrontPage 2003 后，进入 FrontPage 2003 的默认站点的文件夹视图窗口。在这个窗口中，左键双击一个页面文件或新建一个网页文件即进入网页文档的编辑工作区。FrontPage 2003 的操作界面是一个多文档界面，用户可以同时创建和编辑多个网页文档，单击页面标签可以在不同文档间进行切换。

二、FrontPage 2003 的视图

FrontPage 2003 的视图在站点管理中具有重要的作用。FrontPage 2003 共有 6 种视图形式：文件夹视图、远程网站视图、报表视图、导航视图、超链接视图和任务视图。在 FrontPage 2003 中，视图切换按钮在默认情况下显示在工作区的下方，用户可以单击相应按钮从一种视图迅速切换到另一种视图。

1. 工作区和任务窗格

进行网页编辑的窗口。用户可以在工作区中直接编辑页面，也可以直接在页面中插入各种页面元素。切换到 HTML 视图下，还可以对页面文件的编码进行编辑。在工作区右边的是任务窗格，在任务窗格中可以快速新建、打开站点或页面文件，在【开始工作】下拉列表中，可以调用主题、剪贴画库，可以在页面中插入层或为某一对象创建行为或修改页面布局结构等，如图 7—1—3 所示。

2. 文件夹视图

进行站点内文件夹和文件操作，比如新建文件夹或添加、转移、删除文件等，如图 7—1—4 所示。

3. 远程网站视图

提供强大的远程网站管理和站点更新功能，在远程网站视图下，可以方便地将本地站点中的文件发布到远程站点上，也可以将远程站点上的文件下载到本地站点中，如图 7—1—5 所示。

4. 报表视图

通过报表视图，可以在运行报表查询后分析网站内容，如图 7—1—6 所示。

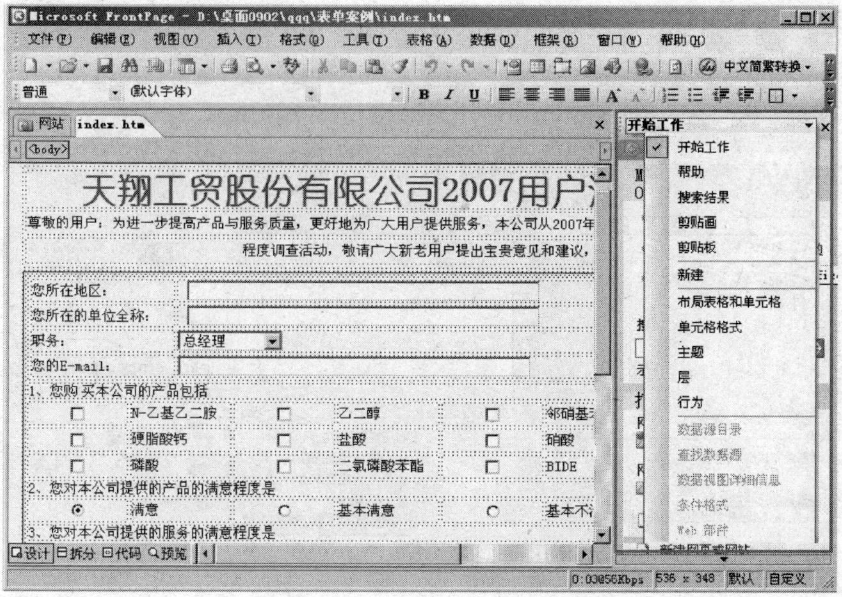

图 7—1—3　工作区和任务窗格

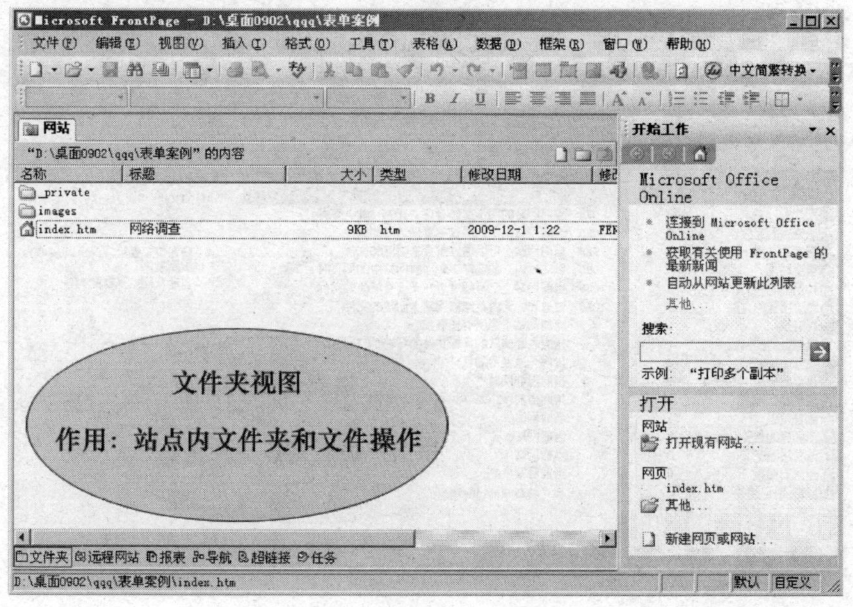

图 7—1—4　文件夹视图

5. 导航视图

导航视图提供了网页的分层视图。通过该视图，可以调整网页在网站中的位置，使用方法是单击要调整位置的网页，用鼠标拖曳方式将其移动到网站中的新位置，如图 7—1—7 所示。

6. 超链接视图

超链接视图可以将网站中所有的超链接状态显示在一个图表中，如图 7—1—8 所示。两

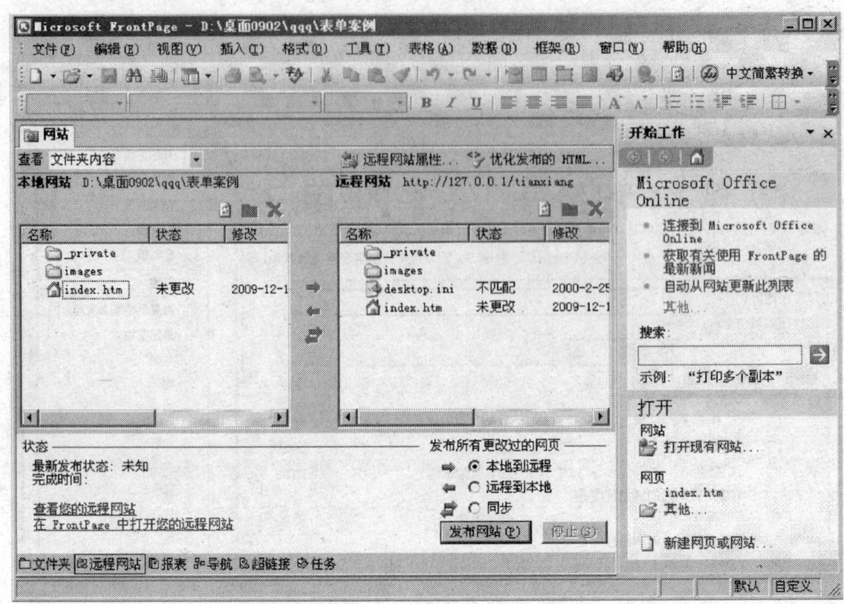

图 7—1—5　远程网站视图

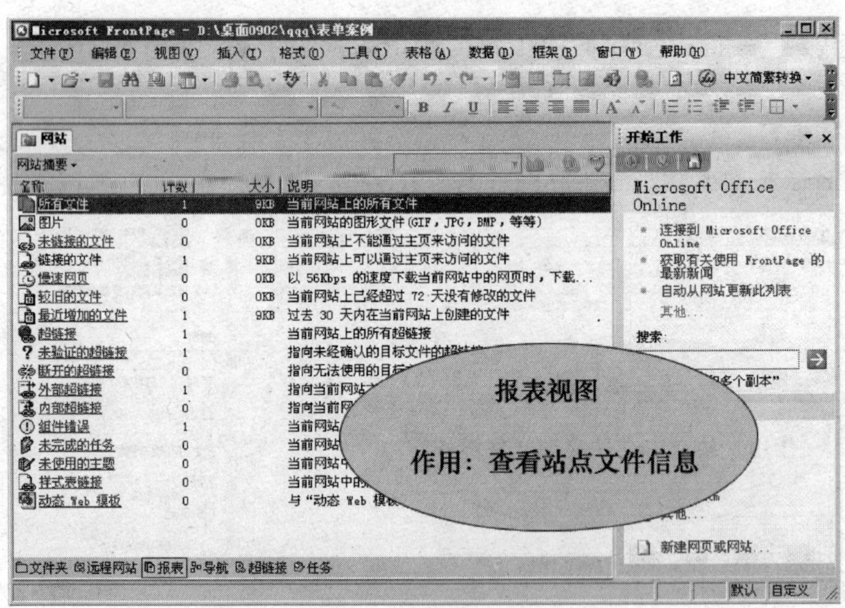

图 7—1—6　报表视图

个存在超链接的对象间通过一条线段相连接，若该线段断开则表明该超链接存在问题，需要重新进行编辑。

7. 任务视图

显示网站中的所有任务以及各项任务的当前信息，如图 7—1—9 所示。

当要开始某一任务时，可以左键双击要开始的任务，在打开的【任务细节】对话框中

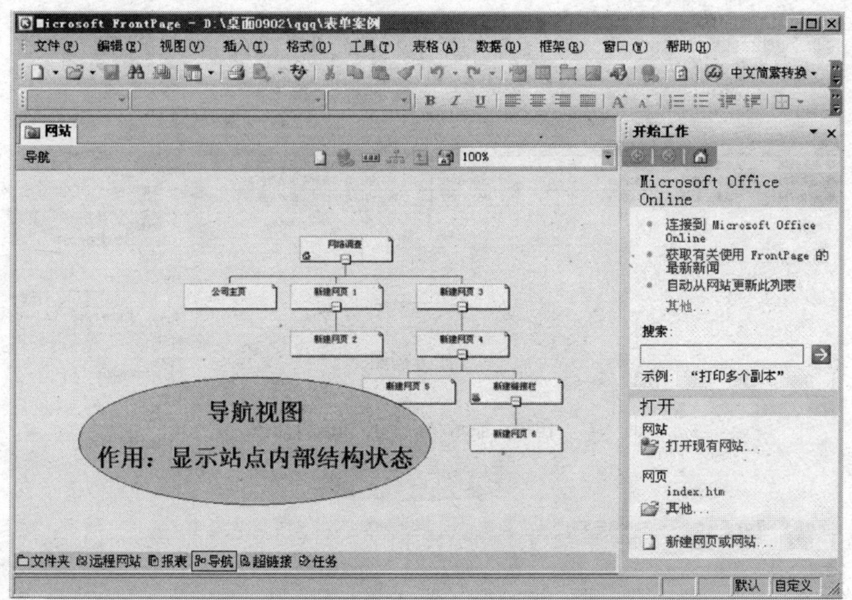

图 7—1—7　导航视图

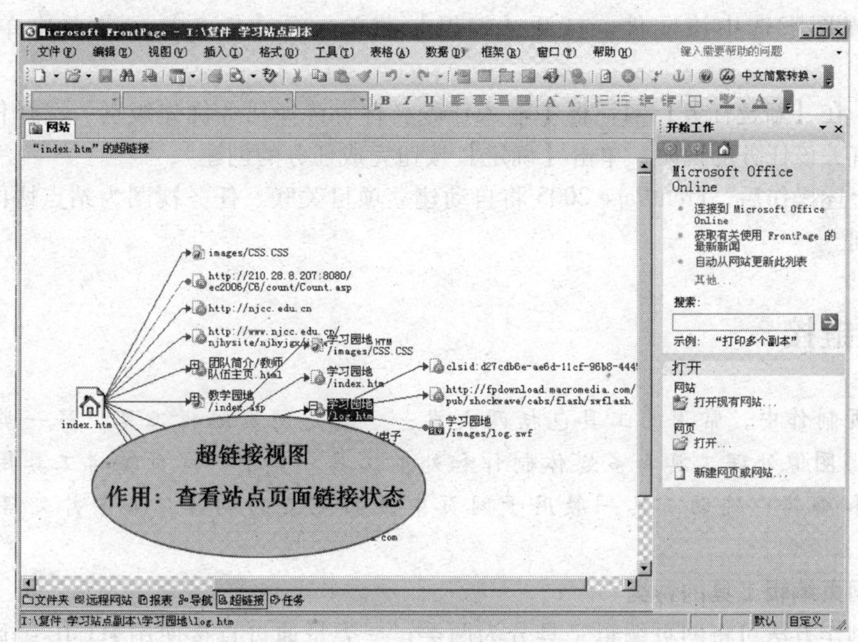

图 7—1—8　超链接视图

单击【开始任务】即可打开要编辑的页面；或者执行【编辑】→【任务】→【开始任务】命令。

在使用任务视图功能前，必须创建相应的任务，而创建任务的关键是将所创建任务与实际的编辑页面建立项目关联。创建任务和建立项目关联的方法如下：

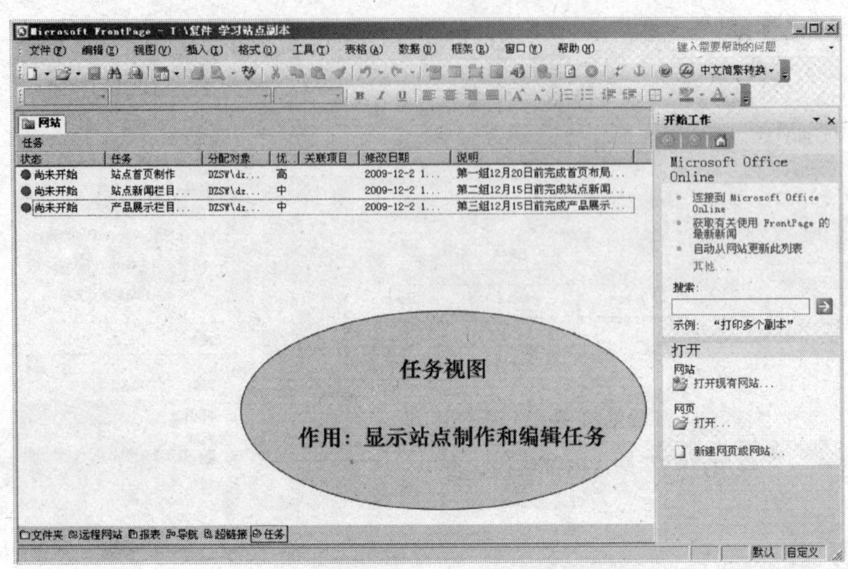

图 7—1—9　任务视图

第一，新建要编辑的页面并命名文件，如果该页面文件已经存在，则打开该页面或在文件夹视图下选中该文件，打开【编辑】菜单，在【任务】子菜单中单击【添加任务】。

第二，在【新建任务】对话框中输入任务名称、选择任务优先级别、选择任务分配对象和输入有关该任务的说明，单击【确定】按钮完成任务的创建。

完成上述操作后，FrontPage 2003 将自动建立项目关联。任务视图为站点协同作业带来很大的便利。

知识链接

在网页制作中，常用的工具包括两大类：一类是网页编辑工具，另一类是辅助工具，如图形图像处理工具和多媒体制作和处理工具。其中，网页编辑工具用于网页文件的制作和编辑；辅助工具一般用于网页中页面元素的制作，如图片处理和动画制作等。

一、网页编辑工具的种类

根据制作方法可将网页编辑工具分为两类：一类是通过直接使用 HTML 编码进行网页的编辑和制作，这类工具统称为非可视化网页制作工具，也称为“所见非所得”网页编辑工具；另一类则是通过对网页中的对象进行直接制作和编辑的方法来编辑网页，这类工具统称为可视化网页编辑工具，所以也称为“所见即所得”网页制作工具。

典型的“所见非所得”网页编辑工具如 Sausage Software 开发的 HotDog 和由 Macromedia 公司开发的 HomeSite。

目前网页开发中使用较多的是“所见即所得”网页制作工具。第一代可视化网页制作工具是由 Netscape 开发的 Netscape Gold3.0，Netscape 浏览器 3.0 以上版本都带有该网页编辑器。

可视化网页制作工具中使用最普遍的是由 Macromedia 公司开发的“网页三剑客”之一——Macromedia Dreamweaver 和由微软开发的 Microsoft FrontPage。这两款工具的共同特点是不仅是功能强大的网页制作工具，同时还是优秀的站点管理工具。

1. Macromedia Dreamweaver

Macromedia Dreamweaver 不仅是一款优秀的网页制作和编辑工具，同时还可以作为网站文件管理的工具，在进行网站文件管理时采用的是 FTP 的方式，支持动态 DHTML 的设计。与 Fireworks、Flash 并称为网页开发的“三剑客”，是目前使用最广泛的网页制作和编辑工具之一。

2. Microsoft FrontPage

Microsoft FrontPage 是一款网站制作和管理的良好工具。它与一般 HTML 编辑软件不同，除了提供“所见即所得”的网页编辑界面外，最大功能体现在网站管理上。使用 FrontPage 进行网站管理，要比传统的使用 Telnet 等模式登录服务器，然后再一个档案一个档案地编辑更为轻松。

FrontPage 定位为网站管理应用工具软件，在 FrontPage 的安装包内附有一套个人网站服务器（FrontPage Personal Web Server），可以在本地建立一个虚拟的网络环境，而不必直接登录 Internet，这也是 FrontPage 与 Dreamweaver 一个很大的不同点。通过 FrontPage 制作好的网页，可以先在本地进行调试，满意后再利用 FrontPage 发布和远程登录功能将网页发布到 Internet 上去。

从 1997 年微软推出 FrontPage 97，2000 年推出 FrontPage 2000，2002 年，微软推出了新版的 FrontPage XP（2002）版本，2003 年再次推出 FrontPage 2003 版本，在工具界面和功能方面进行了较大的改进，将 FrontPage 从原先的“初学者”应用工具定位提升到了专业网站管理和网页制作工具的高度。2006 年 7 月宣布 FrontPage 正式退出微软产品舞台，同时推出微软新的替代产品 Microsoft Office SharePoint Designer 2007，俗称 FrontPage 2007。

除以上两种使用范围较广的网页制作工具外，由 Adobe 系统公司（Adobe System）开发的网页制作工具 Adobe GoLive 也是一款值得称道的优秀工具软件。2005 年 4 月，Adobe 公司宣布以 34 亿美元收购 Macromedia 公司，开创了 Adobe 与 Macromedia 强强联合的新时代。目前 Adobe 已将“网页三剑客”全部集成到 Adobe Creative Suite 4 中。

二、网页制作中的辅助工具

1. 图形图像编辑工具

在网页制作过程中，经常需要处理一些图形文件，Adobe Photoshop 就是其中之一。在图像处理领域中，Photoshop 毋庸置疑地居于绝对领先的地位，目前大部分网站使用的图像都是使用该软件处理的。

Photoshop 是 Adobe 公司开发的一个功能强大的图像处理软件。目前该产品的最新版本是 Adobe Photoshop CS3。与 Dreamweaver 并称“网页三剑客”之一的 Fireworks 也是一款专为网络图形设计的图形编辑软件。对于辅助网页编辑来说，Fireworks 不失为一款得力的图形图像处理工具。

2. 多媒体制作及编辑工具

这类工具主要包括动画制作工具和音视频编辑工具两大类。

（1）动画制作工具

Macromedia 公司于 1999 年 6 月推出的优秀网页动画设计软件 Flash 4 是一款交互式动画设计工具，用它可以将音乐、声效、动画以及富有新意的界面融合在一起，以制作出高品质的网页动态效果。目前 Macromedia Flash 最新产品是 Adobe Flash CS3，集成在 Adobe Creative Suite 4 套件中。

除 Macromedia Flash 之外，目前 3D 动画制作工具也越来越多地用于网页元素的制作与开发，其中较典型的工具有 3D_Cool、3DMAX 等。

（2）音视频编辑工具

随着网络广告的兴起和发展，音视频广告越来越多地出现在网络应用中。目前，在 PC 平台流行的视频编辑软件有微软公司的 Windows Movie Maker 2、Adobe 公司推出的基于非线性编辑设备的音视频编辑软件 Adobe Premiere、友立公司的 Ulead Video Studio（会声会影）、ULEAD 的 Media Studio Pro，以及品尼高公司的 Pinnacle Studio 和 Pinnacle Edition。其中，Adobe Premiere 和 Pinnacle Edition 定位于中高端商业用户。专业计算机音频编辑软件如 Cakewalk 公司出品的 SONAR 4，它的附属产品还有 Home Studio 、Music Creator 2004 等。

思考与练习

1. “所见即所得”与“所见非所得”网页编辑工具的主要差别是什么？
2. FrontPage 2003 的 6 种视图各有什么作用？
3. 收集和整理网页制作工具相关资料，了解目前业内在站点开发和网页制作中常用工具的种类、功能和特点，并进行对比分析，撰写一份关于网页制作工具应用的综述报告。

任务 2　站点结构设计与管理目录创建

任务引入

某公司决定对站点进行全新改版，在原有的公司简介、公司资讯、产品展示、组织机构、企业文化等栏目基础上，增加网上营销、在线客服、会员管理和会员论坛等版块，试根据上述要求完成公司网站结构的设计。

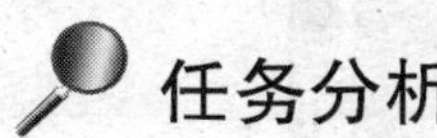

任务分析

一个站点中包含大量表现不同功能和内容的文件，为了更好地管理这些文件，常常需要对文件进行分类存放和管理。为便于管理，站点内的文件管理通常采用树状管理结构，并根据需要在所创建的网站中创建一系列的文件夹和子文件夹来存放不同栏目或版块的文件，文件夹命名也需要遵循一定的命名规范。具体创建这些文件夹时可以在 FrontPage 2003 的文件夹视图中，根据事先设计的站点结构特征创建站点管理目录。

相关知识

一、新站点的创建

在 FrontPage 2003 主窗口中，单击【文件】→【新建】，在任务窗格中，单击【其他网站模板】，打开【网站模板】对话框，如图 7—2—1 所示。

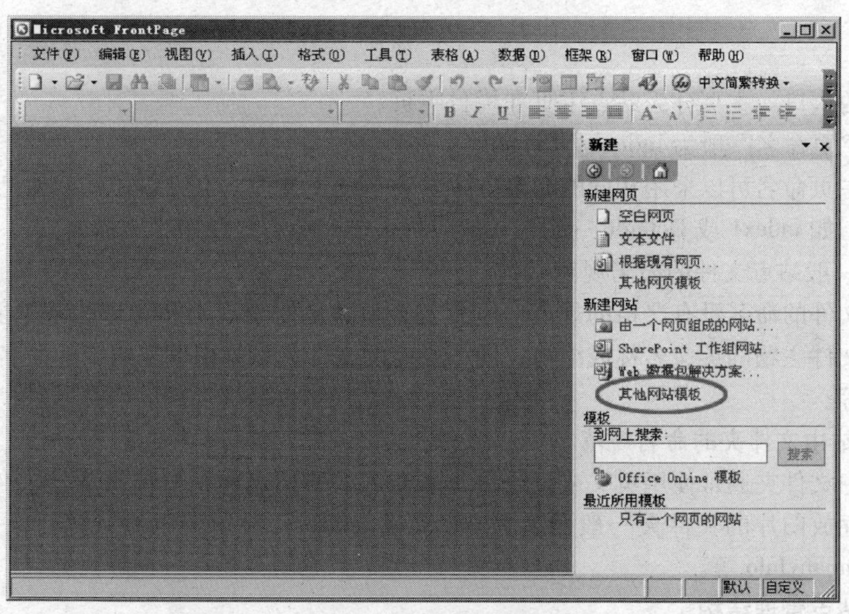

图 7—2—1　使用【网站模板】创建本地站点

在打开的【网站模板】对话框中，选择一个网站模板，例如选择“只有一个网页的网站”模板，在【指定新网站的位置】处单击【浏览】按钮，选择新建网站的根目录，单击【确定】按钮，完成本地新站点的创建，如图 7—2—2 所示。

二、文件和管理目录的命名规范

1. 网站中文件的命名规范

（1）主页的命名规范

主页也称首页，是指访问者访问站点或站点的某一栏目时第一个访问的页面，是整个网

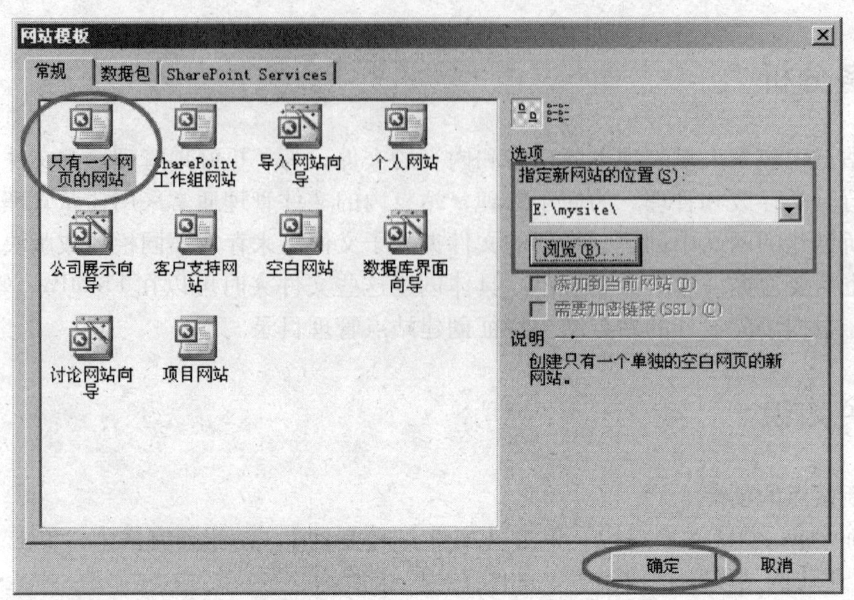

图 7—2—2　创建本地站点

站或栏目的入口。主页分为站点主页和栏目主页。

站点主页命名一般为 index 或 Default。

栏目主页命名可以采用相同的命名方式。为了便于管理，也可以在其后加上栏目序号或其他标志，如 index1 或 Default_ gsjj。一般应尽可能避免直接使用中文命名。

（2）一般站点文件的命名规范

一般文件的命名没有严格的规范，但命名必须满足便于识别和管理的基本要求。比如，可以使用文件主题的英文名称或缩写，同一层级的文件可以使用事先约定的命名规则和文件序号命名等。

2. 网站中文件夹的命名规范

网站中文件夹通常使用英文或汉语拼音来命名，所用名称最好能够表达文件夹的用途。比如用于存放图片的文件夹一般命名为 image 或 images；公司资讯栏目根目录可以命名为 gszx 或 CompanyInfo 等。

三、站点管理结构

站点文件一般采用分类管理模式进行管理，常见的如依据文件分属栏目不同分别创建存放目录，如图 7—2—3 所示。

任务实施

一、创建本地站点

在本地目录下创建一个文件夹，如 E：\ tianxiangsite。启动 FrontPage 2003，使用【网站模板】创建一个“只有一个网页的网站”，并将站点根目录定位到该文件夹，如图 7—2—4 所示。

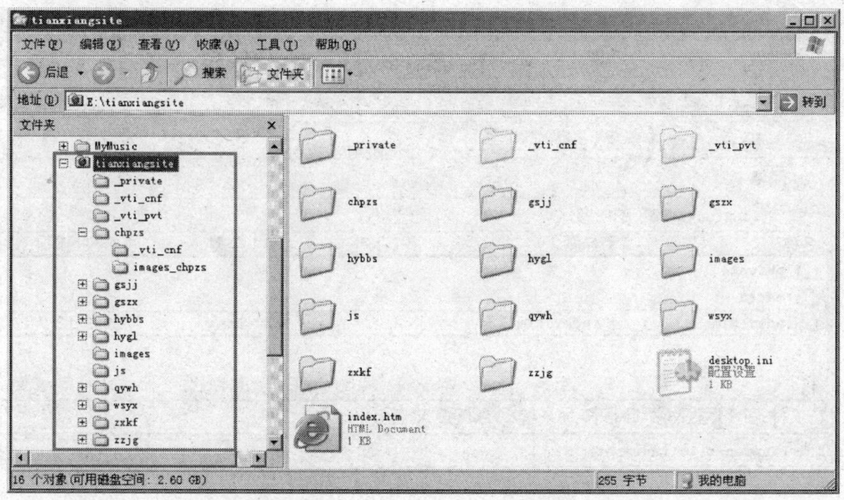

图 7—2—3　站点文件管理结构

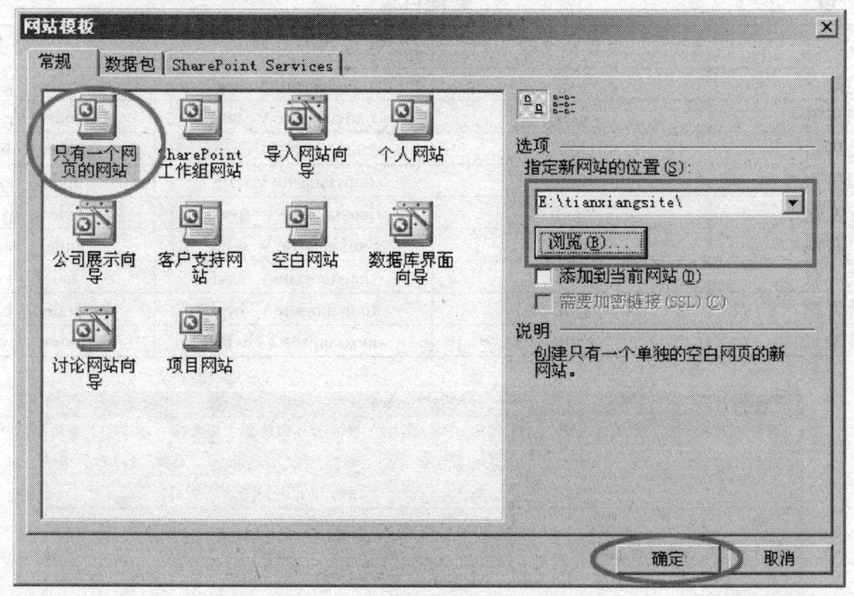

图 7—2—4　创建本地站点 tianxiangsite

单击【确定】按钮后，FrontPage 即在 E：\ tianxiangsite 下创建一个新站点，并自动为站点创建站点主页文件 index. htm，保存图片的文件夹 images，系统文件夹_ private、_ vti_ cnf、_ vti_ pvt 和站点配置文件 desktop. ini，其中文件夹_ vti_ cnf、_ vti_ pvt 和文件 desktop. ini 具有隐藏属性，如图 7—2—5 所示。

二、设计并创建站点管理目录

根据本任务的要求创建管理目录，见表 7—2—1。

在图 7—2—5 所示窗口空白处单击右键，在快捷菜单中单击【新建】→【文件夹】，创建一个新文件夹，如图 7—2—6 所示。

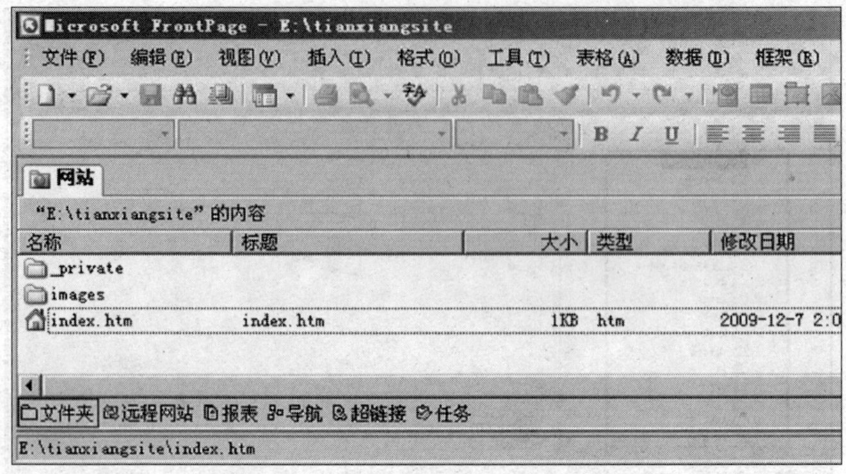

图 7—2—5　新建站点的初始结构

表 7—2—1　**管理目录**

站点栏目	文件夹名称	保存目录	主页命名
公司简介	gsjj	tianxiangsite \ gsjj	index_ gsjj. htm
公司资讯	gszx	tianxiangsite \ gszx	index_ gszx. htm
产品展示	chpzs	tianxiangsite \ chpzs	index_ chpzs. htm
组织机构	zzjg	tianxiangsite \ zzjg	index_ zzjg. htm
企业文化	qywh	tianxiangsite \ qywh	index_ qywh. htm
网上营销	wsyx	tianxiangsite \ wsyx	index_ wsyx. asp
在线客服	zxkt	tianxiangsite \ zxkf	index_ zxkf. asp
会员管理	hygl	tianxiangsite \ hygl	index_ hygl. asp
会员论坛	hybbs	tianxiangsite \ hybbs	index_ hybbs. asp

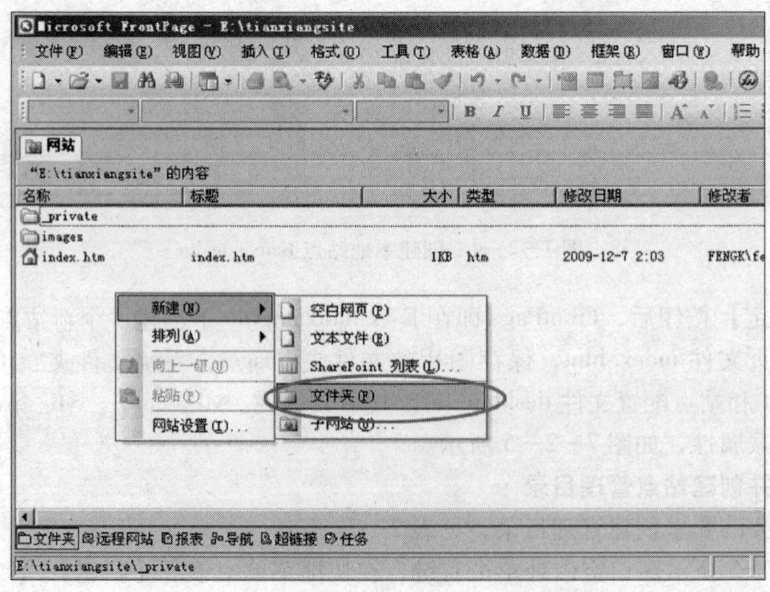

图 7—2—6　在站点根目录下创建新文件夹

在新建文件夹右边的空格中按表 7—2—1 顺序键入“公司简介”对应的文件夹名称“gsjj”，如图 7—2—7 所示。左键单击空白处，完成文件夹创建。

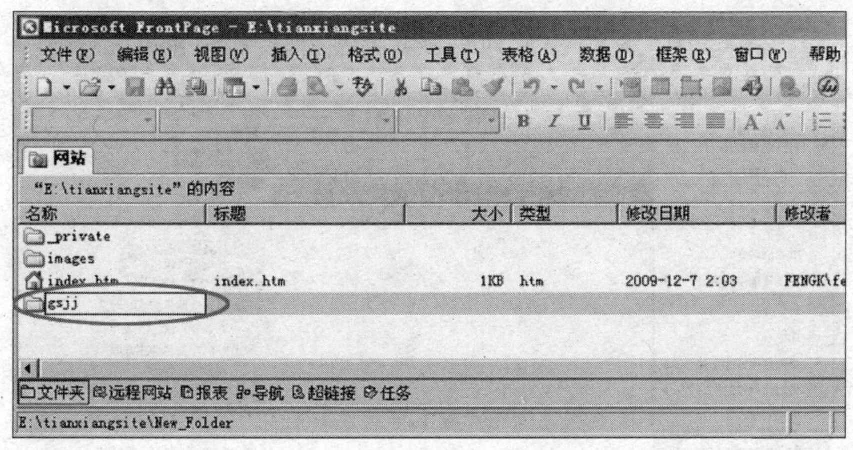

图 7—2—7　为新建文件夹命名

采用相同方法即可创建其余目录。全部文件夹创建完成后，在 FrontPage 2003 文件夹视图中即可看到如图 7—2—8 所示的站点目录。在资源管理器中打开 E：\ tianxiangsite 目录，即可看到图 7—2—3 所示站点结构。

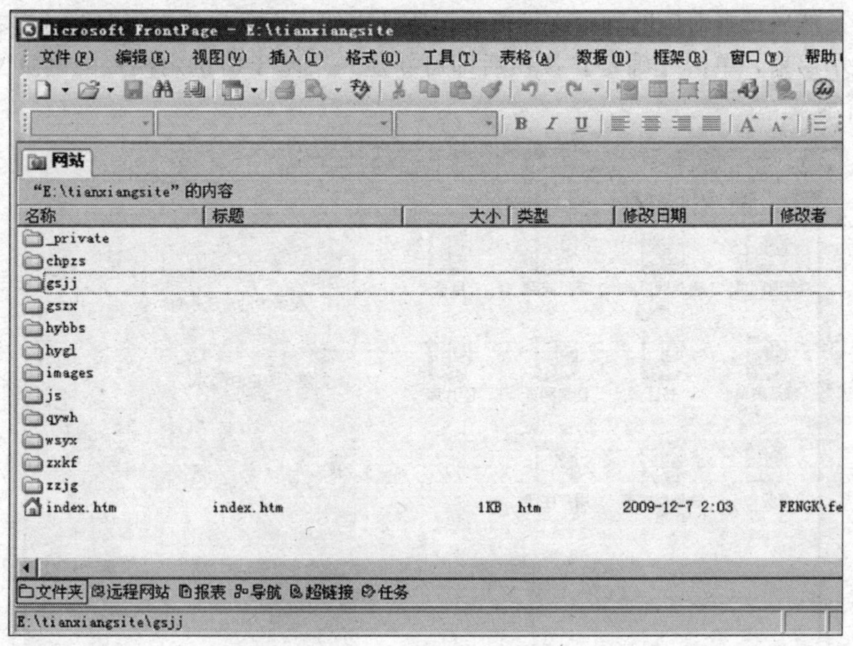

图 7—2—8　完成后的站点目录

三、新建网页文件

1. 单击 FrontPage 2003 常用工具栏上的【新建】按钮，新建一个空白网页。

2. 利用网页模板向导创建新网页文件。创建方法如下：

(1) 单击【文件】→【新建】，在右边的任务窗格中，单击【其他网页模板】，打开网页模板对话框，如图 7—2—9 所示。

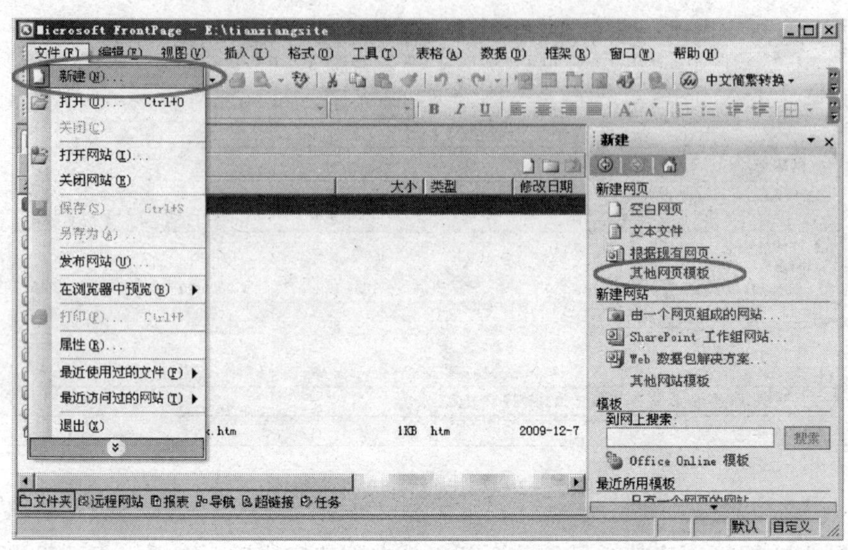

图 7—2—9 打开网页模板对话框

(2) 在【网页模板】对话框中，选择所需页面文件的类型选项卡，如常规、框架网页或样式表等。然后选择对应的网页文件模板，所选中的页面模板式样将在对话框右下角的预览窗口中显示出来，单击【确定】按钮后即可新建一个基于所选定模板的网页文件，如图 7—2—10 所示。

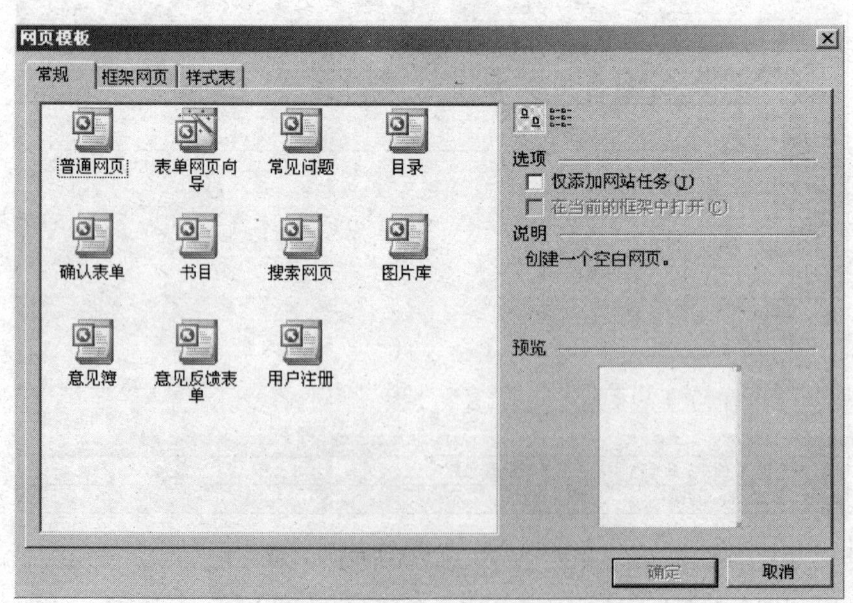

图 7—2—10 在【网页模板】对话框中选择页面模板

（3）使用快捷键“Ctrl + N”可以起到和第一种方法同样的效果。

（4）如果要同时创建一个网站的主要页面文件，可在 FrontPage 2003 中单击【文件】→【新建】，在右边的任务窗格中，单击【其他网站模板】，在【网站模板】对话框中选择网站模板，创建的网站中包括主页、链接页、导航等网页。

技能训练

完成全部管理目录的创建工作，并将所有文件夹改用英文命名，同时根据表 7—2—1 要求，创建各栏目主页和栏目图片保存目录。

思考与练习

1. 网站管理目录和网页文件命名一般遵循哪些规范？
2. 网页文件保存与一般文件保存有何差别？
3. 能否在站点保存目录下直接增删站点目录？为什么？

任务 3　站点主页布局与配色设计

任务引入

网页是一种视觉产品，不是各种信息的简单堆砌，网页设计的质量直接影响受众的访问效果。本任务要求对网站的布局和色彩进行设置，从而充分展示公司的形象和更好地发挥站点的商务功能。

任务分析

网页的外观设计主要包括布局设计和配色设计两方面。其中，布局设计是根据网页要表达的内容和期望的表现形式，确定页面显示尺寸和合理分配各种网页元素在页面内的位置以及所占用区域的大小，以期达到较好的显示效果；配色设计则是通过色彩的合理利用，使页面更具美感，同时，通过不同色彩的搭配，使整个页面更加协调和平衡。

相关知识

一、网页布局的基本概念

网页布局是通过设计者的构思，巧妙地将各种网页元素有机地整合起来，从整体上提高网页的可视性，充分展示网站的风格、精神和文化特质。网页布局设计中主要考虑以下问题：

1. 页面尺寸

由于页面尺寸与显示器大小和分辨率有关，网页的局限性就在于无法突破显示器的范围，而且因为浏览器也将占去不少空间，留给页面的范围变得越来越小。一般分辨率在 800 × 600 像素的情况下，页面的显示尺寸为 780 × 428 像素；分辨率在 640 × 480 像素的情况下，页面的显示尺寸为 620 × 311 像素；分辨率在 1 024 × 768 像素的情况下，页面的显示尺寸为 1 002 × 600 像素。

在网页设计过程中，向下拖动页面是唯一给网页增加更多内容空间的方法。但过长的网页无疑会影响访问者浏览网页的兴趣，除非站点的内容能吸引浏览者拖动，否则不要让页面内容超过三屏。如果需要在同一页面显示超过三屏的内容，那么最好能在上面做页面内部链接，以方便访问者浏览。

2. 整体造型

网页整体造型是指页面的整体形象，这种形象应该是一个整体，图形与文字的结合应该层叠有序，虽然浏览器都是矩形的，但对于页面的造型，设计者可以充分运用自然界中的其他形状及其组合形状，比如圆形、三角形、菱形等。

不同的形状所代表的意义是不同的。比如矩形代表正式、规则；圆形代表柔和、团结、温暖、安全等，许多时尚站点喜欢以圆形为页面整体造型；三角形代表力量、权威、牢固、侵略等，许多大型的商业站点为显示其权威性常以三角形为页面整体造型；菱形代表平衡、协调、公平，一些交友站点常运用菱形作为页面整体造型。虽然不同形状代表着不同意义，但目前的网页制作多数是结合多个图形加以设计，在这之中某种图形的构图比例可能大一些。

3. 页头

页头又称为页眉。页眉的作用是定义页面的主题。如站点的名字多数都显示在页眉里。访问者能很快知道这个站点叫什么名字，主要内容是什么。页头是整个页面设计的关键，将涉及下面更多的设计和整个页面的协调性。页头常放置站点名字的图片、公司标志和旗帜广告。

4. 文本

文本在页面中一般是以行或者块（段落）的形式出现，其摆放的位置决定着整个页面布局的可视性。在过去因为页面制作技术的局限，文本放置位置的灵活性非常小，而随着 DHTML 的兴起，文本已经可以按照自己的要求放置到页面的任何位置。

5. 页脚

页脚和页头相呼应。页头是放置站点主题的地方，而页脚是放置制作者或者公司信息的地方。大多数站点的制作信息都放置在页脚。

6. 图片

图片和文本是网页的两大构成元素，缺一不可。如何处理好图片和文本的位置是页面布局的关键。

7. 多媒体

除了文本和图片，还有声音、动画、视频等其他媒体。虽然这些不是经常能被利用到，但随着动态网页的兴起，它们在网页布局上也将变得更加重要。

二、网页布局的主要方法

在网页布局设计中常用的方法包括纸上布局和软件布局两种。

1. 纸上布局

纸上布局是在网页制作之前，先在纸上画出页面的布局草图。纸上布局法在设计时主要考虑以下几方面的问题：

（1）尺寸选择

目前一般 800 ×600 像素的分辨率为约定俗成的浏览模式。为了照顾大多数访问者，页面的尺寸一般选择 800 ×600 像素的分辨率。但随着液晶板显示器和高分辨率显示器的逐步普及，页面尺寸选择 1024 ×762 像素分辨率也逐渐普及。作为过渡，目前出现了一种介于两者之间的布局设计，即显示页面尺寸为 778 ×550 像素或 795 ×600 像素页面布局设计方案。

（2）造型的选择

页面的造型大致可以分为国字型、拐角型、标题正文型、左右框架型、上下框架型、综合框架型、封面型、Flash 型、变化型等若干种类。在设计页面布局时，可以先在纸上画出象征浏览器窗口的矩形，以这个矩形作为布局的范围。在上述页面类型中选择一个形状或几个形状的组合作为整个页面的主题造型，然后逐步修改。

（3）增加页头

在布局图上添加页头，注意页头应与站点的风格、主题、内容、目标受众以及所选择页面的整体造型相协调。

（4）增加文本

在页面的空白部分分别加入文本。注意标记放置图片或其他元素的位置和文本中的标题以及文本字号、字体和颜色等。

（5）增加图片

图片是美化页面和说明内容必须的媒体。在这里把图片加入到适当的地方。

经过以上的几个步骤，一个页面的大概布局就完成了。当然，这并不是最后的结果，只是之后制作时的重要参考依据。

2. 软件布局

使用网页编辑工具软件或绘图工具软件绘制页面布局，常用的工具如 FrontPage、Photoshop 等。

三、FrontPage 2003 表格布局工具

FrontPage 2003 提供了一个布局表格工具，使用该工具，用户可以非常方便地进行页面布局设计。

启用 FrontPage 2003 布局表格工具的方法是：新建一个页面文件，单击【表格】→【布局表格和单元格】，如图 7—3—1 所示。

启用布局表格工具后，在工作界面右边自动展开【布局表格和单元格】任务窗格，如图 7—3—2 所示。

根据需要，也可以直接使用 FrontPage 2003 中内置的布局模板，如图 7—3—3 所示。

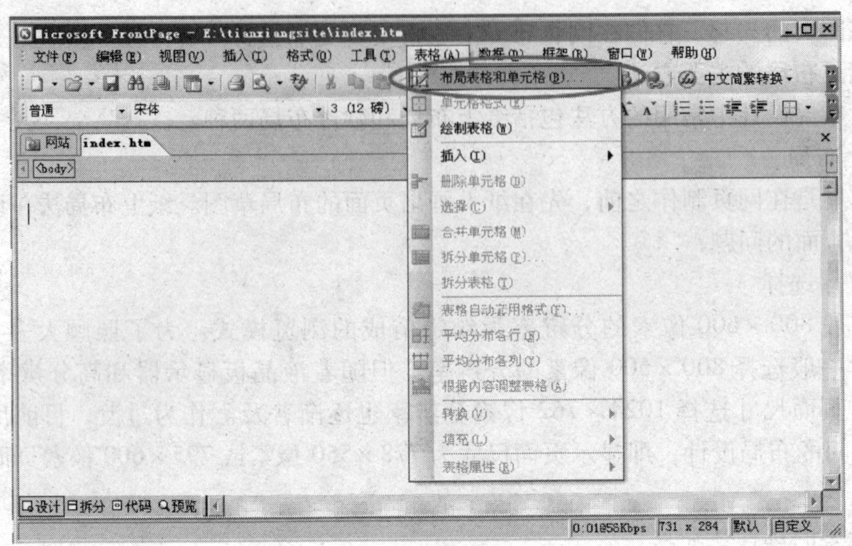

图 7—3—1 启用布局表格工具

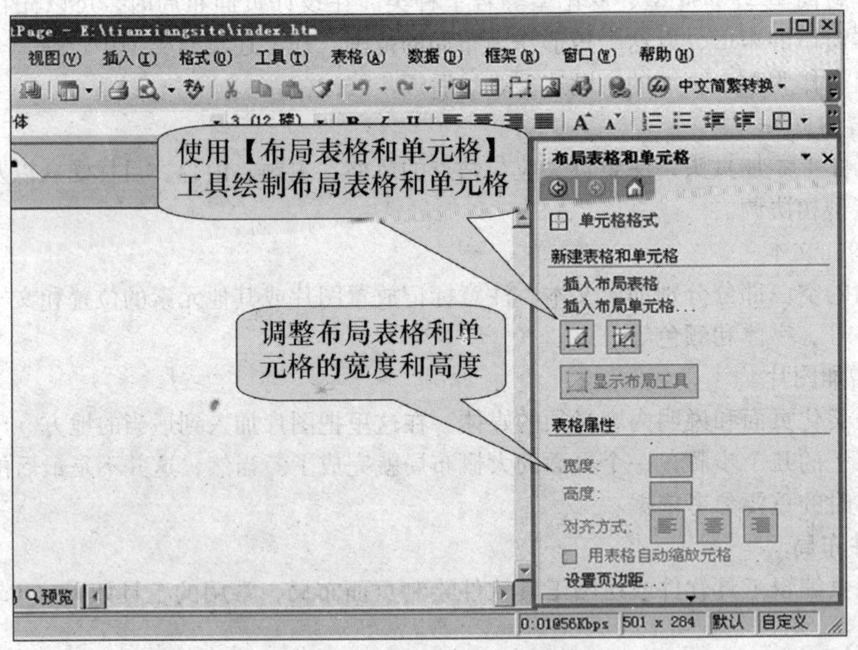

图 7—3—2 布局表格和单元格绘制工具

四、配色设计

色彩一般分为暖色和冷色。红、橙、黄以及以这三种颜色为主基调的颜色称为暖色，青、蓝、紫以及以这三种颜色为主基调的颜色称为冷色，绿色称为中性色。一个网页的颜色通常由主颜色、辅颜色和点缀色组成，而且，不同颜色的数量一般控制在 3 种以内。

1. 主颜色的选配

在进行配色设计时，一般要根据站点所要表达的主题进行选择，如企业文化特征、产品

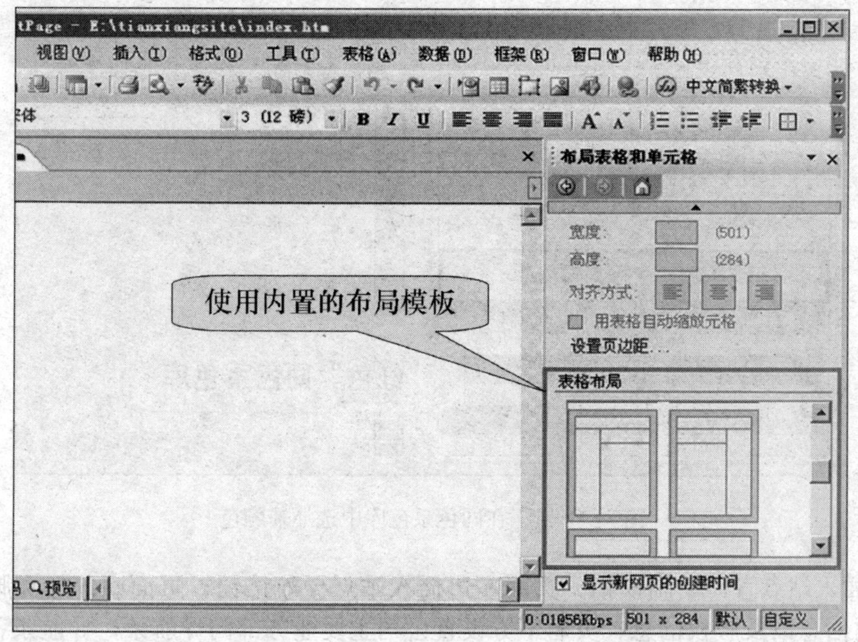

图 7—3—3　使用内置的布局模板

颜色或是某种概念、意境联想等。先确定整个网站主颜色的基调，即确定选择暖色、冷色或中性色，然后确定整个站点的主颜色。在此基础上确定站点主页的颜色配置。一般来说，站点主页的主颜色即全站的主颜色。各栏目主页的主颜色一般与全站主颜色相同或属同一色系。不同栏目间不要求完全相同，但同一栏目内部应基本保持一致。

2. 辅颜色的选配

常用的辅颜色选配方法有三种。

（1）通过调整主颜色的深浅产生新的颜色作为辅颜色。这样的页面看起来色彩统一，有层次感。

（2）使用主颜色的对比色作为辅颜色。这样配色的页面色彩丰富但不花哨。选择对比色的一种简单方法是在 Photoshop CS 中，选中主颜色后按下“Ctrl + I”组合键。

（3）选择与主颜色同一色系中的其他颜色作为辅颜色。同色系颜色的选择可以在 Photoshop CS 中，先将前景色设置为主颜色，然后在同色系色库中选择辅颜色即可，如图 7—3—4 所示。

3. 点缀色的选配

点缀色用于突出表现某些需要引起浏览者注意的文字、按钮或用于平衡网页布局结构的色块。点缀色一般要求与主颜色和辅颜色形成较大的反差，在整个页面中所占幅面为 5% ~ 10%，最好不要集中在页面的某一区域内。

任务实施

下面以一个 778 × 600 像素的公司主页为背景，了解在 FrontPage 2003 中表格布局技术的应用。

设计目标的页面显示尺寸是 778 × 600 像素。在页面顶部页眉靠右插入站点 Logo，紧靠

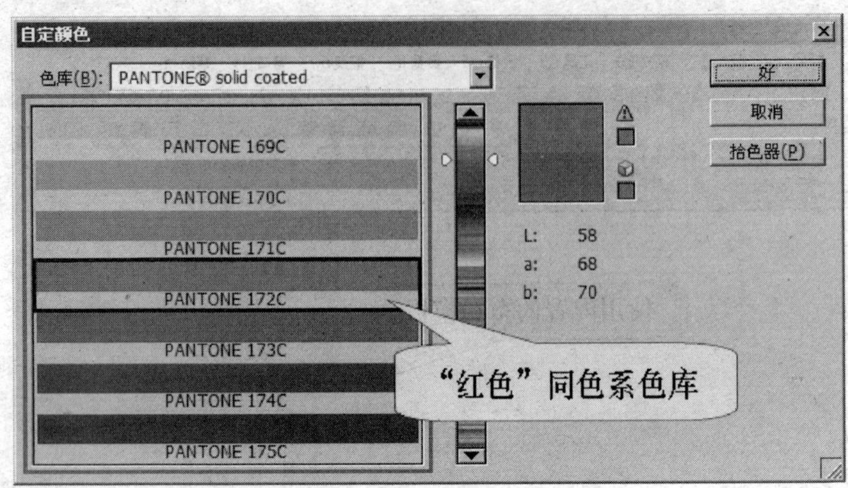

图 7—3—4 在同色系色库中选择辅颜色

站点 Logo 插入站点宣传动画横幅；页面左边插入站点导航按钮；页面底部加页脚，放置制作者或公司信息以及版权信息；页眉下方设置公司主要业务部门导航条；导航条下方为公司图片信息栏和滚动信息栏；信息栏下方设计公司三个主要产品宣传的图片链接。

设计方法和步骤如下：

第一步，在 FrontPage 2003 中新建一个页面，单击状态栏右边的【网页大小】，在弹出的【网页大小】菜单中选择 778 × 600（如无此尺寸，可单击【更改页面大小】，自行设置页面尺寸），如图 7—3—5 所示。

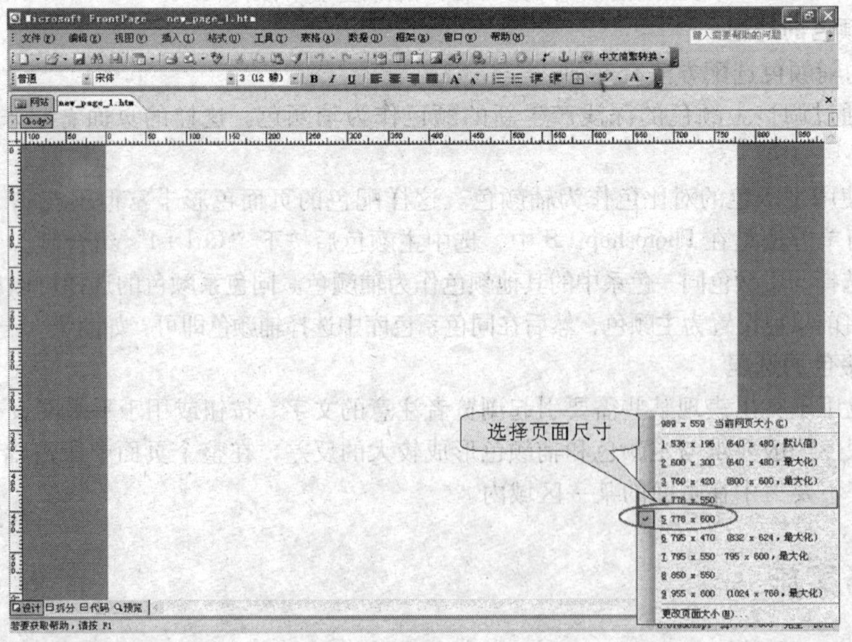

图 7—3—5 选择页面尺寸

第二步，新建一个空白网页，单击【表格】→【布局表格和单元格】，在左边的任务窗格中单击【绘制布局表格】按钮，按住左键在页面上任意绘制一个 1×1 的表格，在任务窗格的【表格属性】中，设置宽度为 778 像素，高度为 600 像素。

第三步，单击任务窗格中的【绘制布局表格】按钮，在表格中从上至下绘制三个嵌套表格，单击页面侧面行高尺寸旁边的下拉箭头，选择【更改行高】，依次将三个表格的高度分别改为 100 像素、450 像素和 50 像素，如图 7—3—6 所示。

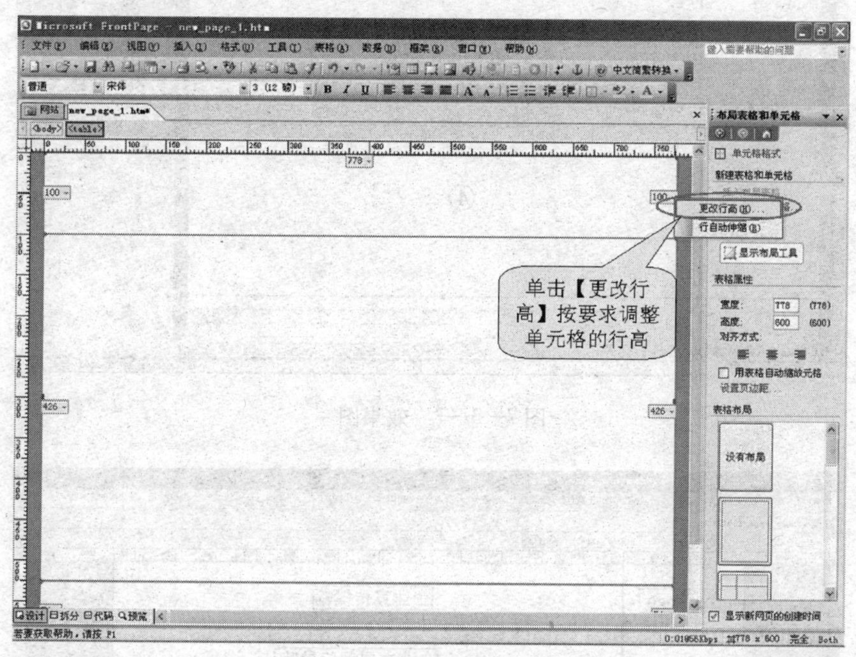

图 7—3—6　按需要更改单元格行高

第四步，在上方嵌套表格中，使用【绘制布局单元格】工具，分别绘制两个单元格，宽度分别为 150 像素和 628 像素。

第五步，在中间的嵌套表格中，使用【绘制布局单元格】工具，在左侧绘制一个宽度为 150 像素的单元格；在右侧上方绘制一个高度为 40 像素、宽度为 628 像素的单元格；在该单元格下方再绘制出两个单元格，高度分别为 200 像素和 210 像素，宽度均为 628 像素；在下方嵌套表格中从上至下绘制三个单元格，宽度均为 778 像素，均分各行，完成后如图 7—3—7 所示。

第六步，将图 7—3—7 中单元格②拆分为左右两个单元格，宽度分别为 330 像素和 298 像素；在单元格④中再绘制一个 628×210 像素的嵌套表格，并在表格中水平绘制三个单元格，高度均为 210 像素，平均分布各列。

第七步，选中单元格①，在任务窗格中单击【插入布局表格】，插入一个 1×1 的布局表格，再在该布局表格中从上至下插入 10 个布局单元格，均分各行；在单元格③中插入一个 1×1 的布局表格，再从左往右插入 7 个布局单元格，均分各列。

完成上述操作后的效果如图 7—3—8 所示。

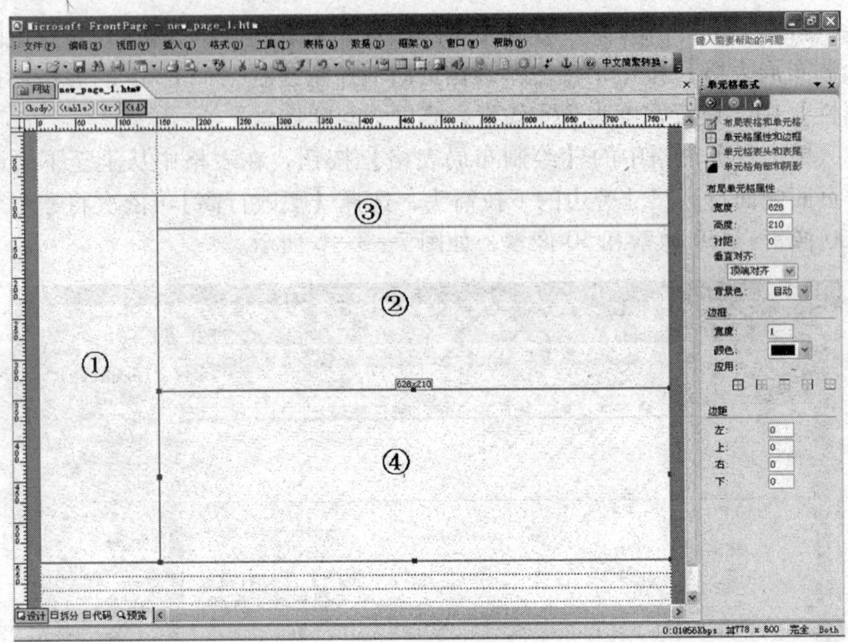

图 7—3—7　效果图一

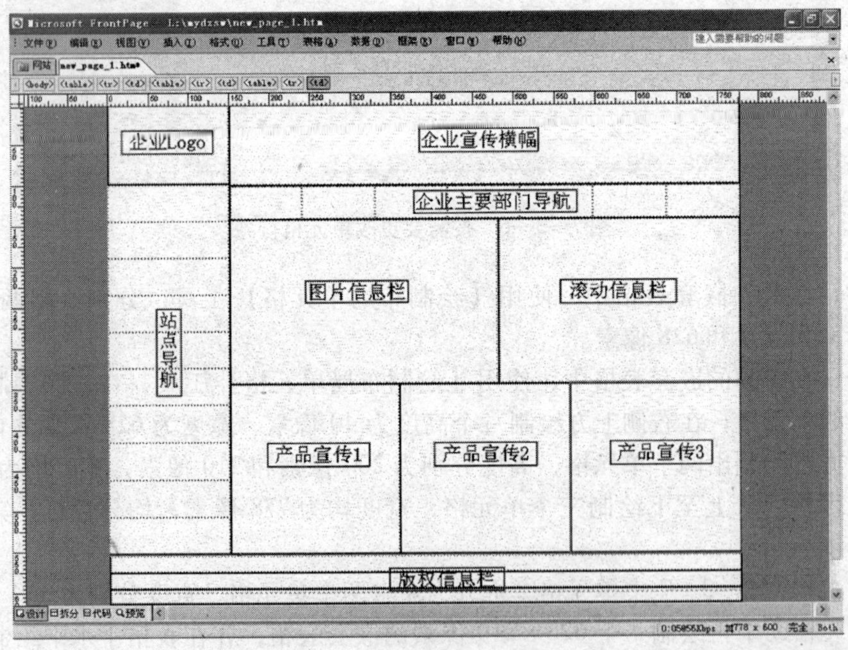

图 7—3—8　最终布局设计参考图

技能训练

天翔公司是一家网络公司，假如图 7—3—8 是该公司的站点主页，请为该主页设计配色。

思考与练习

1. 常用的网页尺寸规格是多少？

2. 网页布局设计时一般应考虑哪些方面的问题？

3. 网页布局设计中常用的技术有哪些？

4. 南星公司是一家生产数控机床的企业，如果为该公司设计企业网站，那么应使用哪种颜色作为站点主页的主颜色和辅颜色？

任务4　简单企业通告页面制作

任务引入

某公司决定在国庆节来临之际举办公司五周年庆祝活动，需要在公司网站上发布一个庆典活动通知页面，如图7—4—1所示，试完成该项设计工作。

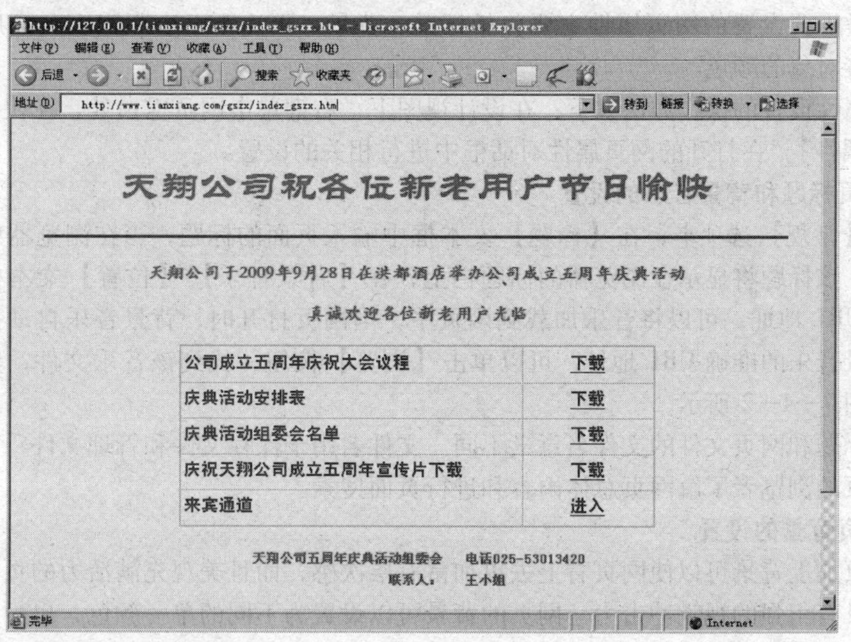

图7—4—1　任务示例

任务分析

制作图 7—4—1 所示页面主要用到文字输入，文字字号、字体、颜色编辑，网页背景颜色设置，水平线及其属性设置，插入表格及表格属性设置、单元格属性设置，超链接创建等网页编辑操作技能。因此需要掌握网页编辑、网页属性设置、表格应用和超链接创建等相关知识和技能。

相关知识

一、网页文本编辑

FrontPage 2003 的文本编辑与 Word 文本编辑方法类似，直接键入文字，设置文字的字号、颜色、间距等。单击【格式】→【字体】，在【字体】对话框中进行相关的设置，设置内容包括字体、字形、字符大小、间距、颜色、修饰效果等。用户也可以对文本的段落格式进行设置，单击【格式】→【段落】，在【段落】对话框中进行相关设置，设置内容包括对齐方式、缩进和段落间距。

二、网页属性设置

网页文件的属性在【网页属性】对话框中设置。FrontPage 2003【网页属性】对话框中包括【常规】、【格式】、【高级】、【自定义】、【语言】和【工作组】六个选项卡，在网页制作中经常需要设置的网页属性主要包括标题、背景、页边距、边距宽度和高度、背景音乐、超链接对象的颜色。

网页属性设置的操作方法如下：在设计视图下，右键单击网页空白处，在快捷菜单中单击【网页属性】，在打开的网页属性对话框中进行相关的设置。

1. 网页标题和背景音乐的设置

选中【常规】选项卡，在【标题】文本框中输入页面的标题，当在浏览器中打开该页面文件时，该标题将显示在浏览器的标题栏上；在【背景音乐】→【位置】文本框中输入背景音乐的 URL 地址，可以将音乐加载到网页中，当网页打开时，背景音乐自动播放。如果不清楚背景音乐的准确 URL 地址，可以单击【浏览】按钮，找到该音乐文件，然后插入网页中，如图 7—4—2 所示。

网页标题和网页文件的文件名意义不同。文件名用于保存文件和管理文件，而网页标题则是让网页的浏览者了解网页总体内容和进行页面搜索。

2. 网页背景的设置

为网页加上背景可以使网页看上去更加富有层次感，而且美观充满活力的页面背景对访问者常常具有很强的视觉冲击力。网页的背景可以设置为不同的单一颜色，也可以使用一张图片作为背景，如图 7—4—3 所示。

（1）单色背景设置

在【格式】选项卡中，单击【颜色】→【背景】下拉箭头，选择要添加的背景颜色。如果对所列出颜色不满意，可以在【其他颜色】中选择更多的颜色。

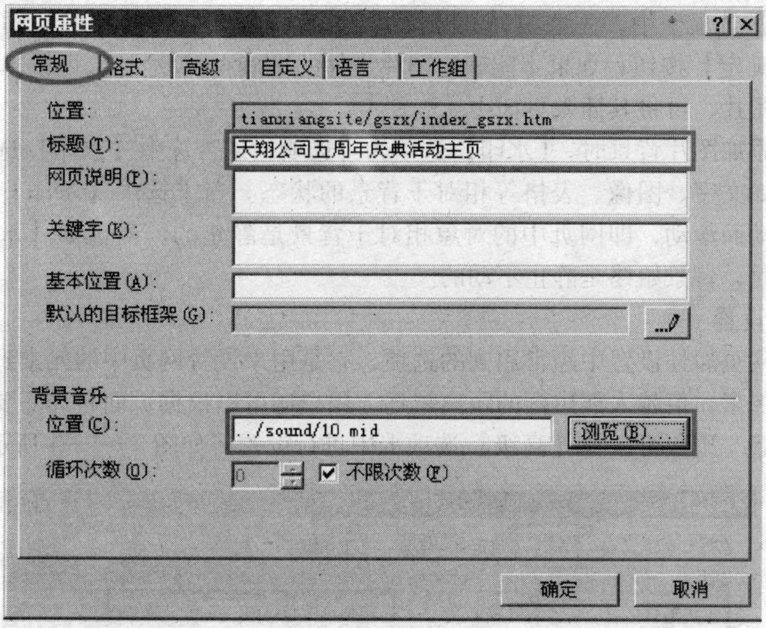

图 7—4—2　网页标题和背景音乐设置

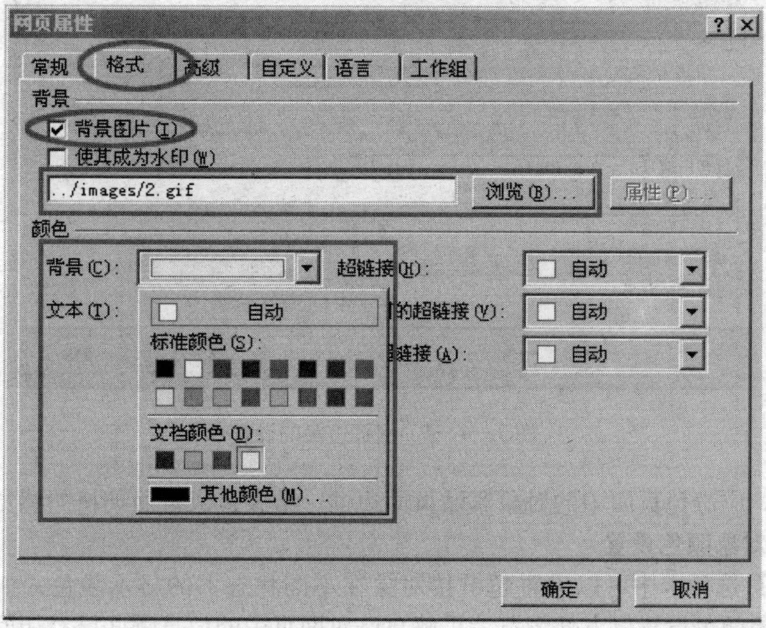

图 7—4—3　网页背景设置

如果在其他网页或图片中找到满意的颜色，可以利用【拾色器】获得该颜色的 RGB 代码，然后在【其他颜色】对话框的【值（V）】中输入该相应的 RGB 代码，单击【确定】按钮即可使用该颜色。

（2）使用图片背景设置

在【格式】选项卡中，先选中【背景图片】，直接键入要作为背景的图片文件的 URL 地址，单击【确定】按钮；如果不能确定图片文件的准确 URL 地址，可以单击【浏览】按钮，找到背景图片，再将其插入页面中。

在给网页添加图片背景时，【水印】选项为可选项，是否选中【水印】选项区别在于网页中的对象，如文字、图像、表格等相对于背景的状态。当未选中【水印】时，背景随网页中的对象滚动而滚动，即网页中的对象相对于背景是静止的；当选中【水印】时，网页中的对象滚动时，背景始终是静止不动的。

3. 边距的设置

边距也是网页属性设置中经常用到的选项，它是用来设置网页中的元素到网页边框的距离的，单位为像素，值越大离边框的距离越远，用户还可以根据页面布局需要进行边距的宽度和高度的设置。边距可以在【高级】选项卡中进行设置，如图 7—4—4 所示。

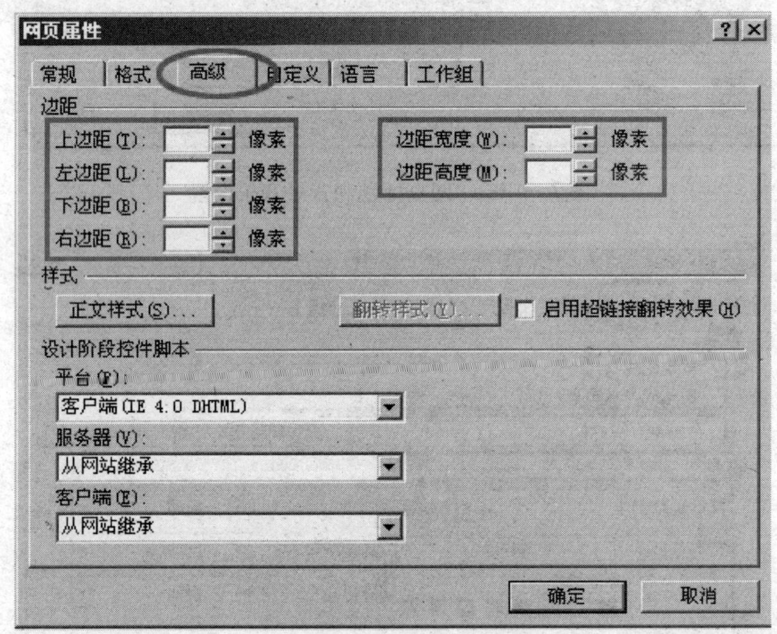

图 7—4—4　网页边距的设置

一般来说，应避免页面中的对象紧贴页面边框，给人造成页面拥挤的感觉。

4. 超链接对象颜色设置

在【格式】选项卡中可以设置超链接对象在不同状态下的显示颜色，如图 7—4—5 所示。超链接对象颜色设置以方便浏览者了解自己对网页中的信息哪些已经访问过，哪些尚未访问为宜。

三、主题的使用

1. 主题的概念

主题是一组统一的设计元素和配色方案，可应用到网页使之具有专业外观。使用主题是使网页视觉一致且具有吸引力的快捷方法。FrontPage 2003 包括许多可立即使用的完整主题。用户可以将一个主题应用到一个或多个网页或整个网站。如果将主题应用到网站中的所有网

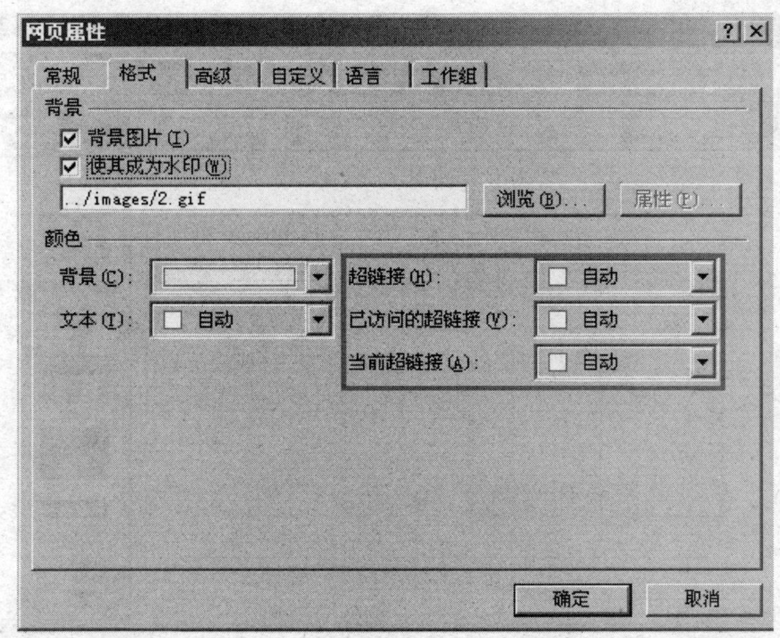

图 7—4—5 超链接对象显示颜色的设置

页，则将成为此网站的默认主题。创建新网页时，会自动应用默认主题。如果更改或删除默认主题，则此更改将应用到整个网站。

当网页使用某个主题时，就能从主题中自动获得这些样式。网页使用主题后，网页的部分属性将无法在【网页属性】对话框中进行设置。

一个网页应用了某个主题后，随时可以去掉该主题或者改用其他主题。应用主题可以采用以下方法：

在设计视图下，单击【格式】→【主题】，如图 7—4—6 所示。在工作区右边的任务窗格中显示主题的模板，如图 7—4—7 所示。

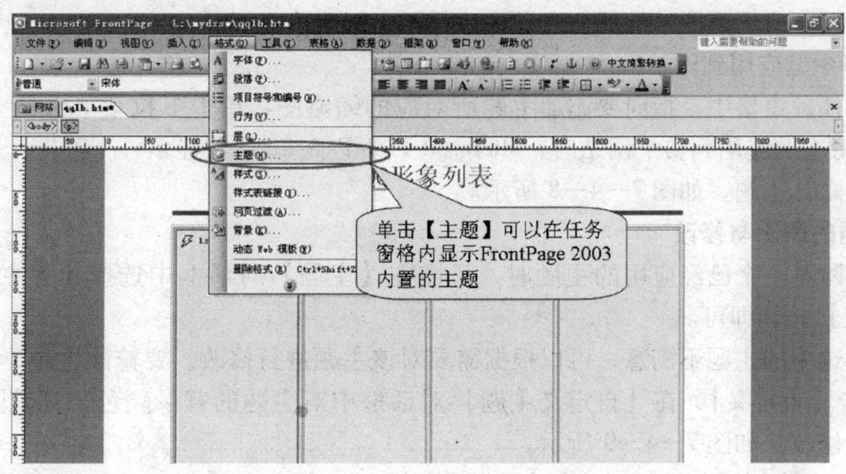

图 7—4—6 执行添加【主题】命令

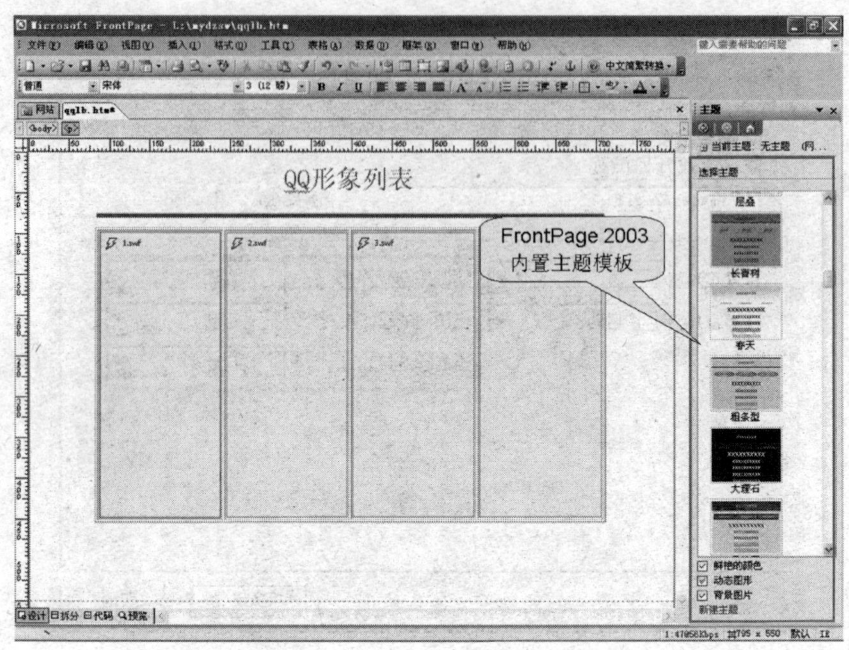

图 7—4—7　FrontPage 2003 主题模板

2. 主题的使用

（1）将主题应用到当前网页

当要给当前编辑的网页添加某一主题时，只需在主题任务窗格中，左键单击该主题模板即可。在当前网页中应用了主题之后，网页将不再使用网站的默认主题设置。因此，应用到网站的任何主题更改都不会影响该网页。

（2）将主题应用到所选网页

在文件夹视图中，选择需要的网页。单击【格式】→【主题】，在主题任务窗格中，单击要应用的主题。如果在单个网页中应用了主题设置，那么这些网页将不再使用网站的默认主题设置。因此，应用到网站的任何主题更改都不会影响这些网页。

（3）将主题应用到网站

在主题任务窗格中，指向要添加主题所对应的缩略图，单击下拉菜单中的【应用为默认主题】。将主题应用到整个网站时，Microsoft FrontPage 2003 将显示一个警告，表明正在设置该网站的默认主题，如图 7—4—8 所示。

3. 主题的删除与修改

当要删除某一个已经应用的主题时，只需在【主题】对话框中选择【无主题】选项，单击【确定】按钮即可。

如果对选中的主题不满意，可以根据需要对该主题进行修改。要修改主题，可在图 7—4—8 中单击【自定义】，在【自定义主题】对话框中对主题的背景颜色、背景图形、文本的样式进行修改。如图 7—4—9 所示。

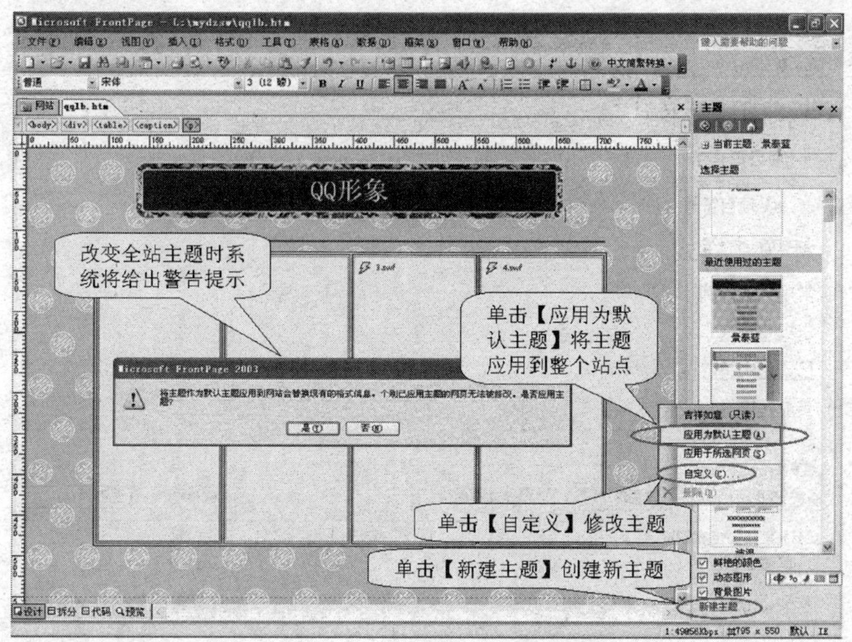

图 7—4—8 改变全站主题设置

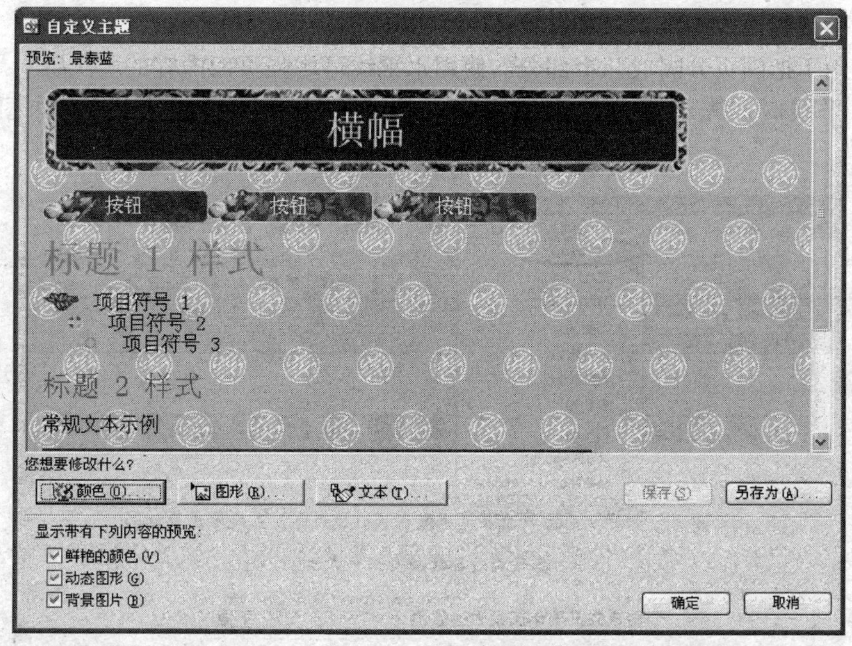

图 7—4—9 在【自定义主题】对话框中修改主题

用户可根据需要自行创建新主题，创建方法是在图 7—4—8 中的主题窗格中，单击【新建主题】，在图 7—4—10 所示【自定义主题】对话框中进行配色、背景图形和文本样式的设计。

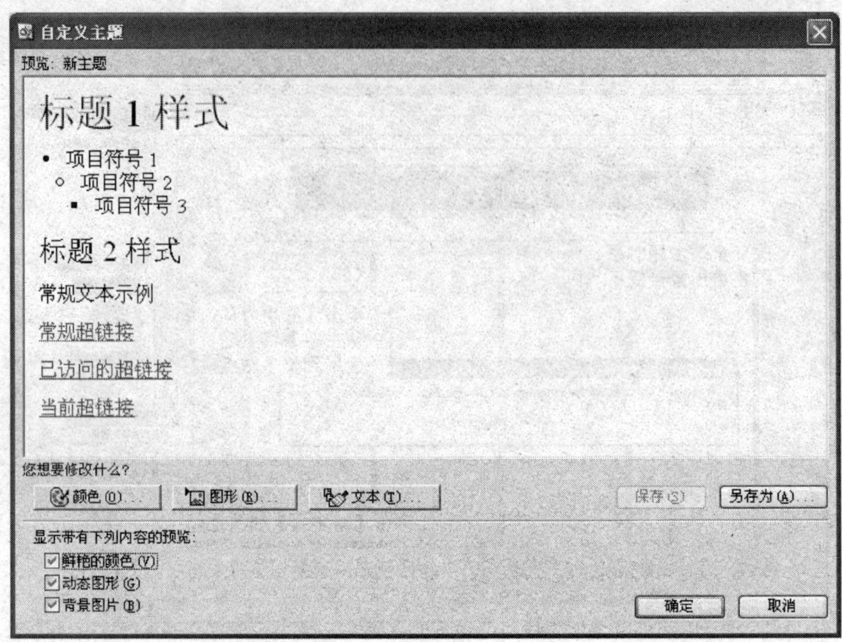

图 7—4—10　在【自定义主题】对话框中创建新主题

四、水平线的插入

水平线用于把网页分隔成几个部分。使用水平线可增强页面内容的层次感。

插入水平线时，先将光标移至插入点，单击【插入】→【水平线】，如图 7—4—11 所示。

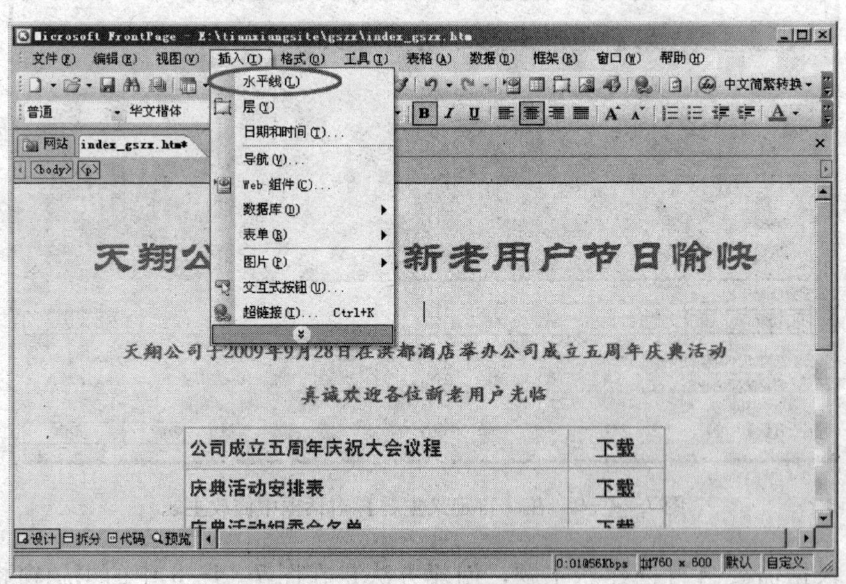

图 7—4—11　插入水平线

在插入水平线时，如果网页中没有应用主题，FrontPage 2003 编辑器将按照当前默认的水平线样式或前一次设定的水平线样式插入一条新的水平线。如果网页应用了主题，新插入的水平线的式样由网页所应用的主题决定。

要改变水平线的外观，可将鼠标放到水平线上单击右键，在快捷菜单中单击【水平线属性】；也可以直接左键双击水平线，在【水平线属性】对话框中，对水平线的宽度和高度、对齐方式、颜色、立体效果等进行设置，如图7—4—12所示。

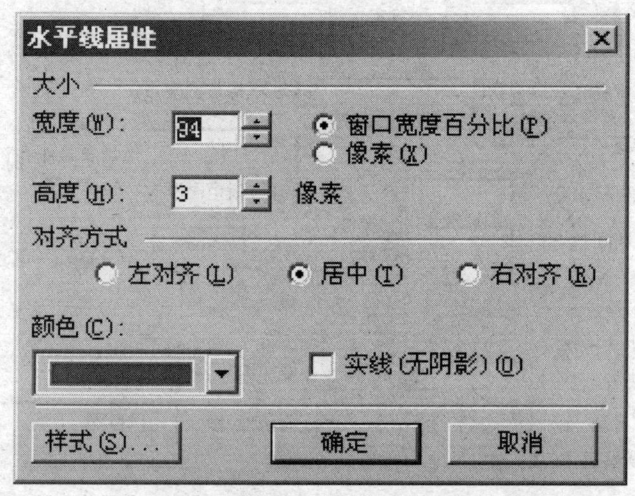

图7—4—12　水平线属性设置

五、表格的创建

创建表格命令为【表格】→【插入】→【表格】。

1. 创建规则表格

（1）方法一

执行插入表格命令，如图7—4—13所示。在【插入表格】对话框中设定所要创建表格的行数、列数、表格的宽高、表格边框宽度、颜色以及表格整体的对齐方式等参数，如图7—4—14所示，单击【确定】按钮。

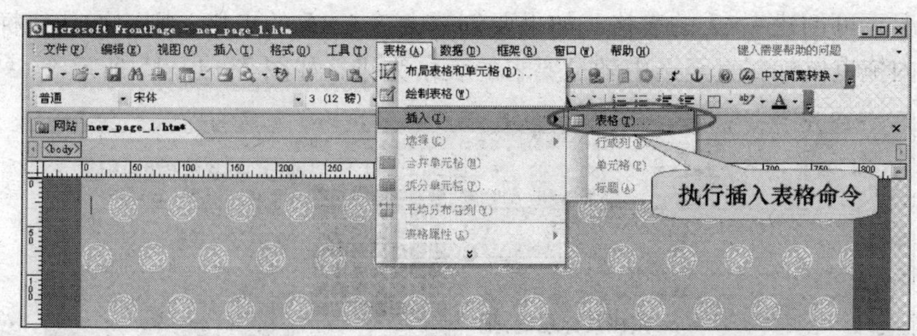

图7—4—13　执行插入表格命令

（2）方法二

单击标准工具栏上的【创建表格】快捷图标，然后按住鼠标左键拖动至指定行数和列数。

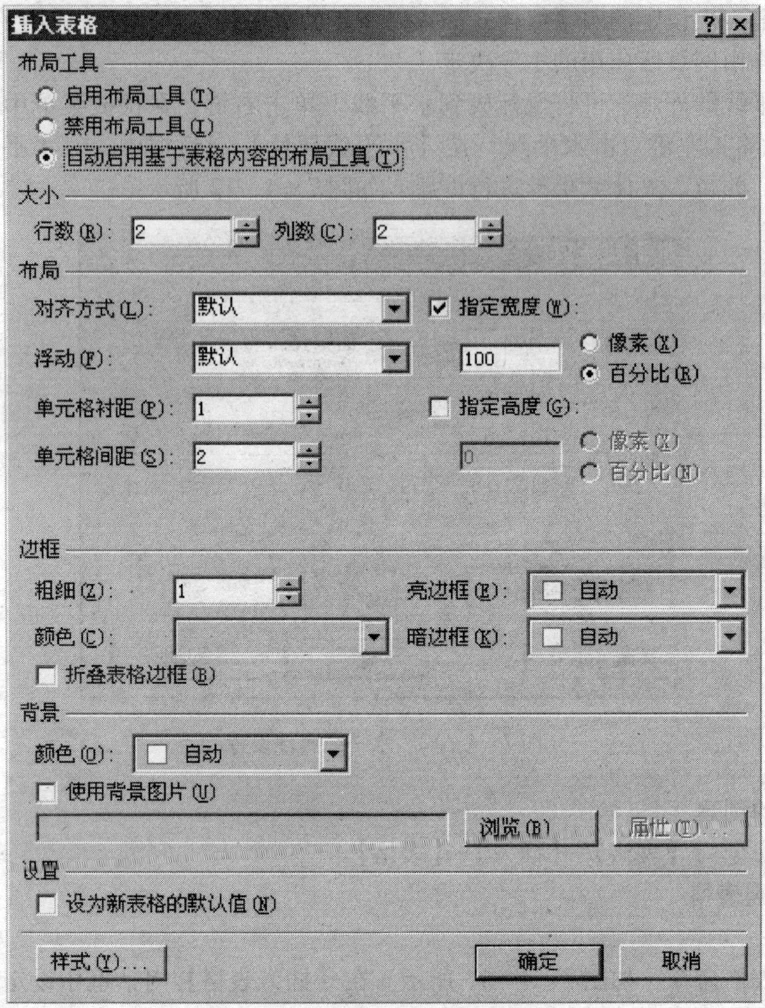

图 7—4—14　表格属性设置

默认情况下可创建 4×5 的表格。如果要创建大于 4×5 的表格，则应按住鼠标左键，然后在单元格内拖曳鼠标，直至选中满足要求的表格为止，如图 7—4—15 所示。

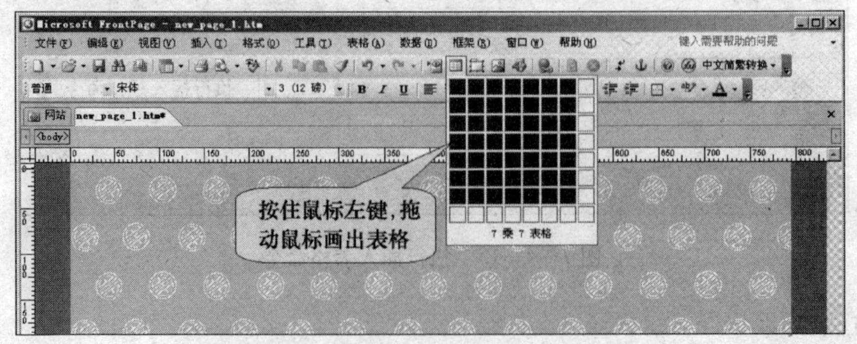

图 7—4—15　使用工具栏表格快捷图标创建表格

2. 创建不规则表格

（1）方法一

先创建一个规则表格，如图 7—4—16 所示。然后通过单元格的拆分与合并，创建满足条件的表格。

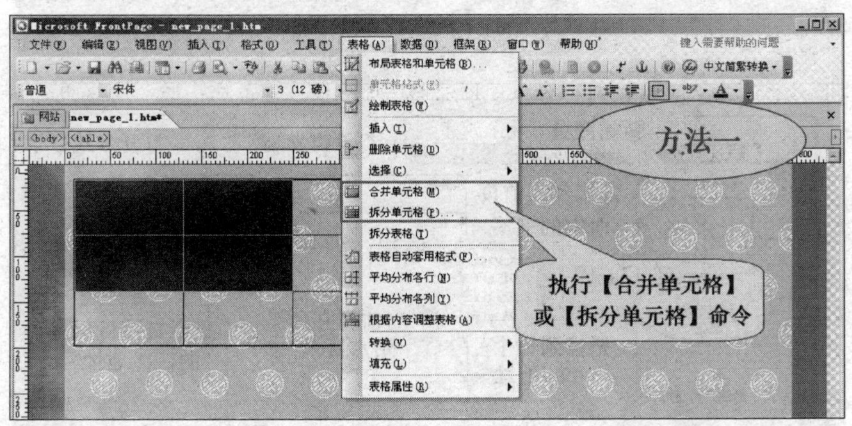

图 7—4—16　在规则表格中使用合并与拆分命令创建不规则表格

（2）方法二

利用 FrontPage 2003 编辑器画笔工具画出所需要的表格。

执行【表格】→【绘制表格】命令，或单击表格工具栏中的【绘制表格】按钮。默认情形下，表格工具栏是隐藏的，可以单击【视图】→【工具栏】→【表格】，显示表格工具栏。

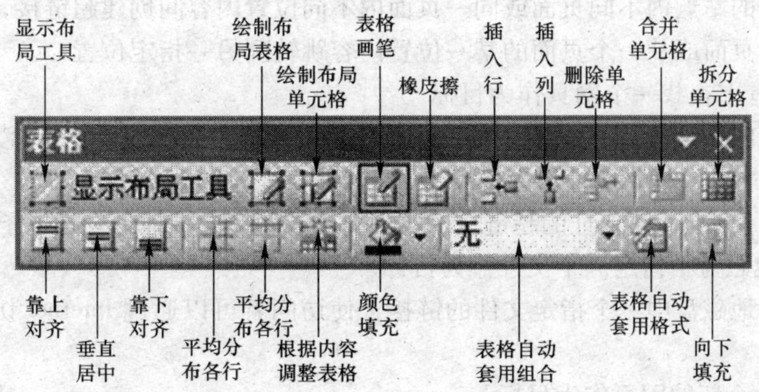

图 7—4—17　表格工具栏

表格工具栏如图 7—4—17 所示，单击【表格画笔】时，鼠标变成画笔状，拖曳画笔绘制出所需表格，然后释放画笔，即可创建表格。如果需要分割表格，在需要分割的一端拖曳画笔到另一端并连接即可。

六、超链接的创建

超链接可以看成从一个网页指向一个目标的连接关系，这个目标可以是另一个网页，也可以是相同网页上的不同位置，还可以是一个图片、一个电子邮件地址、一个文件，甚至是一个应用程序。Internet 就是用超链接编织起来的一张大网。

1. FrontPage 2003 创建超链接的跳转目标

FrontPage 2003 共提供了五种指定超链接的跳转目标，如图 7—4—18 所示。

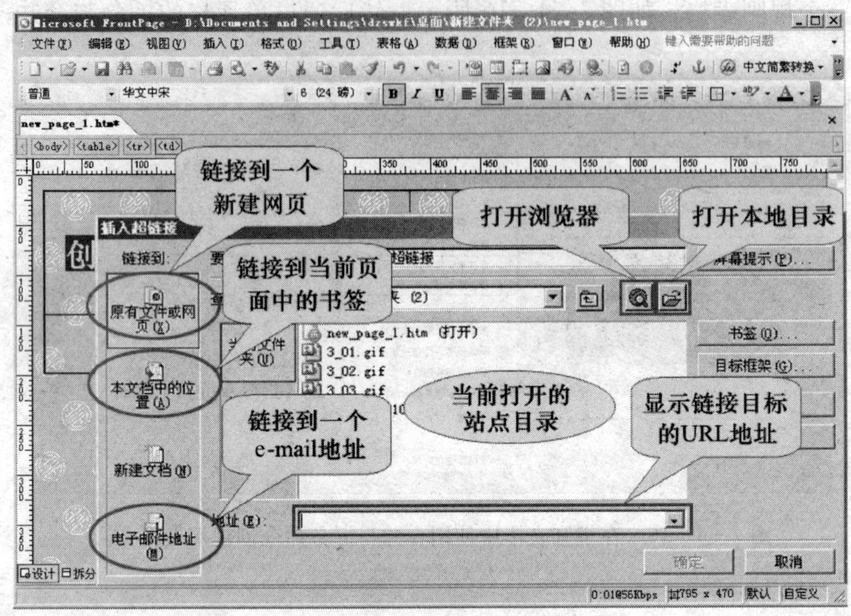

图 7—4—18　超链接的跳转目标

（1）在当前打开的网站或网页中建立超链接

在当前打开的站点内不同页面或同一页面内不同位置内容间创建超链接，实现从一个页面跳转到另一个页面或从一个页面的某一位置内容跳转到另一指定位置。

（2）从 Web 上查找一个网页作为目标

创建一个指向 Web 上某一站点中的一个指定页面或文件，实现 Internet 漫游。

（3）指定一个 e－mail 地址作为目标

创建指向某一 e－mail 地址的超链接，实现自动或手动向该地址发送电子邮件。

（4）从本地磁盘中指定一个文件作为目标

创建指向本地磁盘中一个指定文件的链接，使访问者可以通过 Internet 访问本地磁盘中的资源。

（5）创建一个新的网页作为目标

在当前打开的站点中为新建页面创建超链接，该超链接也可以在页面编辑过程中或制作完成后另行创建。

2. 创建超链接的方法

要创建超链接可以在页面中选中作为超链接载体的文本或图像，然后使用以下任意一个操作创建超链接：

（1）执行【插入】→【超链接】命令。

（2）单击标准工具栏上的超链接图标。

（3）右键单击所选中的文本或图像，在弹出的快捷菜单中单击超链接命令。

在【创建超链接】对话框中，选择超链接的目标，单击【确定】按钮。

任务实施

一、网页布局与配色设计

1. 打开 FrontPage 2003，新建一个页面文件，设置页面尺寸为 760 ×600 像素，使用布局表格工具按图 7—4—1 结构设计页面布局。

2. 打开【网页属性】对话框，设置背景颜色为#FFEECC，上、下、左、右边距均为 0。完成后如图 7—4—19 所示。

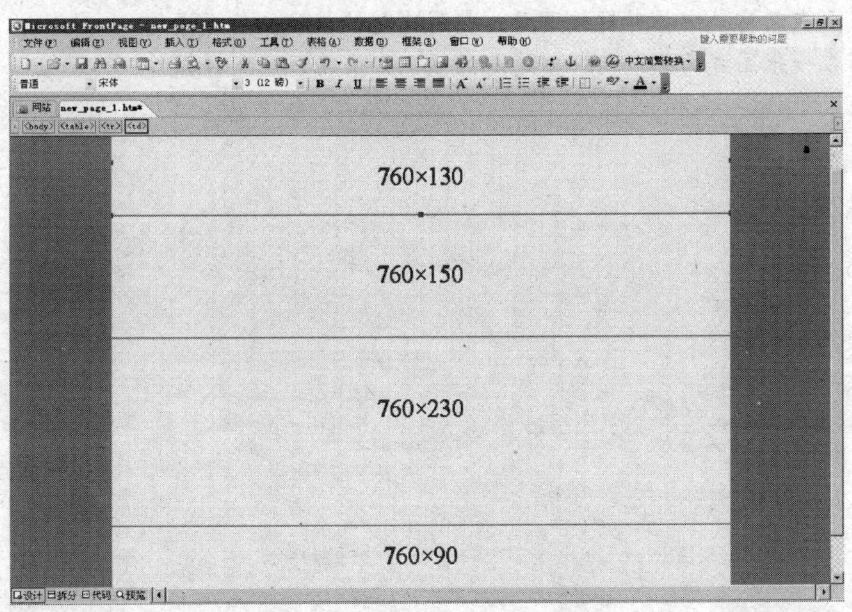

图 7—4—19　布局与配色完成图

二、插入表格

1. 如图 7—4—1 所示，在从上往下第三个单元格插入一个 5 ×2 的表格，设置边框粗细为 2 像素，颜色在背景色对比色系中选择。

2. 如图 7—4—1 所示，在从上往下第四个单元格插入一个 3 ×3 的表格，设置边框粗细为 0，适当调整列宽。

三、编辑页面文本

1. 如图 7—4—1 所示，在第一、第二个单元格中键入相应文本，并在第一个单元格文字下居中位置插入一条水平线，水平线高度为 3 个像素，宽度适中；设置文本字体、字号和颜色。

2. 如图 7—4—1 所示，在第三、第四个单元格表格中键入相应文字，设置字体、字号和颜色，其中第三个单元格中文字字体为黑体，不加粗。调整对齐设置如图 7—4—1 所示。

四、创建超链接

如图 7—4—1 所示，为文字添加超链接，编辑超链接颜色与该表格左边文字相同。

五、保存文件

完成上述操作后，命名文件并保存到站点某一目录中。

思考与练习

1. 网页的标题与网页文件的文件名有何不同？怎样设置网页的标题？

2. 在一张图片上创建了超链接后，如果更新图片，原来的超链接是否还有效？如果有效，原来的链接目标是否会发生变化？

3. 为什么要为超链接的三种不同状态配置三种不同的颜色？

4. 如果要在新窗口中打开链接页面，在创建超链接时应怎样操作？

5. 能否在一张图片的某一局部创建超链接？如果能，应怎样操作？

模块八

常用网页制作技巧

任务1　产品展示页面制作

任务引入

产品展示是企业站点主要内容之一，本任务要求能够制作如图 8—1—1 和图 8—1—2 所示的产品展示页面。

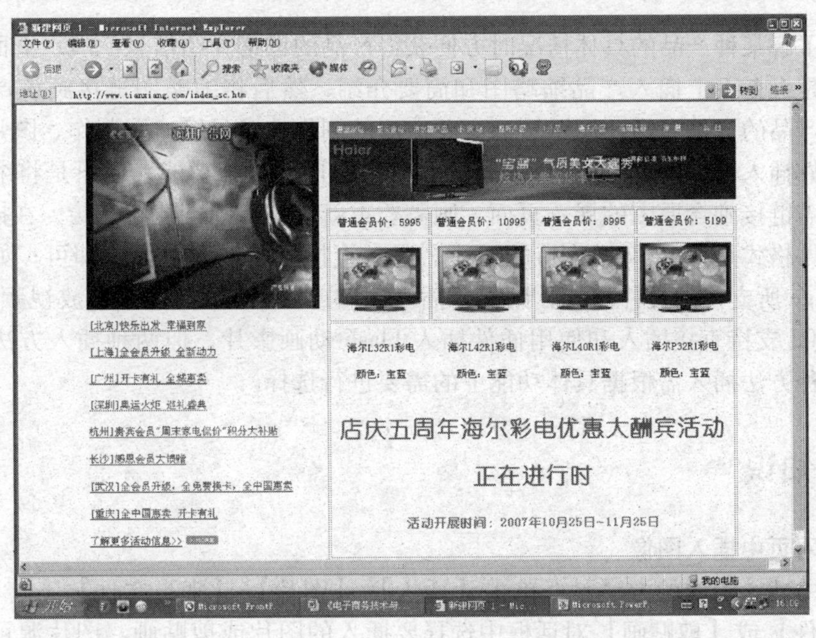

图 8—1—1　产品展示页面

任务分析

产品展示页面制作应使浏览者既可以宏观了解企业当前推出的各种产品的相关信息，又

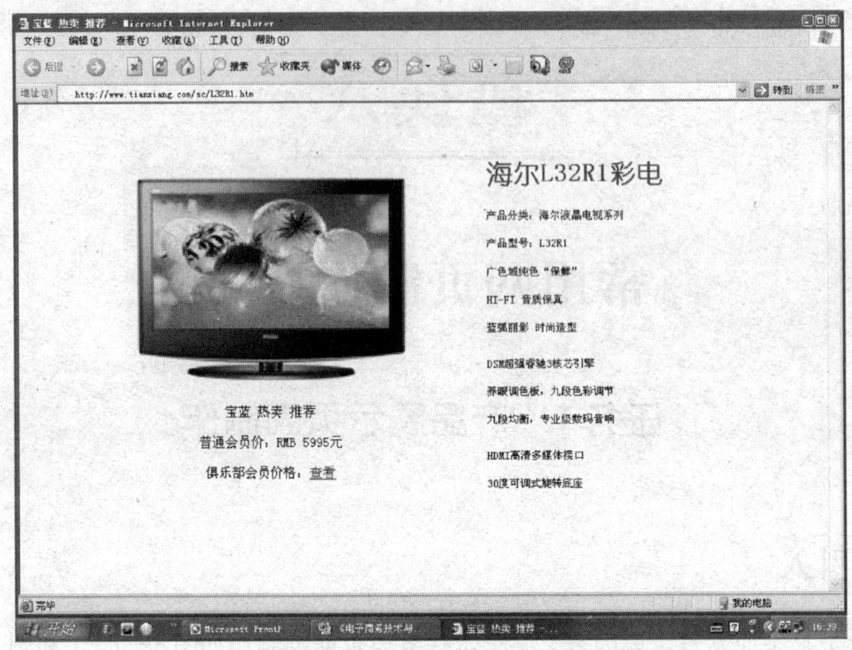

图 8—1—2　单一产品展示页面

可以在需要了解某种产品的具体情况时方便获得产品的详细介绍信息。展示页面制作中经常使用的办法是在首页上插入产品缩略图和简要介绍，然后将缩略图链接到该产品的展示页面，并提供产品的详细介绍。展示页面主要使用的制作技术是缩略图制作、图片插入、音视频、动画文件插入等。FrontPage 2003 提供了图片的自动缩略功能，但只是将缩略图链接到原图片，如需链接到含原图的展示页面，则需要重新为缩略图创建超链接。在插入视频文件时，如果文件格式是 FrontPage 支持的格式，通常直接将其插入页面中即可；如果文件格式不是 FrontPage 所支持的文件格式，则需要插入插件或 ActiveX 控件来播放视频文件。另外，FrontPage 2003 支持直接插入和使用插件插入 Flash 动画影片，但两种插入方法存在一定差异，使用何种方法插入需根据具体功能上的需要进行选择。

相关知识

一、在网页中插入图像

在网页中插入图像的方法是：单击【插入】→【图片】→【来自文件】（或【剪贴画】），在【来自文件】或【剪贴画】对话框中选择要插入的图片或剪贴画。图片源可以是当前打开的站点、本地磁盘、因特网，也可以直接从其他数码图像设备或扫描仪中导入图像，如图 8—1—3 所示。

1. 从文件中插入图像

将光标放在要插入图片的位置，单击【插入】→【图片】→【来自文件】，打开【图片】对话框，在其中找到要插入的图像文件，单击【插入】按钮。如图 8—1—4 所示。

在【图片】对话框中，单击工具栏上【视图】按钮旁边的下拉箭头，可以展开【视

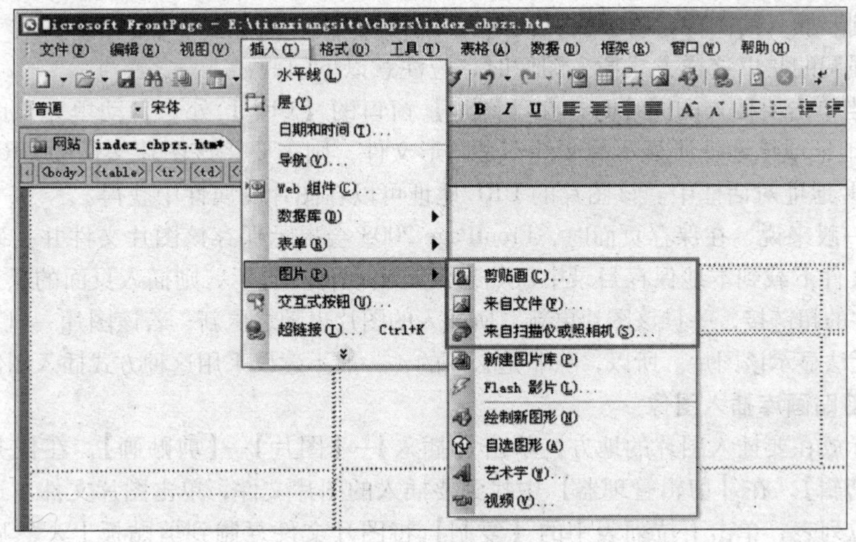

图 8—1—3　插入图像（一）

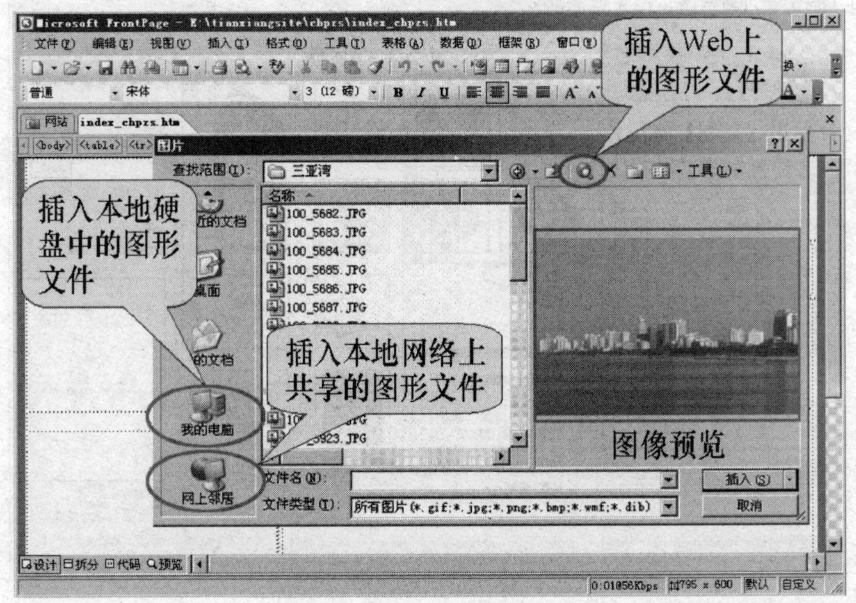

图 8—1—4　插入图像（二）

图】菜单，单击菜单选项，可以使图形文件以不同的视图形式显示，比如以“缩略图”或“预览”形式显示时看到图片的具体形象；以“详细信息”形式显示可以了解图片的大小尺寸等信息。

如果不清楚图片文件保存的具体位置，可以使用工具栏上【工具】下拉菜单中的【查找】命令搜索文件，找到要插入的图片文件后再插入页面中。

2. 从因特网中插入图像

当要插入的图像来自于因特网时，在【图片】窗口中点击【浏览器】图标，然后在因特网上找到要插入的图像，再插入页面中。

必须强调的是以这样方式插入图像时，应注意以下问题：

(1) 当单击要插入的图片时，在【图片】窗口的【URL】处未自动填充该图片文件的完整 URL 地址或该地址所显示的文件不是图形文件，则需要将该图片文件的 URL 地址手动复制到 URL 地址对话框中。该图片的 URL 地址可以在图片的属性中获得。

(2) 一般来说，在保存页面时，FrontPage 2003 会提示保存该图片文件并在确认后自动将该图片文件下载到本地保存目录中。如果没有出现保存提示，则插入页面的只是一个指向该图片文件的超链接，一旦该图片更新，所插入的图片也随之更新；若该图片一旦被删除，在页面上将无法显示该图片。所以，除非是必须的，一般不建议采用这种方式插入图像。

3. 从剪贴画库插入图像

将光标放在要插入图片的地方，单击【插入】→【图片】→【剪贴画】，在任务窗格中单击【管理剪辑】，在【剪辑管理器】中找到要插入的图片文件，单击图片文件右边的下拉箭头打开下拉列表，单击下拉列表中的【复制】将图片文件复制到剪贴板上，然后将图片粘贴到页面中即可，如图 8—1—5 所示。

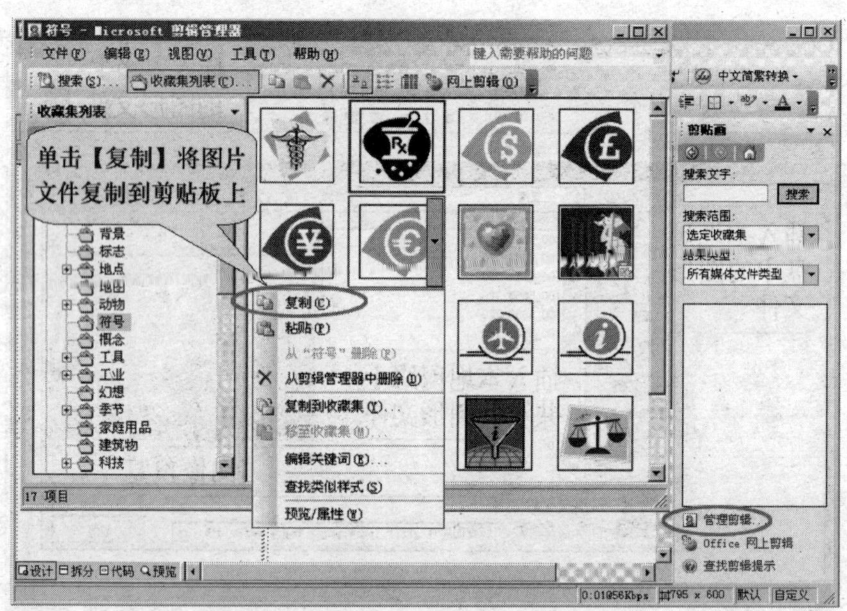

图 8—1—5　从剪贴画库中插入图片

4. 直接从数码相机或扫描仪获取图像

如果计算机连接了数字相机或者与 TWAIN 兼容的扫描仪，则可以直接从这些设备中获取图像，并将其插入网页中。单击【插入】→【图片】→【来自扫描仪或照相机】，FrontPage 2003 编辑器将自动连接到打开的扫描仪或数码相机，从指定设备上选择图像并插入网页中。

二、在网页中插入音频或视频剪辑

FrontPage 2003 支持直接插入 AVI、ASF、RAM、RA 格式的视频文件和 Flash 动画及 MI-DI、WAV、AU 格式的音频文件，插入这些格式的音、视频文件与插入图像方法相同，插入的音、视频文件可以来源于当前打开的站点，也可以在本地磁盘中，或者来源于因特网。

1. 直接插入音、视频文件

（1）直接插入音、视频文件

对于 FrontPage 2003 支持的视频格式文件可以直接插入页面中，插入方法为单击【插入】→【图片】→【视频】，如图 8—1—6 所示。

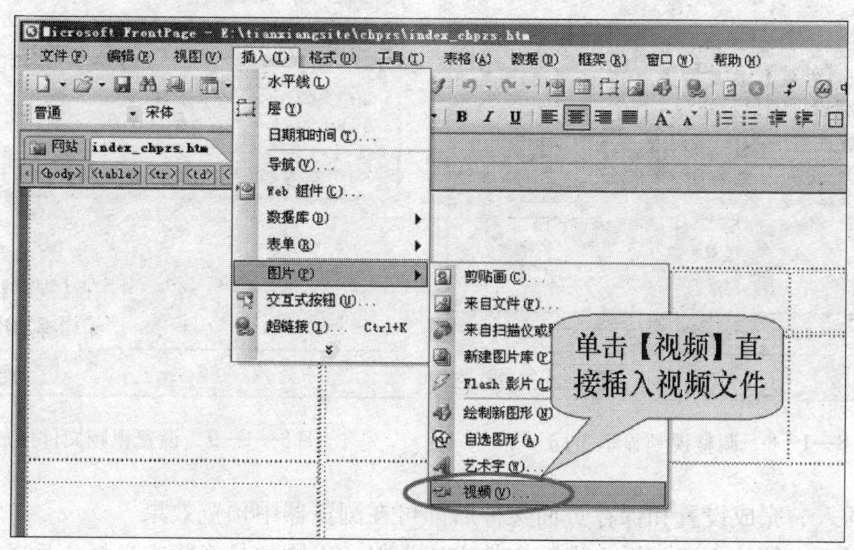

图 8—1—6　执行直接插入视频文件命令

右键单击插入的视频文件外观，在快捷菜单中单击【图片属性】，打开【图片属性】对话框，如图 8—1—7 所示。

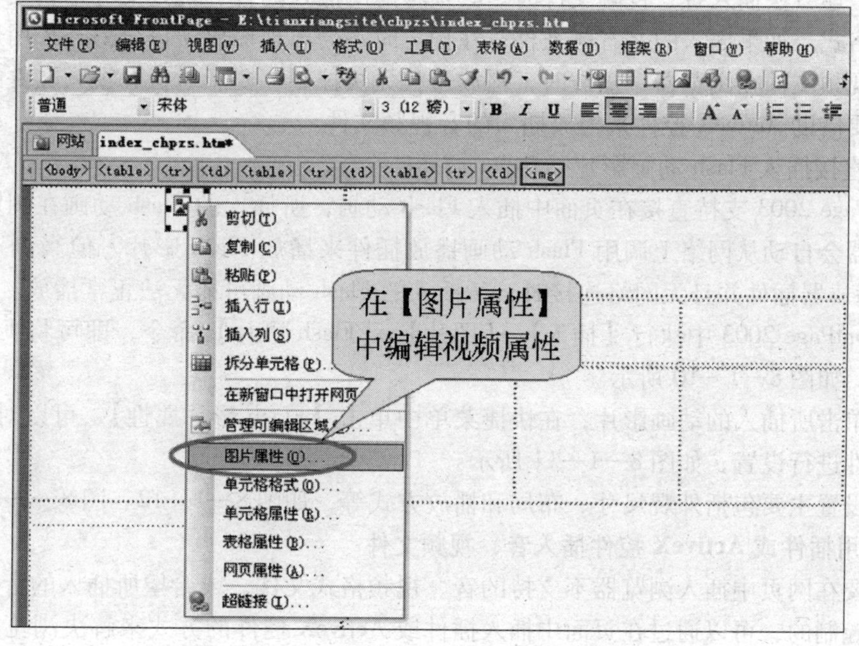

图 8—1—7　在【图片属性】中编辑视频属性

在【外观】选项卡中设置视频文件的显示尺寸、对齐方式等，如图8—1—8所示；在【视频】选项卡中设置视频文件的播放方式，如图8—1—9所示。

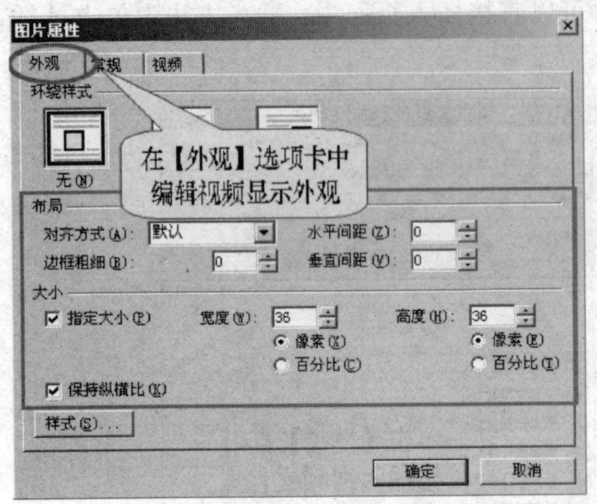

图8—1—8　调整视频显示布局

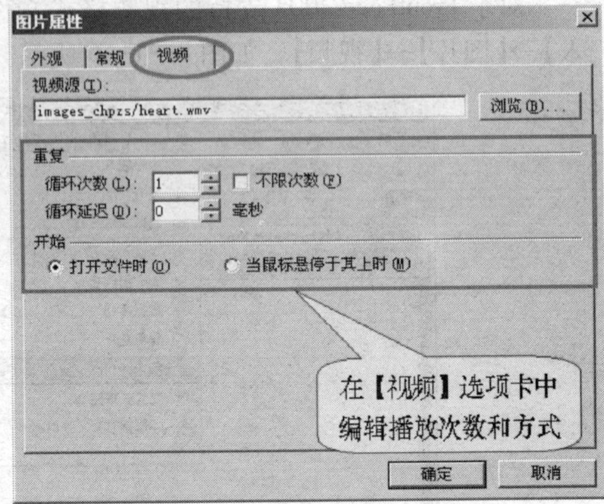

图8—1—9　设置视频文件播放方式

文件插入、完成设置和保存页面文件后即可在浏览器中预览效果。

插入音频文件的方法与插入视频文件方法类似，不同的是音频文件插入后，一般只需设置播放方式，无须设置外观。

如果音、视频文件事先加载到剪贴画库中，则可以采用插入图像的方法插入音、视频文件。

采用上述方法插入音、视频文件时，必须考虑所插入的音、视频文件格式是否是浏览器所支持的格式。如果插入的是音频文件，在预览时不会出现播放窗口。另外采用这种方法插入的音、视频文件在浏览器中播放时，播放过程无法控制。要想对音、视频文件的播放进行控制，需要借助ActiveX控件来播放插入的音视频文件。

(2) 直接插入Flash动画影片

FrontPage 2003支持直接在页面中插入Flash动画，所插入的Flash动画在浏览器中播放时，浏览器会自动从网络上调用Flash动画播放插件来播放Flash影片。但当浏览器中未安装Flash播放器插件并且无网络连接时，所插入的Flash动画可能无法正常播放。

在FrontPage 2003中执行【插入】→【图片】→【Flash影片】命令，即可将Flash影片插入网页中，如图8—1—10所示。

右键单击所插入的动画影片，在快捷菜单中单击【Flash影片属性】，可以对Flash影片的相关属性进行设置，如图8—1—11所示。

常用设置主要包括外观尺寸、布局和播放方式等，如图8—1—12、图8—1—13所示。

2. 利用插件或ActiveX控件插入音、视频文件

如果要在网页中插入浏览器不支持的音、视频格式文件，或希望所插入的音、视频文件播放是可控制的，可以通过在页面中插入插件或ActiveX控件的方式来解决浏览器无法正常播放或播放控制问题。

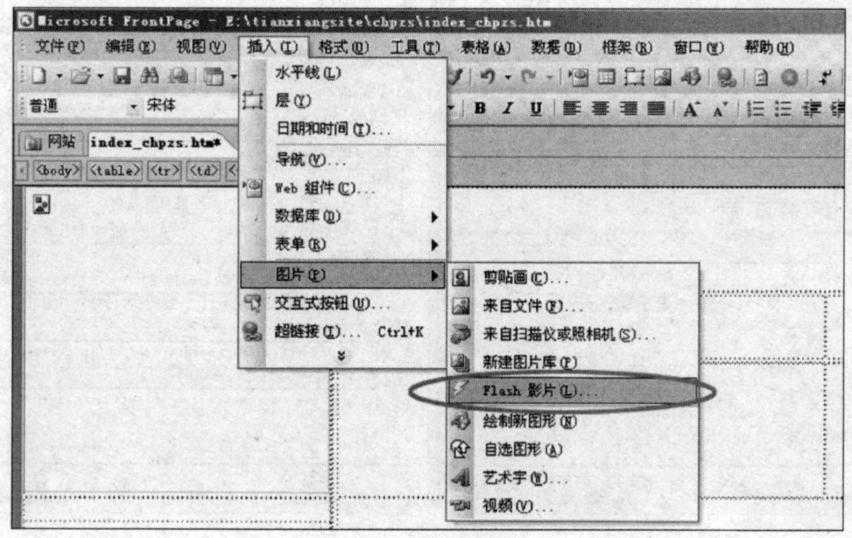

图 8—1—10　在网页中直接插入 Flash 影片

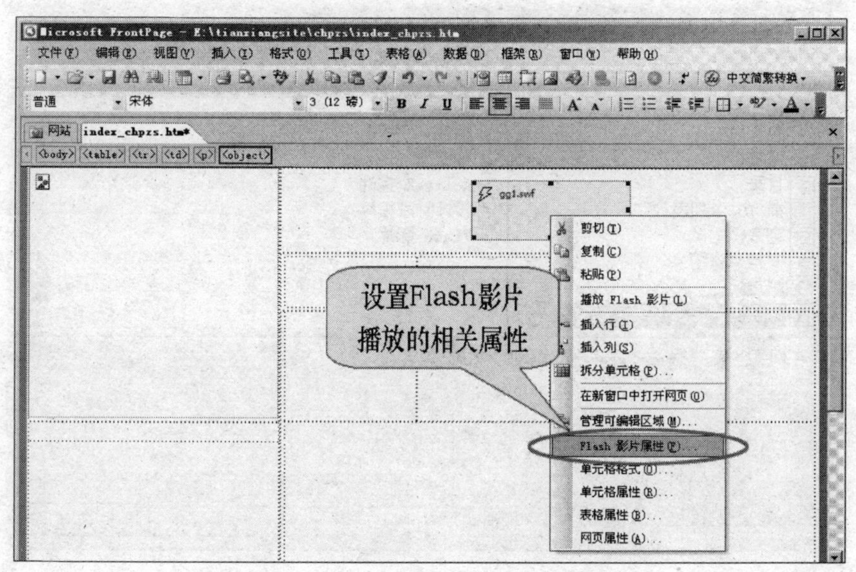

图 8—1—11　设置 Flash 影片相关属性

（1）使用插件插入 Flash 动画

在 FrontPage 2003 中执行【插入】→【Web 组件】命令，打开【插入 Web 组件】对话框，在对话框的左窗格中单击【高级控件】，在右窗格中选中【插件】，单击【完成】按钮，打开【插件属性】对话框，如图 8—1—14 所示。

在【插件属性】对话框中的【数据源】文本框中输入要插入的 Flash 动画文件路径；在【大小】处设置播放窗口的尺寸，单位为像素；在【布局】中设置播放窗口在页面中的位置，如有需要可以在【浏览器不支持插件时显示的消息】处输入提示信息等。完成后单击【确定】按钮，如图 8—1—15 所示。

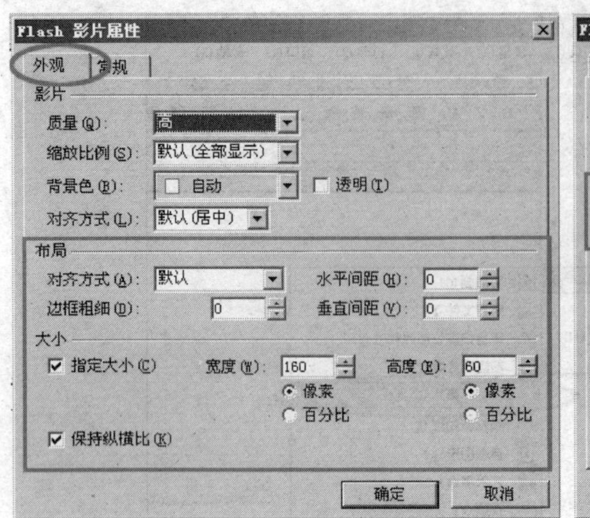

图 8—1—12　外观和布局设置

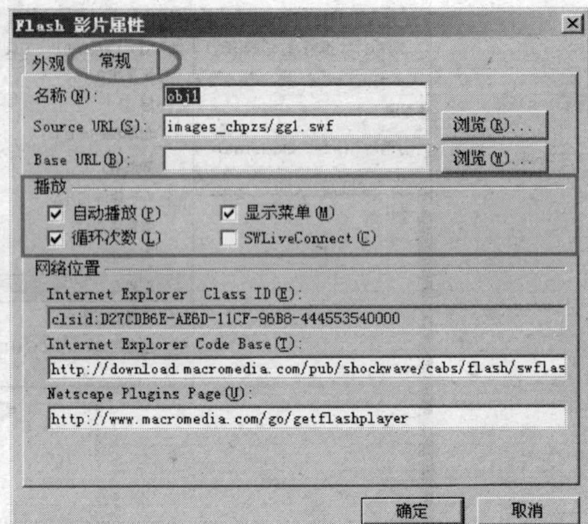

图 8—1—13　播放方式设置

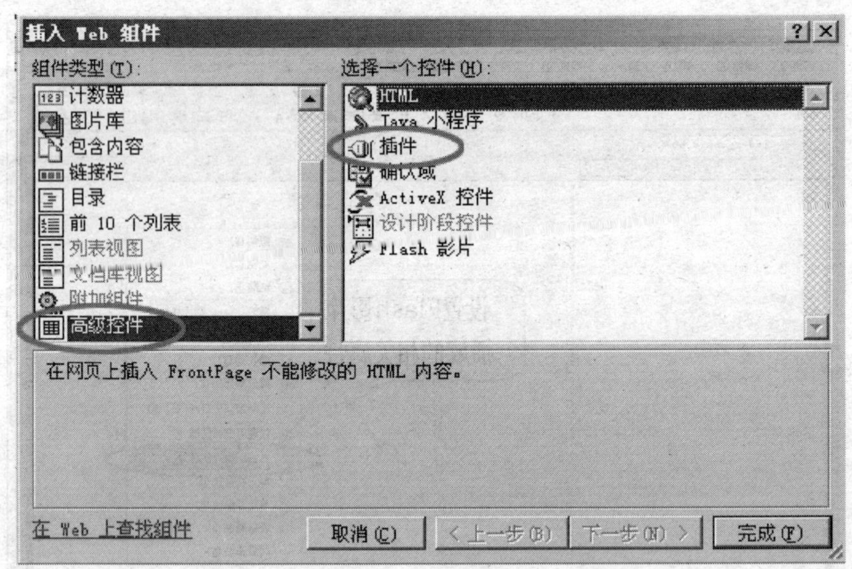

图 8—1—14　在【插入 Web 组件】对话框中选择【插件】

完成上述设置后单击【确定】按钮。保存网页后即可在浏览器中预览效果。

(2) 使用 ActiveX 控件插入音、视频文件

在 FrontPage 2003 中执行【插入】→【Web 组件】命令，打开【插入 Web 组件】对话框，在对话框的左窗格中单击【高级控件】，在右窗格中选中【ActiveX 控件】，单击【下一步】按钮，打开控件选择窗口，如图 8—1—16 所示。

在控件窗口中选择一个要插入的 ActiveX 控件，单击【完成】按钮，将该控件插入页面中，如图 8—1—17 所示。如果要插入的控件不在该窗口中，可以单击【自定义】按钮，在【自定义 ActiveX 控件列表】中选择相应的控件，然后再插入页面中，如图 8—1—18 所示。

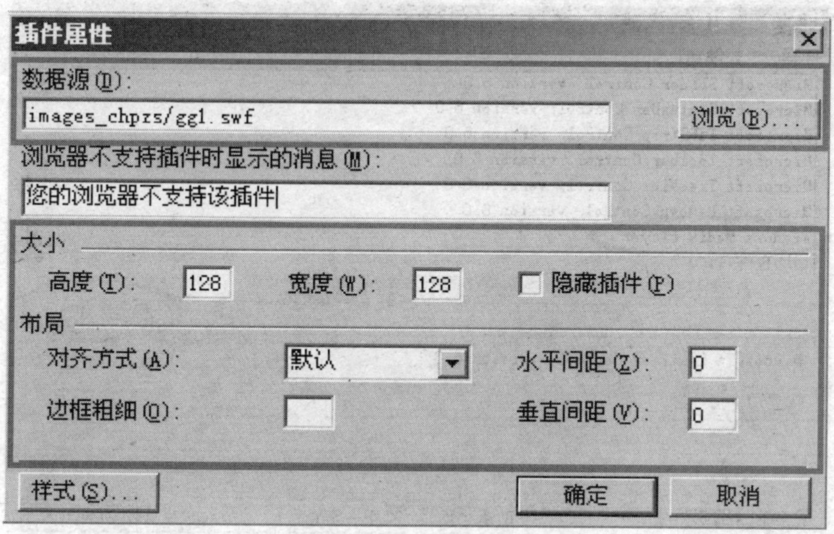

插件属性
数据源(D):
images_chpzs/gg1.swf
浏览(B)...
浏览器不支持插件时显示的消息(M):
您的浏览器不支持该插件
大小
高度(T): 128　宽度(W): 128　隐藏插件(P)
布局
对齐方式(A): 默认　水平间距(Z): 0
边框粗细(O):　垂直间距(V): 0
样式(S)...　确定　取消

图 8—1—15　插件属性设置

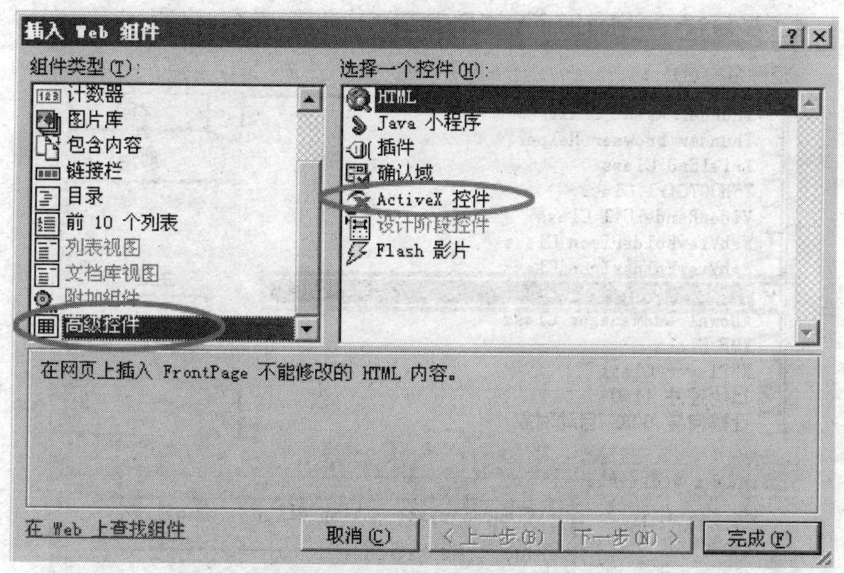

图 8—1—16　执行插入 ActiveX 控件命令

以 Windows Media Player 控件为例说明利用控件插入视频文件和相关设置的方法。

在【插入 Web 组件】对话框中选中该控件，单击【完成】按钮后，该控件被插入页面中，如图 8—1—19 所示。

在控件外观上单击右键，单击【ActiveX 控件属性】，打开【Windows Media Player 属性】对话框，在该对话框中常用的设置包括如下内容：

在【常规】选项卡中设置插入视频文件的 URL 地址（或页面文件与所调用的视频文件的相对地址）、控件的外观模式、播放方式和播放时的音量大小等，如图 8—1—20 所示。

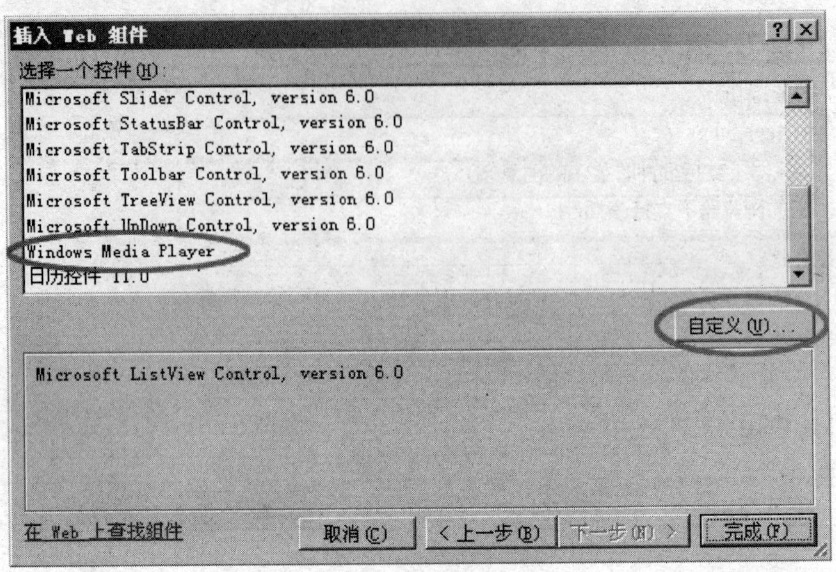

图 8—1—17　选择要插入的 ActiveX 控件

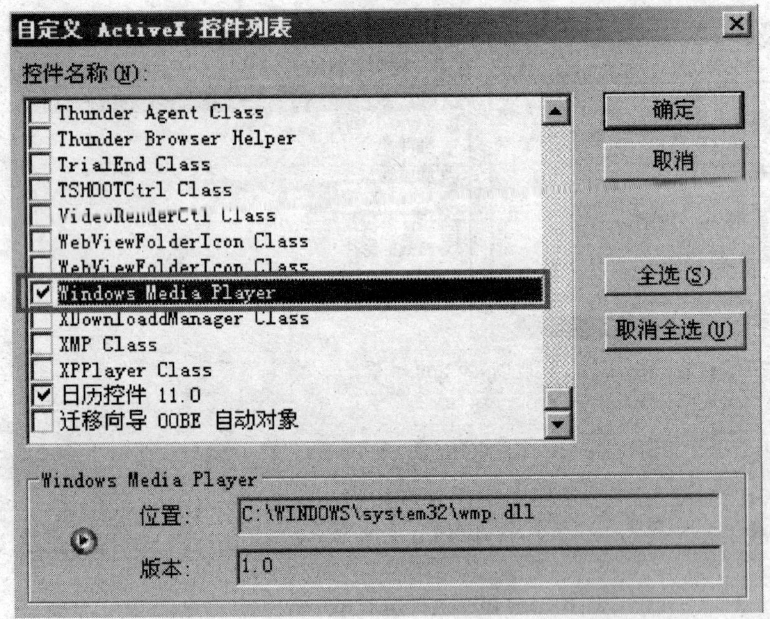

图 8—1—18　在【自定义 ActiveX 控件列表】中选择控件

在【Object 标记】选项卡中设置控件显示尺寸大小、对齐方式等布局参数，如图 8—1—21 所示。

单击【确定】按钮，保存文件后，即可在浏览器中预览视频文件的播放效果。

在 FrontPage 2003 中，集成许多 ActiveX 控件，不同控件的功能和作用各有所长，属性设置方法也存在很大差异，能够播放某种格式的音、视频文件的控件可能不止一个，不同的控件可以产生不同的播放效果。

图 8—1—19　插入 Windows Media Player 控件

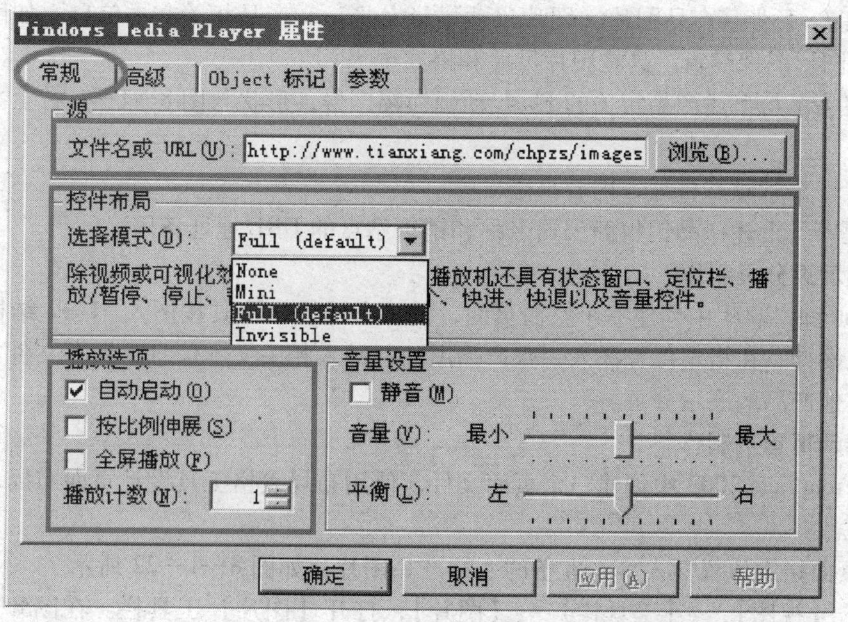

图 8—1—20　常规选项设置

图 8—1—21　高级选项设置

任务实施

一、素材准备

1. 采集 3 ~ 5 张某产品图片（图片尺寸尽量大些）和产品相关文本信息。如图片尺寸不一致可使用图形图像编辑工具将图片尺寸和格式统一。

2. 采集一个与上述产品相关的 Flash 动画横幅广告，形状与图 8—1—1 右上方广告条相似即可。

3. 采集一个视频广告片，内容自定。

4. 收集若干上述产品销售商公司名称和销售站点的 URL 地址备用。

二、展示页分页制作

在 FrontPage 2003 中创建一个空白页面，使用布局表格工具按图 8—1—2 结构进行布局设计和配色设计；在指定位置插入一张产品图片并键入相关文本信息，保存文件。采用相同方法制作其他产品的展示分页。

三、展示页首页制作

1. 在 FrontPage 2003 中创建一个页面文件，使用布局表格工具设计页面布局，如有必要可设计配色。

2. 在页面指定位置插入事先准备的一幅产品图片，如图 8—1—22 所示。

3. 单击【视图】→【工具栏】→【图片】，打开【图片】工具栏。在图 8—1—22 中，选中图片，单击【图片】工具栏上的【图形自动缩略】按钮，将图片制作成缩略图，如图 8—1—23 所示。

4. FrontPage 2003 中制作的缩略图，无论原图尺寸多大，缩略图的宽度均为 100 像素。

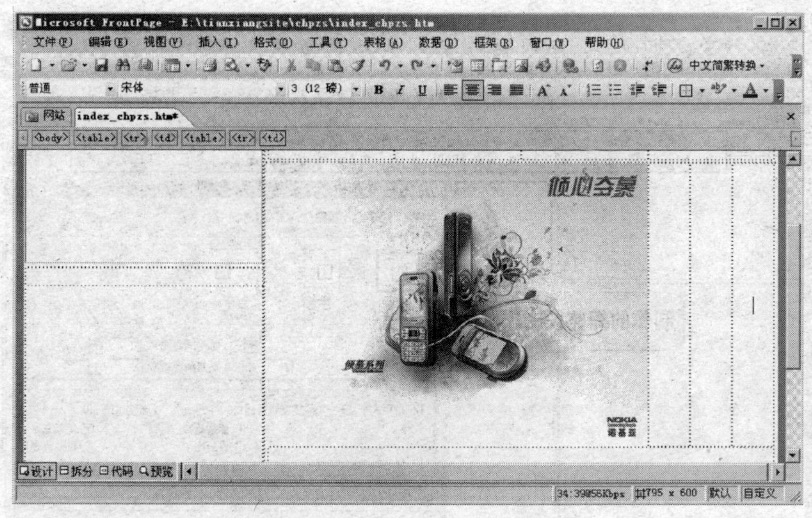

图 8—1—22　插入产品图片

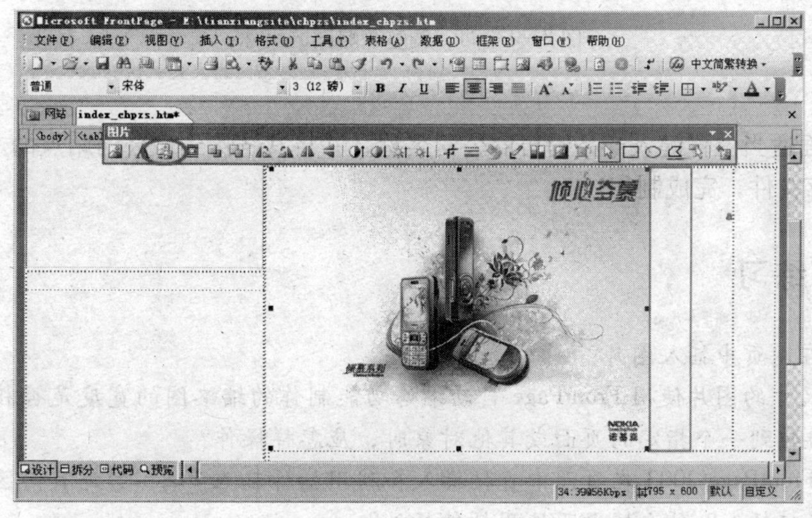

图 8—1—23　制作缩略图

如需要可以在【图片属性】中调整缩略图的大小，如图 8—1—24 所示。

保存页面文件时，系统会自动将缩略后的图片文件命名为“原图片文件的文件名_ small”，并将其与原图片文件保存在同一目录中。当在浏览器中预览该页面时，缩略图被自动加上一圈蓝色的边框，当单击缩略图时，页面跳转到大图显示状态。

5. 修改缩略图的链接目标。FrontPage 自动缩略功能将缩略图链接到原图，并在原窗口中显示该图片，且不包含文字信息。根据任务需求，重新将缩略图链接到对应的展示分页，方法如下：

在图片上单击右键，在快捷菜单中单击【超链接属性】，在打开的【编辑超链接】对话框中将原链接修改为指向步骤二中制作的对应展示分页。

6. 在页面中指定位置插入 Flash 广告条和视频广告片，并在各自属性中调整显示外观和

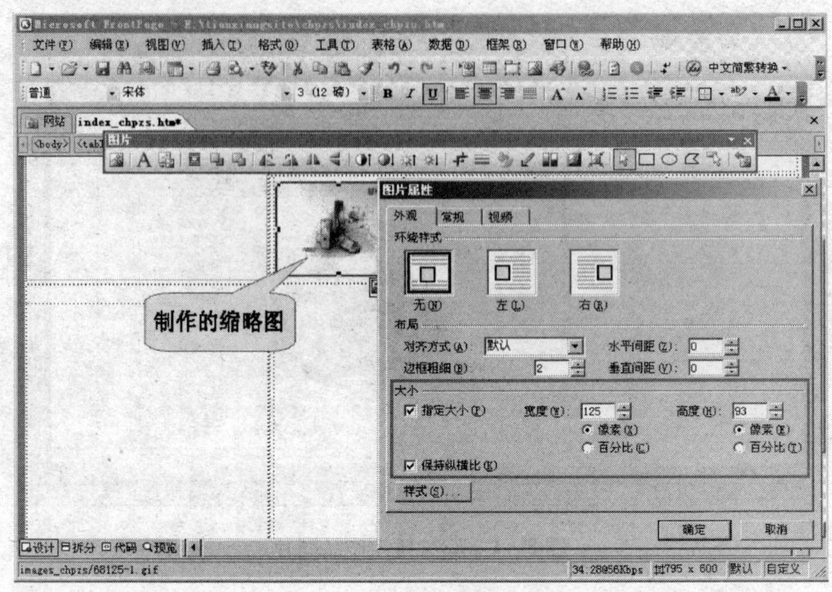

图 8—1—24　调整缩略图的尺寸

播放效果。

7. 在页面适当位置键入产品销售商公司名称，并将其链接到该公司站点的 URL 地址。

最后保存文件，完成制作。

思考与练习

1. 怎样在网页中插入图片？

2. 不同尺寸的图片使用 FrontPage 自动缩略功能制作的缩略图的宽度是否相同？如果需要将缩略图链接到一个指定的页面或其他对象时，应怎样操作？

3. 使用 FrontPage 2003 在页面中直接插入和利用插件插入 Flash 影片有何区别？在什么情况下使用直接插入？什么情况下使用插件插入？

4. 在 FrontPage 2003 内置的 ActiveX 控件中，哪些可以用来插入视频文件？

5. 如何使用剪辑管理器管理多媒体文件？在网页制作过程中使用剪辑管理器插入图片或多媒体文件有何好处？

任务 2　简单企业在线采购系统的制作

任务引入

本任务要求制作如图 8—2—1 所示的简单的采购系统页面。

图 8—2—1 供应商采购链接页面示意

任务分析

在线采购是企业电子商务应用的重要领域，企业物资或劳务的采购是一个复杂的多阶段过程。采购过程中信息获取和信息传递是主要工作内容，采用网络采购使得包括询盘、购盘、还盘、磋商、谈判、签订合同、验货提货、支付等过程能更加便利和快捷。提升网络采购效率最有效的手段是建立企业在线采购系统，其中建立与供应商站点的链接是一种简便和易于实现的在线采购系统。使用框架页面创建基于 Web 的与供应商站点的链接是一种简便易行的方法。

相关知识

一、框架网页的创建

单击【文件】→【新建】，在【新建】任务窗格中单击【其他网页模板】，打开【网页模板】对话框；在【网页模板】中选择【框架网页】选项卡，然后选择所需的框架模板，如图 8—2—2 所示，单击【确定】按钮，创建一个框架网页，如图 8—2—3 所示。

二、在框架中新建或指定初始网页

创建一个新框架网页后，在每个框架内都有两个选项：【设置初始网页】和【新建网页】。

1. 设置初始网页

将一个已存在的网页加载到框架中。单击【设置初始网页】，在打开的【插入超链接】对话框中指定该框架要链接的网页。

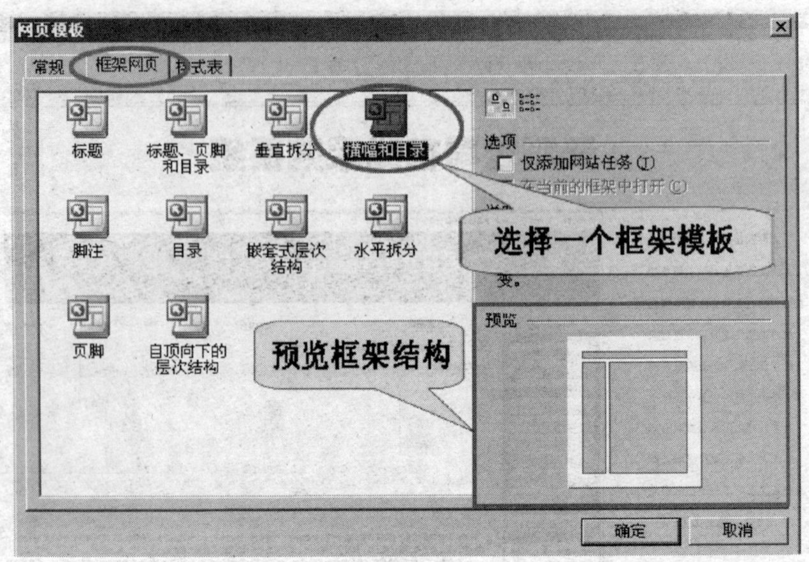

图 8—2—2　选择框架模板

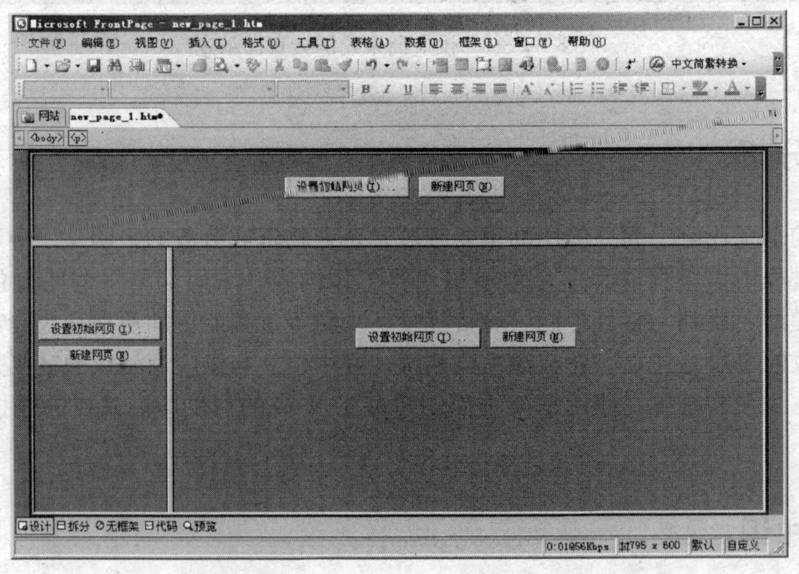

图 8—2—3　创建横幅与目录框架网页

2. 新建网页

新建一个空白页。单击【新建网页】按钮即可创建。

三、保存框架网页

执行【文件】→【保存】或【另存为】命令。如果为首次保存，将打开【另存为】对话框。FrontPage 2003 编辑器首先保存各框架网页，最后保存整个框架网页。在图 8—2—3 所示的横幅与目录框架中，首先保存顶部框架（banner）中的网页，其次保存左边框架（contents）中的网页，再次保存主框架（main）中的网页，最后保存整个框架网页，如图 8—2—4、图 8—2—5、图 8—2—6、图 8—2—7 所示。

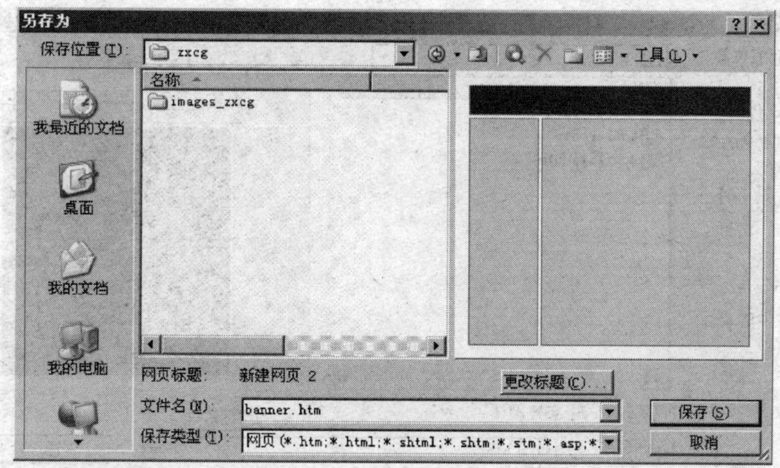

图 8—2—4　保存 banner 中的网页

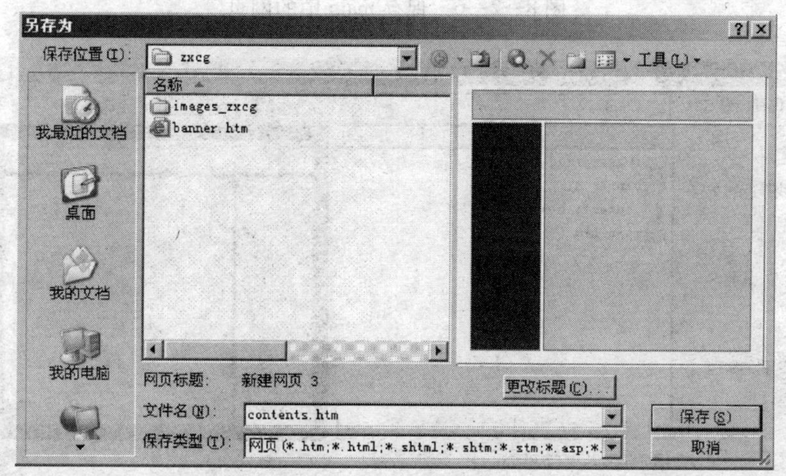

图 8—2—5　保存 contents 中的网页

由此可见，一个有三个框架的框架网页保存后，在保存目录下共有 4 个页面文件，其中一个是存放整个框架网页信息的文件，三个是存放各框架中所加载页面的信息。如果不是首次保存，使用【文件】菜单中的【保存】命令或单击标准工具栏上的【保存】按钮时，FrontPage 编辑器就自动保存框架网页以及每个框架中的网页，不再提示。

四、框架的基本操作

1. 活动框架

在任意一个框架中单击左键，则该框架就成为当前的活动框架，活动框架的边框颜色与其他框架的边框颜色不同，一般是一个深蓝色的方框，如图 8—2—8 所示。活动框架内的网页称为活动网页，该网页处于可编辑状态下，其他框架内的网页处于不可编辑的状态下。在任何情况下，框架网页内始终只有一个框架处于活动状态下，即只有一个页面处于可编辑状态下。不同框架中的页面不能同时进行编辑。要改变编辑的框架，只需在要编辑的框架窗口内单击左键即可激活该框架，使之进入可编辑状态。

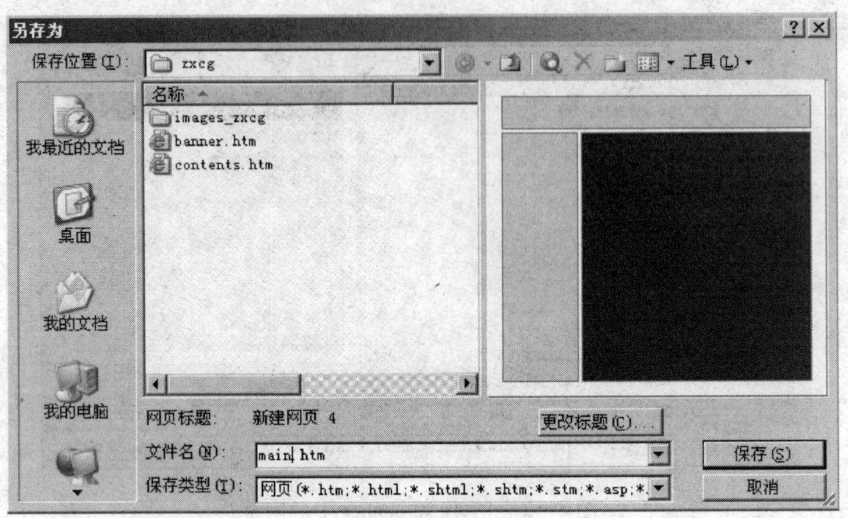

图 8—2—6 保存 main 中的网页

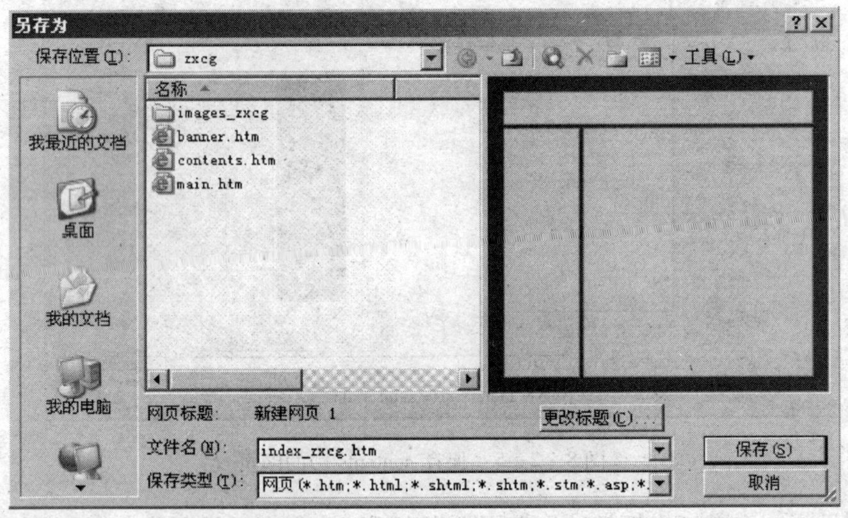

图 8—2—7 保存整个框架网页

2. 改变框架的尺寸

将光标移到框架的边框上，等光标改变成双箭头形状后按住左键拖动，即可改变框架的大小。

3. 拆分框架

要将一个框架一分为二，先激活该框架，然后执行【框架】→【拆分框架】命令，如图 8—2—9 所示。在【拆分框架】对话框中选择拆分形式，比如选择【拆分成列】，即可将当前活动框架拆分为左右两个框架，如图 8—2—10 所示。也可以按住 Ctrl 键，然后拖动框架的边框。

每次拆分只能将一个框架拆分为两个框架，新添加的框架内的网页需要【设置初始网页】或【新建网页】。

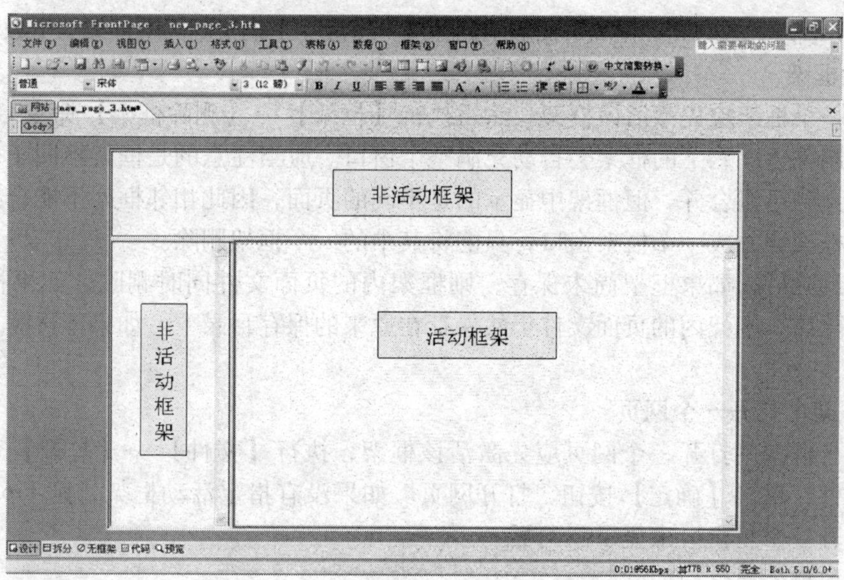

图 8—2—8　活动框架与非活动框架

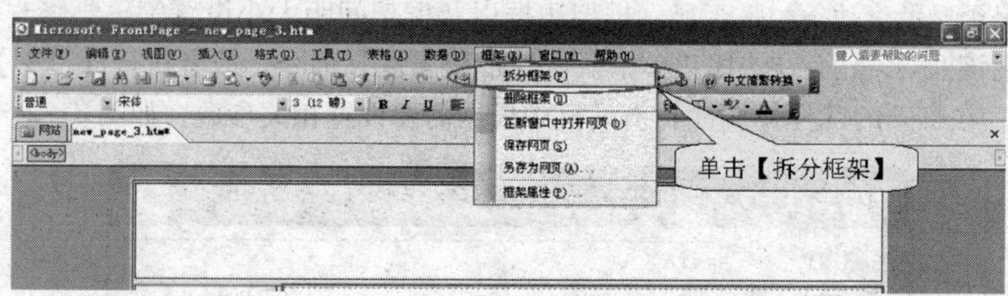

图 8—2—9　执行框架拆分命令

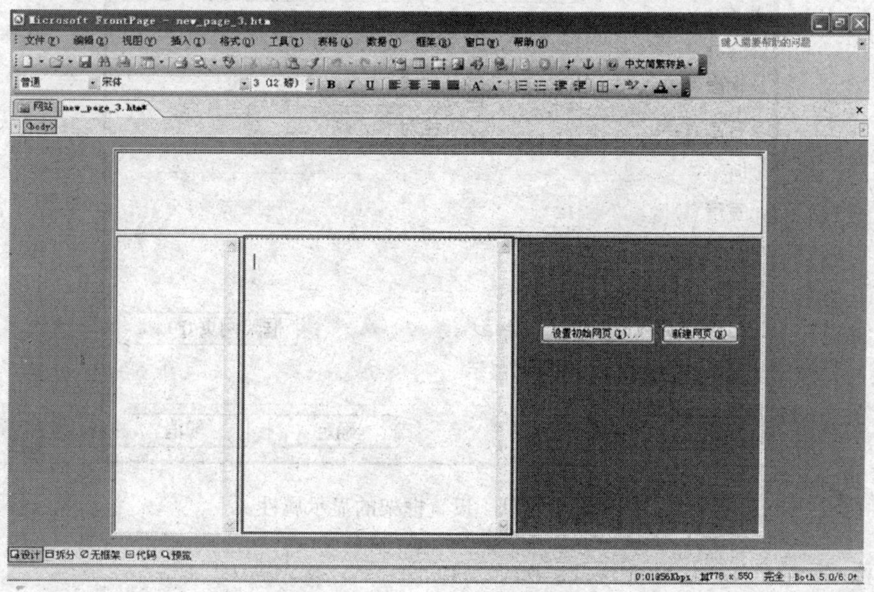

图 8—2—10　拆分后的框架网页

为减少下载网页的时间，提高页面显示的速度，一般一个框架网页中框架的个数不超过4个。

4. 删除框架

要删除一个框架应先激活该框架，然后执行【框架】→【删除框架】命令。

该框架删除后，剩下的框架会自动充满整个窗口。应当注意的是框架不同于表格，表格中相邻的单元格可以合并，但框架中显示的是不同的页面，因此相邻框架不能合并，要想将相邻的两个框架合并成一个框架窗口，只能将其中的一个框架删除。

框架被删除后，如果框架尚未保存，则框架内的页面文件同时删除；如果框架已经保存，框架删除后，框架内的页面文件仍然保存在原来的保存目录下。如果不再需要，可以手动删除。

5. 在框架中打开一个网页

要在一个框架中打开一个网页应先激活该框架，执行【文件】→【打开】命令，指定一个网页文件，单击【确定】按钮，打开网页。如果没有指定活动框架，则 FrontPage 2003 编辑器将打开一个新窗口来显示新网页。

五、修改框架属性

框架属性主要包括框架的名称、加载在框架中初始页面链接、框架的大小尺寸、框架边框的宽高尺寸、是否显示滚动条、是否显示框架边框以及框架间距大小设置等。要修改一个框架的属性应先激活该框架，然后在快捷菜单中执行【框架属性】命令；或者执行【框架】→【框架属性】命令，在打开的【框架属性】对话框中根据需要设置相关参数，如图8—2—11所示。

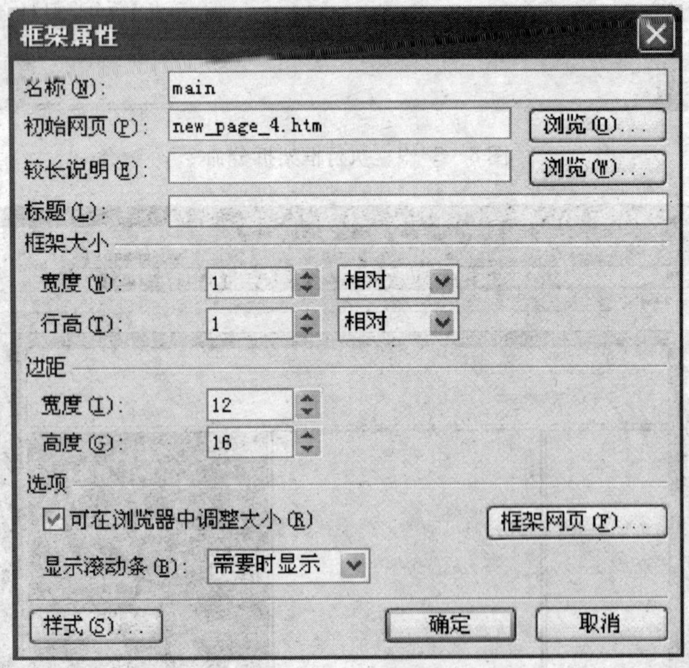

图8—2—11　设置框架的显示属性

1. 名称

在网页制作中，为了便于记忆，框架一般按框架相对于整个浏览器窗口的位置或框架在框架网页中的作用进行命名，比如按位置命名时，位于顶部的框架可命名为 top，位于底部的框架命名为 bottom，位于左边的框架命名为 left，位于右边的框架就命名为 right，位于右下方的框架命名为 right_ bottom 或 rbottom，以此类推。此外，每个框架网页都有一个主框架，用于显示框架网页的主要内容，主框架一般命名为 main，这是根据框架的作用进行的命名。

2. 初始网页

设置或变更在打开浏览器时首先显示的页面文件。可以通过单击【浏览】按钮查找要设置或变更的页面文件。

3. 框架大小

以【相对】、【像素】或【百分比】形式设置框架的宽度或长度。

4. 边距

边距是设置某一框架网页中的元素距框架边框的距离，其中宽度是指页面中的元素距左边框架边框的距离，高度是指页面中的元素距框架上边框的距离，单位为像素。

5. 选项

主要选项有 3 个，具体功能如下：

（1）【可在浏览器中调整大小】

选中该选项，在浏览器中打开框架网页时，用鼠标可以将框架边框左右或上下拖动；取消该选项时，在浏览器中打开框架网页时，框架的边框是固定不动的。

（2）【显示滚动条】

该项共有三个不同的选项：【需要时显示】、【不显示】和【始终显示】，默认选项为【需要时显示】。选择【需要时显示】时，当该框架中页面高度或宽度超过框架的大小时，框架就会自动显示滚动条；而当该框架中页面高度或宽度小于框架的宽或高时，滚动条不显示。当选择【不显示】时，无论该框架中的页面大小如何变化，框架始终不显示滚动条。而选择【始终显示】正好与选择【不显示】相反，无论框架中的页面大小如何变化，框架始终显示滚动条。

（3）【框架网页】

单击该按钮后打开【网页属性】的【框架】选项卡。该选项卡共有两个设置项：一是设置框架中间边框的宽度，二是设置在浏览器中显示框架网页时是否显示框架的边框。在创建不可见框架网页时，需将其中的框架间距设置为 0，并清除【显示边框】复选框。

六、框架网页的五种编辑视图

如果当前网页中包含框架，在 FrontPage 2003 编辑器的底部会显示五种视图方式，如图 8—2—12 所示，即设计视图、拆分视图、无框架视图、代码视图和预览视图。要对框架进行修改，应当切换到设计视图方式；要在浏览器中看到框架的效果，则应当切换到预览视图方式。

如果 Web 浏览器不支持框架，切换到无框架视图方式时页面显示“此网页使用了框架，但您的浏览器不支持框架”；当切换到代码视图方式时，网页上显示的是整个框架网页的 HTML 代码；如果要显示每个框架网页的 HTML 代码，则应当切换到拆分视图方式，在下方网页中激活某个框架，在上方显示该框架中页面的 HTML 代码。

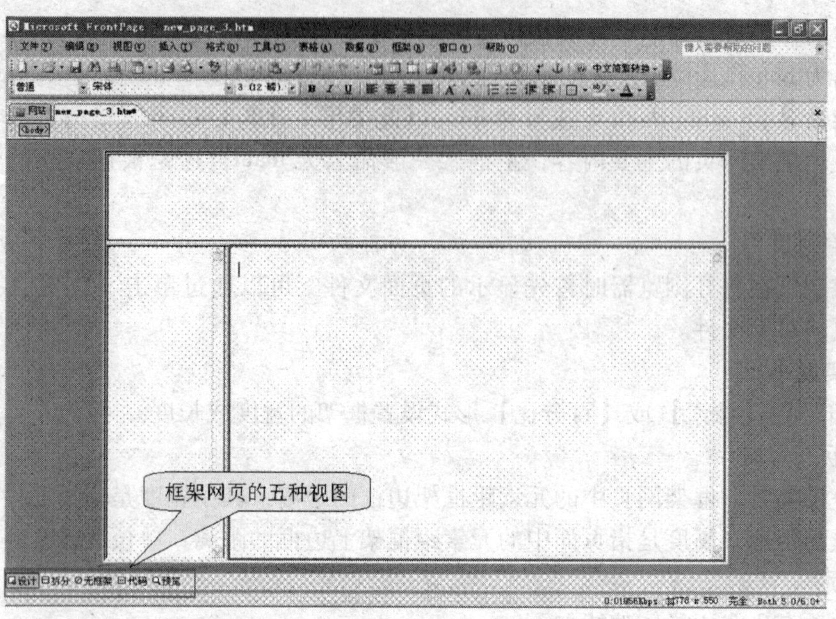

图 8—2—12　框架网页的五种视图方式

七、框架网页中超链接的创建

浏览网页时，经常看到这样的页面：当点击左边的链接时，就会在右边显示该链接相应的内容，就好像是在放幻灯片一样。这种网页就是采用框架网页制作的，其主体一般为目录框架或横幅与目录框架。

以下通过制作一个如图 8—2—13 所示的简单横幅与目录框架网页来说明制作的过程和在操作中应注意事项。

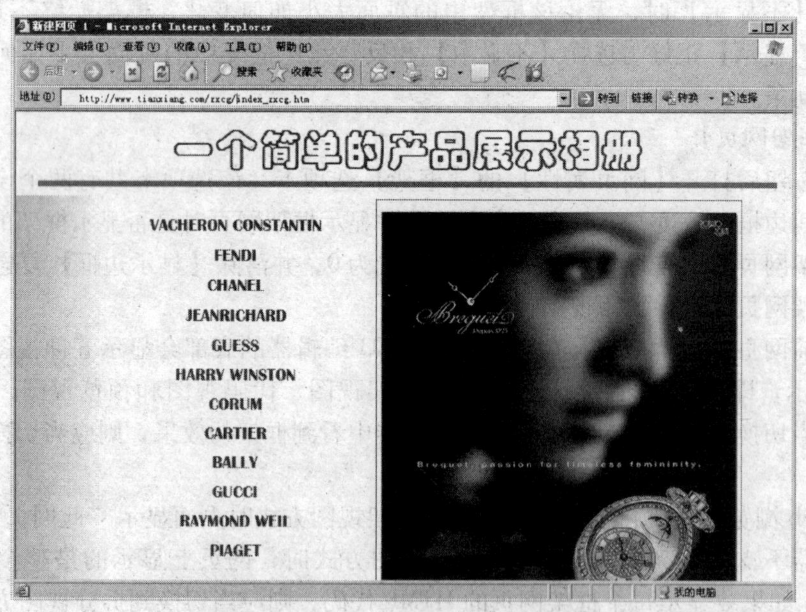

图 8—2—13　框架中创建超链接效果图

事先准备 1 张封面图片和 12 张产品图片，并将图片尺寸处理一致。

第一步，利用模板新建一个【横幅与目录】的由三个框架组成的框架网页，设置框架边框为不可见。为三个框架分别命名，顶端的横幅框架为 banner，左边的目录框架为 contents，右边的主框架为 main。在三个框架中分别新建三个空白页。

第二步，在 banner 页面中应用主题或插入背景图片；然后插入一个 3×1 的表格，设置宽高均为相对值 100%；在中间单元格中键入“一个简单的产品展示相册”字样，编辑文字；然后在文字下方的单元格中插入一条水平线，编辑水平线属性；在 contents 中插入一个 12×1 的表格，设置宽高均为相对值 100%；在每个单元格中分别输入产品名称。

第三步，新建一个空白页面，将上下左右边距均设置为 0；在页面居中位置插入封面图片，保存文件；将该页面设置为 main 的初始页面，完成时如图 8—2—14 所示。

图 8—2—14　完成第三步的结果图

第四步，激活 contents，选中第一个单元格中的文字，执行快捷菜单中的【超链接属性】命令，打开【创建超链接】对话框，如图 8—2—15 所示。

第五步，在【编辑超链接】对话框中选中要链接的图片；单击【目标框架】按钮，如图 8—2—16 所示，打开【目标框架】对话框。

在打开的【目标框架】对话框中，选中用于显示链接图片的框架，单击【确定】按钮，如图 8—2—17 所示；再次单击【确定】按钮，完成第一个超链接的创建。

第六步，采用同样的方法，可以为其他文字创建超链接，如图 8—2—18 所示，保存文件后在浏览器中预览完成效果如图 8—2—19 所示。

图 8—2—15　第四步操作示意图

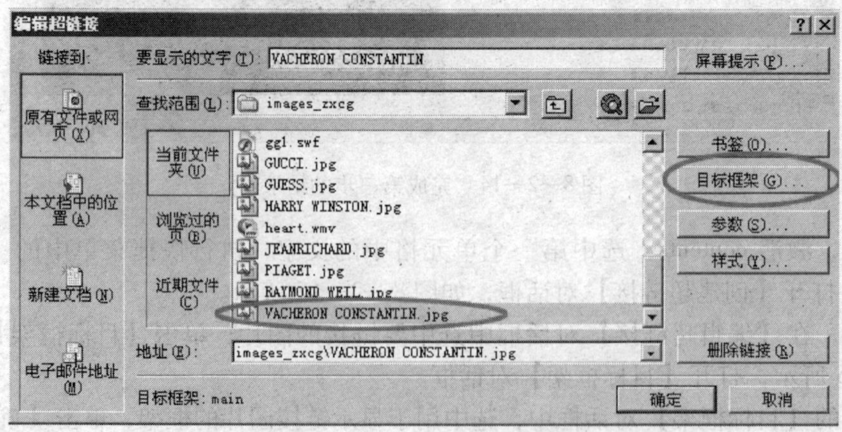

图 8—2—16　【编辑超链接】对话框设置

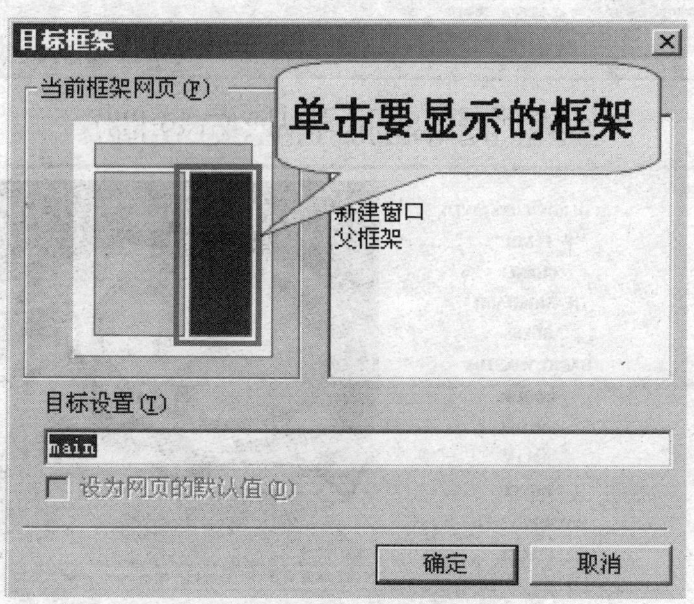

图 8—2—17　选中用于显示图片的框架

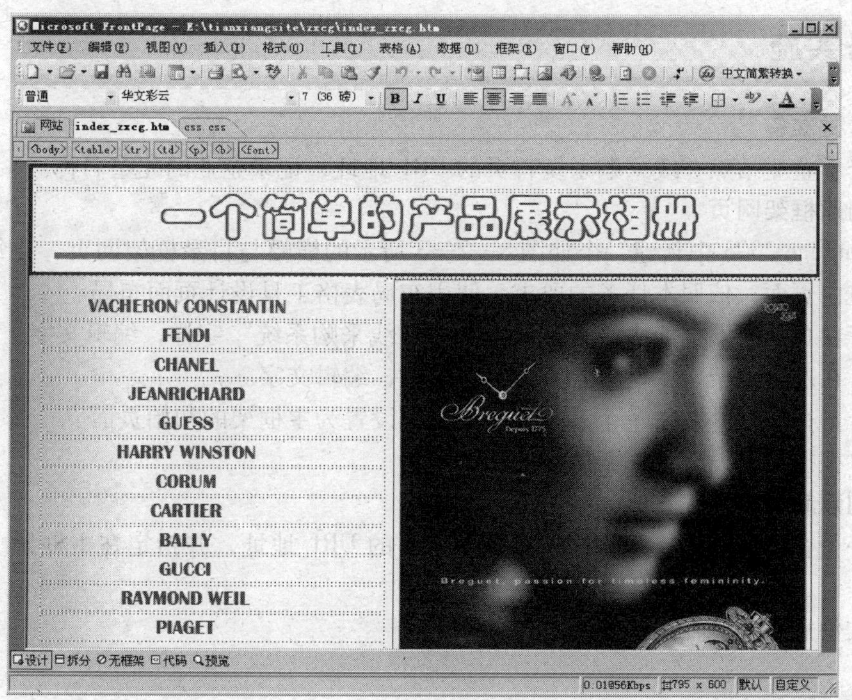

图 8—2—18　为所有文字创建超链接

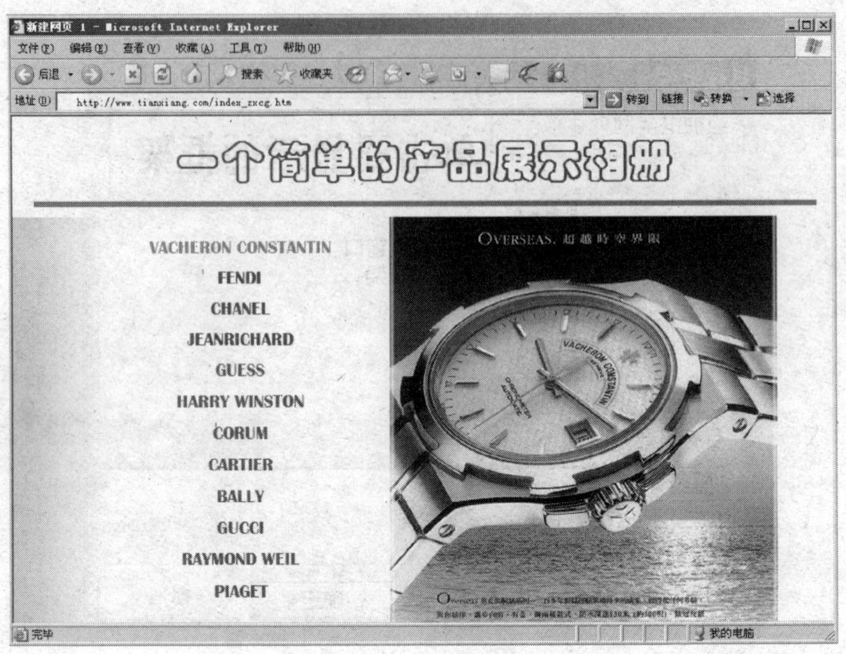

图 8—2—19 完成效果图预览

任务实施

一、素材准备

采集若干企业站点在线采购系统首页的 URL 地址，记录企业的完整名称。

二、创建框架网页

在 FrontPage 2003 中新建一个如图 8—2—3 所示的横幅与目录框架网页，在每个框架中创建一个空白页面；依照本任务的要求，使用布局表格工具设计页面布局。

第一，在页面上端框架中键入“天翔公司在线采购系统”字样，编辑文字。

第二，在左边框架中，键入各企业完整名称，编辑文字。

第三，自行设计并制作一个系统首页，将其设置为主框架的初始页面。

第四，根据需要设置各框架属性。

三、创建超链接

将每一个企业名称链接到在线采购系统首页的 URL 地址，并指定在主框架（main）中显示。

保存文件后在浏览器中预览。

思考与练习

1. 框架和表格有何区别？

2. 一个包含 4 个框架的网页共有几个独立的页面文件？

3. 如果要将两个框架合并为一个框架，应怎样操作？
4. 怎样去掉框架的边框？
5. 保存框架网页与保存一般网页有何不同？

任务3　简单网络广告的制作

任务引入

在页面中发布网络广告是宣传企业形象、扩展业务领域和提升品牌价值的重要手段，也是目前站点获得收益的重要手段之一，同时不同形式的网络广告不仅可以增强页面的动感，提高页面的可视性，也可以充分利用页面有限的内容显示容量。本任务要求制作一个如图8—3—1 所示的广告页。

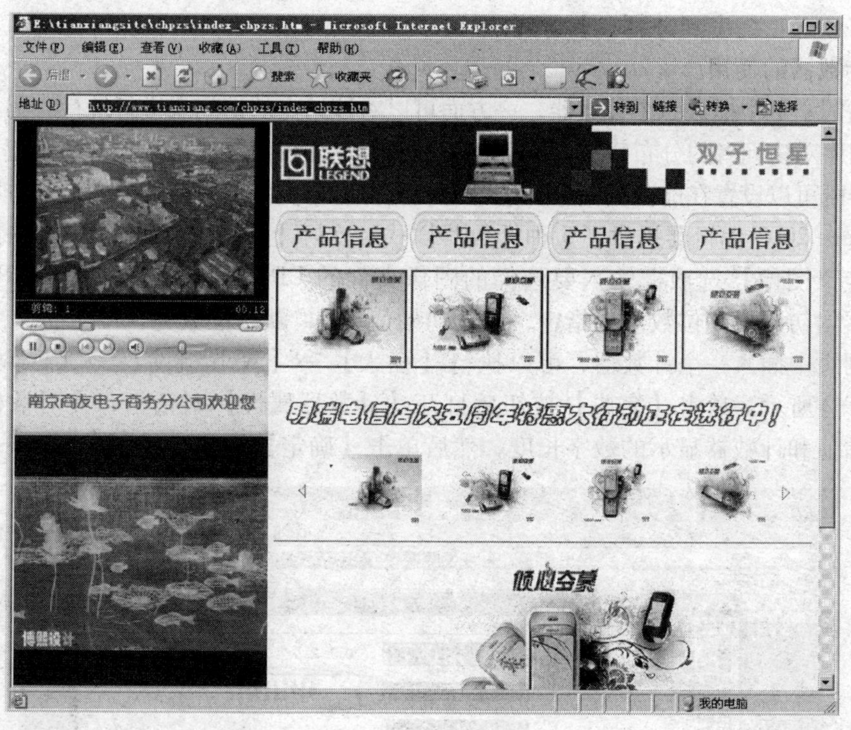

图8—3—1　广告页

任务分析

在 FrontPage 2003 中内置如动态按钮、横幅广告、游动字幕、图片库、计数器和搜索表单等 ActiveX 组件，利用这些组件可以制作一些简单但实用的网络广告。调用这些 ActiveX

组件的命令均可在【插入】菜单中找到。由于某些 ActiveX 组件只能在安装了 FrontPage 扩展的 Web 服务器上运行，所以必须将页面文件保存到安装 FrontPage 扩展的 Web 服务器上才能正常显示。

相关知识

一、FrontPage 2003 中的 ActiveX 组件

在 FrontPage 2003 中，集成了许多动态组件，用户只需做一些简单的操作，将这些动态组件插入页面中，就可以享受这些动态元素带来的轻松和愉悦。FrontPage 2003 所提供的动态组件主要有动态按钮、横幅广告、游动字幕、图片库、搜索表单、计数器、视频剪辑等。

二、FrontPage 2003 的横幅广告管理器

在 FrontPage 2003 中，【横幅广告管理器】组件并非默认组件，即在默认情形下【横幅广告管理器】的命令不在任何一个菜单中。用户需执行【工具】→【自定义】，打开【自定义】对话框，在左窗格中选择【插入】选项，在右窗格中选中【横幅广告管理器】，然后按住左键将该选项拖曳到【插入】菜单中。

三、计数器的使用

在网站的主页中插入一个计数器，一方面可以对该站点的访问量进行统计，另一方面可以通过后台程序对访问者的分布区域进行分析，了解客户分布状况，在网络营销中起着重要的作用。计数器既可以设置在前台页面上，也可以设置在后台供站点管理人员统计和分析使用。

FrontPage 2003 编辑器提供了 5 种计数器样式，实际上是 5 种 GIF 格式的图像，也可以先在【自定义图像】选项框输入要选择的图像文件的 URL，以该图像作为 URL 计数器样式。计数器的初始值和位数可以指定，默认初始值为 0，默认位数为 5 位。

要在网页中插入一个计数器，可以执行【插入】→【Web 组件】→【计数器】命令，如图 8—3—2 所示。单击【完成】按钮后打开【计数器属性】对话框，在对话框中设置计数器的初始值和计数器显示的数字长度，然后单击【确定】按钮，如图 8—3—3 所示。

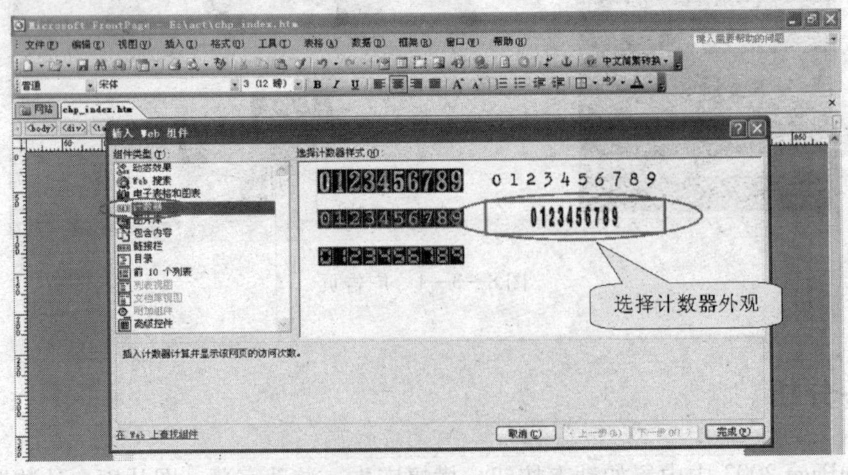

图 8—3—2　执行插入计数器命令

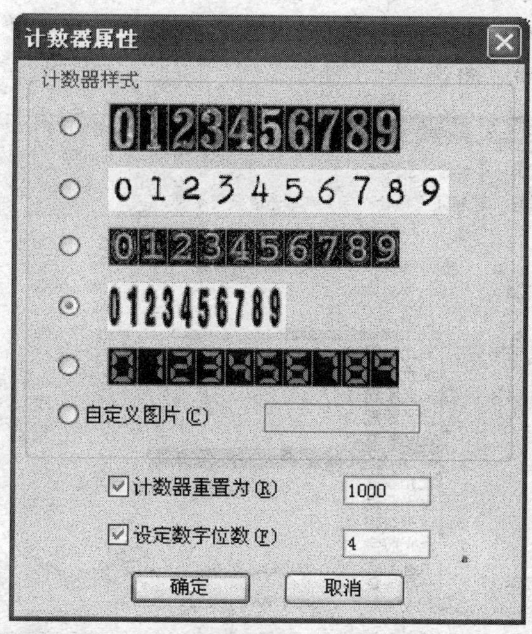

图 8—3—3　设置计数器样式和设置相关参数

由于计数器组件需要 FrontPage 服务器扩展功能支持，因此，只有将包含计数器的页面发布到安装有 FrontPage 服务器扩展的站点服务器上后，该组件才能正常工作。

四、交互式按钮的使用

交互式按钮也称为动态按钮或悬停按钮。在浏览器中，当鼠标指向该按钮时，按钮的颜色或按钮上的文字以及文字的颜色都会发生一定程度的变化而显现动态特征。

要在网页中插入一个动态按钮，可以单击【插入】→【Web 组件】→【动态效果】→【交互式按钮】，打开【交互式按钮】属性对话框，如图 8—3—4 所示。

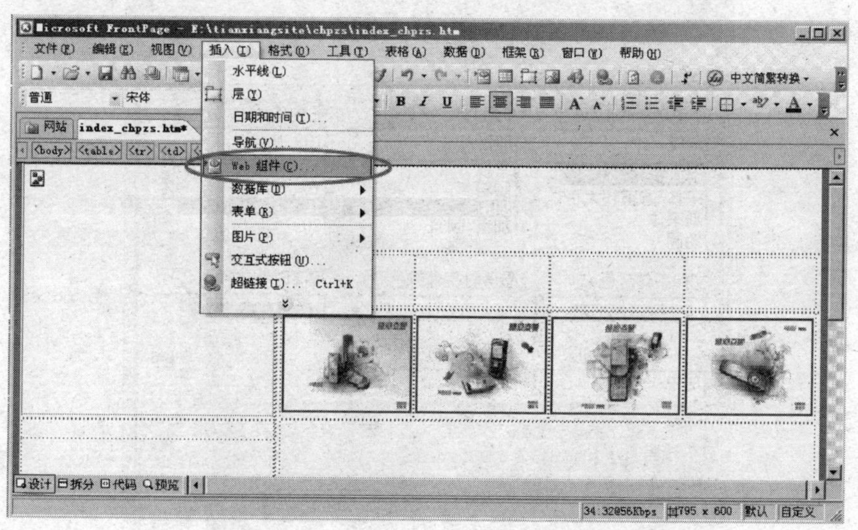

图 8—3—4　执行插入交互式按钮命令

在【交互式按钮】属性对话框中，可以设置交互式按钮的外观、按钮文本和按钮图像，如图 8—3—5、图 8—3—6、图 8—3—7 所示。

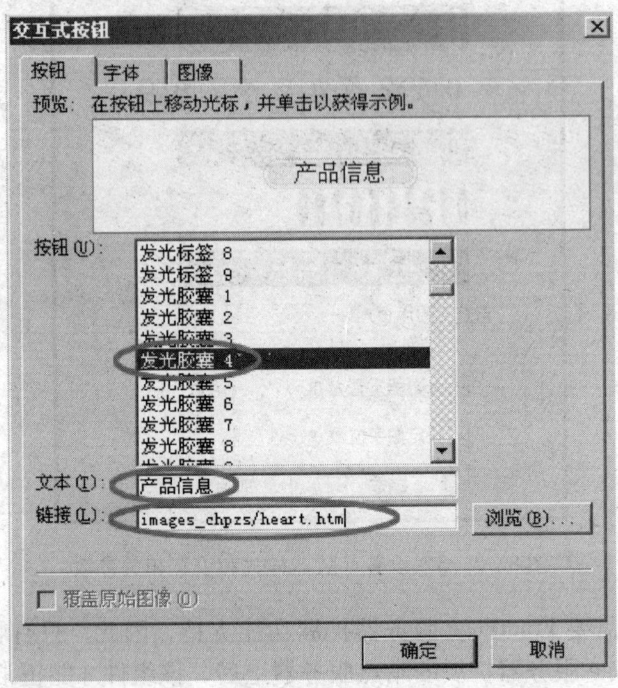

图 8—3—5　选择交互式按钮外观和链接

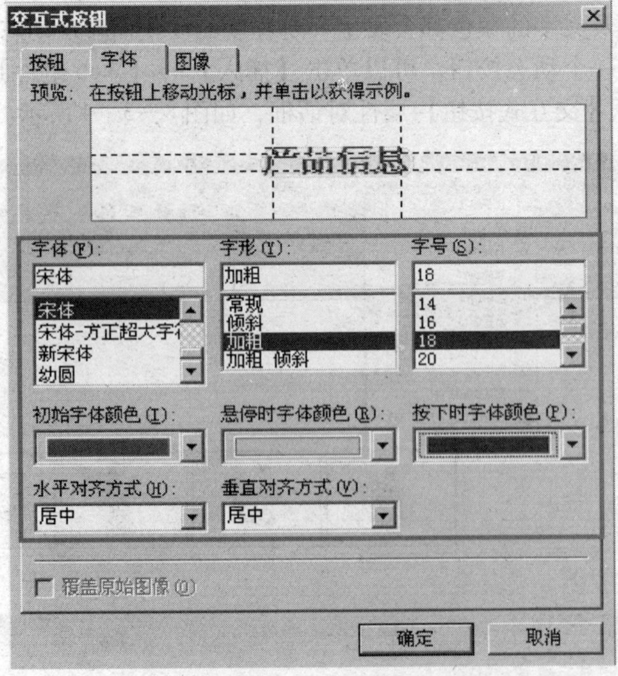

图 8—3—6　设置按钮文字格式

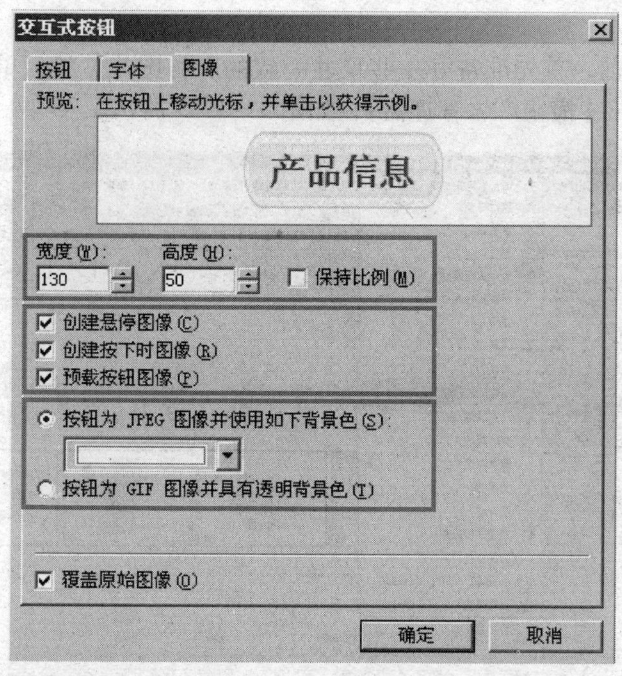

图 8—3—7　设置图片尺寸和不同状态表现形式

单击【确定】按钮将按钮插入页面，如图 8—3—8 所示。

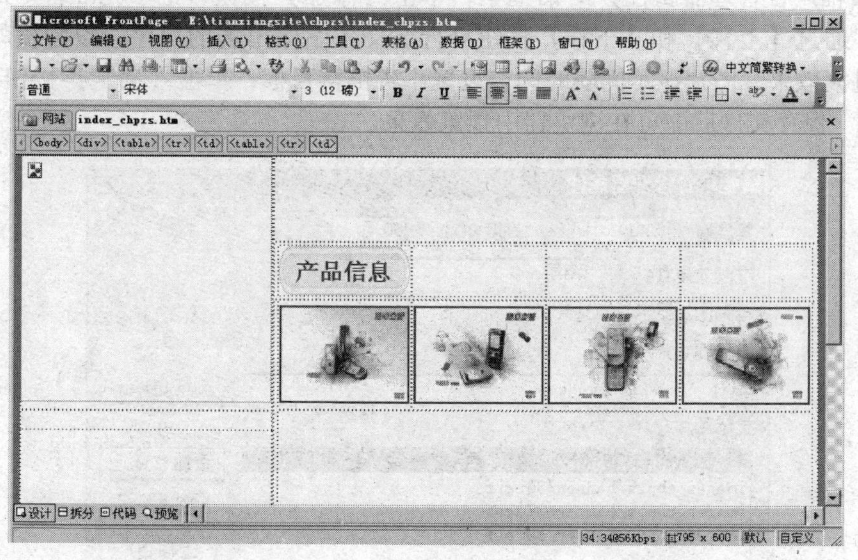

图 8—3—8　将交互式按钮插入页面

五、在页面中插入轮显广告

轮显广告是横幅广告的一种表现形式，它是将一系列广告图片串联起来，按照事先设定的形式、时间间隔，以类似于 PowerPoint 幻灯片的形式依次显示，达到多幅广告轮番显示的效果。FrontPage 2003 集成了一个【横幅广告管理器】组件，可以十分方便地制作此类广告。

在制作横幅广告前，首先准备好一些尺寸一致的广告图片。然后单击【插入】→【横幅广告管理器】，打开【横幅广告管理器】，如图 8—3—9 所示：

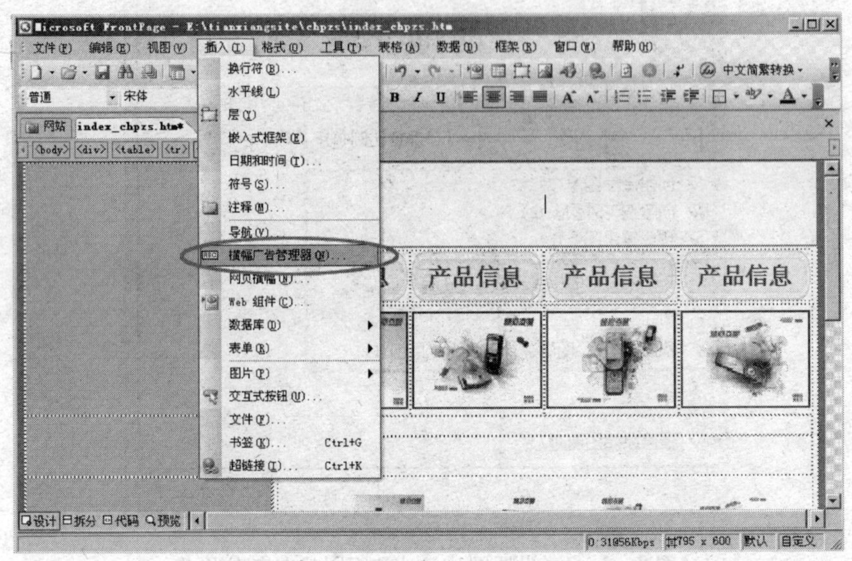

图 8—3—9　执行【横幅广告管理器】命令

在【横幅广告管理器属性】对话框中，单击【添加】按钮，把事先准备好的图片依次添加进去，通过【上移】和【下移】按钮自行定义各图像出场的次序，设置横幅广告的外观尺寸、过渡效果、图片显示间隔时间，设置广告链接目标，单击【确定】按钮，如图 8—3—10 所示。保存文件后即可在浏览器中预览效果。

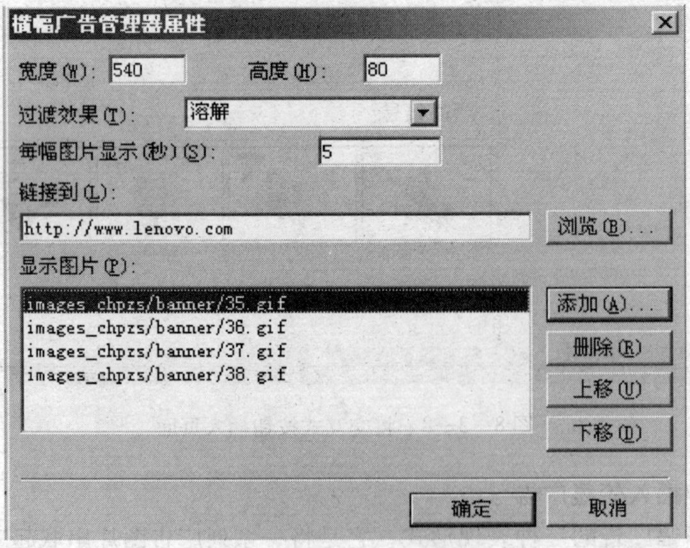

横幅广告管理器属性
宽度(W): 540　高度(H): 80
过渡效果(T): 溶解
每幅图片显示(秒)(S): 5
链接到(L):
http://www.lenovo.com　浏览(B)...
显示图片(P):
images_chpzs/banner/35.gif
images_chpzs/banner/36.gif
images_chpzs/banner/37.gif
images_chpzs/banner/38.gif
添加(A)...　删除(R)　上移(U)　下移(D)
确定　取消

图 8—3—10　横幅广告管理器属性设置

由于横幅广告管理器组件需要 Web 服务器支持才能正常工作，所以在预览前需将包含横幅广告组件的页面发布到安装了 FrontPage 扩展的 Web 站点中，然后打开浏览器进行预览。直接在 FrontPage 2003 的预览窗口进行预览常常无法获得满意的显示效果，如图 8—3—11 所示。

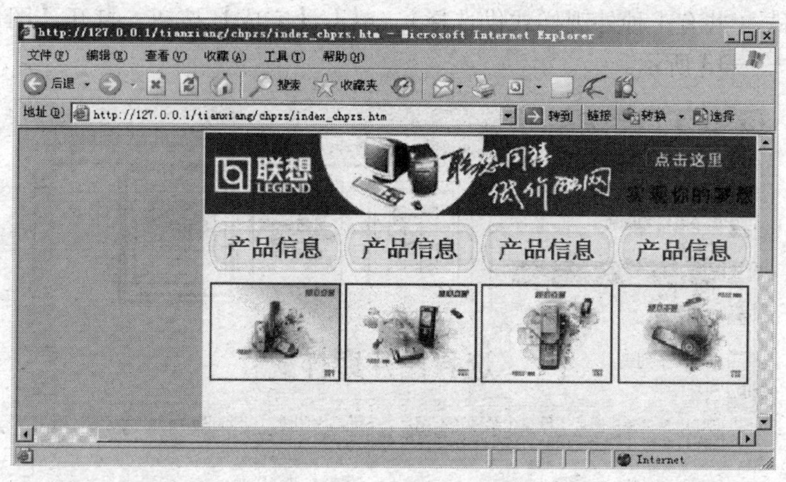

图 8—3—11 横幅广告显示效果

六、在页面中插入游动字幕

游动字幕是网页上常用的动态元素之一，在发布一些简单公告性信息时常用游动字幕。使用游动字幕最大的优点是可以充分利用页面有限的显示空间，提高页面的信息发布容量。

要在网页中插入一个游动字幕，可执行【插入】→【Web 组件】→【动态效果】→【字幕】命令，打开【字幕属性】对话框，在【文本】框中键入要显示的文字内容，选择游动方向、延迟时间、字幕游动方式、游动次数、背景颜色等，单击【确定】按钮，如图 8—3—12 所示。

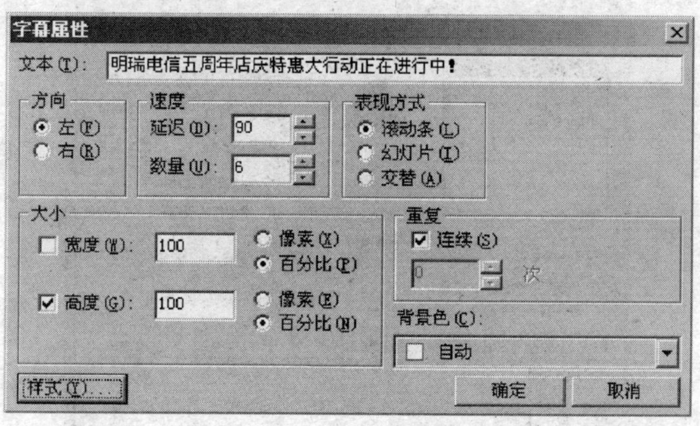

图 8—3—12 设置字幕属性

完成字幕插入后，可以在预览视图下预览，也可以保存后在浏览器中预览。

七、图片库制作

使用 FrontPage 2003 的图片库组件可以方便地创建企业产品宣传图库，图片库组件采用缩略图链接原图的方式展示所插入图片，并且可以添加相关说明文字，是展示产品的常用形式。

在 FrontPage 2003 中插入图片库组件的方法是单击【插入】→【Web 组件】→【图片库】或单击【插入】→【图片】→【新建图片库】，在【选择图片库选项】窗格中选择图片库的外观样式（共有 4 种外观样式供选择），单击【完成】按钮，打开【图片库属性】对话框，如图 8—3—13 所示。

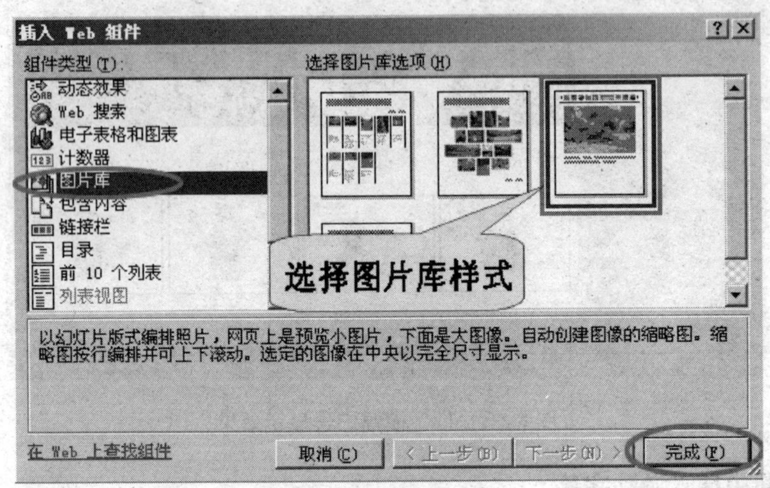

图 8—3—13　插入图片库

在【图片库属性】对话框中，单击【添加】按钮，将要展示的图片添加到图片库中，如有需要可以调整缩略图的尺寸和排列顺序，在【标题】和【说明】栏中添加图片标题和相关说明文字，如产品介绍等，如图 8—3—14 所示。

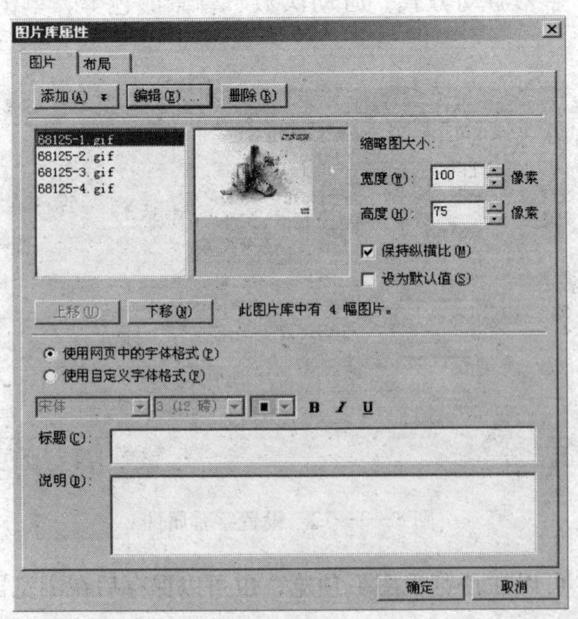

图 8—3—14　设置图片库属性

完成后单击【确定】按钮，保存文件，在浏览器中预览结果，如图 8—3—15 所示。

图 8—3—15　图片库效果图

任务实施

一、制作素材准备

1. 采集一部广告视频片和一个 Flash 动画广告。
2. 为制作横幅广告准备 4 张尺寸大小适当的广告图片，并将尺寸处理一致。
3. 准备 4 幅尺寸规格为 1 024 ×768 像素的产品图片用于制作产品缩略图。
4. 准备 4 ~ 6 张规格为 600 ×400 像素的产品图片，用于制作产品图片库。

二、新建一个页面文件并设计页面布局

打开 FrontPage 2003，新建一个站点；在新建站点中打开默认创建的页面文件 index. htm，使用布局表格工具按图 8—3—1 结构设计页面布局。

三、插入广告

1. 在页面中适当的位置上插入素材 3 中的 4 张图片，并制作缩略图。
2. 在页面中适当的位置上插入交互式按钮，在按钮上添加广告词。
3. 使用素材 2 在页面顶端插入横幅广告，4 幅广告图片轮流显示。
4. 在页面适当位置插入一个 ActiveX 控件，使用控件播放视频广告。
5. 在页面适当位置使用插件插入 Flash 动画广告。
6. 设计一句广告词，然后将广告词制作成滚动字幕广告。

7. 在页面适当位置插入用素材 4 制作的一个产品图片库。

四、保存预览

保存网页，然后在浏览器中预览网页效果。

技能训练

以数码相机产品为背景制作一个如图 8—3—1 所示的广告页面。

思考与练习

1. FrontPage 2003 中内置了哪些 ActiveX 组件？
2. 在本任务所制作的页面中插入一个计数器组件，并确保正常运行。

任务 4　在线调查表单的制作

任务引入

网络调研是企业开展网络营销的重要组成部分。企业通过网络市场调研，可以及时把握市场现状和发展动态，有针对性地制定经营策略，以取得良好的经营效益。本任务要求制作一个如图 8—4—1 所示的调查页面。

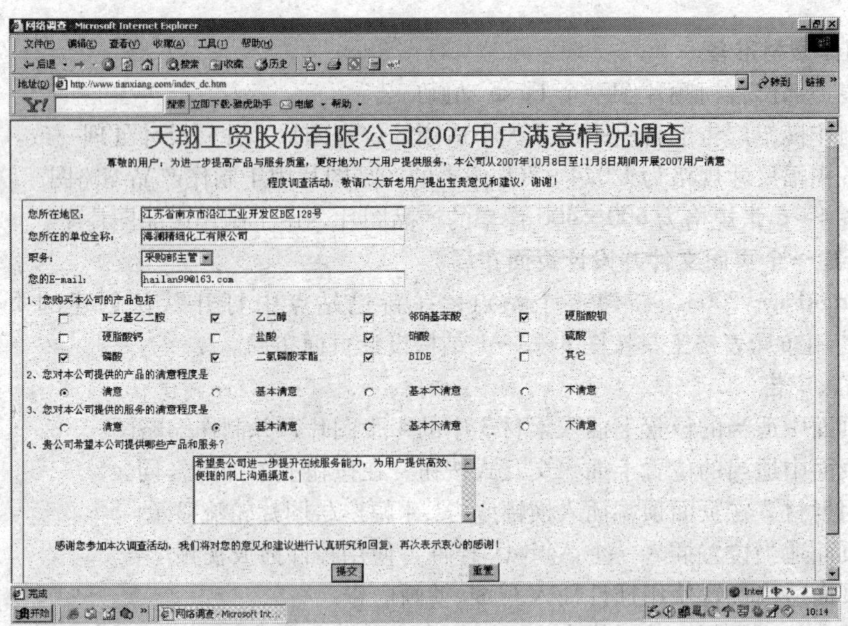

图 8—4—1　调查页面示意图

任务分析

表单是站点通过 Web 与浏览者建立沟通渠道的重要工具。在网络营销中，表单发挥着重要的作用，企业站点可以通过制作表单页面，开展网络调查，及时获取用户对企业产品和服务的意见和建议，及时了解用户的需求信息。在企业站点中，通常使用表单制作留言板、用户注册页面、用户登录页面、网络调查页面等。表单制作的关键技术在于如何根据要求获取信息的特点设计所使用的表单域和表单获取信息后如何进行记录和保存，因此，在制作调查页面前，必须充分了解表单和各种不同表单域的功能和作用，掌握表单和不同表单域的属性设置方法以及记录保存表单信息的方法。

相关知识

一、表单的意义和工作原理

1. 表单的意义

表单是因特网中用于收集客户输入信息的一种 Web 工具，它实现了站点与客户间的交互，成为网络中一条连接企业与客户的重要渠道和纽带。目前表单已经成为商业站点必不可少的基本元素，在许多网络营销活动中得到应用，比如网络市场调研、网络客户服务和技术服务等。

一个表单至少要由表单域和说明性的文字组成，可以加入任何网页元素比如图像、表格、FrontPage 组件等。因此要想学习商务站点制作，就必须学会如何制作表单页面和应用表单处理程序。

2. 表单的工作原理

（1）用户在客户端通过页面上的表单输入信息，该信息在用户确认发送后被发往站点服务器。

（2）Web 服务器在收到客户的信息后，将表单上的信息自动保存到 Web 服务器的文件中或存储到数据库中或发送到某个指定的 e－mail 地址。

（3）如有必要，Web 服务器会对客户端的信息给予反馈并将反馈信息发往客户端。

表单技术是商务站点建设中的重要技术之一，主要包括前台表单的设计和后台表单处理程序的编制两部分。

二、创建表单

1. 使用模板创建表单

FrontPage 2003 提供了包括意见簿、意见和反馈表单、用户注册、确认表单等特定表单页面模板，供用户选择使用。模板使用方法如下：执行【文件】→【新建】命令，在【新建】任务窗格中单击【其他网页模板】，在打开的【网页模板】对话框中选中所需模板，单击【确定】按钮。

2. 使用表单向导创建表单页面

执行【文件】→【新建】命令，在【新建】任务窗格中单击【其他网页模板】，在打开的【网页模板】对话框中选中【表单网页向导】，打开【表单网页向导】，单击【下一步】按钮；单击【添加】按钮，选择表单要收集的信息类型和编辑表单标签，完成后单击【下一步】按钮；选择表单要填写的具体项目和根据需要为表单域命名，完成后单击【下一步】按钮。重复以上操作，直至完成所有表单域的创建后，单击【完成】按钮。FrontPage 2003 根据以上设置自动创建一个满足要求的表单。

3. 创建自定义表单

用户可以根据需要直接在页面中创建自定义表单。创建自定义表单的一般方法是执行【插入】→【表单】→【表单】命令创建表单，如图 8—4—2 所示。然后根据需要在表单中插入表单域，再在各个表单域前编辑表单域标签。为了使不同的表单域能够布局合理、排列整齐，通常可以使用布局表格工具进行表单布局设计。

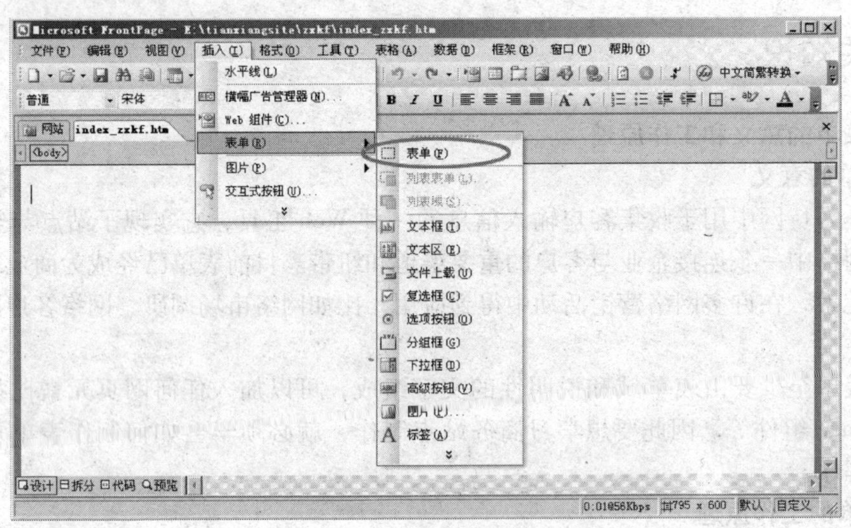

图 8—4—2 创建自定义表单

三、插入表单域

表单由表单域组成，FrontPage 2003 中共有 9 种表单域：文本框（也称单行文本框）、文本区（也称为多行文本框）、文件上载、复选框、选项按钮（也称单选按钮）、分组框、下拉框（下拉菜单）、普通按钮和高级按钮，如图 8—4—3 所示。

表单域是供访问者输入信息的区域，也是站点获取访问者信息的窗口。不同的表单域用于获取不同类型的信息。网页中插入表单域后，FrontPage 就把表单域看成一个字符，可以进行移动、删除、复制、剪切等编辑操作。

要插入一个单独的表单域，可以执行【插入】→【表单】命令，在【表单】子菜单中选择相应的表单域形式，FrontPage 编辑器就会在页面当前位置自动创建一个带表单域的新表单，如图 8—4—4 所示。

要想在一个表单中插入多个表单域，可执行【插入】→【表单】命令，然后在所创建的表单内再插入需要的表单域。

为让用户了解表单域的作用，通常在表单域旁边加上文字说明，这个说明文字称为表单

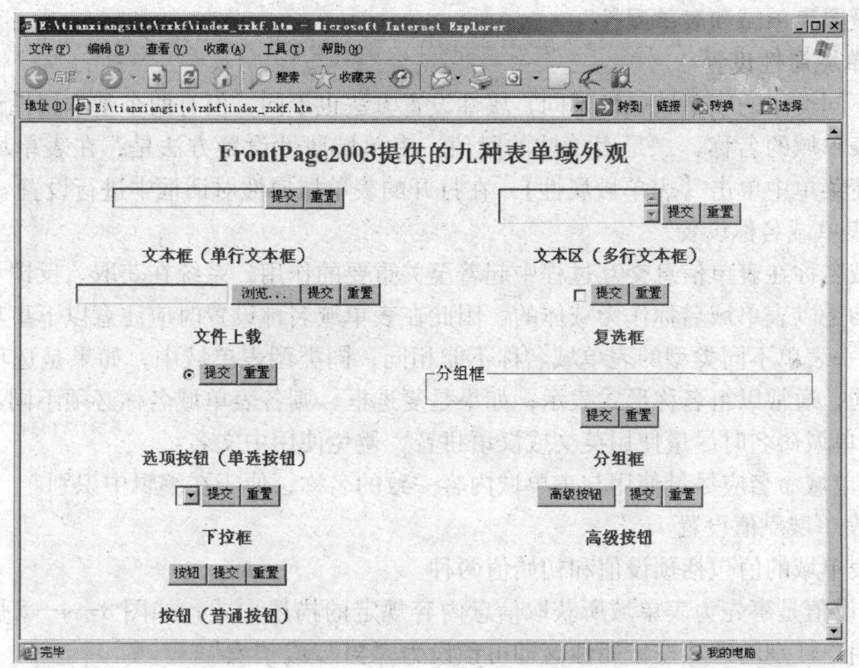

图 8—4—3　FrontPage 2003 提供的九种表单域外观

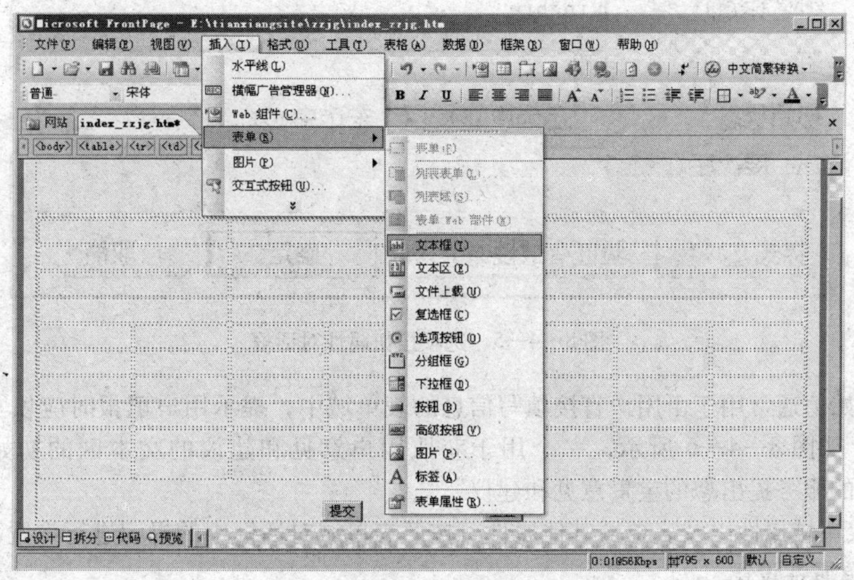

图 8—4—4　插入表单域

域的标签。

标签可以直接键入表单域的虚线框内。一般来说，标签是一个固定的文本，要使标签具有可击性，即当用户单击某个标签时，输入焦点自动切换到相应的表单域中，可以选中表单域和标签，然后单击【插入】→【表单】→【标签】，则该标签具有相当于按钮的作用。

四、设置表单域和表单属性

1. 表单域属性设置

虽然不同类型的表单域属性不同，属性设置方法也不同，但有两个基本属性设置是相同的：一是表单域的名称，二是表单域的赋值。表单域属性设置方法是：在表单域上单击右键，在快捷菜单中单击【表单域属性】，在打开的表单域属性对话框中进行设置。

（1）表单域名称设置

表单域名称在表单信息交互过程中起着至关重要的作用，系统在获取、反馈和存取表单域信息时均是以表单域名称作为载体的。因此在表单域名称设置时应注意以下事项：

1）同一表单不同类型的表单域名称不能相同；同类型表单域中，如果是选项按钮的名称必须相同，通常以组名称形式表示；如果是复选框，则各表单域名称必须不同。

2）表单域命名时尽量使用英文或汉语拼音，避免使用中文名。

3）表单域命名应尽量使用与表单域内容一致的名称，便于在编辑中识别。

（2）表单域赋值设置

常用表单域的值包括预设值和初始值两种。

1）预设值是事先为表单域所获取信息内容规定的描述形式，如图 8—4—5 所示，一个用于获取用户性别的选项按钮属性值即可预设为“男”或“女”。

图 8—4—5　选项按钮属性对话框

2）初始值通常用于由用户直接填写信息的表单域中，提示用户填报时应填写的内容或注意事项，如图 8—4—6 所示，一个用于获取用户意见和建议的文本区的初始值设置为“请对我们的服务提出您的宝贵意见和建议”。

其他表单域属性以及表单域其他属性可按照表单域对话框中的提示进行设置。

2. 表单属性设置

表单属性设置主要包括：表单信息的保存方式和保存路径；使用 e－mail 发送表单信息时提供发送用的 e－mail 地址；需使用确认网页时给出确认网页的 URL 地址；保存需要保存的表单域以及相关需采集的其他信息等。FrontPage 内置的表单处理程序通过送到站点内指定文件、发送到数据库和发送到其他对象等三种方式完成表单数据的读写存取。表单属性设置即对 FrontPage 表单处理程序进行配置。

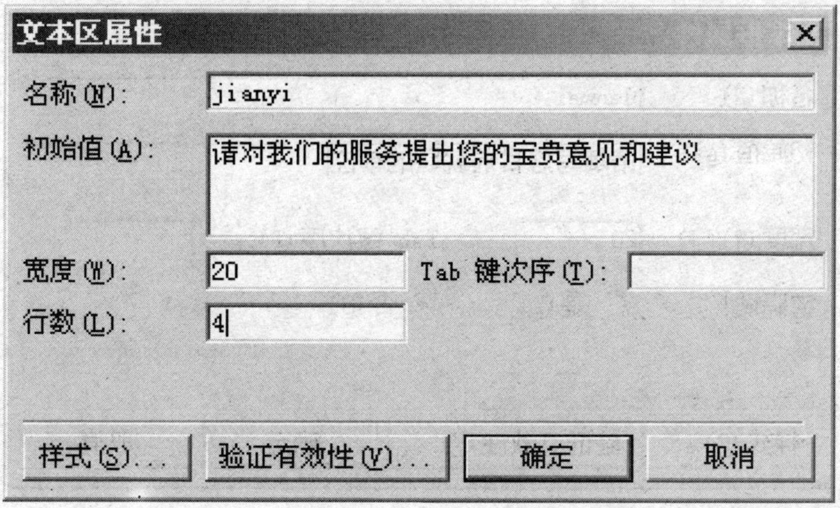

图 8—4—6　文本区属性对话框

设置表单属性的方法是：在表单空白处单击右键，在快捷菜单中执行【表单属性】命令，在弹出的【表单属性】对话框中进行相关设置。

任务实施

一、创建表单页面

打开 FrontPage，创建如图 8—4—4 所示表单页面，为使表单布局整齐规范，使用表格工具在表单内设计表单布局。

二、创建表单域

在布局表格中创建如图 8—4—1 所示表单域，并为各表单域添加文字标签。

三、设置表单域属性

1. 文本框属性设置

选中一个文本框，在快捷菜单中单击【表单域属性】，在【文本框属性】对话框中设置文本框名称、预设值、文本框的宽度，单位为一个半角字符，如图 8—4—7 所示。如该文本框用于提取用户密码或口令，则需在【密码域】处选中“是”，选中该项后，用户在输入密码时，将以“ * ”代替输入的密码或口令。

如需对用户填写信息进行限制，可单击【验证有效性】按钮，打开【文本框有效性验证】对话框，对用户填写内容和形式进行限制，如获取用户电子邮件的文本框设置只允许填写字母、数字和符号“@”和“_ ”，如图 8—4—8 所示。

2. 下拉框属性设置

选中下拉框，在快捷菜单中单击【表单域属性】，在【下拉框属性】对话框中设置表单域名称，设置下拉框高度；单击【添加】按钮，打开【添加选项】对话框，在【添加选项】对话框中【选项】栏中输入第一个选项，如“总经理”，勾选【指定值】，初始状态设置为“选中”，单击【确定】按钮，如图 8—4—9 所示。

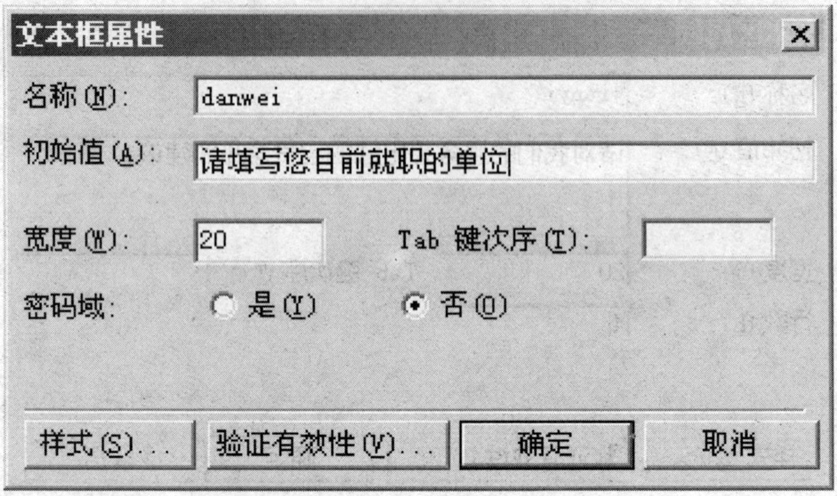

图 8—4—7 【文本框属性】对话框

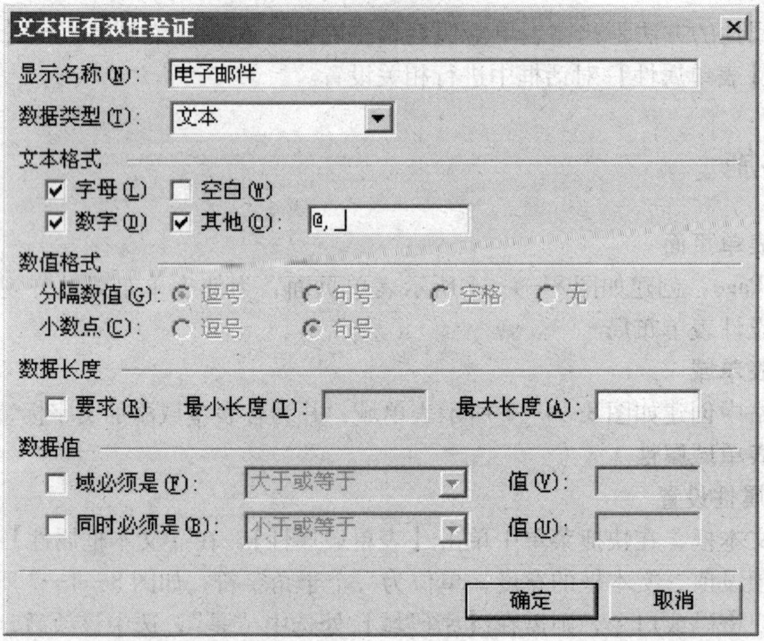

图 8—4—8 【文本框有效性验证】对话框

重复上述步骤添加不同选项，全部设置完成后，单击【确定】按钮，如图 8—4—10 所示。

3. 复选框属性设置

分别设置各复选框的属性。选中一个复选框，在快捷菜单中单击【表单域属性】，在【复选框属性】对话框中设置表单域名称和预设值，默认初始状态为“未选中”，如图 8—4—11 所示。

复选框的名称必须不同，如可设为 chp1、chp2 等。

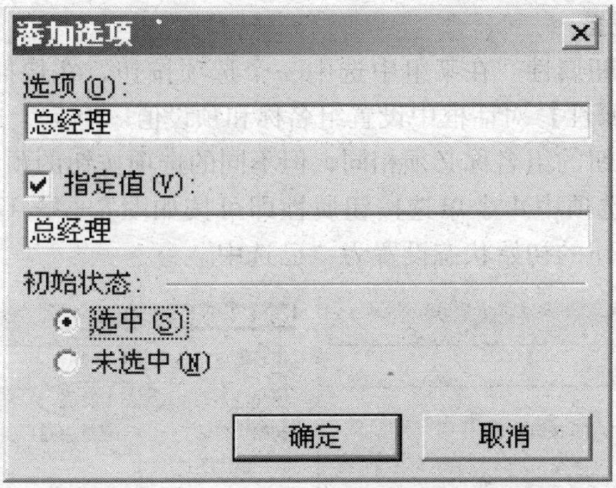

图 8—4—9　下拉框【添加选项】对话框

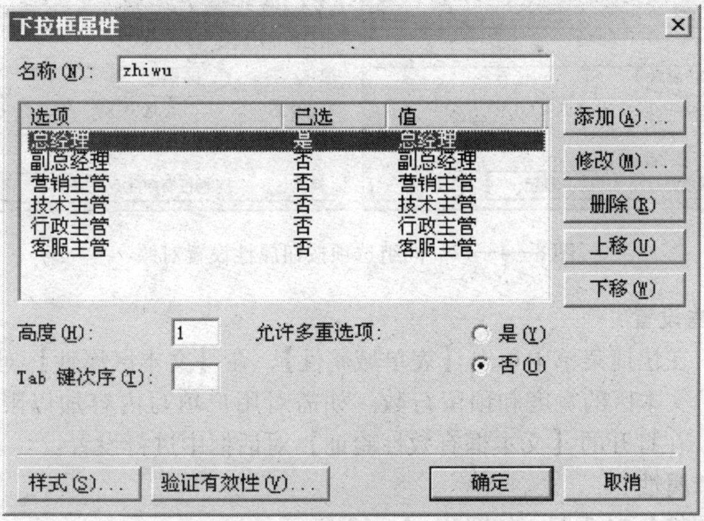

图 8—4—10　【下拉框属性】对话框

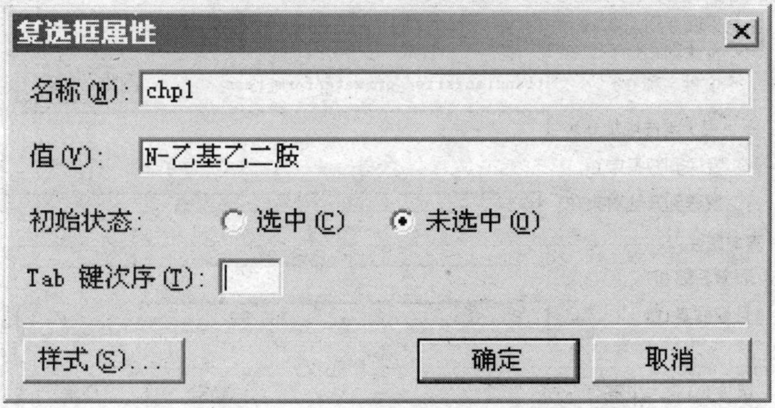

图 8—4—11　【复选框属性】对话框

4. 选项按钮属性设置

分组设置各选项按钮属性。在某组中选中一个选项按钮，在快捷菜单中单击【表单域属性】，在【选项按钮属性】对话框中设置组名称和预设值。重复上述步骤设置每一个选项按钮属性。同组选项按钮的组名称必须相同，但不同的选项按钮的预设值不同，如本任务中“产品满意程度”调查选项中 4 个单选按钮属性即可按如图 8—4—12 所示进行设置。习惯上将各组第一个选项按钮的初始状态设置为“已选中”。

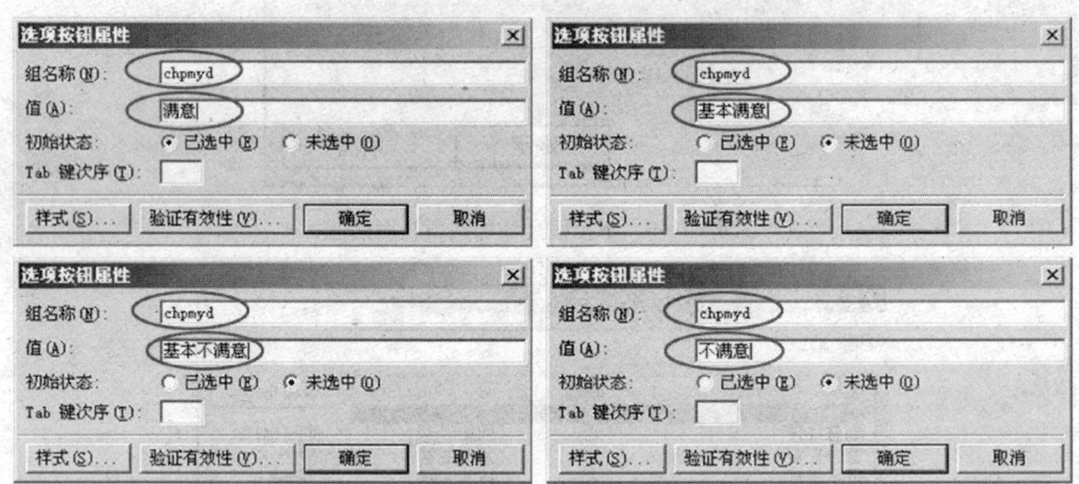

图 8—4—12 同组选项按钮属性设置对照

5. 文本区属性设置

选中文本区，在快捷菜单中单击【表单域属性】，在【文本区属性】对话框中设置文本区名称、预设值、文本区的宽度和预留行数。如需对用户填写内容加以限制，可单击【验证有效性】按钮，在打开的【文本框有效性验证】对话框中进行设置。

四、设置表单属性

打开【表单属性】对话框，如图 8—4—13 所示。

表单属性
将结果保存到
发送到(S)
文件名称(F): tianxiangsite/_private/form_resu 浏览(B)...
电子邮件地址(E):
发送到数据库(H)
发送到其他对象(R) 自定义 ISAPI、NSAPI、CGI 或 ASP 脚本
表单属性
表单名称(N):
目标框架(T):
选项(O)... 高级(A)... 确定 取消

图 8—4—13 【表单属性】对话框

1. 发送到指定文件

选择【发送到】→【选项】，打开【保存表单结果】对话框，该对话框有四个选项卡，分别为【文件结果】、【电子邮件结果】、【确认网页】和【保存的域】。

（1）【文件结果】

将表单结果保存到指定的文件中。FrontPage 默认表单处理程序将表单获取的信息记录到站点中名为“_ private”的系统文件夹中的 form_ results. csv 文件中，如图 8—4—14 所示。由于普通用户无法直接访问“_ private”文件夹中保存的信息，从而确保了用户提交信息的安全性。

（2）【电子邮件结果】

将表单结果发送到指定的 e - mail 地址。【接收结果的电子邮件地址】框为收件人的地址；【电子邮件格式】框为邮件的格式，在 FrontPage 2003 中共有 9 种不同的格式供用户选择；选中【包含域名】复选框则表示同时把表单域的名称和值配对发送给指定的 e - mail 地址，没有选中时，只发送表单域的值，如图 8—4—15 所示。只有在站点服务器具备邮件发送功能时才能使用此项功能。

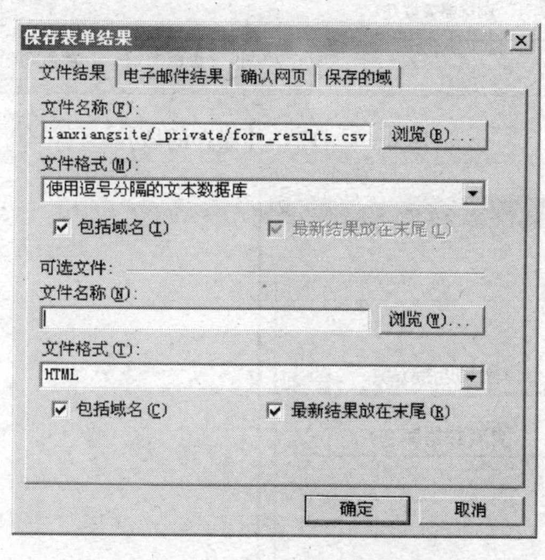

图 8—4—14　【文件结果】

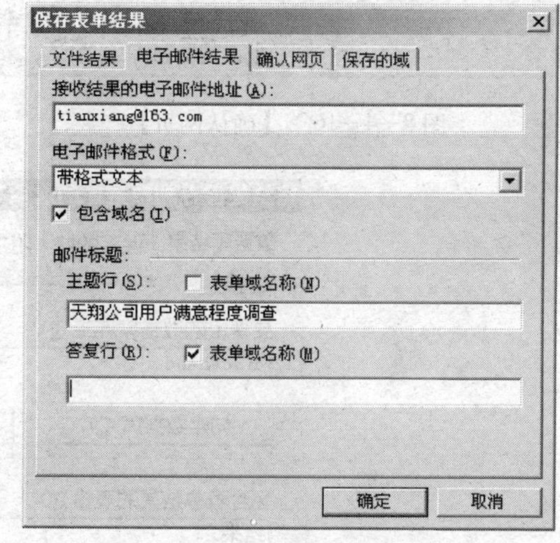

图 8—4—15　【电子邮件结果】

（3）【确认网页】

如果需要将表单信息交由用户确认，可以使用确认表单。在使用确认表单之前需事先创建一个确认网页，并保存在名为“_ private”系统文件夹中。设置时可以在【确认网页的 URL】中输入确认网页的 URL 地址；如果没有指定确认网页，则表单处理程序会自动创建一个默认的确认网页，如图 8—4—16 所示。

（4）【保存的域】

用于选择要保存表单上的表单域以及是否要保存其他附加的信息，如图 8—4—17 所示。

2. 发送到数据库

选中该项可将表单获取信息保存到与 ODBC 兼容的数据库中，如 Access 或 dBASE，也可以保存到如 SQL Server 等的数据库管理系统中。

（1）连接数据库

如需将表单信息保存到数据库中，可以选择【发送到】→【选项】，打开【将结果保存到数据库的选项】对话框，如图 8—4—18 所示。

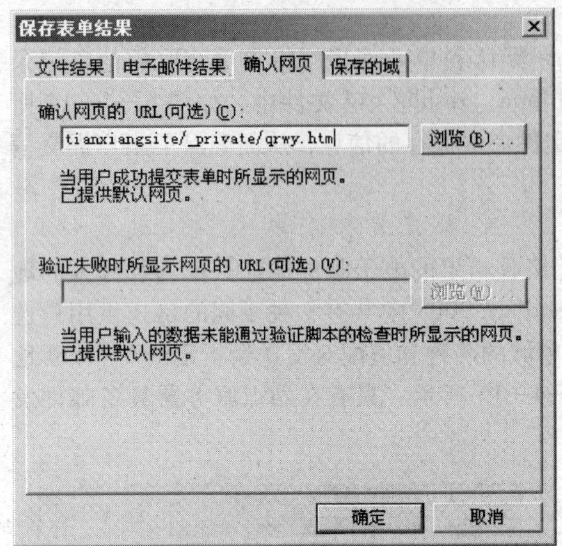

图 8—4—16　【确认网页】

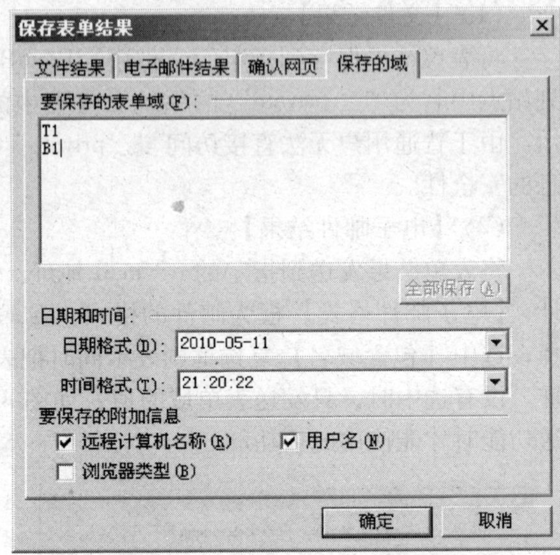

图 8—4—17　【保存的域】

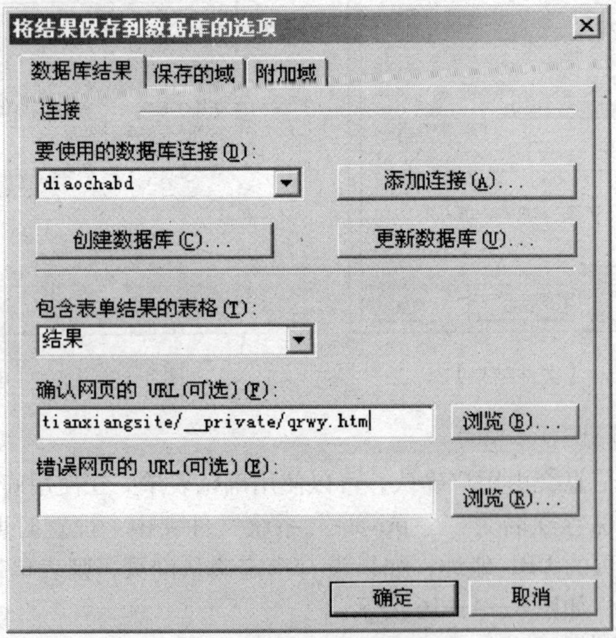

图 8—4—18　【将结果保存到数据库的选项】对话框

如果事先为站点创建了数据库，则单击【添加连接】按钮，打开【网站设置】对话框，在【数据库】选项卡中选中要连接的数据库，单击【验证】按钮，确认表单网页已连接到数据库，如图 8—4—19 所示。

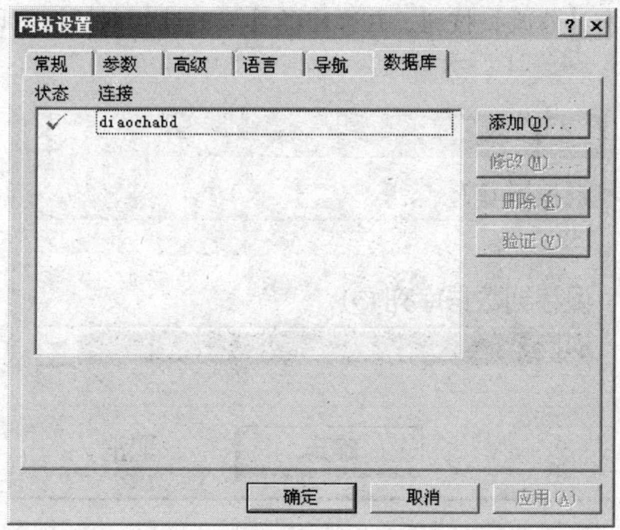

图 8—4—19　设置数据库连接

如果站点内尚未创建数据库，可在图 8—4—18 中单击【创建数据库】按钮，FrontPage 将在站点根目录下创建一个名为“fpdb”目录，并在该目录下创建一个与表单网页同名的数据库文件。

（2）指定保存数据的数据库列

完成数据库连接后，还必须建立表单项与数据库列间的一一对应关系。建立方法如下：在图 8—4—18 中，选中【保存的域】选项卡，选项卡中列出了表单中所有的域，如图 8—4—20 所示。

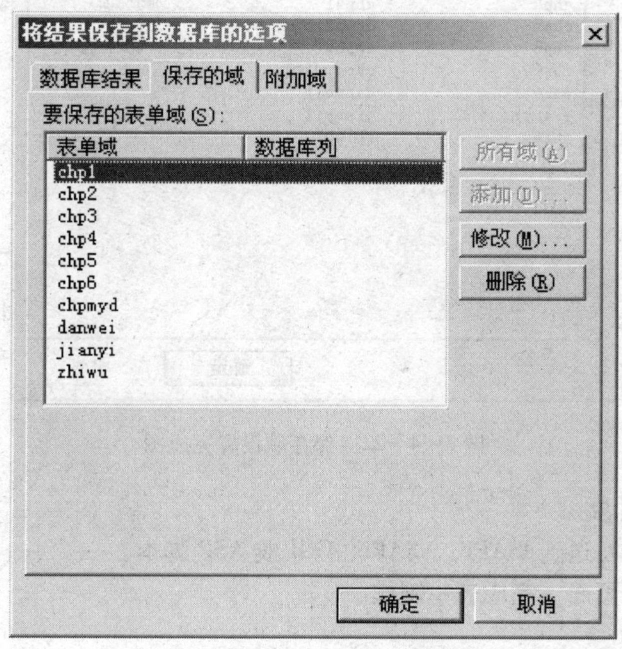

图 8—4—20　要保存的表单域列表

选中一个域，单击【修改】按钮，在弹出的【修改域】对话框中设置表单项与数据库列的对应关系，如图 8—4—21 所示。

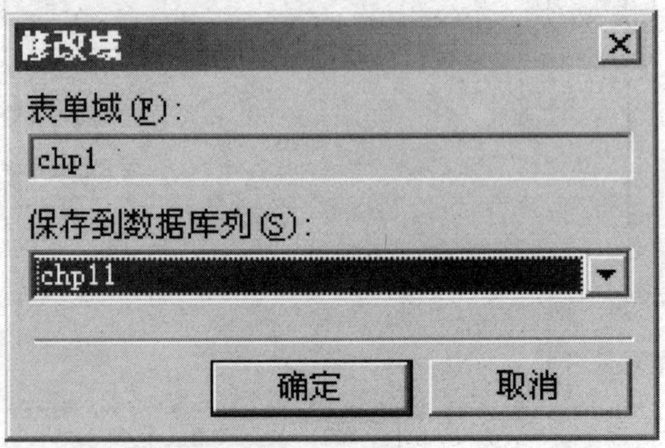

图 8—4—21　设置表单项与数据库列的对应关系

对于每个域，都必须指定要用来保存数据的数据库列。全部设置完成后如图 8—4—22 所示。单击【确定】按钮，完成表单属性设置。

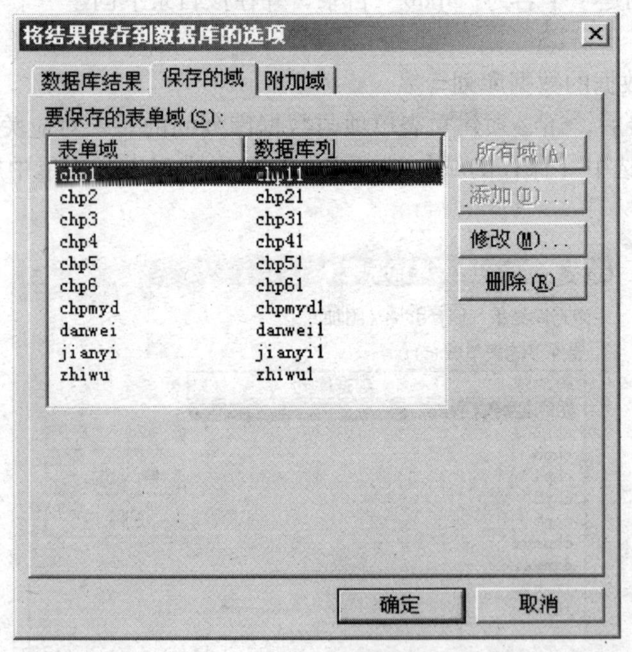

图 8—4—22　保存域设置完成图

3. 发送到其他对象

将表单获取信息发送到 ISAPI、NSAPI、CGI 或 ASP 脚本。

最后，保存表单页面，完成表单制作。

技能训练

自行设计一个网上调查主题，列出调查项目，根据调查项目制作一个调查表单。表单中应包含选项按钮、复选框、文本框、下拉框、文本区以及提交和重置按钮等，并将表单数据保存到数据库中。

思考与练习

1. FrontPage 的自动缩略功能是将图片的缩略图直接链接到原图，如果希望将缩略图链接到包含原图的一个页面，需要作何处理？

2. 如果在页面中插入 Flash 动画，并且能够对播放进程进行控制，应如何操作？

3. 框架与表格均可作为网页布局工具，两者有何区别？如果需要将页面划分为若干个相互独立的区域，则应使用框架还是使用表格？

4. 在页面中插入横幅广告管理器组件后，常在预览视图中预览时可以看到显示效果，但在浏览器中却无法正常显示，造成这一现象的原因是什么？怎样解决？

5. 为什么在设置选项按钮名称时，同组的表单域名称必须相同？设置复选框名称时，同组的表单域名称是否必须不同？

6. 为什么要将记录表单信息的文件和确认网页保存在网站内名为“_ private”的目录中？

模块九

HTML识读与CSS技术应用

任务1　MTML 识读

任务引入

识读图9—1—1 所示的某公司网站客户留言页面（局部）的 HTML 主要代码①：

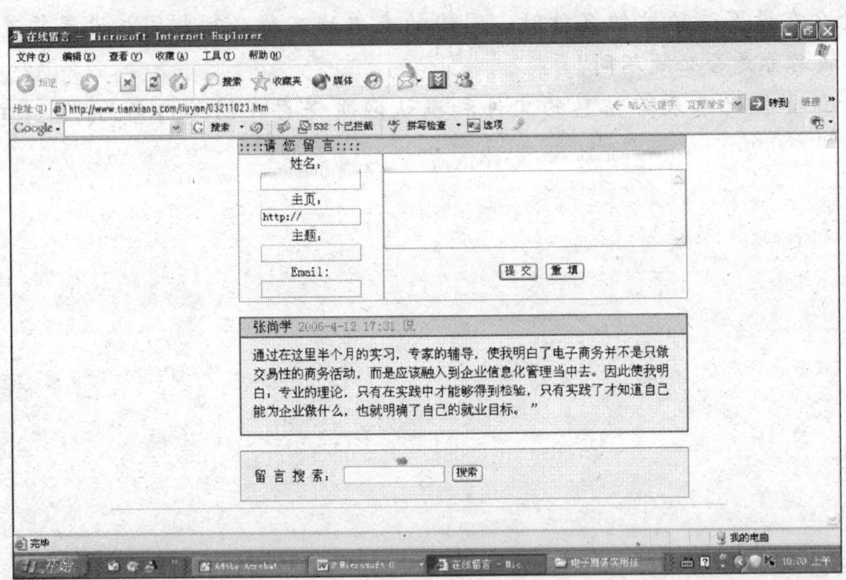

图9—1—1　客户留言页面示意图

```
1 <html>
2 <head>
3 <meta http-equiv="Copyright" content="××公司">
4 <meta http-equiv="Content-Language" content="zh-cn">
```

① 为便于阅读，对页面源码进行适当精简，将原页面中的大部分脚本和 CSS 源码剔除，只保留表明这些脚本和 CSS 文件存在的部分痕迹。为便于识读，在各语句前添加序号。

```
<meta http-equiv="Content-Type" content="text/html; charset=gb2312">
<title>在线留言</title>
</head>
<!--整体页面布局表格设计-->
<body leftmargin="0" topmargin="0">
<table width="760" border="0" align="center" cellpadding="0" cellspacing="0" bgcolor="#FFFFFF">
<tr>
<td height="215" valign="top">
<div id=menuDiv style="background-color: #9cc5f8; height: 1px; position: absolute; visibility: hidden; width: 1px; z-index: 2"></div>
<p>
<!--用户留言部分 开始-->
</p>
<table width="760" border="0" cellspacing="0" cellpadding="0">
<tr>
<td width="140" align="center" valign="top">
<p></p></td>
<td width="581">
<table border="0" cellpadding="0" cellspacing="0" style="border-collapse: collapse" bordercolor="#111111" width="100%" id="AutoNumber3">
<tr>
<td><p style="text-indent: 25; margin: 0 20"></p><div align="center">
<center>
<table width="95%" border="1" align="center" cellpadding="0" cellspacing="0" bordercolor="#666666" id="AutoNumber4" style="border-collapse: collapse">
```

（在此嵌入一个布局表格，以便在这个表格中插入一个表单）

```
<form method=post action="add.asp?keyword=&page=1&pagesize=" id=form1 name=form1>
```

（创建一个表单，表单中共有 4 个单行文本框和一个多行文本框）

```
<!--创建4个单行文本框-->
<tr bgcolor="#C9C9C9">
<td colspan="2" background="../images/bg3.gif">:::: 请 您 留 言:::: </td>
</tr>
<tr>
<td width="42%" align="center">
<p style="margin-top: 3; margin-bottom: 3">姓名：
<input class="input" name="name" size="16"></p>
```

```
<p style = "margin - top: 3; margin - bottom: 3" >主页:
<input class = "input" name = "url" size = "16" value = "http: //" > </p >
<p style = "margin - top: 3; margin - bottom: 3" >主题:
<input class = "input" name = "title" size = "16" ></p >
<p style = "margin - top: 3; margin - bottom: 3" >Email:
<input class = "input" name = "mail" size = "16" >
</td >
<! - -创建一个多行文本框 - - >
<td width = "58%" height = "131" > <p align = "center" >
<textarea class = "input" rows = "6" name = "content" cols = "50" > </textarea > <br > 
<input class = "backc" type = "submit" value = "提 交" name = "B1" >
<input class = "backc" type = "reset" value = "重 填" name = "B1" >
</td > </tr > </form > </table > </center > </div > </td > </tr > </table >
<table border = "0" cellpadding = "0" cellspacing = "0" style = "border - collapse: collapse" bordercolor = "#111111" width = "100%" id = "AutoNumber3" >
<tr >
<td > <br > <div align = "center" >
<center >
<table width = "95%" border = "1" cellpadding = "0" cellspacing = "0" bordercolor = "#666666" bgoolor = "#eeeeee" id = "AutoNumber4" style = "word - break: break - all" >
<tr >
<td width = "100%" height = "24" background = "../images/bg3. gif" bgcolor = "#C9C9C9" >
  海青 <font color = "#666666" >2006 - 4 - 12 17: 说 </font >    
</td > </tr >
<tr >
<td height = "120" style = "WORD - WRAP: break - word" >
<p style = "line - height: 140%; margin - left: 15; margin - right: 10; margin - top: 10; margin - bottom: 5" align = left >“通过在这里半个月的实习，专家的辅导，使我明白了电子商务并不是只做交易性的商务活动，而是应该融入到企业信息化管理当中去。因此使我明白：专业的理论，只有在实践中才能够得到检验，只有实践了才知道自己能为企业做什么，也就明确了自己的就业目标。” <br >
</p > </td > </tr > </table > </center > </div > </td > </tr > </table >
<! - -搜索留言部分 - - >
<table border = "0" cellpadding = "0" cellspacing = "0" style = "border - collapse: collapse" bordercolor = "#111111" width = "100%" id = "AutoNumber5" >
```

```
<form method = post action = " index. asp? page = 1&pagesize = 6" id = form2 name = form2 >
<tr >
<td > <br > <div align = " center" >
<center >
<table border = "1" cellpadding = "0" cellspacing = "0" style = " border - collapse: collapse" bordercolor = "#666666" width = "95%" id = " AutoNumber6" >
<tr >
<td height = "60" colspan = "2" bgcolor = "#eeeeee" >留 言 搜 索:
<input type = text name = 'keyword' size = 16 class = input >
<input type = submit value = '搜索' class = backc id = submit1 name = submit1 >
</td > </tr > </table > </center > </div > </td > </tr > </form > </table > </td > </tr >
</table >
<table width = "760" border = "0" align = " center" cellpadding = "0" cellspacing = "0" bgcolor = "#FFFFFF" >
<tr >
<td height = "17" > <hr size = "1" noshade > </td >
</tr > </table > </td > </tr > </table >
</body >
</html >
```

任务分析

为了识读上述网页的 HTML 代码，必须学习 HTML 的基本结构、文件组成、常用标记、字符区段等知识。

相关知识

HTML 标记语言（hyper text markup language）是编写网页文本的基础语言，随着可视化网页编辑工具的广泛应用，直接使用 HTML 标记语言编辑网页文本的人越来越少。但在许多时候人们还必须直接对页面代码进行编辑，比如在页面中插入 Script 脚本代码或插入 CSS 样式代码等。要想制作出具有较高水平的网页，制作者必须熟悉 HTML 标记语言。

一、HTML 文档的基本结构

HTML 文件是由一系列的标记和文本组成的纯文本文件，文件中的标记可以被浏览器识别，浏览器根据不同的标记将相应的文本内容显示在浏览器中。图 9—1—2 显示的是 HTML 文档的基本结构。

```
<html>
<head>
<title> 网页的标题 </title>
</head>
<body>
网页的内容，很多标记都作用于此
</body>
</html>
```

图 9—1—2 HTML 文档结构

由图 9—1—2 可以看出，整个 HTML 文件处于标记

<html> …… </html>

之间。

标记<html>是用来宣告该文件是一个 HTML 文件，让浏览器识别并正确处理该 HTML 文件。

二、HTML 文档的组成

HTML 文件分为两部分。

由

<head> …… </head>

标记的部分称为文件的头部，是 HTML 文件的开头部分。

由

<body> …… </body>

标记的部分称为 HTML 文件的文件体，是 HTML 文件的文本部分。只有文本部分会被浏览器显示。

由

<title> …… </title>

标记的部分为 HTML 文件的标题，该标题显示在浏览器的标题栏上或用于创建网页书签。应当注意的是<title>、</title>标记只可以出现在文件的头部部分。

HTML 语言是由一些标记、字母和文字组成的。它可以使用任何一种文本编辑器来编辑 HTML 文档，如记事本、Word、FrontPage 等。采用纯文本编辑器编写 HTML 文档时，保存时须将文件保存为扩展名为 . html 或 . htm 的超文本文件格式。如“index. html”或“我的主页 . htm”等。

三、常用 HTML 标记及作用

1. 序与注释标记

(1) 位置

文件开头第一行<html>之后。

(2) 作用

帮助浏览器了解文件所遵循的 HTML 版本信息，默认状态时浏览器会假设文件存在，并指定系统按默认版本执行文件。

（3）结构

<! - - 说明部分 - - >

说明部分文字可以使用英文，也可以使用中文，说明部分的内容不会在浏览器显示出来。

2. 开始与结束标记

（1）位置

HTML 文档的开头和结尾。

（2）作用

标记 HTML 文档的开头和结尾。

（3）结构

<html>
以下内容为 HTML 文档
</html>

3. 头部标记

（1）位置

HTML 文档开头到正文之间。

（2）作用

告诉浏览器和编程人员的相关信息，包括编辑器的版本信息、注释、标题等。

（3）结构

<head>
HTML 文档头部内容
</head>

头部内容中一般只有 HTML 文档标题会显示在浏览器的标题栏中。

4. 标题标记

（1）位置

HTML 文件头部中，显示在浏览器的标题栏中。

（2）作用

显示 HTML 文件的标题名称。

（3）结构

<title>网页的标题</title>

例如：

在 HTML 文件头部加入下列编码：

<title>我的主页</title>

保存后，打开浏览器，“我的主页”字样显示在浏览器标题栏上。

5. 主体标记

（1）位置

HTML 文档的中间部分。

（2）作用

HTML 文档的正文部分，包含文件要说明的文档资料、背景资料、各种属性设置和要执行的程序文本等。

（3）结构

<body>
HTML 文档的主体部分
</body>

6. 注意事项

（1）主体标记中加入对背景、背景图片、文字颜色等属性的设置

语法结构如下：

<body bgcolor=" 所选择的背景颜色"
text=" 文字颜色"
background=" 图形文件名或图形文件的 URL" >

（2）背景颜色属性的表示方法

网页背景颜色有两种表示方法：一是使用英文单词表示，见表 9—1—1；二是使用 6 位 16 进制数值表示。

表 9—1—1　颜色中英文对照表

红色	Red	深青色	Teal	紫红色	Fuchsia
绿色	Green	栗色	Maroon	白色	White
蓝色	Blue	藏青色	Navy	紫色	Purple
黑色	Black	灰色	Gray	黄色	Yellow
橄榄绿	Olive	浅绿色	Lime	水绿色	Aqua

比如可以表示为：

<body bgcolor="blue" text="black" background="图形文件名或图形文件的 URL">

用“#+6 位 16 进制数”描述，其中基本颜色表示为：

红色（R）#ff0000 或 FF0000，绿色（G）#00ff00 或 00FF00，蓝色（B）#0000ff 或 0000FF

所以，上例也可表示为：

<body bgcolor="#0000ff" text="#000000" background="图形文件名或图形文件的 URL">

在 6 位 16 进制数中，1、2 位设置红色的深浅，3、4 位设置绿色的深浅，5、6 位设置蓝色的深浅，从 00 到 ff 的 16 进制数表示 10 进制数中从 0～255 的数字，调整表示不同颜色的数字，可以设置不同的颜色。而且，数值越大，颜色越浅；相反，数值越小，颜色越深。

（3）语句中的各个属性可以全选，也可以选择部分。

（4）在 <body> 中一经设定属性，则该网页中的背景色或背景图片或文字颜色均按所选属性设置显示。

在两种表示方法中，颜色标志上的引号一般不能省略；用十六进制数表示颜色时，数字前的“#”不能省略；文档中的所有引号、“#”必须在英文输入法下使用，不能使用中文输入法键入。

四、区段格式标记

这类标记的主要用途是将 HTML 文件中的某个区段文字以特定格式显示，增加文件的可看度。主要标记如下：

1. <hn>.. </hn>

（1）作用

设置网页中文本标题字号大小。

其中 n = 1、2、3、…、6，取值越大，字号越小。不同级别的标题具有确定的位置和缩进属性，默认为“左对齐”。

使用该标记时，字体一般为黑体，如果标题要使用其他字体，则不能用此标记。各级标题可按任意顺序排列，文本正文格式一般不使用该标记。

（2）语法格式

<hn color = "颜色" align = "位置符" >标题</hn>

其中颜色的设置与前相同，位置符可选项包括 left（左对齐）、center（居中对齐）、right（右对齐）三种。

例如：

<h2 color = "#ff0000" align = center >我的主页</h2>

表示显示文本标题为“我的主页”，颜色为“红色”，位置为“居中对齐”，字体为 2 级。

2. <hr>

（1）作用

插入水平线。

水平线属性包括颜色、高度、宽度等。

（2）语法格式

例如：

<hr color = "#ffff00" size = "10" width = "90%" >

其中，“size”表示水平线的高度，单位为像素；“width”表示水平线的宽度，可以用绝对数，也可以用相对数表示。上例表示：插入一条黄色水平线，高度为 10 像素，宽度为页面宽度的 90%。

3.

作用是强制换行。

在 HTML 文本中实现换行，只需在需要换行的地方插入该标记。

4. <address>... </address>

作用是标注联络人姓名、电话、地址等信息。

5. <div>… </div>

作用是设定文字、图片、表格等的摆放位置。

6. <p>... </p>

作用是段落标记，用于描述文本段落。

使用该标记时会在文本前后留下一些空白，文本自动从下一行开始。该标记可以单独使用，也可以成对使用，但显示效果不同。

使用<p>… </p>结构时，段前段后均留空白；而使用<p>分段时只在段后留空白。

段落标记可以有多种属性，其中较常用的属性是确定文本的位置，其中“位置”可以取“left”（左对齐）、“center”（居中对齐）、“right”（右对齐）。

例如：

<p align = "center">我的主页</p>

一般来说，HTML 标记都是以<X>标记开头，以</X>标记结尾，但也有例外，在 HTML 标记中，如水平线标记<hr>和强制换行标记
就没有结尾标记。这些单独存在的标记也称为空标记。

五、字符格式标记

字符格式标记用来改变 HTML 文件中文字的外观，增加文件的美观程度。主要包括：

<b>... </b>：粗体字；

<i>... </i>：斜体字；

<u>… </u>：加下划线；

<center>... </center>：居中对齐；

<blink>... </blink>：文字闪烁；

<big>... </big>：令字体稍微变大；

<small>... </small>：令字体稍微缩小；

<strong>… </strong>：加重语气；

<font>... </font>：改变字体设置；

<font>有多种属性，主要包括文本的字体、字号、颜色等，设置格式如下：

<font color = "red" size = 5 face = "宋体">要设置的文本</font>

其中，“color”表示文本颜色，“size”表示文字字号，“face”表示字体。

六、列表标记

<ul>... </ul>：无编号列表，清单项目将以实心圆点作为符号排列。

<ol>... </ol>：有编号列表，清单项目将以数字、字母顺序排列。

<li>... </li>：列表项目清单中的项目，一个标记一行。

<dl>... </dl>：定义式列表，清单分两层出现。

<dd>... </dd>：定义项目，清单项内容。

<dt>... </dt>：定义项目，清单项标题。

<menu>... </menu>：菜单式列表，可用 type 参数指定项目符号。

<dir>... </dir>：目录式列表。

七、超链接标记

1. 超链接标记定义及作用

链接是 HTML 超文本文件的命脉，HTML 通过链接标记来整合分散在世界各地的图、文、影、音等信息。该标记的主要用途为标示超文本文件链接，主要有：

<a　href = "要链接的 URL" >链接载体</a>

在网页制作中，常常要用到以下的语句：

<a　href = "要链接的 URL"　target = "新窗口的标题名" >链接载体</a>

其作用是在一个新的浏览器窗口中打开“URL”地址对应的页面文件。

2. 链接到 e - mail

基本格式如下：

<a　href = mailto："e - mail 地址" >链接载体</a>

3. 跳转（同一页面内不同部分或不同页面的部分间的链接）

在同一页面内需要进行跳转设置时，可进行两步操作：

第一步，在要跳转的地方插入“书签”，称为“作锚”。格式如下：

<a name = "要链接到部分的名称或 URL" >要链接到部分的名称</a>

第二步，建立到链接目标的超链接。格式如下：

<a href = "#要链接到部分的名称" >链接载体</a>

注意：跳转和链接在 HTML 标记上的不同只是在“要链接到部分的名称或 URL”之前多了一个“#”，且该“#”不能省略。

八、多媒体标记

此类标记用来显示图像数据。主要有以下几种：

1. <img>

用来插入图形及设定图形属性。

常用的格式主要有以下三种：

<img　src = "图像名或图像的 URL 地址" >

<img　src = "图像名或图像的 URL 地址"　height = "*n*"　width = "*m*"　align = "位置符" >

<img　scr = "图像名或图像的 URL 地址"　alt = "text" >

其中位置符可选 center、left 和 right 三个选项。

一般当 Web 页文件与相应的图像文件放在同一目录下时，只需要标记图像文件名即可，但在图像较多时，一般是将所有的图像文件保存在一个图像文件目录中集中管理，这时则要标记图像文件的 URL 地址。

为防止某些浏览器不支持图像和图像格式或浏览器的图像功能已经关闭，一般使用以下格式：

<alt = "text" >

标记告诉浏览器用“text”代替。

有时为防止浏览器不支持图像格式而造成图像尺寸发生变化，可以利用 img 标记属性 height 和 width 来标记图像的尺寸大小，单位为像素。

2. <embed>

嵌入多媒体对象。

3. <bgsound>

插入背景音乐。

九、表格标记

此类标记用于制作表格。主要有以下几种：

1. <table>... </table>

定义表格区段，设定该表格的各项参数。

2. <caption>... </caption>

表格标题。

格式如下：

<caption align=#>表格标题</caption>

其中“#” =top（表格上方居中）/bottom（表格底部居中），默认为表格上方居中。

3. <th>... </th>

表头，相当于<td>，但其内文字字体会变粗。

4. <tr>... </tr>

表格列，设定该表格的列。

5. <td>... </td>

表格单元格，设定该表格的栏。

十、表单标记

此类标记用来制作交互式表单，主要有以下几种：

1. <form>... </form>

表明表单区段的开始与结束和设定该表单的运作模式。

常用的格式和语句如下：

```
<form  method="get 或 post"  action="URL"  enctype="type">
<input  type="输入类型"  name="输入变量名称"value="输入默认值"
   size="表单域宽度"  maxlength="最大输入字符数"  checked>
</form>
```

其中，“method”的方法包括“get”和“post”两种，用以指定传输表单中资料到因特网上服务器的选择方式。选择“get”方式时，是将资料附加在URL的后面当成一般的查询字串传输到因特网；选择“post”方式时，是将资料本身当成主体传送到因特网。

“action”属性的设定用以指定处理表单资料的应用程序所在位置。主要包括两种形式：一种是表单处理程序在远程主机上的URL地址；另一种是本地站点中表单处理程序的路径。

“enctype”属性的设定指资料是否经过编码，这一属性只有在“method”选择post方法时才有效。通常该标记为默认值，由系统自行选择。

2. <input>

插入单行文本框、单选按钮、复选框等表单域，设定输入形式。表单域常用中英文见表9—1—2。

表 9—1—2　　表单域中英文对照表

输入类型	说明	输入类型	说明
button	按钮	password	密码或口令
checkbox	复选按钮	hidden	隐藏
radio	单选按钮	submit	提交
text	文本	reset	重置

以下是一些创建表单的 HTML 代码：

```
<form  method = post  action = "index. asp" >
<input  type = "password"  name = "keyword"  size = "16"  maxlength = "20" >
<input  type = "submit"  value = "提交"  name = "T1" >
</form >
```

语句一表示创建一个表单，使用“post”方法将表单信息传输到因特网，表单处理程序是本地主机上的名为“index. asp”的文件。

语句二表示插入一个单行文本框，该文本框为密码域，该表单域名为“keyword”，表单域的宽度为 16 个半角字符长度，最大宽度为 20 个半角字符。

语句三表示插入一个按钮，按钮标签文字为“提交”，该按钮域的名称为“T1”。

3. <textarea >. . . </textarea >

插入多行文本框。

该标记的使用格式如下：

```
<textarea  rows = "6"  name = "content"  cols = "50" > </textarea >
<input  type = "submit"  value = "提交"  name = "B1" >
<input  type = "reset"  value = "重填"  name = "B1" >
```

语句一表示创建了一个多行文本框，rows = "6" 表示文本框列向可以容纳 6 个半角字符，cols = "50" 表示每行最多可以键入 50 个半角字符，该表单域名称为“content”。

语句二和语句三表示插入两个按钮，表单域名称均为“B1”，一个为提交按钮，另一个为重置按钮，提交按钮上的标签为“提交”，重置按钮上的标签为“重填”。

4. <select >… </select >

标明下拉列表的开始与结束。

该标记创建一个下拉菜单，该下拉菜单表单名为“D1”，共有三个选项，分别为教师、工人和科技人员。

```
<select  size = "1"  name = "D1" >
<option  value = "教师" >教师 </option >
<option  value = "工人" >工人 </option >
<option  value = "科技人员" >科技人员 </option >
</select >
```

十一、框架标记

用以建立框架网页和设置框架的属性，主要有如下几种：

1. <frameset>…</frameset>

设定框架。

2. <frame>

窗口设定，用以设定框架中的窗口。

3. <iframe>

在网页中插入嵌入式框架。

4. <noframes>…</noframes>

设定浏览器不支持框架时的提示。

十二、其他标记

1. <marquee>…</marquee>

令文字产生“走马灯”效果。

2. <style>…</style>

样式表标记，用于控制网页版面。

3. <span>…</span>

自定义标记，一般与<style>标记一起使用。

HTML 还有许多标记符号，这些标记按一定的规则产生一定的效果。要了解这些标记的作用和产生的效果，需要经常阅读 HTML 源码。

任务实施

一、HTML 文件头部识读

语句 1 ~ 7 为 HTML 文件头部部分，页面文件的标题为“在线留言”。

meta 语句是用来在 HTML 文档中模拟 HTTP 协议的响应头报文。meta 标签用于网页的<head>与</head>中，meta 标签的用处很多。meta 的属性有两种：name 和 http-equiv。其中，name 属性主要用于描述网页，对应于 content（网页内容），以便于搜索引擎机器人查找、分类，在 SEO（搜索引擎优化）中具有重要作用。

二、HTML 文件体识读

1. 整体页面布局表格部分代码识读

语句 8 ~ 14 用于设计页面的整体布局表格。表格宽度为 760 像素，高度为 215 像素，表格边框粗细为 0，位置相对页面居中，单元格衬距为 0，背景颜色为白色；单元格使用内联样式表修饰。

2. 留言表单部分代码识读

在上述布局表格中，再插入一个宽度为 760 像素的表格，在该表格左边插入一个宽度为 140 像素的单元格，右边插入一个宽度为 581 像素的单元格，并将右边单元格拆分为 3 行（语句 15 ~ 21）。

在右边第一行单元格中，使用嵌套表格插入用于获取用户信息和留言内容的表单，共插入 4 个文本框（单行文本框）和一个文本区（滚动文本框）（语句 22 ~ 47），使用一个名为 add. asp 的服务器端脚本文件获取表单信息并将名为“form1”的信息显示在本页面上。

3. 留言显示部分代码识读

右边第二行单元格用于显示表单“form1”获取的用户姓名和留言。语句 48 ~ 54 通过创建布局表格规范信息的显示效果，语句 55 ~ 60 显示的是一个名叫“海青”的用户名和留言内容。

4. 搜索留言部分代码识读

在右边第三行单元格中，使用嵌套表格插入用于搜索留言信息的一个文本框（单行文本框），并将表单获取的留言搜索信息传递给一个名为 index. asp 服务器端脚本文件处理（语句 61 ~ 73）。

5. 插入水平线部分代码识读

页面下端再插入一个宽度为 760 像素的 1 × 1 布局表格，并在表格中插入一条长度为 760 像素，高度为 1 像素，线形为实线的水平线（语句 73 ~ 77）。

技能训练

逐句阅读本任务示例中 HTML 代码，详细记录各语句的作用。

知识链接

HTML 文本识读技巧

1. 在网页编辑工具（如 FrontPage 等）中打开 HTML 文本，HTML 代码通常会根据页面元素之间的从属关系自动按照错位排列的形式排列，如图 9—1—3 所示。利用这一特点，在阅读 HTML 文本时，可以根据错位排列关系判断各代码段的起始和结束位置，然后根据关键词确定该段代码的作用。

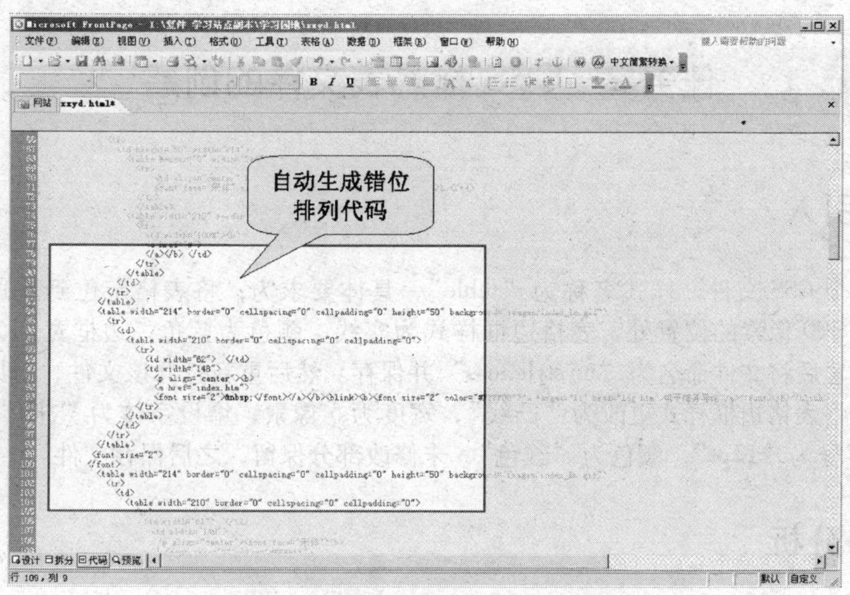

图 9—1—3　FrontPage 中错位排列的 HTML 代码

2. 在网页编辑工具（如 FrontPage 等）拆分视图下，HTML 代码与网页元素间存在一一对应关系，在页面上选中一个网页元素，与该元素对应的代码将反色显示，如图 9—1—4 所示。

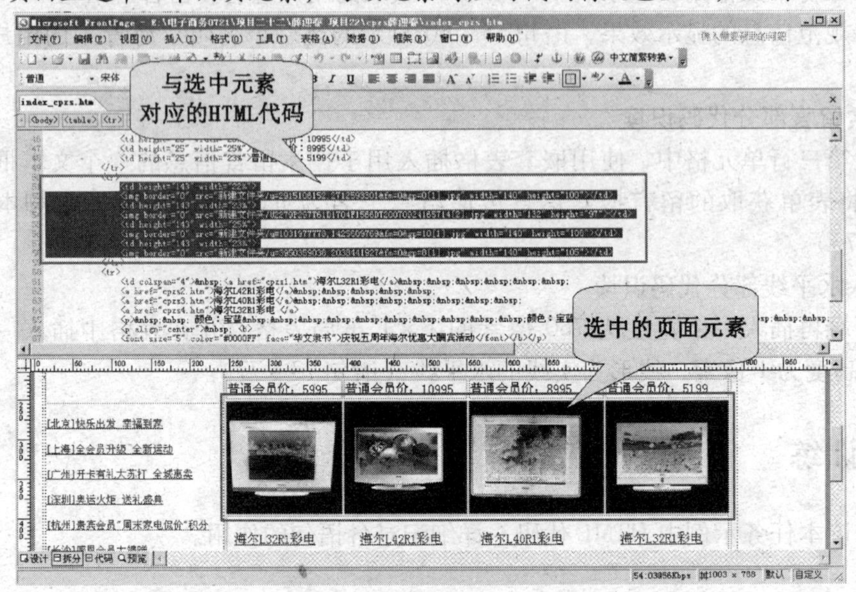

图 9—1—4　拆分视图下的页面元素与代码对应关系

利用这一特点，可以方便地识读 HTML 代码并了解代码的作用。

思考与练习

上网下载一个网页，在编辑工具中打开，阅读 HTML 代码，并说明相关代码的作用。

任务 2　CSS 样式表文件的创建

任务引入

创建一个 CSS 文件，样式名称为“table”，具体要求为：将表格定位到左边距 400 像素，上边距 300 像素的位置处，表格边框样式为实线，颜色为蓝色，边框宽度为 10 像素。完成上述设置后将文件命名为“mystyle. css”并保存。然后重新打开该文件，对原设置进行以下修改：将表格边框样式更改为“凸线”，宽度为 5 像素，增设字体为“宋体”，字形为“加粗”，字号为“12pt”，颜色为“红色”，未修改部分保留，之后保存文件。

任务分析

一般情况下编辑一个 CSS 的样式表文件，可以打开任意一个文本编辑工具，然后编写样式代码，编写完成后，将文件保存为 . css 格式的文件，存放在相应的目录下即可。但编写一个 CSS 样式表文件不仅需要掌握样式表文件的语法格式，同时还要熟悉各种编写代码，对初学者而言有一定难度。FrontPage 2003 中集成了一个可视化的样式表编辑工具，用户可以用对话的方式编写一些常用的 CSS 样式表，大大方便了不熟悉样式表格式或编码的用户。

 相关知识

许多初学者常常把网页制作的焦点集中在一个具体的页面上，却忽略了一个站点是由许许多多的页面组成的整体，单个页面可能制作得非常精美，但把这些页面放到站点中时，整个站点却是凌乱无序的，问题就出在没有考虑站点的整体协调性和风格一致性上。CSS 技术提供了从整体上解决这些问题的简便易行的方法和手段。

一、CSS 的概念和作用

CSS 是 cascading style sheet 的缩写，即层叠样式表单，是用于（增强）控制网页样式并允许将样式信息与网页内容分离的一种标记性语言。可以设定许多属性，如字体、字号、颜色、边框、页边距等。CSS 具有以下特点：

第一，利用 CSS，便于网页的修改和更新，可以对整个网页进行统一管理，提高网页制作效率。

第二，采用 CSS 控制页面格式，便于统一页面的整体风格，使站点变得更加有条理。

第三，由于采用 CSS 后，不同的页面可以使用统一的 CSS 文件来控制格式的变化，从而减少页面文件的体积。

二、CSS 语句格式与 CSS 样式表文件

1. CSS 的基本语句格式

CSS 的基本语句格式为：

selector {property1：value1；property2：value2；…；property *n*：value *n*;}

样式名称（选择器）{属性 1：值 1；属性 2：值 2；……；属性 *n*：值 *n*}

例如：. text {font - family："宋体"；font - size：16px；color：#FFFF00；text - decoration：none}。

其中，样式名称（选择器）为 text，font - family（字体）为宋体，font - size（字号）为 16px，color（颜色）为#FFFF00，text - decoration（文本是否加下划线）为 none（否）。

2. CSS 样式表文件

按 CSS 格式要求编写的文件称为 CSS 样式表文件，其文件格式为“文件名 . CSS”或“文件名 . css”。例如 mystyle. css 就是一个 CSS 样式表文件。

三、CSS 外部样式文件的创建

CSS 技术是目前网页制作中广泛应用的一项技术，使用 CSS 样式表定制页面样式，既便于统一站点风格，又可以大大提高站点制作效率，是一项非常重要而且实用的站点制作技术。在站点设计和制作中，站点的整体协调性和风格一致性是两项衡量站点制作质量的重要指标。要使用 CSS 样式表修饰页面文件，首先需要创建样式表文件。在 FrontPage 2003 中，要创建一个外部 CSS 样式表文件，操作方法如下：

在 FrontPage 2003 编辑窗口中执行【文件】→【新建】命令，在右边【新建】窗格中的【新建网页】下单击【其他网页模板】，在【网页模板】对话框中选择【样式表】选项卡，然后选择要创建的样式类型，如图 9—2—1 所示，单击【确定】按钮，FrontPage 2003 将自动创建一个默认文件名为“new_ page_ 1. css”的样式表文件。

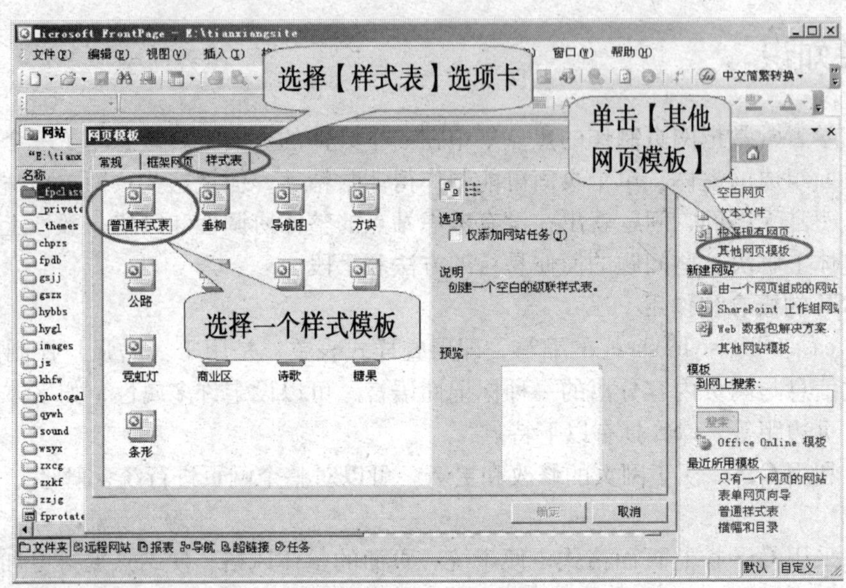

图 9—2—1　从模板中创建一个样式表文件

单击【格式】→【样式】，弹出【样式】对话框，如图 9—2—2 所示。

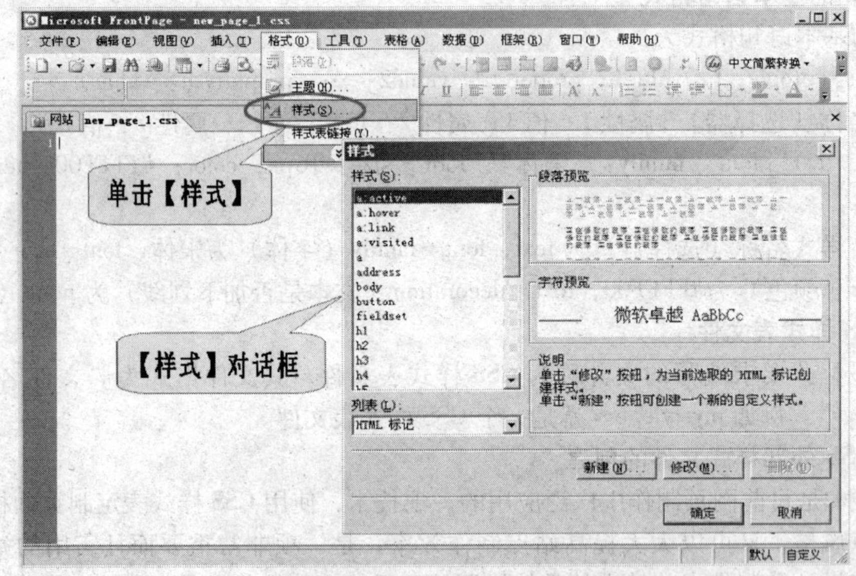

图 9—2—2　【样式】对话框

创建外部 CSS 样式文件常用的方法有以下两种：

1. 方法一

在【样式】对话框的【列表】下拉菜单中选择【HTML 标记】，在【样式】窗格中选择一个 HTML 标记作为样式的名称（选择器、容器），单击【修改】按钮，打开【修改样式】对话框，如图 9—2—3 所示。在【修改样式】对话框中根据需要设置所选标记的样式属性，如图 9—2—4 所示。

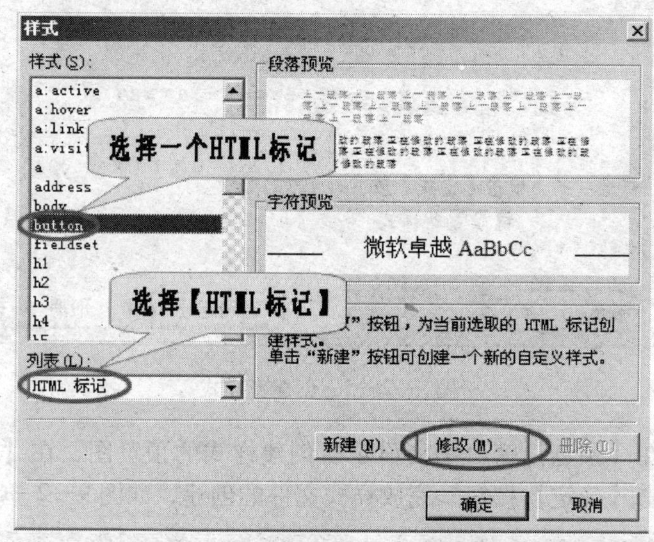

图 9—2—3　单击【修改】打开修改样式对话框

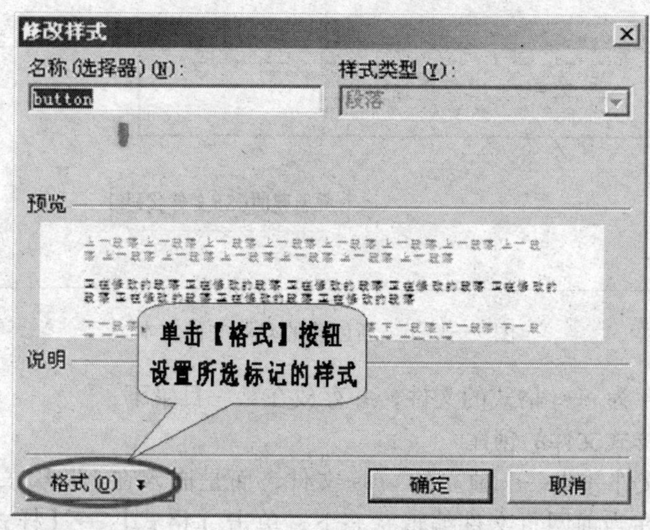

图 9—2—4　单击【格式】按钮设置样式属性

2. 方法二

在【样式】对话框中直接单击【新建】按钮，在【新样式】对话框的【名称（选择器）】中为新样式命名，单击【格式】按钮，进行包括字体、段落、边框、定位等的设置，如图 9—2—5 所示。

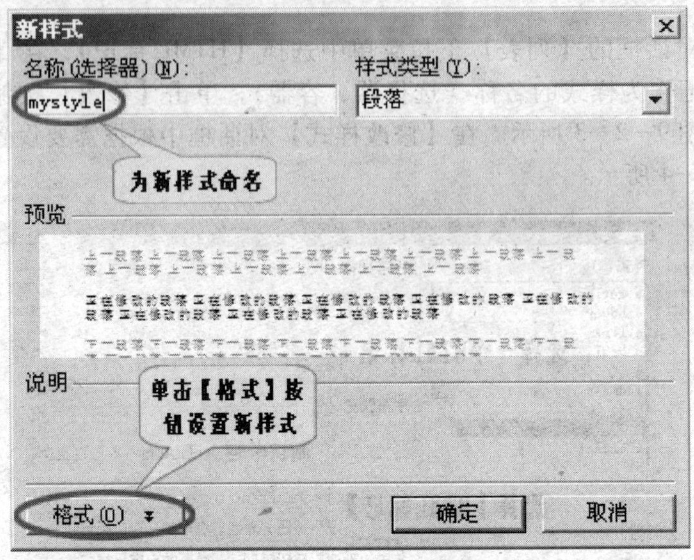

图 9—2—5　创建新样式

设置完成后，在【预览】窗口中将显示所创建样式的预览图，在【说明】中将显示相应的样式代码。单击【确定】按钮，完成样式文件的创建，如图 9—2—6 所示。

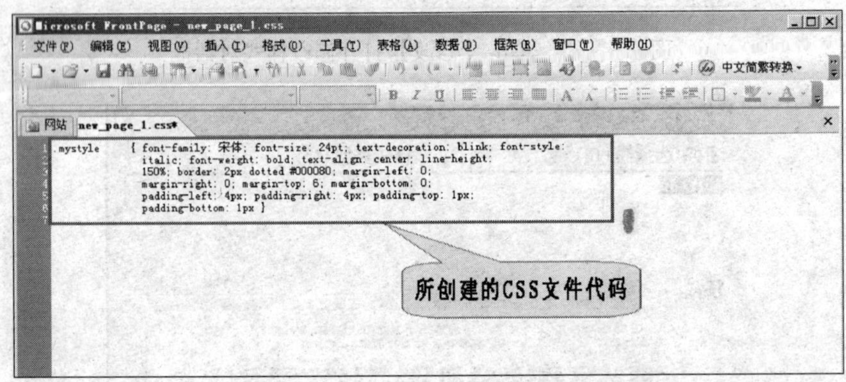

图 9—2—6　新创建的 CSS 文件文本

最后将文件保存为 . css 格式的文件，并存放在某一目录下。

四、CSS 嵌入样式文件的创建

CSS 嵌入样式文件并非一个独立的 . css 文件，而是嵌入在 HTML 文档头部的一段 CSS 代码。创建方法是在当前网页文件编辑状态下，单击【格式】→【样式】，在弹出的【样式】对话框中编辑样式，单击【确定】按钮保存后，所创建的 CSS 样式代码被插入网页文件的头部，并将样式代码放在标示符 <style> 和 </style> 之间，如图 9—2—7 所示。

在 <head> 中可以包含一个或多个 <style> 标记元素，但必须将 CSS 代码置于 <!-- 和 --> 之间。

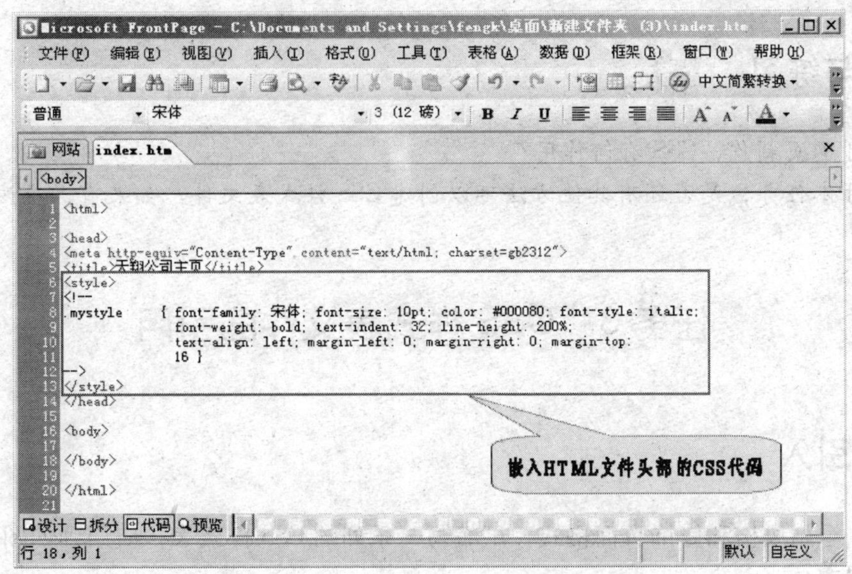

图 9—2—7　插入 HTML 文档头部的 CSS 代码

任务实施

一、创建 CSS 文件

启动 FrontPage 2003，应用模板新建一个 . css 文件。

二、根据本任务要求设置样式

1. 单击【格式】→【样式】，打开【样式】对话框。

2. 在【样式】栏中左键双击“table”，打开【修改样式】对话框。

3. 在【修改样式】对话框中，单击【格式】→【定位】，在【定位】对话框中将【定位样式】设为“绝对”，在【位置与大小】中设置左边距为 400 像素，上边距为 300 像素，单击【确定】按钮。

4. 在【修改样式】对话框中，单击【格式】→【边框】，在【样式】中选择“实线”，在【颜色】中选择“蓝色”，在【宽度】中设置宽度为 10 像素，单击【确定】→【确定】→【确定】，完成设置。

5. 另存文件，并将该文件命名为“mystyle. css”。

6. 在 FrontPage 2003 中重新打开该文件，重复步骤二、三，并按要求进行修改，修改完成后保存文件。

技能训练

在本任务中，将样式名改为“mystyle”，其他条件不变，创建 CSS 样式表文件。

思考与练习

1. 对于网页制作，CSS 有何作用？
2. 对于本任务，是否还有其他方法可以创建 CSS 样式表文件？如果有，应该怎样创建？

任务 3　CSS 样式表文件的引用

任务引入

为统一全站风格和修饰页面格式，试编写一系列的 CSS 样式表，应用到如图 9—3—1 所示的某公司主页。

图 9—3—1　海澜制衣公司主页示意图

任务分析

在图 9—3—1 中，依据一般规律，两处导航栏中的超链接文字以及页脚中的文字的字体、字号、字形以及颜色应全站统一，因而可以创建一个外部样式表文件来统一风格；另一个值得注意的是两处导航栏中的超链接文字均无下划线，因此在创建外部样式表文件时需设法消除超链接文字的下划线；页面内容文字、底纹等均可考虑进行修饰。

相关知识

CSS 样式代码必须被引用到 HTML 文本中才能发挥作用。在 FrontPage 2003 中，根据 CSS 样式引用方式的不同，共有三种不同的引用方式。

一、外部样式表文件的链接

外部样式表文件通常用于统一全站或板块风格，为全站或板块各页面共享，一般使用 HTML 标记作为样式（选择器）名称。如需对页面进行特殊修饰，一般可以使用自定义样式（选择器）名称。外部样式表文件要对页面文件产生修饰效果，首先必须将该样式文件链接到页面中来，链接的方法如下：

在 FrontPage 2003 中打开要引用 CSS 样式的页面文件，单击【格式】→【样式表链接】，如图 9—3—2 所示。

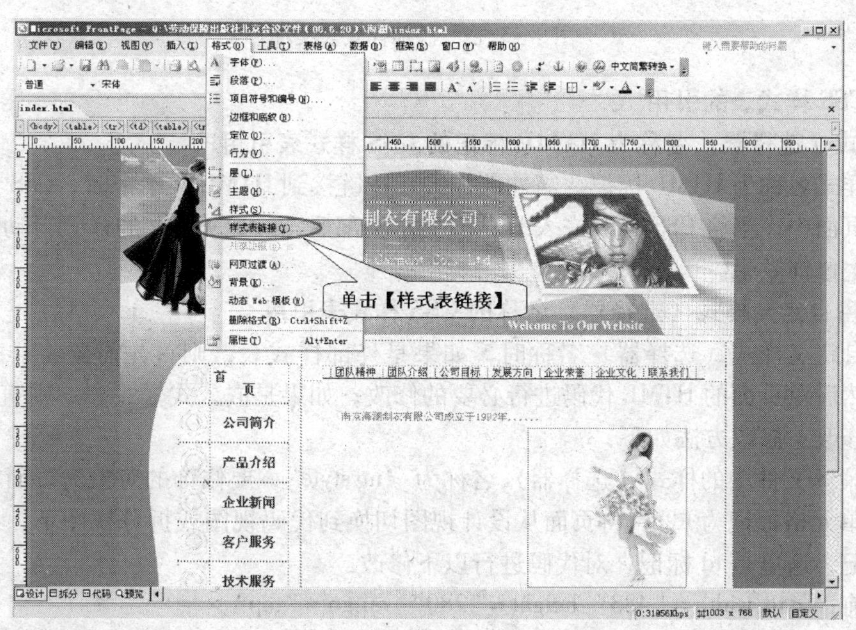

图 9—3—2　执行【样式表链接】命令

在打开的【样式表链接】对话框中单击【添加】按钮，将要引用的 CSS 样式表文件链接到页面文件中，如图 9—3—3 所示。

完成样式表文件链接后，在页面 HTML 文件头部将显示所链接样式表文件的类型、名称和链接路径，如：

<link rel = "stylesheet"　type = "text/css"　href = "images/style. css" >

其中，“text/css” 为样式表文件的类型，路径为 “images/style. css”，文件名为 “stylesheet”。

应注意的是样式表文件的文件名与样式（选择器）名称概念不同，用途也不相同，应用时必须加以区分。

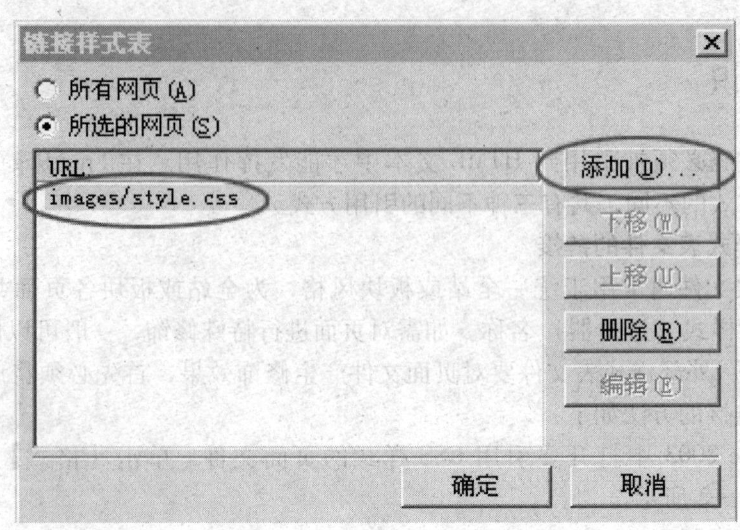

图 9—3—3　添加样式表文件

二、CSS 样式表的引用

1. 样式（选择器）名称为 HTML 标记的 CSS 样式表引用

如果样式名称为 HTML 标记，当外部样式表被链接到 HTML 文本中时，CSS 所定义的样式显示在页面中；当将 CSS 代码嵌入 HTML 文本头部后，CSS 所定义的样式自动对相应的页面元素产生修饰效果。

2. 使用自定义样式（选择器）名称的 CSS 样式表引用

使用自定义样式（选择器）名称时，如果是外部样式表，则首先需要将样式表链接到页面中，然后对页面的 HTML 代码进行必要的修改；如果是嵌入式样式表，则直接对 HTML 代码进行修改。修改方法如下：

假定 CSS 文件中的样式（选择器）名称为“mystyle”，要修饰的对象为页面中间的布局单元格（单元格标记为 td）；将页面从设计视图切换到代码视图或拆分视图下，找到要修饰对象的标记，这里是 td 标记，对代码进行以下修改。

修改前：<td width = "483" height = "280" valign = "top" >

修改后：<td width = "483" height = "280" valign = "top" class = "mystyle" >

完成修改后所定义样式显示在页面中。

如果要修饰无明确 HTML 标记标示的页面元素时，则需使用标记“span”进行引导，格式如下：

<span class = "mystyle" >要修饰的页面元素 </span>

例如，要使用样式“mystyle”修饰图 9—3—1 中的文字“南京海澜制衣有限公司成立于 1992 年……”，则可以这样描述 HTML 代码：

<span class = "mystyle" >南京海澜制衣有限公司成立于 1992 年…… </span>

3. 内联样式的引用

所谓内联样式引用即将 CSS 代码直接嵌入到 HTML 语句中，用以修饰页面中特定的元素。

例如前例中使用内联样式修饰文字“南京海澜制衣有限公司成立于 1992 年……”，要求字体为“黑体”，颜色为“蓝色”，字号为“10pt”，字形为“斜体”，则可以使用以下代码：

（1）直接将 CSS 代码嵌入到距离要修饰的文字最近的 HTML 标记中，如：

<p style = "font - family：黑体；color：#0000FF；font - size：10pt；font - style：italic" >南京海澜制衣有限公司成立于 1992 年……</p>

（2）将 CSS 代码嵌入到 span 标记中，如：

<span style = "font - family：黑体；color：#0000FF；font - size：10pt；font - style：italic" >南京海澜制衣有限公司成立于 1992 年……</span>

任务实施

一、创建页面文件

打开 FrontPage 2003，新建一个如图 9—3—1 所示布局结构的页面文件，页面大小为 1 003 × 768 像素。

二、创建外部样式表文件

在 FrontPage 2003 中创建一个普通样式表文件，使用 HTML 标记命名样式。设置样式要求如下：超链接文字字体为“黑体”，字号为“11pt”，颜色为“#990000”；选中超链接时文字颜色为“#000099”；已访问的超链接文字颜色为“红色”；鼠标悬停时超链接文字颜色为“蓝色”；不同状态下的超链接文字均无下划线。另外，页面中文本字体为“宋体”，颜色为“黑色”，字号大小为“11pt”，无要求的自行设置。完成后保存文件。

三、创建样式表链接

将上述外部 CSS 样式表文件链接到页面中。

四、创建内嵌样式

使用自定义样式名创建一个内嵌样式修饰页面中内容发布区域，要求字体为“宋体”，字号为“10pt”，颜色为“#333333”，字形为“普通”，首行缩进“24pt”；为该区域添加单色底纹，颜色为“#F9F6D6”。

五、为右下角图片创建一个内联样式

创建一个内联样式将右下角图片定位到适当位置，使之与整个页面保持协调，要求图片大小为 200 × 200 像素。

六、将样式作用到要修饰的页面元素

采用适当方式引用 CSS 样式。

七、浏览效果

保存页面文件，在浏览器中浏览 CSS 样式引用效果，进行必要的整改。

技能训练

自行选择一个企业背景，制作一个类似本任务样例的企业主页，并分别使用三种不同方

式引用 CSS 样式对页面进行修饰。

知识链接

一、CSS 滤镜

CSS 滤镜是 CSS 众多功能之一，在修饰和美化页面中发挥着重要的作用。

CSS 滤镜可分为基本滤镜和高级滤镜两种。可以直接作用于对象上，并且立即生效的滤镜称为基本滤镜。若配合 JavaScript 等脚本语言，能产生更多变幻效果的则称为高级滤镜。

CSS 滤镜的基本格式为：

filter：filtername（parameters1，parameters2，……）

其中，“filter”为 CSS 滤镜的标志符，也称选择符；“filtername”为 CSS 滤镜属性的名称，CSS 共有 16 种不同的基本滤镜，见表 9—3—1；“parameters1，parameters2，……”表示各个滤镜属性的参数，不同的参数决定了不同的滤镜显示效果。

表 9—3—1　　CSS 基本滤镜的属性、作用与效果

滤镜属性名称	作用与效果
alpha（通道）	通过设定坐标，使对象在不同范围内显示不同的透明度
blur（模糊）	使对象产生朦胧神秘的效果
motionblur（动感模糊）	使对象产生动感模糊效果
chroma（透明色）	使对象上特定的颜色透明
dropShadow（投影）	为对象添加投射阴影，产生重叠效果
flipH（水平翻转）	使对象产生水平翻转效果
flipV（垂直翻转）	使对象产生垂直翻转效果
glow（外边界光效）	为对象外边界增加光亮效果
grayscale（灰度）	降低图片的色彩度，产生灰度效果
invert（底片效果）	使对象产生底片效果
mask（透明膜效果）	使对象表面覆盖一层透明膜，产生遮罩效果
shadow（阴影效果）	设置对象的阴影，使对象产生立体效果
wave（波动效果）	利用正弦波打乱图片产生波动效果
xray（显示轮廓）	使对象显示类似于 X 光片的加亮轮廓
emboss（凹陷浮雕）	使对象产生凹陷浮雕效果
engrave（凸起浮雕）	使对象产生凸起浮雕效果

CSS 高级滤镜主要包括 BlendTrans（渐隐变换）、RevealTrans（变换）、Light（灯光）等。

二、CSS 滤镜的应用实例

不同的 CSS 滤镜可以产生不同的修饰效果，以下通过一个实例说明 alpha 滤镜的应用效果。

1. alpha 滤镜语句基本格式及参数含义

基本格式如下：

filter：alpha （opacity = opcity，finishopacity = finishopacity，style = style，startX = startX，startY = startY，finishX = finishX，finishY = finishY）

其中，各参数的含义见表 9—3—2。

表 9—3—2　　alpha 滤镜参数对照表

参数	说明
opacity	透明度。默认的范围 0 ~ 100，0 代表完全透明，100 代表完全不透明
finishopacity	可选参数，设置渐变透明效果，指定结束时的透明度，范围为 0 ~ 100
style	指定透明区域的形状特征：0 为统一形状，1 为线形，2 为放射状，3 为矩形
startX	渐变透明效果开始处的 X 坐标
startY	渐变透明效果开始处的 Y 坐标
finishX	渐变透明效果结束处的 X 坐标
finishY	渐变透明效果结束处的 Y 坐标

2. alpha 滤镜的应用

在一个网页中插入三幅图片，第一幅图片不做任何修饰；第二幅图片应用 alpha 滤镜，设置透明度为 60，其他参数忽略；第三幅图片也应用 alpha 滤镜，设置透明度为 60，其他参数见表 9—3—3。

表 9—3—3　　alpha 滤镜参数设置和 HTML 代码对照表

第一幅图	< img src = " images/1. jpg" width = "330"　height = "412" >	无修饰
第二幅图	< img src = " images/1. jpg" style = " filter：alpha （opacity = 60）" width = "330"　height = "412" >	仅设置透明度为 60
第三幅图	< img src = " images/1. jpg" style = " filter：alpha （opacity = 60， finishopacity = 100，style = 3，startx = 0， starty = 0，finishx = 100，finishy = 200"） width = "330" height = "412" >	透明度为 60，渐变结束时透明度为 100，渐变区域为矩形，从（0，0）到（100，200）（左上角为原点）

将表 9—3—3 中加粗部分代码插入页面 HTML 文档中，保存文件后在浏览器中预览，效果如图 9—3—4 所示。

其他基本滤镜使用方法基本相同。

a) b) c)

图 9—3—4 alpha 滤镜效果对比图

a）第一幅图 b）第二幅图 c）第三幅图

思考与练习

1. CSS 样式有哪几种引用方式?

2. 使用 HTML 标记作为样式名称和使用自定义样式名称在引用样式时有何区别?

3. 新建一个网页文件，在网页居中位置上输入文字“天翔公司欢迎您的光临”。创建一个嵌入式 CSS 样式文件，要求字体为黑体，字号为 6 号，颜色为红色，字形为加粗。使用该样式修饰上述文字，引用方式自行确定。

4. 分别使用 dropShadow 和 shadow 滤镜修饰上题中的文字，并比较两者的差异。